舵手與菁英

◆陳三井 著

——近現代中國史研究論叢

自　序

　　史學研究是一項甚少掌聲而又頗為寂寞的事業，稱得上「千山萬水我獨行」、「斯人獨憔悴」。特別在當前科技掛帥的社會，無論國內或國外都一樣，「史學社群」一般不但談不上發大財，而且得不到社會「關愛的眼神」，既沒有高官可做，也沒有耀眼的前途保證，更不一定能像太史公一樣克享盛名，留芳百世！既然如此，為何還有那麼多年輕人像長江後浪推前浪一樣，前仆後繼的來從事呢？歷史之所以迷人，正因為它可以坐擁資料的長城，與古人神交；可以在歷史的太空世界，任君遨遊馳騁；可以在歷史的象牙殿堂中縱談古今，月旦人物，有「數千古風流人物，不亦快哉」的忘我樂趣！

　　筆者資質平庸，從小愛看演義，喜讀史書，大學畢業後沒有更大抱負，而因緣際會一頭栽進學院門牆，寄身象牙塔，以從事史學研究為平生志業，從輕狂少年到退休老人，倏忽已逾四十多個年頭，雖然不是沒有挫折顛躓，但始終無怨無悔，樂在其中。

　　回眸這四十多年的上下求索生涯，雖勉強筆耕不輟，也努力而本分的發表論文上百篇，出版大小專書二、三十種，但午夜自省，仍覺汗顏，絲毫不敢自滿！總覺自己興趣太廣，外務太多，不夠專注，有欠勤快。特別是，自知欠缺數字細胞，所以不碰經濟史；個人邏輯觀念不強，所以不敢治思想史。因此，除了外交史一項最愛外，大多在政治人物的研究上打轉，或許因為，在歷史舞台上，人物永遠是啟動風雲的主角吧！

　　人過七十，該是考慮為自身結算總帳的時候了。與其將來讓別人操觚量尺、不分皂白的去整理出版文集，不如趁自己現在還算耳聰目

明，禿筆尚未完全生鏽的時候先做一些前置工作，多少也可為別人省點力氣。職斯之故，茲將近十年來所發表的重要論文，結集成書，分為孫中山研究、蔣介石研究、革命人物、知識份子、華僑革命五輯，連附錄共二十二篇。這本自選集，書名就冠上《舵手與菁英——近現代中國史研究論叢》，藉此為個人的研究生涯做個階段性的總結。舵手暗喻孫中山與蔣介石兩位國家領導人，菁英則指涉革命風雲人物和做為社會良心的知識份子。

　　論文集的出版，一者是便於今之同道以及後之來者查詢檢索和參考，一者也是為自己保留一面可以隨時省思、向上奮發的明鏡。是為序。

陳三井　謹識於南港中央研究院近代史研究所

民國九十七年三月二十二日

目次

第一輯

孫中山研究篇

從斌椿到孫中山：

論晚清國人鐵路觀的演變

一、引言

　　清初自雍正禁教後，中西接觸忽而中斷，偏偏這正是歐洲文明進步最神速、變化最大的一段時期，而中國在「天朝」和「華夏」意識下，仍處於一種「封貢體制」，過著鎖國孤立、深閉固拒的虛驕生活狀態，對於外在世界的巨變幾乎懵然無知。及至道光年間，西人一再以堅船利砲叩開門戶，其勢如驚濤駭浪莫之能禦，中國歷經從鴉片戰爭到英法聯軍的連番挫敗，始猛然驚覺，倉卒應變，而有李鴻章所謂的「三千年來一大變局」，張之洞所體認的「自上古以迄於當代前所未有之變局」的醒悟，可見對中國衝擊之大。

　　十九世紀中葉的歐洲，已經建立起以蒸汽機為主要標誌的工業文明。輪船、火車、電報、電話以及各種製造機器，已經在廣泛使用。輪船敲開了中國一向倚為天險的海防門戶，使中國再也不能閉關自守；鐵路克服了陸上窮山峻嶺的險阻，長驅直入，使中國的堂奧洞開。惟就西方科技利器對中國國防的影響而言，鐵路似乎比輪船更為致命。因為就一個大陸國家來說，輪船的影響範圍尚須受到自然環境的制約，僅能達到航路、航線所及之地，它是點或線的。而鐵路則不然，逢山鑿路，遇水架橋，幾可暢行無阻，影響所及非但是點或線的，甚

至呈網狀面的。一條鐵路的興建,可以驟然改變該地區整個交通、經濟、社會和文化生態,故論影響,鐵路殆比輪船來得巨大。[1]

於是,當一個半世紀之前的晚清中國,在面對「三千年來一大變局」之際,知識份子開始自覺,研究如何「開眼看世界」,如何「走向世界」?本文所要探討的是國人,特別是同光年間知識份子的鐵路觀。所謂鐵路觀,簡言之,就是對鐵路的認識,對鐵路的看法,包括興建鐵路對國家近代化發展的利弊得失。但限於篇幅並不擬論述廷臣疆吏有關鐵路新政的爭論,亦不涵蓋中國興建和經營鐵路的歷程,而只想探索同光年間透過遣使、游歷和訪問學習,一波波中國知識份子在西土初乘火車的新奇感,其次討論他們對興建鐵路的主張,最後再談孫中山的鐵路觀作為結束。

二、初乘火車──對現代科技的絕妙讚賞

火車(火輪車、火煙車、火蒸車)的發明和使用,是十九世紀西歐工業革命重要的一環。對於初出國門的國人來說,火車不僅是見所未見,而且也是聞所未聞,所以在嘖嘖稱奇、大表讚歎之餘,自然留下大量而豐富的紀錄提供我們玩味欣賞。

國人對火車風馳電掣的速度,那種「千重山嶺穿腰去,百里川原瞥眼過」的奇觀,印象至為深刻。茲分述如下:

(一)斌椿

斌椿(1804-?)漢軍正白旗人,經總稅務司赫德(Robert Hart, 1835-1911)延請處理文案。同治五年(1866)斌椿父子率同文館學生

---

[1] 李國祁,《中國早期的鐵路經營》,(台灣中央研究院近代史研究所專刊(3),1976 年),頁 1。

德明（張德彝）、鳳儀、彥慧等一行到歐洲游歷。回國後，著有《乘槎筆記》一卷及詩稿《海國勝游草》、《天外歸帆草》兩種。

　　斌椿等一行在歐洲游歷的時間不到四個月，這是中華使臣首次奉派出洋游歷。斌椿在歐洲曾多次乘坐火車，但第一次經驗卻是在埃及。緣當時貫穿紅海與地中海的蘇伊士運河尚未通航（1869），故中途必須下船以火車接駁。《乘槎筆記》首先傳達了乘者的感受，火車始開行，「初猶緩緩，數武後即如奔馬不可遏。車外屋舍、樹木、山崗、阡陌，皆疾馳而過，不可逼視。」[2]

　　《海國勝游草》中曾有詩兩首，道出了斌椿初乘火車的心情：

　　　　宛然築室在中途，行止隨心妙轉樞；
　　　　列子御風形有似，長房縮地事非証；
　　　　六輪自具千牛力，百乘何勞八駿驅；
　　　　若使穆王知此法，定教車轍遍寰區。

只有登上了火輪車，人們才能比「八駿日行三萬里」的周穆王走得更遠。[3]

　　另一首對火車的速度有更傳神的禮讚，詩云：

　　　　雲馳電掣疾于梭，十日郵程一剎那；
　　　　回望遠峰如退鷁，近看村舍似流波；
　　　　千重山嶺穿腰去，百里川原瞥眼過；
　　　　共說使星天上至，乘槎真欲泛銀河。[4]

2　斌椿，《乘槎筆記》，收入鍾叔河主編，《走向世界叢書》（長沙岳麓出版社，1985年），第一輯，第一冊，頁104。
3　斌椿，《海國勝游草》，前引叢書，第一輯，第一冊，頁163，頁80。
4　同上註，頁163。

船到法國港口馬賽（Marseille），換乘火車到里昂（Lyon），斌椿內心
仍充滿對火車速度的驚奇，有五言詩為證：

> 半日飛車疾，行程八百遙；
> 樓台插銀漢，燈火出林梢；
> 紫陌塵全洗，清泉抹亂跳；
> （街道兩旁皆石溝，逐日洗濯，途中設有水法，激水噴射）
> 館人勞款接，引客上層霄（寓樓極高）。

從法國渡海到英國倫敦，斌椿一路對火車的疾駛，仍有「取之不盡，
用之不竭」的形容詞，詩云：

> 御者整器具，膏車燃石炭；
> 初聞風嘯聲，俄頃似飛箭；
> 前車如兔脫，後乘亦魚貫；
> ……
> 忽聞入山腹，輕雷來耳畔；
> 有時過村鎮，燈火似奔電；
> 瞬息六百程，飛仙應我羨。[5]

斌椿好引中國神話中典故，利用各種優雅的文辭，來形容乘坐火車快
似神仙的感覺，其巧妙貼切，後之來者殆無人能出其右。

---

[5]　同上註，頁 164，頁 168。

（二）張德彝

張德彝（德明，1847-1918），漢軍鑲黃旗人，同文館學生，其《航海述奇》、《再述奇》（今名《歐美環游記》）二著，分別記述追隨斌椿及志剛兩次出國的見聞。

與斌椿同樣的行程，張德彝從亞丁到蘇伊士乘坐火輪車，惟此時卻無隻字談及初乘火車的感想，一直到進入法境，也僅簡單提及「車之速者日行五千餘里，平時則日行二、三千里而已。」[6]張德彝之所以沒有留下生動的文字來形容火車的快速，猜想或與他的拙於文學素養有關。

（三）志剛

志剛，旗人，總理各國事務衙門章京，1868-1870 年期間參加蒲安臣（Anson Burlingama, 1820-1870）使團出使歐美各國，有《初使泰西記》，他所呈現的是另外一種經驗。他在美國三藩市，初乘火車前往海倭斯觀農，他的感覺是「其車輕穩捷利，列子御風而行，或不如也。」[7]

（四）王韜

王韜（1828-1897），江蘇長洲甫里人。因上書太平軍逃亡香港，1867 年應英國漢學家理雅各（James Legge, 1814-1897）之請赴歐洲，有《漫游隨錄》傳世。

王韜在埃及初乘火車的感覺是：「始行猶緩，繼則如迅鳥之投林，狂飆之過隙，林樹廬舍，瞥眼即逝，不能注睛細辨也。」從法國馬賽到巴黎，計程一千八百餘里，為時不過七、八，他形容「火輪車之迅捷，真如飆飛電邁矣！」[8]

6　張德彝，《航海述奇》，前引叢書，第一輯，第一冊，頁 486。
7　志剛，《初使泰西記》，前引叢書，第一輯，第一冊，頁 262。
8　王韜，《漫游隨錄》，前引叢書，第一輯，第六冊，頁 79。

（五）李圭

李圭（1842-1903），江蘇江寧人，受寧波海關稅務司好博遜（Herbert E. Hobson, 1844-1922）聘司文牘事，1876 年代表中國參加美國費城萬國博覽會，作有《環游地球新錄》。

李圭與志剛一樣，所呈現的是美國經驗，他從三藩市乘坐火車到費城，對火車速度的體驗是「初行尚緩，數十步後即若電掣雲馳，兩邊山樹村舍，若飛鳥之過眼。窗外風聲，與轍軌磨盪聲，聯為一氣，又若春雷，殷殷不絕。」[9]

（六）祁兆熙

祁兆熙（？-1891），上海縣人，1874 年護送第三批幼童出洋肄業美國，作有《游美洲日記》。日記中有兩處道及火車的速度。其一：「火輪車其行如飛，其巧在於鐵路」

其二：「車行略如船。……車輪一發，車之客皆如瘧，余試握筆，筆飛白。山川、田地、樹木，恍如電光過目。忽進山洞，比夜更黑，不見天日。」[10]

（七）劉錫鴻

劉錫鴻，廣東人，1876 年任駐英副使，隨郭嵩燾赴倫敦，旋出任出使德國大臣，有《英軺私記》，《日耳曼紀事》傳世。

劉錫鴻特別稱道火車是「古今之奇觀，絕世之巧術」。為什麼呢？因為「行不致顛簸，亦不暈眩，雖崇山峻嶺，巨壑深澤，穴以通車，則悉成平地，而無攀躋跋涉之苦。」他甚至讚嘆說：「技之奇巧，逾乎縮地矣！」[11]

---

[9] 李圭，《環游地球新錄》，前引叢書，第一輯，第六冊，頁 329。
[10] 祁兆熙，《游美洲日記》，前引叢書，第一輯，第二冊，頁 258，頁 230。
[11] 劉錫鴻，〈縷陳中西情形種種不同火車鐵路勢不可行疏〉，中央研究院近代史研究所編，《近代中國對西方及列強認識資料彙編》，（1986 年 8 月），第三輯，第一分冊，頁 404。

（八）馬建忠

　　馬建忠（1845-1899），字眉叔，江蘇丹徒人。1877 年首屆福州船廠學生出洋，馬建忠因李鴻章選派，以隨員兼法文翻譯身分同行，曾在法修習國際公法與外交，遺有《適可齋紀言紀行》。

　　馬建忠對火車的快速也大表讚賞。他曾說：「蓋其飆馳電掣，任重致遠，行萬里若戶庭。昔之郵傳，遠若數十日，今則計時而待。」[12]

　　綜上所述，當時乘坐過火車的國人，大抵是使外的官員或出國遊歷的士子。在使外的官員中，斌椿非但坐過火車，而且參觀過英國的火車製造廠，購得火車式樣圖。但在他的《乘槎筆記》中，並未針對鐵路的價值明白評論。張德彝則對火車有詳細的記載，認為「此事乃一勞永逸，無害於農家，反益於國，不惟多收稅，且大益行人。」志剛雖認為鐵路與中國國情不合，但亦承認：「公私皆便，利益無窮。」惟獨劉錫鴻認為，中國遊客較少，造鐵路製火車必至虧本，故火車之於中國勢不可行。

三、「開眼看世界」先驅者的鐵路觀

　　早期無論是樞臣或疆吏，大家幾乎一致公認，鐵路火輪車是便利交通。正因為便利交通，能使千里如瞬息，才使他們感到可怕，覺得此一西洋利器一旦行之中國，則中國險阻盡失，門戶洞開，聽任洋人橫衝直闖，故基於國防的理由反對興建鐵路。有關這方面的討論已多，在此不贅。

　　鐵路建設是近代世界文明發展的大勢，但並不必然與西方列強的侵略劃上等號，更重要的是它應該是實現國家富強的必要手段。從這個角度出發，我們試舉幾位有識見的先驅，探討他們對鐵路的一些看法。

---

[12] 《近代中國對西方及列強認識資料彙編》，第三輯，第二分冊，頁 664。

(一) 王韜

王韜是個有抱負的書生,平素即留心時事。他在同治年間已認識到鐵路的價值。他在〈興利〉篇中從興利的角度論述建築鐵路的「利商」與「利國」兩大作用說:「一曰興築輪車鐵路之利。今南北道阻,貨物賤之徵貴,貴之徵賤,每苦其販運之煩勞,道途之遙遠。自有輪車而遠近相通,可以互為聯絡,不獨利商並且利國,凡文移之往來,機事之傳遞,不捷而速,化馳若神,遏亂民,禦外侮,無不恃此焉。」[13]

他在〈建鐵路〉篇章中,又以英國鐵路的效益和作用來進一步說明鐵路「利國利民」的利益。他分析道:「西國之例,鐵路屬於公司者,則餘利歸於公司,屬於國家者,則歸於國家。……故輪車鐵路之利國利民莫可勝言。且鐵路之所至即電線之所通,其消息之流轉,頃刻可知。……且國家於有事之時,運餉糈、裝器械、載兵士、征叛逆,指日可以集事。何則?以兵警軍情傳遞甚速,彼此應援捷於呼吸也。」[14]

當光緒初年淞滬鐵路問題發生的時候,王韜曾先後寫過好幾篇文章,討論鐵路的利益。他認為富國裕民之道,首先開煤鐵礦,而開鐵礦的益處之一,即在可供興築輪車鐵路之需。他曾列舉英國鐵路的收益,普之敗法,日本之平內亂,證明鐵路必能裨益國計民生。對於中國格於成法,拘泥憲章,拆毀淞滬鐵路,極表惋惜。主張將這段鐵路與其拆運台灣,毋寧移建於京通之間,尚可有便於商旅漕運。[15]

---

[13] 王韜,《弢園文錄外編》,引自中國史學會主編,《洋務運動》(一),頁 489。
[14] 同上註,頁 500-501。
[15] 朱從兵,《李鴻章與中國鐵路》,(北京,群言出版社,2006 年),頁 411。

（二）薛福成

薛福成（1838-1894），字叔耘，號庸盦，江蘇無錫人。光緒元年（1875）入李鴻章幕時，即已認識鐵路的功用。在光緒四年，他曾撰〈創開中國鐵路議〉一文，將鐵路的工作用概括為十六個字，即：「邐者可邇，滯者可通，費者可省，散者可聚」，以為興辦鐵路有四大利：（1）便於商務（百貨流通，增加厘稅）；（2）便於轉運（漕運、賑糧、軍餉）；（3）便於調兵（可以裁兵）；（4）與輪船、礦務、郵政、機器諸廠相表裡，以濟其窮。[16]他也舉出普軍利用鐵路擊敗法國的史實，作為鐵路有益國防的例證。

其後，他出任駐英法義比四國公使，親自深切體認鐵路的利益，在其出使日記中多次提到鐵路給民生帶來的好處。例如光緒十六年（1890）4 月 25 日的日記中說：「自火輪車興，而四馬所駕之大車，三十減去二十有九。然歧徑僻路，火車所不能至者，仍須用馬車；旅客由火車卸裝，分往各處，亦須用馬車，火車既盛，馬車亦益繁，小民之生計轉益便焉。」同年 10 月 27 日的日記中又說：「英國富強之業，始自乾隆、嘉慶年間創造火輪舟車之後。當其初開鐵路時，國人亦相與疑阻，以倫敦蘇士阿摩登海口往來車運用馬之萬餘匹。……蓋以道途便利，貿易日繁，火輪車只行幹路，其枝路歧出不窮，相距百里內外，來就火輪車者，用馬愈多也。」[17]

（三）鄭觀應

鄭觀應（1842-1921），廣東香山縣人。他是近代中國罕有的思想家，對鐵路的認識甚早，至少應不晚於王韜。

---

[16] 邵之棠編，《皇朝經世文統編》，轉引自李國祁，前引書，頁 99。
[17] 宓汝成編，《中國近代鐵路史資料，1863-1911》，（北京，中華書局，1963 年），第一冊，頁 117。

鄭觀應認為西人為政有體有用,「育才於學堂,論政於議院,君民一體,上下同心,務實而戒虛,謀定而後動」是其體;「輪船火砲洋槍水雷鐵路電線」是其用。而中國現在效法西洋的,是「遺其體,而求其用」,故始終「竭蹶步蹶,常不相及。」[18]

鄭觀應指出:「水則資舟,陸則資車」,是民生自然之利,中國沒有理由拒絕興辦鐵路。他舉出鐵路有十利:助國用、省兵額、利開礦、便貿易、捷文報、易巡察、通脈絡、開風氣、裨漕運、速京餉。[19]蓋鐵路之益,遍及於商戶與農,誠富國裕民之要著也。[20]

(四) 郭嵩燾

郭嵩燾(1818-1891),湖南湘陰人,係首任駐英法公使。論述他的鐵路觀,可參閱《養知書屋文集》與《郭嵩燾日記》等著作。郭氏始終認為鐵路是致富強之基,也就是說興修鐵路有其必要性。他在去英之前已主張大修鐵路,到倫敦後親身體會到火(輪)車的便捷,覺察到鐵路帶來的巨大利潤。他的英國朋友斯諦文森(Sir MacDonald Stephenson)[21]亟力釋說中國急需築路,並提出詳盡的計畫書。他自倫敦致李鴻章書中亦提到,英國士紳皆以彼國富強實基於火車之便利。中國豈能不乘其利,何況中國幅員遼闊,鐵路猶如人身血脈,聲息相通。除官民不隔,通商利之外,調兵與救災,皆可朝發夕至。他力斥

---

[18] 鄭觀應,《盛世危言》,初刊自序,轉引自李國祁,前引書,頁103。

[19] 宓汝成編,《中國近代鐵路史資料》,第一冊,頁119。

[20] 劉廣京,《經世思想與新興企業》,(台北,聯經公司,1990年),頁475-476。

[21] 斯蒂文森(Sir MacDonald Stephenson, 1809-1896),英國工程師,同治二年(1863)曾來中國,勸興辦鐵路,主以漢口為中心,築長江幹線,東至上海,西及川滇與印度連接;另支路由清江浦通天津、北京,上海通寧波,福州通內地,廣州通印度,目前可先築京津、蘇滬、廣州、佛山之短線。參閱:郭廷以編定、尹仲容創稿、陸寶千補輯,《郭嵩燾先生年譜》(台灣中央研究院近代史研究所專刊(29),1971年),下冊,頁608。

有害地方風水之說，以為「大謬」！他更指出中國若不及早為之，數十年後洋人必來興修，將使權利全歸於洋人，將無以自立。[22]

　　郭嵩燾的鐵路觀，前後並沒有根本的改變，只是早年一意倡修鐵路，晚年注意到修築鐵路的具體問題，需要審慎從事，本末與利害兼顧。他在光緒十五年（1889）先後寫了〈鐵路議〉與〈鐵路後議〉兩文，更有系統地說明中國固然必須興修鐵路，但務必循序漸進，斷不能急切。而且求「末」須顧「本」，求「利」須計「害」。宜有長遠的計劃，不能只顧一身一時之利。所以他反對張之洞擬修數千里長的蘆漢鐵路，認為「香帥大言炎炎」，其計劃「無一語可為依據」。他愈來愈感到求富強不能離本，本乃民生風俗。他不相信百姓窮困而國家可以自求富強之理。他也深感專求西法必先考求中國情勢。所以他甚是擔心張之洞的大舉築路，有違國情，反而亂本誤國。[23]

（五）馬建忠

　　馬建忠是李鴻章麾下辦洋務交涉的幹員，曾在巴黎政治學院（Ecole des Sciences Politiques）攻讀，其對西洋富強的認識，遠比他人要深刻。光緒五年（1879），他曾撰寫〈鐵道論〉及〈借債以開鐵道說〉兩文，除暢論外國興建鐵路的利益與方法，主張興辦鐵路仿法國辦法，以官助商，並可借用外債外，並指出鐵路有救患之利，節用之利，開源之利，他這樣說：「水旱之偏災迭報，而荒熟不能相濟，是苦於轉運之艱也。生齒蕃衍，則人浮於可耕之地，疫兵迭擾，則地浮於可耕之人，是苦於遷徙之難也。偏僻之區，汙吏莠民，因緣為奸，而上無以聞，下無以達，是苦於聲氣不通也。反是而行鐵道，則無艱難不通之弊，此救患之利當行也。國家之用，曰庫儲，曰軍儲，曰塩課，無不仰給於轉運之費，費浮於物，以致民貧食貴，到處皆然，是

---

[22] 汪榮祖，《走向世界的挫折——郭嵩燾與道咸同光時代》，（台北，東大圖書公司，1993年），頁388。
[23] 同上註，頁389。

苦於轉運之難也。反是而用鐵道，可省轉運、和糴之費歲數百萬，此節用之利當行也。……蓋財之於國，猶血之在身，血不流行則身病，財不流行則國病。反是而有鐵道，則無否塞滯銷之患，此開源之利當行也。」[24]

根據朱從兵的研究，對鐵路認識較早、較為全面，對李鴻章影響較大的是薛福成，對世界鐵路建設大勢認識得較為深刻的是王韜，而對鐵路建設的制度層面和具體環節介紹和認識得較為全面、系統的是馬建忠。如果將這些人的認識作為整體來看，那麼，早期維新派的認識應該代表了孫中山以前對鐵路認識的最高水平。[25]

四、孫中山的鐵路觀

孫中山（1866-1925），廣東香山縣人。

孫中山建設鐵路的思想產生於十九世紀末。其時帝國主義列強為了掠奪中國的資源和對中國進行政治、經濟、軍事侵略的需要，巧取豪奪修建中國鐵路的權益，孫中山十分擔憂國家、民族的生存危亡。1891 年前後，孫中山寫就〈農功〉一文，並被鄭觀應輯入《盛世危言》。文中除專論學習西方農業科學技術，發展中國近代農業外，並提到：「年來英商集鉅款，招人開墾於般島，欲圖厚利；俄國移民開墾西北，其志不小。我國與彼屬毗連之地，亦亟宜造鐵路，守以重兵，仿古人屯田之法。」[26]此時孫中山二十六歲，肄業香港西醫書院。這篇短文反映了青年孫中山對於修建鐵路作用已有初步的認識。[27]

---

24 宓汝成，前引書，頁 110-111。
25 朱從兵，《李鴻章與中國鐵路》，頁 426。
26 秦孝儀主編，《國父全集》（台北，近代中國出版社，1989 年），第二冊，頁 191。
27 何一民，〈孫中山與中國交通的早期現代化〉，收入張磊主編，《孫中山與中國近代化》（北京，人民出版社，1999 年），上冊，頁 242。

　　1894年，孫中山在《上李鴻章書》中，進一步提出了強國富民的改革主張。他考察了西方國家經濟發展過程，對交通運輸，特別是鐵路建設在國民經濟建設中的重要作用已有了深刻的認識，啟發了在中國通過發展交通，尤其是建設鐵路、促使商業繁榮來加強中國發展的思想。孫中山從西方各國大力發展交通的經驗中得出了這樣的結論：「故凡有鐵路之邦，則全國四通八達，流行無滯；無鐵路之國，動輒掣肘，比之癱瘓不仁。地球各邦，今已視鐵路為命脈矣，豈特便商賈之載運而已哉！今我國家亦恍然於輪船鐵路之益矣！故沿海則設招商之輪船，於陸則興官商之鐵路。」[28]

　　孫中山行千里路，讀萬卷書，他在數度周遊世界之後親身觀察之餘，對於交通建設之於民行，之於實業的發展，之於國家興盛的密切關係，更有深刻的體會。首先，他一再強調道路的重要，說過：「道路者，文明之母也，財富之脈也。」「一國文明的起點，全在人民知道修路，若到文明大發達的時候，必然全國人民都知道修路，因為道路很利便普通人民。」又說：「觀人國者於其國之文明發達與否？可於其道路卜之。蓋道路不修，則交通不便，百業因之俱廢，欲求文明進步，豈可得哉？」「民欲興其國，必先修其路」、「開展民智，發達財富，更非有道路之交通不為功」、「人而無手足，是為廢人；國而無交通，是為廢國」、「人不活動，則為廢人；國之不活動，則為廢國。」從這些生動的譬喻，孫中山已把交通建設的重要性說得淋漓盡致了。

　　交通建設又以鐵路最為重要，孫中山十分強調：「交通為實業之母，鐵道又為交通之母。」他曾說：「鐵路常為國家興盛之先驅，人民幸福之泉源也。」何以故？因為「我國版圖廣闊，物藏豐富，非求開發，不足以言富強。開發之道，舍興築鐵路而莫屬。」又說：「苟無鐵道，轉運無術，而工商皆廢，復何實業之可圖。」因此，中國目前所急切需要者乃交通之便。孫中山從外交與內政兩方面，闡述修築

---

[28]　《國父全集》，第四冊，頁8。

鐵路的必要。從外交方面言之，他指出「今日我國，如欲立足於世界，惟有速修鐵路，以立富強之基。今日之鐵路問題，實為中國生死存亡問題。」從內政方面言之，「鐵路之建築，能使人民交接日密，袪除省見，消弭一切地方觀念之相嫉妒與反對，使之不復阻礙吾人共同進步，以達到吾人之最終目的。」孫中山最後語重心長的說出：「國家之貧富，可以鐵道之多寡定之，地方之苦樂，可以鐵道之遠近計之。」[29]憂國憂民之情，躍然紙上，快哉斯言！

　　以鐵道之多寡定國家之貧富，以鐵道之遠近定地方之苦樂，美國便是一個典型的成功例子。孫中山倡導革命，除了在思想工作上及制度層面頗多師法歐美先進國之宏規外，他也注意到美國鐵路建設的技術層面。「民欲興其國，必先修其路。何以見之？見之於美國。」這是孫中山關於鐵路建設對美國經濟發展的重要觀察。孫中山指出，美國今日有一百二十萬里（另一說為八十萬里）之鐵路，「其鐵路為世界至多，而其富強亦為世界第一」，「而且每年收入較各國為多」。他認為，在未造鐵路之前，美國的貧窮與中國相同，其西部地區也是滿目荒涼，但「鐵路一通，地勢即變」。在孫中山看來，「鐵路乃今日文明富強之利器，實為一切實業之母。」因此，孫中山主張，「當效法美國」，實行開放主義，吸收外資，引用外才，上下同心，積極建設鐵路，以謀國家之富強。[30]

　　修築鐵路既為當下刻不容緩之急務，又係國家之生死存亡問題，惟中國目前民窮財困，首先必須引進外資始能著手進行。在利用外資方面，孫中山也主張仿效美國。他以美國為例，認為「在美國富源未開發之前，連貫國疆極端之鐵路系統，大部分皆借債利用外資敷設，但美國並未因此受害，且因此獲鉅利，臻於富強之域。」

[29]　孫中山的這些談話，俱見《國父全集》第二、三冊，不一一標明頁數。另可參閱拙著《中山先生與美國》（台北，學生書局，2005 年），頁 30。

[30]　楊玉聖，《孫中山先生的美國觀──一個比較分析》（復旦大學出版社，1996 年），頁 67。

　　孫中山自公開向國人宣示，利用外資建築鐵路計劃後，普遍引致政界報界庸眾疑難，不但群譁驚詫，視為石破天驚，抑自此時起，全國轟動，誣稱孫中山為「孫大砲」[31]。孫中山計畫在十年內建築二十萬里鐵路，雖屬大膽設計，實是基於深思熟慮，以求迅速把中國建設成一個現代富強的國家。徐高阮對孫中山的利用外資政策，有很精闢的詮釋，他指出，「中山先生的利用外資政策不是仰望政治借款；不是依賴經濟援助；不是漫然空想吸收一些外國資本；不是給予一些外國工商家以特殊的投資權利；不是尋求點綴式的技術合作；不是以一些特殊資源引動某一外國工程家或投資家的特殊興趣。他的政策是一個中外互利的大道；是中國高度開發的唯一辦法；是一個極大膽的、全面的、充分利用外國資本和人才的政策；是有一個物質建設的龐大計劃而要把它整個付託給外國的投資與人才的經營；是要利用外國的雄厚資本、高等人才、最新技術，達成中國的全面、迅速、高度工業化。」[32]空谷足音，中山先生地下有知，可以告慰矣！

五、結語

　　在現代火車已邁入高鐵（如日本的新幹線、法國的 TGV 等）新紀元，當英吉利海峽的海底隧道鐵路、中國的青藏鐵路、杭州灣跨海大橋等重大交通建設相繼完成的廿一世紀，我們今天再來回顧晚清時期，國人初乘火車那種新奇興奮的感覺，早年若干先驅者對興建鐵路的看法以及孫中山的鐵路觀，兩相對照，撫今追昔，不僅具有歷史的意義，而且更富現實的惕勵作用。時代巨輪不斷往前推進，在火車講

---

[31] 李雲漢、王爾敏、于宗先等合著，《中山先生民生主義正解》（台灣書店，2001年），頁209。
[32] 徐高阮著，《中山先生的全面利用外資政策》，轉引自王爾敏，〈評介徐高阮著：《中山先生的全面利用外資政策》〉，香港《珠海學報》，第13期（1982年11月），頁228。

求超高速，鐵路交通建設突飛猛進之下，或許我們今日的若干看法，也應朝超越「洋務派」或「維新派」的舊思維傾斜，不再拘泥於區域的觀念或國界的藩籬。

首先，早期「開眼看世界」先驅者的鐵路觀，無疑相當受到他們西方經驗的影響。王韜、薛福成、郭嵩燾等引述的多半是英國的範本，以在英國的所見所聞為圭臬，故認為中國修建鐵路應「取法英國」。馬建忠曾在法國讀書任事，有法蘭西的背景，故主張興辦鐵路應仿傚法國辦法。眾所週知，孫中山一生曾經到過檀香山和美國本土七次，所停留的時間前後加起來共有九年半之久，他早期主要的革命活動（包括組織和宣傳），乃至歷次起義向華僑的募款，有不少是在美國境內進行的。所以他的鐵路觀，無疑是以美國為藍本的。他更進而主張「效法美國」，實行開放主義，借用外資，積極建設鐵路。

孫中山自稱，「余之謀中國革命，其所持主義，有因襲我國固有之思想者，有規撫歐美學說事蹟者，有吾所獨見而創獲者」。在鐵路觀方面，我們似乎也發現有因襲前人思想的影子。例如郭嵩燾曾說：「鐵路猶如人身血脈，聲息相通」，馬建忠也說過：「財之於國，猶血之在身，血不流行則身病，財不流行則國病」。相較於孫中山所說：「人而無手足，是為廢人；國而無交通，是為廢國」，「人不活動，則為廢人；國之不活動，則為廢國」，頗有異曲同工，後者引申前者，並加以發揮，使其更見精妙之處。

從文化層面探討中山先生思想的現代性

一、前言

　　中山先生是首倡國民革命的導師，也是推動社會國家現代化的舵手。一個對社會或國家現代性（societal or national modernity）具有重大影響和貢獻的思想家或政治領袖，他在個人現代性（individual modernity）方面，也必有許多可以稱述之處。本文主要探討範圍，即以中山先生的個人現代性為限。

　　何謂「現代性」（modernity）？根據美國社會學者殷克勒（A. Inkeles）的說法，任何一個人如果具有下列這些心理和行為的特徵，便可以稱為一個現代人，或者說這個人具有了現代性。其中主要包括：（1）在人與事各方面樂於接受新的經驗，且對創新與改變抱有開放的態度；（2）能充分覺知他人意見的紛紜性，却並不依據他人身份與權力的高低而自動接受或拒絕其意見；（3）重視現在與未來，而不重視過去；（4）信任其他的人與機構，認為他們能善盡其義務；（5）重視別人的尊嚴，而又能尊重他人；（6）相信科技與醫藥的功效；（7）相信分配上的公平（distributive justice），認為報酬與實際貢獻成比例，而不應考慮財勢、地位、年齡、性別及種族等因素；（8）對於社區事務與地方政治有濃厚的興趣，而且能夠主動地參與。[1]

---

[1] A. Inkeles, The Modernization of Man, in M. Weiner ed., *Modernization: the Dynamics of Growth* （ Voice of America. Forum Lectured, 1966 ）, pp.154-7；楊國樞、瞿海源，中國「人」的現代化──有關個人現代性的研究，中央研究院民族學研究所集刊，第 37 期，頁 2。

　　根據另一位研究個人現代性的學者喀爾（J. A. Kahl）對巴西與墨西哥人的研究顯示，標準的現代人當具有以下七個特點：（1）他是一位積極份子（activist），而不是一位被動份子（passivist）；他在生活的重要問題上相信事前的計劃，而且有一種自覺能夠實現這些計劃的安全感；換言之，他不是一個宿命論者，他總是試圖企劃未來，以求符合自己的目的；（2）在實行計劃時，他依恃自己，而不依賴親戚；（3）他是一位個人主義者，不願在自己的工作團體中，過度地認同於他人；（4）他歡迎都市生活的刺激與機會，而且有足夠的技巧在都市中結交朋友；（5）他不認為都市中的社會結構是僵硬不變的；相反的，他却認為像他自己一樣的普通公民也能有所影響；（6）他認為生活與事業上的種種機會並不是固定不變的，即使是一位出身低微的人，也有可能去實現他自己的夢想與抱負；（7）他盡量利用大眾傳播工具，他讀報紙、聽廣播、看電視。[2]

　　顯而易見的，喀爾與殷克勒所論列的個人現代性內涵，頗有類似相通之處。但無論殷克勒的八項標準或喀爾的七項特點，都是以現代美國或巴西與墨西哥社會為背景，以西方人為研究對象所得出來的模式，對於中國社會或中山先生所處時代的中國人，可能不完全適用。茲以殷克勒和喀爾的研究為架構，化繁為簡，融會貫通，輔以中國人經驗，歸納成下列主要幾項，並舉出各項實證，來探討中山先生的心理和行為特徵，以增進對中山先生個人現代性的瞭解。

二、開放的心靈

　　所謂「開放的心靈」（open-mindeness），亦即殷克勒所說的，對人與事各方面樂於接受新的經驗，且對創新與改變抱有開放的態度。

---

[2]　J. A. Kahl, *The Measurement of Modernization: A Study of Values in Brazil and Mexico* （ Austin, University of Texas press, 1968 ）, p.21；楊國樞、瞿海源，前引文，頁 3。

做為一個現代人，中山先生不但在文化上沒有排他性，而且「無私無偏」、「兼容並包」，既不自我陶醉於傳統文化之中，亦不排斥新文明，這當與他自幼在夏威夷與香港接受教育，很早接觸西學有關。但中山先生這種調和中西文化思想的特性，却是同時代的人所難以企及的。中山先生曾說：「三民主義實在是集合古今中外底學說，順應世界的潮流，在政治上所得的一個結晶。」[3]又說：「其所持主義，有因襲吾國固有之思想者，有規撫歐洲之學說事蹟者，有吾所獨見而創獲者。」[4]充分證明了在文化上「江河不擇細流」、「有容乃大」的開放態度。

中山先生除具有「文化調和」的特性外，同時抱持著「民胞物與」的胸襟，誠如宮崎寅藏所形容，他「愛世界萬民，沒有種族偏見。」[5]在此，我們順便談一談，中山先生對民族主義的態度。在興中會時代，雖以「驅除韃虜，恢復中華」作為興中會的誓詞，但在根本上，中山先生對民族主義的看法，仍與王船山或洪秀全的種族民族主義有所不同，那就是僅要推翻滿清的政權，並不視所有滿人為妖魔或壞種，予以盡誅。[6]所以他認為：「民族主義，並非是遇著不同種族的人，便要排斥他。」[7]中山先生並不像多數革命黨人抱持激烈的排滿主義，他以為「民族革命的原故，是不甘心滿洲人滅我們的國，主我們的政，定要撲滅他的政府，光復我們民族的國家。」所以，革命「不是恨滿洲人，是恨害漢人的滿洲人」。假如革命的時候，滿洲人不來阻害，「我們決無尋仇之理。」[8]

---

[3] 王德昭，《國父革命思想研究》（中國文化研究所，民國 51 年 6 月出版），頁 1，張其昀序。

[4] 孫中山，〈中國革命史〉，《國父全集》（中國國民黨黨史會，民國 62 年），第 2 冊，頁 181。

[5] 陳鵬仁譯著，《宮崎滔天論孫中山與黃興》（台北正中書局，民國 66 年），頁 3。

[6] 李國祁，〈甲午戰後至抗戰以前我國民族主義的發展〉，《中華民國建國史討論集》，第 2 冊，開國護法史（中華民國建國史討論集編輯委員會，民國 70 年），頁 10。

[7] 孫中山，〈三民主義與中國民族之前途〉，《國父全集》，第 2 冊，頁 200。

[8] 同上註，頁 201。

同盟會成立前,中山先生先後發表兩篇論文,〈支那保全分割合論〉發表於東京留學生刊物《江蘇》,〈中國問題之真解決〉以英文發表於美國,兩者都在闡明一個論點:滿清腐壞,破壞國際均勢,無可保全之理;中國民族,有統一之形,無可分割之勢。這正表明中山先生民族主義的基調,內而推翻異族統治,外而要求國家民族之完整與統一。[9]

及民國成立,民族主義達到了初步的目的,中山先生進而以「五族共和」號召共同建國,主要即在實踐他不分種族,各族自由平等的一視同仁觀點。

民國元年(1912)元旦,中山先生就任臨時大總統,發表宣言說:

> 國家之本,在於人民。合漢、滿、蒙、回、藏諸地為一國,即合漢、滿、蒙、回、藏諸族為一人,是曰民族之統一。[10]

同年 2 月 18 日,中山先生以大總統身份發表文告,呼籲國民消融意見,蠲除畛域,文中說:「中華民國之建設,專為擁護億兆國民之自由權利,合漢、滿、蒙、回、藏為一家,相與和衷共濟,丕興實業,促進教育,推廣東球之商務,維持世界之和平,俾五洲列國益敦親睦,於我視為唇齒兄弟之邦。」[11]

中山先生讓位於袁世凱後,8 月 28 日在北京袁世凱的歡迎宴上致詞說:「我中華民國成立,粗有基礎。建設事端,千頭萬緒,須我五大民族全體一心,共謀進步,方可成為完全民國。」[12] 9 月 1 日,他在北京蒙藏統一政治改良會上演說稱:「今我共和成立,凡屬蒙、藏、

---

9 呂芳上,《革命之再起——中國國民黨改組前的新思潮(1914-1924)》,國立師範大學歷史研究所博士論文(民國 74 年 7 月),頁 197。
10 〈臨時大總統就職宣言〉,《國父全集》,第 1 冊,頁 781。
11 〈臨時大總統布告國民消融意見蠲除畛域文〉,《國父全集》,第 1 冊,頁 788-9。
12 〈共和須以兵力為保障〉,《國父全集》,第 2 冊,頁 246。

青、海、回疆同胞，在昔之受專制於一部者，今皆得為國家主體，皆得為共和國之主人翁。」[13]

民國元年9月3日，中山先生在北京五族共和合進會及西北協進會上演說指出：「民國成立，五族一家，地球上所未有，從古所罕見，洵為盛事！……今者五族一家，立於平等地位，種族不平等之問題解決，政治不平等之問題亦同時解決，永無更起紛爭之事。所望者以後五大民族，同心協力，共策國家之進行，使中國進於世界第一文明大國，則我五大民族共同負荷之大責任也。」[14]

「五族共和」係民國元年國家面臨外人分化而提出的主張。不過，各族仍然各自存在，不相融和，不如進一步相互涵化為佳。所以到了民國8年，中山先生便批評五族共和之說，而演變為同化的觀念[15]，進而有師法美利堅民族，以各族融入漢民族而成中華民族的說法。他在所撰《三民主義》一文中說：

> 夫漢族光復，滿清傾覆，不過祇達到民族主義之一消極目的而已，從此當努力猛進，以達民族主義之積極目的也。積極目的為何？即漢族當犧牲其血統、歷史與夫自尊自大之名稱，而與滿、蒙、回、藏之人民相見以誠，合為一爐而冶之，以成一中華民族之新主義，如美利堅之合黑白數十種之人民，而冶成一世界之冠之美利堅民族主義，斯為積極之目的也。五族云乎哉！夫以世界最古、最大、最富於同化力之民族，加以世界之新主義，而為積極之行動，以發揚光大中華

[13] 〈共和國家異於專制國家之要點〉，《國父全集》，第2冊，頁254。
[14] 〈五族協力以謀全世界人類之利益〉，《國父全集》，第2冊，頁258-9。
[15] 馬起華，〈中山先生民族主義的演展〉，《中華民國歷史與文化討論集》（中華民國歷史與文化討論集編輯委員會，民國73年6月出版），第3冊，「文化思想史」，頁31。

民族，吾決不久必能駕美迭歐而為世界之冠。此固理有當
然，勢所必至也，國人其無餒。[16]

中山先生從主張「國內各民族一律平等」，到實行徹底的「民族同化」，
造成一嶄新的「中華民族」，都是源於對種族沒有偏見的恢宏氣度與
開放心靈而來。

三、尊重和容忍的精神

做為一個現代人，尊重他人，並能容忍別人的異見，也是必備的
重要條件之一。中山先生身為革命黨領袖，充分具備民主的素養，不
但處處尊重別人，不以權威方式處理問題，且遇有謗怨，亦能發揮容
忍的精神。

當同盟會本部編訂革命方略時，於國旗圖式一事，中山先生與黃
興（克強）的意見有所不同。中山先生主張沿用興中會之青天白日旗，
謂乃烈士陸皓東所發明，興中會諸先烈及惠州革命軍將士先後為此旗
流血，不可不留作紀念。黃興則以青天白日旗與日本旭旗相近，以日
為表，是效法日本，因主張用井字旗式，以表示井田制度之社會主義
意義。其他黨員亦提出各種形式：有提議用五色，以順應中國歷史上
之習慣者；有提議用十八星，以代表十八行省者；有提議用金瓜斧鉞，
以發揚漢族精神者；各持己見，一時難決。[17]最後雖然順從中山先生
之意，於青白二色外，增加紅色，以符合自由平等博愛之真義。但也
由此證明，在作決定前，中山先生開誠佈公的態度，使黨員意見充分
獲得溝通。

---

[16] 孫中山，《三民主義》，《國父全集》，第 2 冊，頁 156。
[17] 李雲漢，《黃克強先生年譜》（中國國民黨黨史委員會，民國 62 年 10 月出版），
　　頁 110。

　　光緒 33 年（1907），清廷以革命風聲，震撼中外，乃命駐日公使楊樞向日政府交涉，要求驅逐中山先生出境。行前，日外務省設宴餞行，並贈程儀五千元，東京股票商鈴木久五郎亦餽贈一萬元，藉示好感。中山先生除留二千元作民報維持費外，餘皆持赴南洋。中山先生接受日政府及私人餽金事，未經眾議，故離日未久，會員章炳麟、陶成章、宋教仁、譚人鳳、張繼、田桐及日人平山周等大起非議，章炳麟尤為憤激，竟將民報社所懸先生像除下。及潮、惠、欽、廉軍事相繼失利，反對者日眾，章等復提議免去先生總理職，而以黃興繼任。[18]事實上，中山先生所接受的餽金，雖帶往南洋，仍用之於革命，並非私人中飽或浪費，但面對黨內誤會風潮，他都隱忍未辯。

　　二次革命失敗後，中山先生為重整革命陣營，以與袁世凱對抗，乃將國民黨改組為中華革命黨，但在改組過程因立約宣誓及按指模二事，頗為部分同志所不諒解，黃興更表示他個人決不參加。黃興指出，誓書中「願犧牲一己之身命、自由、權利，附從孫先生」的規定，「不夠平等」，以及立誓人在誓約書上打手印是「幾近侮辱」。[19]同時他又認為，革命黨人都是為了尋找民主與自由而參加革命的，如今放棄了自己的自由、權利去絕對服從黨魁一人，那是一種獨裁專制的做法，那是非民主的，非革命的，結果失去了二次革命的目的。[20]

　　中山先生對黃興的異見，力求解說，闡明革命惟有唯一的領袖，始能養成強而有力的團體人格，否則會造成群龍無首或互爭雄長，分散革命力量的弊端。並強調他是首倡共和之人，是惟一懂得革命目的的人，更有願以一身結束數千年專制人治之陳跡，而開萬年民主法治之宏基的理想，是絕對貢獻畢生從事革命事業的人。對捺指模之事，

---

[18] 羅家倫主編，黃季陸增訂，《國父年譜》（中國國民黨黨史編纂委員會，民國 58 年），上冊，頁 234。

[19] 邵元沖，《中華革命黨略史》，參閱《革命文獻》（中國國民黨黨史編纂委員會，民國 43 年），頁 98。

[20] 彭澤周，〈論孫黃離合（上）〉，《大陸雜誌》，第 71 卷，第 2 期（民國 74 年 8 月 15 日出版），頁 5。

中山先生以為指模的留印，是昭信誓、驗誠實、重犧牲、明團結的強固保證。[21]至於黨名上「革命」二字，則是要使一般同志知道加入中華革命黨，就表示了他是革命的黨員。[22]

中山先生並不是不尊重自由平等，他也知道要黨員們打手印，向黨魁宣誓唯命是從的做法，不合近代歐美民主政黨的常軌。但在中山先生看來，中華民國雖已創立，民主共和政體雖已實現，然在袁世凱統治下的中國，基本上與辛亥革命前的滿清封建專制時代無任何差異，所以不得已採用秘密結盟的老方式來創立一個號令統一，步調一致的政治團體，以期挽回當時的革命危機。[23]黃興對組黨的意見雖有不同，但中山先生仍尊重他不入黨的決定，勸他靜養兩年（黃患有胃病），不因公事而影響革命交情，表現出光明磊落的胸懷！

事實上，早年李石曾、張人傑等人加入同盟會時，便沒有按照成規填表或對天發誓。中山先生當時同樣表現出寬大開明、恢宏的氣度。[24]

四、積極進取的態度

美國社會學者黑根（Everett Hagen）曾謂：「傳統的價值觀或地位受到挫折之後，最先引起退卻頹喪的心理、消極抵抗而不求變。」[25]中山先生眼見清政腐敗，無法抗拒外來侵略，由學醫入世轉而從事革命濟世的工作，這便是一種積極進取的態度。在革命歷程中，面對列強帝國主義的阻撓、清廷的迫害以及黨內的紛爭，所受到的失敗、挫折、

---

[21] 居正，《居覺生先生全》集（台北，民國43年），上冊，頁153-154。
[22] 邵元冲，《玄圃遺書》（台北正中書局，民國43年），頁605。
[23] 彭澤周，前引文，頁6。
[24] 李石曾，〈中山先生胸襟浩瀚〉，收於王雲五等著，《我怎樣認識國父孫先生》（傳記文學出版社，民國54年11月），頁100。
[25] Everett Hagen, *On the Theory of Social Change* （ Illinois, The Dorsey Press, 1962 ），轉引自張朋園，《中國現代化的區域研究——湖南省》（中央研究院近代史研究所專刊46，民國72年2月），頁123。

困頓、險阻可謂不計其數，但中山先生均能秉持「不屈不撓、愈挫愈奮、敗而不餒」的精神，一一予以克服，使革命終底於成。

光緒26年（1896），中山先生在倫敦蒙難，幸經業師康德黎（Dr. James Cantile, 1851-1926）的挽救及英政府的干預始獲釋。中山先生遭此大故，重獲自由後，雖有如「蕩子返家、亡羊復獲」，但益增信心，繼續居留英倫，到大英博物館博覽群籍，完成三民主義的理論體系，並結交當地群豪，為革命大業而長期奮鬥，這種堅毅心志與積極進取的態度，實非常人所能及。

宣統元年（1909），面對章炳麟、陶成章等人一連串的攻擊和倒孫風波，中山先生絕不消極悲觀，在致吳敬恒書中，特別如此強調：「際此胡氛黑暗，黨內內鬨，誠為至艱危困苦之時代，即為吾人當努力進取之時代也。倘有少數人毅力不屈，奮勇向前，支撐得過此厄運，則以後必有反動之佳境來也。」[26]

民國4年3月，中山先生致書旅美之黃興，除慨論癸丑討袁失敗之原因外，並勸其早日回國，內云：「二十年間，文與公奔走海外，流離播遷，同氣之應，匪伊朝夕，癸丑之不利，非戰之罪也。且世之所謂英雄者，不以挫抑而灰心，不以失敗而退卻，廣州萍醴，幾經危難，以公未嘗一變厥志者，豈必至今日而反退縮不前乎？中國當此外患侵逼，內政紊亂之秋，正我輩奮戈飲彈，碎肉喋血之時。公革命之健者，正宜同心一致，乘機以起。若公以徘徊為知機，以觀望為識時，以緩進為穩健，以萬全為商榷，則文雖至愚，不知其可。」[27]不以挫抑而灰心，不以失敗而退卻，這正是中山先生拳拳服膺，信誓旦旦，自勉勉人的革命精神。

---

[26] 〈致吳敬恒請於新世紀評論日華新報破壞黨事謬論各函〉，《國父全集》，第3冊，頁99。

[27] 《國父年譜》，上冊，頁594。

同盟會新加坡分會會長張永福,在〈孫先生起居注〉上說:「孫先生性恬靜,平居沉默寡言,不呻吟,不吁嘆,勝不露喜,敗不言戚,凡事均抱樂觀態度。」[28]為中山先生的積極進取態度提供另一有力見證。也唯有抱持這種積極進取態度的人,始能屢仆屢起,百折不回,為至艱至危的革命事業開創一條坦途。

五、改革鄉里的願望

改革鄉里的願望,源於殷克勒所說,「對於社區事務與地方政治有濃厚的興趣,而且能夠主動地參與」;換言之,他不認為社會結構僵硬,而身體力行去改革它。

中山先生這種改革鄉里的願望表現得很早,而從不良風俗的改革與迷信的破除着手。當他七歲的時候,見其姐妙西女士苦於纏足,曾懇求太夫人加以釋放。林百克以為中山先生對這一件事的反應,是他對於改造的第一次努力。後來,他用了政治上的勢力,廢除了這種風俗。[29]

中山先生經過在檀香山三年的西學生活後,心智大開,感觸良深,更使他倍感改造故鄉的工作,責無旁貸。首先,他認為迷信是愚昧的原因,亦為進步的桎梏,所以蓄意要破除多神迷信與偶像崇拜。早在夏威夷時,他即將大哥廳堂上供奉的關帝畫像,悄悄扯爛,又勸牧場工人不要膜拜關帝神偶。十八歲那年某日,中山先生率群兒並幼侄出遊,過北帝廟,見向神座叩拜者甚眾,為了讓村民認識崇拜偶像是無用的,他把北帝像的手臂拉了下來,又將偶像側之「金花夫人」手指切斷。這一行動,立刻引起全村的震動,為了平息村人的憤怒,

---

[28] 傅啟學,《國父孫中山先生傳》(國父百年誕辰學術論著編纂委員會主編,民國54年),頁177。

[29] 蔣永敬,〈孫中山先生的革命思想〉,《中華民國建國史》(教育部主編,民國74年4月),第一篇,「革命開國」(一),頁138。

達成先生和楊太夫人不得不出錢把神像修復，並要中山先生立即離開翠亨村。[30]

除了向村人宣傳破除迷信外，中山先生對於地方官吏的勒索、腐敗無能，早就深惡痛絕。一日，他在市集要衝、行人麇聚之區，當眾宣傳改革說：「彼清吏者，日事勒索、、捐稅重重，果曾為地方謀何等福利乎？學校之興建，無有也；橋樑道路之修築，亦無有也。彼天子者，是為中國之元首乎？觀其政治腐敗，幣制紊亂，實不能造福國民；矧道德教育，完全忽略，果注意其一姓一家之尊崇耳。」[31]

據中山先生後來告知宮崎寅藏對自夏威夷回到家鄉翠亨村以後的心情和情況說：「我回到雙親膝下後，鄉間的宿耆和朋友們都要我說我在夏威夷所得的見聞給他們聽。而我所說的，都為他們所歡迎。因此他們終於推我做資深議員，參與鄉政之事，更多採取我的意見。改修道路；在街道點夜燈，為防禦盜賊，以輪流方式，用壯丁設置夜警隊，令這些壯丁帶槍等事皆是。當時，我如果有今日的思考能力，我不會出於孤注一擲之行動，而逐漸擴大現有之信用和實力，由縣而州，由州而省，隱忍持久，藉共同防衛之名以輸入武器，訓練壯丁，待機起事，大事或可易成。」[32]這些話可以說明，中山先生熱心參與社區事務，由改革鄉里的願望到立志革命、改良祖國的一段心路歷程。

六、現代企業的眼光

當我們研讀中山先生的著作，處處可以發現，其中充滿著科學化、合理化及制度化的現代知識。首先，在「孫文學說」第五章「知行總論」中，對科學的定義和重視有如下的說明：

---

[30] 蔣永敬，前引文，頁150；《國父年譜》，上冊，頁31；吳相湘，《孫逸仙先生傳》（遠東圖書公司，民國71年），上冊，頁31。

[31] 《國父年譜》，上冊，頁30。

[32] 陳鵬仁譯著，《宮崎滔天論孫中山與黃興》，頁7-8。

　　夫科學者，系統之學也，條理之學也。凡真知特識，必從科
　　學而來也。捨科學而外之所謂知識者，多非真知識也。[33]

　　中山先生為了應付西方經濟帝國主義的壓迫，為了加速中國現代化的
腳步，特別提出「實業計劃」這一極具企業眼光、遠見和魄力的建國
設計。他保證如果這一計劃實現，必可解決世界所面臨的國際戰爭、
商業戰爭和階級戰爭。[34]

　　中山先生所追求的「國際共同發展中國實業計劃」，就是目前流
行的國際合作辦法，寄望西方列強提供資本、人力和技術。其方式是
「歡迎列國之雄厚資本，博大規模，宿學人才，精鍊技術，為我籌劃，
為我組織，為我經營，為我訓練，則十年之內，我國之大事業必能林
立於國中，我實業之人才，亦同時並起。十年之後，則外資可以陸續
償還，人才可以陸續成就，則我可以獨立經營矣！」[35]從這段話可以
瞭解，中山先生具有卓越的企業眼光，舉凡現代企業管理所需要的專
門知識，如計劃、組織、選拔幹部、指揮、管制等，具在其中矣！

　　中國基本上是一個發展落後的國家，缺乏資金，缺乏人才，缺乏
技術，甚至缺乏建設物料，其中尤以資金最關重要。中山先生何以那
樣看重和篤信利用外資？他的目的何在？利用外資的價值與意義如
何？它的可行性與未來展望如何？這些問題在上次「孫逸仙博士與香
港」研討會中曾由王爾敏先生提出[36]，並引介徐高阮的看法如下：

　　中山先生的利用外資政策不是仰望政治借款；不是依賴經濟
　　援助；不是漫然空想吸收一些外國資本；不是給予一些外國
　　工商家以特殊的投資權利；不是尋求點綴式的技術合作；不

---

[33] 〈孫文學說〉，第五章「知行總論」，《國父全集》，第 1 冊，頁 460。
[34] 〈實業計劃〉結論，《國父全集》，第 1 冊，頁 651。
[35] 〈孫文學說〉，第七章「不知亦能行」，《國父全集》，第 1 冊，頁 485。
[36] 王爾敏，〈評介徐高阮著中山先生的全面利用外資政策〉，《珠海學報》，13 期（民
　　國 71 年 11 月），頁 228。

是以某一些特殊資源引動某一外國工程家或投資家的特殊興趣。他的政策是一個中外互利的大道，是中國高度開發的惟一方法；是一個極大膽的、全面的、充分利用外國資本和人才的政策；是有一個物質建設的龐大計劃而要把它整個付託給外國的投資與外國人才的經營；是要利用外國的雄厚資本、高等人才、最新技術，達成中國的全面、迅速、高度工業化。[37]

總之，中山先生的實業計劃，是一個光明磊落的國際合作計劃，含有與世界共赴文明的偉大理想[38]，在設計上更充滿現代企業的眼光，大膽而深具魄力，這是同時代的人所難望其項背的。

七、結語

一般論述中山先生的革命思想，多從外在環境的影響着手，如清政的腐敗，中法戰爭的刺激，檀香山、香港兩地所受西式教育與所見所聞的啟發等；而上列開放的心靈、尊重和容忍的精神、積極進取的態度、改革鄉里的願望以及現代企業的眼光等等，則純從內在的感情、態度、價值觀念和智慧等個人特性入門，希望不但有助於瞭解中山先生的革命思想，也更能認識做為一個現代人所應具備的種種條件。

從以上的簡單例證看出，中山先生無疑具備了對人對事的開放心靈，對同志的尊重和容忍精神，遭遇挫折所抱持的樂觀進取態度，與生俱來改革鄉里的熱忱，以及現代企業的專門知識和遠大眼光，不僅充分表現出一個現代人的特性，而且深具現代政治領袖人物的風格。

---

[37] 徐高阮，《中山先生的全面利用外資政策》（大地印刷廠，民國 50 年 5 月），頁 10。

[38] 王爾敏，〈中華民國開國初期之實業建國思想〉，《中華民國建國史討論集》，第 2 冊，頁 63。

中山先生的這些個人現代性，使他長久維持著開明、民主、理性、進步的美好形象，不但樹立了黨內民主領導的典範，更表現出一代政治家的偉人風範。

（原載《珠海學報》，第 15 期（民國 76 年 10 月），頁 133-139。）

孫中山與近代法國

一、前言

　　有謂孫中山出生於夏威夷，具有美國公民身分[1]，由於他自述革命的思想淵源，「有襲吾國固有之思想者，有規撫歐洲之學說事蹟者，有吾所獨見而創獲者」[2]。加上其謀國遠識之大，堅持理想與靈活運用之政治手腕，亦曾為外國學者推崇為世界的公民[3]或世界政治家[4]。

　　有關孫中山的研究，無論兩岸三地，還是歐美日各國，都稱得上碩果累累，美不勝收；至其與法國的革命情緣，則已有歐美學者如巴斯蒂（Marianne Bastid-Bruguière）[5]、白吉爾（Marie-Claire Bergère）[6]、

---

[1] 參見李又寧《孫中山先生的美國公民權——英文史料錐見一二》，《國父建黨革命一百周年學術討論集》第 1 冊（近代中國出版社，1995 年），頁 393-411。李又寧介紹 Thomas W. Ganschow 教授的論文，由美國移民局、美國國務院檔案資料，透過孫中山的答話，證明孫中山在夏威夷出生，並取得美國公民權。根據孫中山的證詞，他於 1870 年 11 月 24 日在柯湖島衣華（Ewa）鎮之 Waimanu 地方出生。但《孫中山全集》第 1 卷（中華書局，1981 年），頁 239 已指出，這是孫為便於入境，刻意編造出來的。

[2] 孫中山，《中國革命史》，秦孝儀主編，《國父全集》第 2 冊（近代中國出版社，1989 年），頁 355。

[3] 葛立格，〈孫逸仙——世界的公民〉，《中華民國建國史討論集》第 1 冊（台北，1981 年），頁 98-121。

[4] 史扶鄰，〈孫逸仙之世界政治家角色〉，《孫中山先生與近代中國學術討論集》第 1 冊（台北，1985 年），頁 205-211。

[5] 巴斯蒂相關論文有："La Diplomatie Française et la Révolution Chinoise de 1911," *Revue d'Histoire Moderne et Contemporaine,* Avril-Juin 1969；〈法國的影響及各國共和主義者團結一致：論孫中山與法國政界的關係〉，《孫中山和他的時代——孫中山研究國際學術討論會文集》（以下簡稱《孫中山和他的時代》）上冊（中華書局，1989 年）。

[6] 白吉爾，〈二十世紀初法國對孫中山的政策——布加卑事件（1905-1906）〉，《孫中山和他的時代》上冊。

史扶鄰（Harold Z. Schiffrin）[7]、金姆曼荷蘭德（Kim J. Munholland）[8]、杰佛里·巴洛（Jeffrey G. Barlow）[9]、林如蓮（Marilyn A. Levine）[10]以及兩岸學者吳乾兌[11]、沈自敏[12]、張振鵾[13]、陳三井[14]、許文堂[15]等人，利用個別的檔案資料，從不同的角度，就不同的時期，做出一些基礎性的研究，本文對此不擬贅述。

　　本文的第一個切入點，是想探討孫中山對法國大革命的整體認識，包括對若干啟蒙運動者如盧梭（Jean Jacques Rousseau, 1712-1778）、孟德斯鳩（Charles Louis de Secondat Montesquieu, 1689-1755）、福祿特爾（伏爾泰，François Marie Arouet Voltaire, 1694-1778）等人的批評，以及對《人權宣言》和自由、平等、博愛三個口號的推崇，從而推論法國大革命的影像與法國政制對主張「取法西方」的孫中山所產生的影響。

　　第二個切入點，也許是過去較少人注意的兩個焦點：一是尋找孫中山對民初李石曾、吳稚暉等人所倡導的以法國為主的旅歐教育運動的看法和支持；一是重建中國國民黨在上海環龍路黨部時代，孫中山

---

[7]　史扶鄰著、邱權政等譯，《孫中山與中國革命的起源》（中國社會科學出版社，1981 年）。

[8]　Kim J. Munholland, "The French Connection That Failed: France and Sun Yat-Sen, 1900-1908," *Journal of Asian Studies*, Nov. 1972、 林禮漢等譯文見《辛亥革命史叢刊》第 4 輯（中華書局，1982 年）。

[9]　Jeffrey G. Barlow, "Sun Yat-Sen and the French, 1900-1908," Institute of East Asian Studies, Center for Chinese Studies, University of California, Berkeley, 1979、 黃芷君譯文見《辛亥革命史叢刊》第 6 輯（中華書局，1986 年）。

[10]　林如蓮，〈孫中山先生與中國國民黨旅歐支部〉，《國父建黨革命一百周年學術討論集》第 2 冊。

[11]　吳乾兌，〈1911-1913 年的法國外交與孫中山〉，《孫中山和他的時代》上冊；〈辛亥革命期間的法國外交與孫中山〉，《中山大學學報》編輯部編印，《孫中山研究論叢》第 5 集。

[12]　沈自敏，〈辛亥革命與法國〉，《外交史知識》，1981 年第 9 期。

[13]　張振鵾，〈辛亥革命時期的孫中山與法國〉，《近代史研究》，1981 年第 3 期。

[14]　陳三井，〈法國與辛亥革命〉，《中央研究院近代史研究所集刊》第 2 期（台北，1971 年 6 月）；〈法文資料中所見的孫中山〉，黃季陸等，《研究中山先生的史料與史學》（台北，1975 年）。

[15]　許文堂，〈孫中山在法國的革命活動和黨務組織〉，張希哲、陳三井主編《華僑與孫中山先生領導的國民革命學術研討會論文集》（國史館，1996 年 8 月）。

派人到法國組黨從事活動的若干史實。這兩部分涉及法國現代性與重要性的擴散，在在引導並支配孫中山做出決定，而且影響其行動，故應兼而述之，期使關照面更加廣泛，更為完整。

二、孫中山對法國大革命的認識

　　法國大革命是具有世界歷史意義的重大事件，它的歷史並非專屬法國，而且也屬於整個世界。[16]雖然法國大革命的信息在英國使節馬戞爾尼（Lord Macartney）抵達北京時（1793 年 8 月）已傳到清廷，但是並未引起任何反應。[17]真正透過雜誌報紙的宣傳和報導，對中國有日益增長的影響，則已到 20 世紀初同盟會成立之前。長期在香港、夏威夷接受西方教育的孫中山，對法國大革命自是不陌生。1887 年孫中山從廣州博濟醫校轉入香港西醫書院（College of Medicine for Chinese, Hong Kong）肄業時，日間研習科學與醫學，夜間則攻讀中文或其他的書籍，法國革命史與達爾文（Charles R. Darwin, 1809-1882）進化論等名著，尤所愛讀。當時孫中山所讀的法國革命史，是英文藍皮譯本。[18]

　　孫中山說過，法國大革命經過了 80 年，才能夠成功。法國革命是以啟蒙思想家盧梭等人鼓吹民權思想為前導的。現在我們來看看孫中山對他們的一些看法。

（一）對啟蒙運動大師的批評

　　像王韜、嚴復、梁啟超等中國近代思想家一樣，孫中山對幾位啟蒙大師大致持肯定和讚賞的態度，其中論列較多、最加推崇的是孟德

---

[16] 章開沅，〈法國大革命與辛亥革命〉，劉宗緒主編，《法國大革命二百周年紀念論文集》（三聯書店，1990 年），頁 79-80。

[17] 張芝聯，〈近百年來中國的法國革命史學（1889-1989）〉，《法國大革命二百周年紀念論文集》，頁 118。

[18] 羅香林，《國父之大學時代》（台灣商務印書館，1971 年），頁 31-32。

斯鳩。孫中山說:「歐洲立憲之精義,發於孟德斯鳩,所謂立法、司法、行政三權分立是已。歐洲立憲之國,莫不行之。」[19]又說:「立法、司法、行政三權鼎立,倡自法儒孟德斯鳩,君主民主立憲國奉為金科玉律。」[20]

孫中山進一步探究孟氏思想的來源及其影響,認為孟氏乃根據英國的政治習慣,草成此種三權分立主張,著了一部書叫《法意》(*L'Esprit des Lois*),有人亦叫做《萬法精義》,發明了三權分立底學說,主張立法、司法、行政三權分立。就影響來說,孫中山以為孟氏發明三權分立學說未久,「就有美國底革命,訂定一種憲法。美國即根據孟氏底三權分立學說,用很嚴密底文字訂立成文憲法……後來日本底維新,及歐洲各國底革命,差不多皆以美國為法訂立憲法。」[21]換言之,孟氏的三權分立說,影響美國及各國憲法,幾乎放之四海而皆準。但孫中山認為,三權分立在西歐仍然不足,「法國、美國現在的政治機器,還是有很多的缺點,還是不能滿足人民的慾望,人民還是不能享圓滿的幸福」[22],所以加上中國原有的監察、考試二權,而主張五權憲法。

孫中山演講三民主義,經常拿法國當例子的是民權主義的幾講。梁啟超醉心盧梭的思想,認為近代西方的政治革命與日本的明治維新,都是受盧梭《民約論》(*Le Contrat Social*)的影響所產生的效果。[23]他特別強調,「盧梭之倡天賦人權……自此說一行,歐洲學界,如平地起一霹靂,如暗界放一光明,風馳雲捲,僅十餘年,遂有法國大革命之事。」[24]

---

[19] 孫中山,《中國革命史》,《國父全集》第 2 冊,頁 356。
[20] 孫中山,《監察、考試兩權為中國歷史所獨有》,《國父全集》第 2 冊,頁 417。
[21] 孫中山,《五權憲法講演錄》,《國父全集》第 3 冊,頁 237-238。
[22] 孫中山,《民權主義第六講》,《國父全集》第 1 冊,頁 118。
[23] 亓冰峰,《清末革命與君憲的論爭》(台北:中央研究院究近代史研究所專刊 19,1996 年 12 月),頁 69。
[24] 沈堅,〈中國近代思想家眼中的法國大革命形象〉,《法國大革命二百週年紀念論文集》,頁 88-89。

　　與梁啟超的抽象式肯定，筆端充滿感情相比，孫中山便顯得冷靜務實多了。他是這樣介紹盧梭的：「講到民權史，大家都知道，法國有一位學者叫做盧梭。盧梭是歐洲主張極端民權的人，因有他的民權思想，便發生法國革命。盧梭一生民權思想最要緊的著作是《民約論》，《民約論》中立論的根據，是說人民的權利是生而自由平等的，個人都有天賦的權利，不過人民後來把天賦的權利放棄了。所以這種言論，可以說民權是天生出來的。」[25]

　　孫中山對天賦人權有不同的看法，認為它不是天生出來的，而是時勢和潮流所造就出來的。所以批評盧梭的言論沒有根據，和歷史進化的道理相衝突。[26]與專制君主爭民權，雖是法國大革命的重要原因之一，也是為辛亥革命尋找合理化的一個理由，但孫中山仍時時以法國大革命為教訓，不希望濫用民權革命行為過於暴虐，使反革命的人受到大害。

　　儘管孫中山對盧梭的天賦人權說有一些質疑，但還是肯定盧梭的歷史作用，推崇他的提倡民權，「更是政治上千古的大功勞」。

　　孫中山對另一位啟蒙大師福祿特爾，便著墨較少。在 1903 年發表的〈駁保皇報〉中，孫中山對保皇派雖提到「盧梭、達爾文、福祿特爾等諸大哲提倡建設」，但對他們對諸大哲實有誤解之處，曾提出了嚴厲批評，認為「書中所載，語無倫次，義相矛盾，可知作者於倫理學一無所知，於政治學更懵然罔覺。所言事實，多有不符；所引西事，牽強附會」，特別是對《隆記報》主筆陳儀侃大書特書曰「達爾文有提倡法國三次革命之功」，提出反駁，指出「不知達爾文乃英人，當法國第一次革命之時，彼尚未出世；當第二次革命之時，彼尚未成學；當第三次革命之時，彼尚未聞名於世。其第一出版之著作，名曰《生物本源》，出版在 1859 年，當時英國博物家尚多非其說之不經，

---

[25] 孫中山，《民權主義第一講》，《國父全集》第 1 冊，頁 62。
[26] 孫中山，《民權主義第一講》，《國父全集》第 1 冊，頁 63。

十餘年後始見重於英之學者，又十餘年後始見稱於世人。」[27]孫中山言必有據，其批評可謂一針見血。

（二）對〈人權宣言〉的推崇

　　法國 1789 年的〈人權宣言〉，是領導法國革命的資產階級在廣大城鄉人民支持下取得了勝利之後，為譴責舊制度，闡明其新的社會、政治綱領而發表的。在這意義下，它無異是舊制度的死亡證明，又是新體制的出生紙或計畫書。宣言的起草者在 18 世紀哲學家們思想的啟導下提出了一整套以自然權利學說為基礎的社會、政治哲學的各項原則，即著名的 1789 年原則，為近代世界建立新的社會、政治秩序鋪設了理論基石。[28]

　　孫中山對這個繼美國〈獨立宣言〉之後的法國〈人權宣言〉，有極大的推崇和無限的憧憬，他說：「但法蘭西〈人權宣言〉出後，自由、博愛、平等之義，昭若日星，各國法律，凡屬人類，一律平等，無有階級。其有他國逃奴入國者，待以平民，不問其屬於何國。」[29]

　　自由、平等、博愛是法國大革命的三個口號，孫中山不僅常常加以引用，與三民主義對比，並且有很具體的解釋。茲綜合其看法，分述如下：

　　孫中山首先指出，「自由、平等」是歐美近 100 年來的兩大革命思想，法國革命又加上「博愛」。「自由」、「平等」和「博愛」的思想有助於推動和壯大法國大革命，因而也有助於中國國民革命。

1. 孫中山又用法國大革命的口號來解釋他提倡三民主義，指出三民主義之內容亦可謂之民有、民治、民享，與自由、平等、博愛無異。他在解釋自由、平等、博愛與三民主義的關係時，比

---

[27] 孫中山，〈駁保皇報〉，《國父全集》，第 2 冊，頁 242-243。
[28] 王養冲，〈〈人權和公民權宣言〉與 1789 年原則〉，《法國大革命二百周年紀念論文集》，頁 263。
[29] 孫中山，〈飭內務部通飭所屬禁止買賣人口令〉，《國父全集》第 6 冊，頁 36。

較的說，「法國的自由和我們的民族主義相同，因為民族主義
是提倡國家自由的。平等和我們的民權主義相同，因為民權主
義是提倡人民在政治之地位都是平等的，要打破君權，使人人
都是平等的，所以說民權是和平等相對待的。此外，還有博愛
的口號，這個名詞的原文，是『兄弟』的意思，和中國『同胞』
兩個字是一樣解法，普通譯成『博愛』，當中的道理和我們的
民生主義是相通的。因為我們的民生主義是圖四萬萬人幸福；
為四萬萬人謀幸福就是『博愛』」。

2、　孫中山認為自由、平等、博愛的提倡者是人道主義者和社會主
義者。他說：「社會主義者，人道主義者也。人道主義主張博
愛、平等、自由。社會主義之真髓，亦不外此三者，實為人類
之福音。」[30]

　　從以上簡單的論述可以看出，孫中山用深入淺出、大眾可理解的
話語，拿法國革命家喻戶曉的自由、平等、博愛三個口號，來與他新
提倡的三民主義相比擬闡揚，雖不無用法國大革命來為自己革命服務
的想法，並多少有點簡單化和片面性，甚至和維新派一樣流於口號
化，但總體而言，在繼承中亦有創發，內容較富新意，並具中國特色，
較之維新派有意貶低法國大革命，甚至幾乎全盤否認的論調，已較顯
進步、深刻。

三、孫中山與民初旅歐教育暨國民黨在法的組織活動

　　民初旅歐教育運動，係由具旅歐、留法背景，並富無政府主義色
彩的若干同盟會志同道合之士，如李石曾、吳稚暉、蔡元培、汪精衛、
張繼等人所倡議，鼓勵學子到法國、比利時等國留學，或以工兼學，

---

[30] 陳崇武，〈孫中山和毛澤東的自由、平等、博愛觀〉，《法國大革命二百周年紀念
論文集》，頁 100-101。

旨在扭轉自清華留美以來「美雨壓倒歐風」的留學熱潮，讓歐美學術運河平均輸灌，其終極關懷在溝通東西文明，融合中外學術，另創一種新文明，為人類開一新紀元。[31]

旅歐教育運動的內涵，廣而言之，應溯自「留法儉學會」，歷經「勤工儉學會」、「華法教育會」，包括華工教育，兼及北京中法大學、巴黎中國學院、里昂中法大學、比利時曉露槐（Charleroi）中比大學的創辦等事宜，前後銜接，國內外學術聯成一氣。

孫中山自二次革命討袁失敗後，或亡命海外，或南下廣州護法或困居上海專心著述，席不暇暖，對於這段期間從「留法儉學會」的成立到派遣華工參加歐戰，乃至赴法勤工儉學運動的如火如荼展開，顯然不是他的注意焦點，因為翻遍《國父全集》、《孫中山全集》或《國父年譜》，相關資料仍屬鳳毛麟角，不易建構出一幅完整的圖像，難能清晰描繪出孫中山的看法。

第一次世界大戰期間，協約國方面之法、英、俄三國因國內壯丁大多調赴前線，廠工缺乏，農務廢弛，於是先後到中國大批招募華工，或任木材砍伐，或在礦山工作，或參與軍火製造，或支援後勤運輸，於上述三盟國人力資源之補充，貢獻甚大。[32]

華工出國「以工代兵」參加歐戰，除了政治動機外，社會經濟的因素當也在考慮之列，誠如李石曾所主張，其可裨益於國人者有三：一曰擴張生計；二曰輸入實業知識；三曰改良社會。[33]孫中山雖然反對中國參加歐戰，但對於華工返國效力，倒是持肯定的態度。1919年 4 月 14 日復函旅法華工許道生，對他擬在法國組織華工團體的計畫表示讚許，並指出「年來中國多故，共和政治屢受暴力所摧殘，雖由武人專橫，亦因國中大多數之勞動界國民不知政治之關係，放棄主

---

[31] 吳稚暉，《海外中國大學芻議》，收入陳三井編，《勤工儉學運動》（台北：正中書局，1981 年）。

[32] 參閱陳三井，《華工與歐戰》（台北：中央研究院近代史研究所，1986 年 6 月）。

[33] 陳三井，《華工與歐戰》，頁 12。

人之天職，以致甘受非法之壓制、凌侮而吞聲忍氣，莫可如何也。」
最後他認為「感受世界最新之潮流，又得練習最新之科學工業常識的
數十萬僑胞聯袂歸來，為宗邦效力，則祖國實業前途之發展、民權之
進步，又豈有限量。」[34]此時孫中山正從事研究國際共同發展中國實
業，實業計劃的宏規亦已成形，自是對有實業經驗的十多萬華工寄以
厚望！

　　孫中山曾對李石曾、吳稚暉等人所發起的中法教育合作事業，基
於公利──運動法國退還庚子賠款，和私誼──雙方的交情，在精神
上是支持的。支持表現在下列三件事上：

（一）對創設西南大學的支持

　　西南有創辦大學之議，首先由陳炯明於 1919 年 9 月 21 日公開發
起，鈕永建、鄒魯等人相繼響應贊同。在醞釀初期，曾建議以關稅餘
款一百萬元，充作學校開辦費，曾獲得孫中山、唐繼堯的贊成以及軍
政府首席總裁岑春煊的首肯。不料西南軍政府政務會議通過《西南大
學大綱》時，因受李石曾、吳稚暉的影響，竟然明定「本大學設本部
於上海，酌設分部於海外」，並除汪精衛、章士釗外，增聘吳稚暉、
李石曾為里昂海外部籌備員，黃炎培為南洋海外部籌備員，因而引發
一場校址之爭。[35]

　　孫中山雖然支持西南大學的創設，但在校址的選擇問題上採取什
麼立場，頗令人關心。這時候孫中山人在上海，3 月中旬有兩名學生
領袖黃輝（天津學生聯合會代表）與陳肇業（全國學生聯合會總會理
事）偕往法租界環龍路寓所拜訪，談及西南大學校址事，孫中山主張
該大學應在廣州創設，與陳獨秀的意見相同，「但謂宜先設法趕走該

---

[34] 陳錫祺主編，《孫中山年譜長編》，下冊（北京：中華書局，1991 年），頁 1169-1170。
[35] 參閱陳三井，〈民初西南大學之倡設與棄置〉，《中央研究院近代史研究所集刊》，
第 19 期（台北：1990 年，6 月），

處之廣西（桂系）軍人方好，否則一經大學創成，必即為伊等勢力所盤據，生種種之障礙，將設如不設！」[36]

（二）對在法國建立海外大學之支持

孫中山因受李石曾等人的影響，對在法國里昂創設海中國大學的支持亦不遺餘力。1919 年，孫中山與唐紹儀曾聯名致函政務會議，請撥款補助擬在法國建立之中國大學。此一長函，很像李石曾口吻，大致要點如下：

1、年來勤工儉學生赴法者，極為踴躍；而法人待之，亦甚為殷摯。

2、中國大學之成立，於教育方面收效宏大，而於退還賠款之進行，關係尤巨。中國於海外自建大學，於教育前途，為利至溥。

3、「自民國肇造以來，政本未安，奸宄屢作，民生疾苦，日以加甚；一線之望，惟在民心之未死，民智之漸開。而盈虛消長，實繫於教育，教育之道，條理萬端，以目前學校之未備，人才之難遇，國外大學之建議，實所以補其缺乏，應其需要，此為國家根本大計，誠不宜忽。」[37]

創建海外大學既如此重要，復有法國政府及里昂各界之熱心配合，事不宜遲，故特請政務會議，撥款 30 萬元。於是政務會議核定於西南大學的建校款 100 萬元中撥 30 萬元給里昂部籌備項，常年款 70 餘萬，20 萬元歸里昂部。這個結果無異是陳炯明、鄒魯等人播種，吳稚暉、李石曾等人收穫，也可以說是吳、李反客為主，借西南大學之「腹」生里昂大學之「子」的絕妙好計。[38]

[36]〈孫中山之西南大學校址談〉，《申報》，1920 年 3 月 15 日。

[37]孫中山，〈與唐紹儀聯名致政務會議請撥款補助擬在法國建立之中國大學函〉，《國父全集》，第 5 冊，頁 187-189。

[38]陳三井，〈民初西南大學之倡設與棄置〉，《中央研究院近代史研究所集刊》，第 19 期，頁 370。

（三）明定里昂中法大學為廣東大學海外部

里昂中法大學於 1921 年 10 月創辦開學，廣東大學於 1924 年 2 月合併國立高等師範學校、廣東公立法科大學、廣東公立農業專門學校而成立。[39] 緣里昂中法大學設立之初，原定為廣東大學海外部之一，後因廣東大學一時未能成立，海外部學生無從附麗，以致經費異常欠缺。經廣東大學校長呈報後，孫中山於 1925 年 2 月 6 日核可，明令將里昂中法大學依照原案定為國立廣東大學海外部之一，及確定管理權責，並永遠不能將現有經費的款內應得之額變更。[40]

除上述數事，孫中山曾留下的公文檔案，明確表示一定的支持外，尚有一件與中法文化教育有關之事，值得一敘。

第一次世界大戰結束後，法國金融家艾米奇德因不忍見大多數巴黎大學生所處的惡劣生活環境，特透過當時的國民教育部長奧諾哈（André Honnarat）的大力支持，終於陸續建造了一個由法國捐地、各國捐款，可容納數千人住宿並活動的大學城（Cité Universitaire）。[41] 曾任法國總理、時任巴黎中國學院院長的法國科學家班樂衛（Paul Painleve, 1863-1933）為此曾於 1922 年 1 月 12 日致函孫中山，請贊助巴黎建造大學城。函中有云：「里昂方面辦理勤工儉學事業，巴黎創設中國學院新基，敝人承乏該院院長，諒閣下早有所聞⋯⋯巴黎市政廳及巴黎大學現發起萬國大學村莊（即大學城），英、美、加拿大、挪威、瑞典等國均將在此蓋造各該國學舍，余代中國學院捐得建築新院地基一塊，約值三百萬佛郎，此實為萬國學舍合為一家之創舉。相形之下，中國方面似宜自樹相當之威嚴，維持國體之位置，無待鄙人

---

[39] 黃福慶，《近代中國高等教育研究——國立中山大學》（台北：中央研究院近代史研究所，1988 年 6 月），頁 2。

[40] 孫中山，〈飭知里昂中法大學海外部定為國立廣東大學海外部令〉，《國父全集》，第 7 冊，頁 493-494。

[41] 胡引玉輯譯，〈巴黎國際大學城——地球上的理想國〉，《民生報》，台北：1996 年 10 月 4 日。

贅述。鄙意以為：中國不論南北，不論黨派，凡樂與西方學界接近之份子，均當贊成此種盛舉。鄙人酷愛中華民國，深信其前途遠大，故敢於閣下從公匆忙之際進言，以瀆清聽。」[42]

此函由巴黎中國學院監督韓汝甲轉達，孫中山在生前曾否得閱？閱後有何反應？均不得而知。所可確定的是，大學城中國館的基地已由班樂衛代為選定，建築藍圖並已由里昂中法大學學生虞炳烈設計完成，遺憾的是南北分裂的中國政府最後並未贊助此一美舉，巴黎大學城獨缺中國館，這未嘗不是中法文教交流史上的一大憾事！

至中國國民黨透過總務部，派遣王京岐（1894-1925）到法國發展黨務的活動經過，筆者已有另文發表[43]，不擬贅述。

在此要說明的，王京岐雖是孫中山所派遣，但其間係透過總務部長居正之介紹，平常王氏致函聯絡的是總務部的孫鏡（鐵人）與鄭達佛兩人。在台灣陽明書屋（即中國國民黨黨史委員會）所藏的上海環隆路黨部資料中，雖發現有數封王京岐致孫中山的函或報告，但迄今尚未找到有孫中山復王京岐的函，所以無法建構孫中山對法國黨務活動的一些看法或如何重視支持的意見。在《國父全集》中僅發現一份孫中山的委任狀，其內容是：「委任王京歧為里昂中國國民黨分部籌備處籌備員，方棣棠為比國中國國民黨通訊處籌備處籌備員，周恩來、尹寬為巴黎中國國民黨通訊處籌備處籌備員。此狀，總理印，總務部部長彭素民副署。」[44]

在國內中國國民黨一片「容共」聲中，王京岐為了開展黨務，在法國也做了一項類似的重大決定。他與代表「旅歐中國少年共產黨」的周恩來、尹寬、林蔚等人商談合作，有意引其加盟入黨，其理由是

---

[42] 中國第二歷史檔案館，〈班樂衛請贊助巴黎建築萬國大學村莊致孫中山函〉，《歷史檔案》，1985年第1期。

[43] 陳三井，〈王京岐在歐洲的組黨革命活動〉，《國父建黨革命一百周年學術討論集》，第2冊，頁308-325。

[44] 孫中山，〈委任王京歧等職務狀〉，《國父全集》，第8冊，頁570。

該「組織頗為完善，而其行動亦與吾黨相差不遠」，而請總務部裁示。《國父年譜》刊載了 1923 年 7 月 19 日總務部長彭素民的復函云:「查國內該團團員已有多數加入本黨，則對於旅歐該團亦自不須拒絕。惟須於入黨之初，詢其以後是否在本黨主義之下活動; 若不能與我步調一致，則是無合作之益，而有混亂之害，此層請特別注意為幸!」[45]

　　這麼重要的一件事情，雖由彭素民具名復函，但顯然不是他個人單獨所能決定的，這不僅代表孫中山當時的「容共」政策，亦標誌著中國國民黨「容共」的基本態度。

四、結語

　　在武昌首義前，孫中山曾三度訪法，雖然每次停留的時間不長，但整體而言，對法國有相當全面而深入的認識。

　　我們若熟讀三民主義，大概可以為孫中山對法國的影響，拼圖如下:

1、　法國人是拉丁民族，係拉丁民族在南歐所建立的最大國家。
2、　法國人口 4000 萬，以農立國，國家富庶，人民家給戶足，每日都講究快樂。
3、　法國是世界四強(英、美、法、日)或五強(英、美、法、日、意)之一; 歐洲大陸最強的國家是法國，法國的陸軍是世界上最強的。
4、　歐美近一百年來的文化，雄飛突進，一日千里，種種文明都是比中國進步得多; 法國是世界上最文明的國家。
5、　歐美崇拜盧梭為民權中的聖人，好像中國崇拜孔子一樣。

　　總之，在孫中山的心目中，法國是西方一個崇尚自由、平等、博愛的先進民主國家，較為接近他的革命思想。猶憶汪精衛在〈駁革命

---

[45] 《國父年譜》，下冊，頁 1089。

可以生內亂說〉一文中說過：「法蘭西之革命，尊人權、貫自由平等之精神，於政治、社會、經濟生一大變革。世界所以有今日之進步者，法蘭西之革命為之也。」[46]

其後，陳獨秀亦曾在〈法蘭西人與近世文明〉的文章中特別強調，近代文明的三種特徵：人權說、生物進化論與社會主義，皆拜法蘭西人之賜。他甚至說：「世界而無法蘭西，今日之黑暗，不識仍居何等。」[47]

孫中山雖然沒有像汪精衛、陳獨秀講得那樣明白、露骨，但就是這種法國現代性的文明影像，法美連體嬰似的共和制，平等自由快樂的法蘭西人，成為中國革命者或「五四」型知識份子讚揚、憧憬、模仿和效法的對象，孫中山亦不例外。

孫中山的「取法西方」，主要精神乃是要以「以法為師」。法國大革命前的啟蒙工作，〈人權宣言〉和自由、平等、博愛的響亮口號，大革命的成功及其擴散作用，在在引導並支配著孫中山的革命思想和行動。

（原載《近代史研究》，1997 年第 2 期，1997 年 3 月，頁 62-75。）

---

[46] 汪精衛，〈駁革命可以生內亂說〉，《民報》，第 9 號，1906 年 11 月。
[47] 陳獨秀，〈法蘭西人與近世文明〉，《新青年》，第 1 卷第 1 號，1915 年 9 月 15 日。

孫中山革命與法國友人羅氏

一、

　　孫中山一生倡導革命，除成立革命團體暨辦報鼓動風潮外，並聯絡會黨，爭取華僑與留學生的支持，策動新軍等反清力量共同舉事，而尋求外援（武器與經費）和外交結盟，同樣也是他努力不懈的奮鬥目標。

　　在孫中山的心目中，法國是西方一個崇尚自由、平等、博愛的先進民主國家，既尊重人權，復尚道義，較為接近他的革命思想，以法國國力之強盛及其在歐洲外交砧壇上合縱連橫的重要地位，乃至法蘭西在華的政治和經貿利益，當然是孫中山在革命過程中一直所要爭取同情和支援的對象。且「前事不忘，後事之師」，法國大革命的成敗得失，更是孫中山革命必須引以為戒，取經借鏡的良師！

二、

　　地緣政治在孫中山早期革命活動中佔有重要地位，影響著他的革命戰略。[1]香港是孫中山初期革命最熟悉、最有基礎的理想基地。等到 1896 年香港政府對孫中山下放逐出境令後，他便籌劃以日本為革命的基地。1905 年中國革命同盟會在日本東京成立。從東京，也是孫中山打開通往法國安南的一扇窗。

---

[1]　茅家琦等著，《孫中山評傳》，南京大學出版社，2001 年 5 月，頁 213。

在東京，孫中山首先要親近接觸的人物，是法國駐日公使阿爾芒（François Jules Harmand），據巴斯蒂（Marianne Bastid）教授得自法國外交部的資料，1900 年 3 月孫中山在東京時，曾透過一位中國裁縫與法國公使館的一位人員接觸，[2]完成了從中牽線的工作。孫中山與阿爾芒兩人於 6 月初會面，[3]這時孫中山向法國所尋求的不是財政援助，而是武器以及可望訓練其革命軍的法國軍事顧問。他並且說明，倘革命成功的在華南建立政府，將給予法國某些特許權。據阿爾芒向法國外交部的報告，一開始他就沒有拒絕這次會談，因為他要搶先機，一方面深怕孫中山得到日本的支持，法國落在日本之後；另一方面又擔心革命黨開始在華南使用日本軍官和工程師。但面對孫中山的要求，阿爾芒的態度至為慎重。他表示，法國的對華政策，主要在於現狀的保持。假使革命成功的話，法國將極願與孫政府建立友好關係。[4]

孫中山拜訪阿爾芒的另一個目的，在請求他安排會見法國印度支那總督韜美（Paul Doumer, 1857-1932，一譯杜美）。孫中山開始注意到安南，是在 1900 年間的事。安南當時是法國的殖民地，為了尋求進入安南並以河內為另一個策動革命的中心，不能不與法國駐印度支那的官員進行接觸。[5]

透過法國駐日本公使阿爾芒這座橋樑，孫中山展開了與法國殖民派的實際接觸。法國自第三共和成立以來，即有所謂「大陸派」（保守派）與「殖民派」之爭。「大陸派」時時以普法戰爭色當（Sedan）

---

[2] 巴斯蒂（Marianne Bastid），〈法國的影響及各國共和主義者團結一致：論孫中山與法國政界的關係〉，收入《孫中山和他的時代》，中國孫中山研究學會主編，北京中華書局出版，1989 年 10 月，上冊，頁 455。

[3] 李吉奎、李雲漢兩人根據 G. Barlow 的說法，都認為會面的時間在六月上旬。參閱李吉奎，《孫中山與日本》，廣東人民出版社，1996 年 10 月，頁 179；李雲漢，《中國國民黨史述》，台北，中國國民黨黨史委員會，1994 年 11 月，第一編，頁 154。

[4] J. Kim Munholland, " The French Connection that Failed: France and Sun Yat-sen, 1900-1908 ", *Journal of Asian Studies*, Nov.1972, p.78.

[5] 李雲漢，前引書，頁 154。

國恥為念，視線一直停留在「臥茲山翠綠的世界」（ligne bleue des Vosges），不贊成因對外殖民而引發與英國之間的衝突，或與德國之間緊張關係的鬆弛。以茹費理（Jules Ferry, 1832-1893）總理為首的殖民派則認為，法國不該「沉溺於流血不止的傷口的沉思」，不能永遠想著阿爾薩斯、洛林（Alsace-Lorraine）的問題，而應該轉移視線，積極進行那佔領據點、榨取原料、開拓市場、劃分勢力範圍的殖民活動，重振聲威，恢復法國在世界上的大國地位。[6]

　　韜美是個積極的殖民派代表和主張在印度支那實行大膽擴張政策的擁護者，他不止要提高印度支那的經濟發展和擴大在該地區的政治影響力，更要在華南發展鐵路、礦業和商業。1900 年 6 月 7 日，阿爾芒寫信通知韜美，孫中山到西貢的消息，請他自行決定是否接見這位革命家。6 月 21 日孫中山到達西貢，但韜美已去河內，兩人實際並未碰面。[7]不過，韜美仍委派一位代表在總督官邸接見。會談的結果，孫中山所得到的只是「某種含糊的同情」（giving him some vague words of sympathy）。[8]其後，韜美仍主動安排了一次與孫中山的會面。緣安南決定於 1902 年 11 月至 1903 年 1 月間，在河內舉行工業博覽會。韜美顯然認為這是一個最適當的機會，遂經由法國駐日本公使轉遞邀請書，邀請孫中山以參觀博覽會為名，屆時會晤。然而，當孫中山抵達河內時，韜美已調職回國，接替他的是鮑渥（Paul Beau）總督。所幸，韜美離職前早有安排，孫中山與其主任秘書阿杜安（Charles Hardouin，孫中山記為哈德安）舉行會談。以上大致是孫中山嘗試與安南當局建立合作關係的簡單過程。這種合作關係固是孫中山所願，但多半由安南地方當局在逾越巴黎的訓令下所引導促成的。基本上，中國的革命運動與法國的遠東政策實相違背，與法蘭西在中國或安南

---

[6]　陳三井，《近代中法關係史論》，台北三民書局，1994 年 1 月，頁 25。
[7]　《國父年譜》仍主張孫與韜美有會談。參閱上冊，頁 136。
[8]　Jeffrey G. Barlow, " Sun Yat-sen and the French, 1900-1908", University of California, Berkeley, 1979, p.53.

的利益也相衝突，因此這種合作關係當然不可能有成功的希望。所以
這只能算是一段短暫的「露水姻緣」。

三、

　　中國革命黨在歷史上與外國志士的關係，以日本為最多。歐美人
士之協助中國革命，如法人拉法葉之幫助美國獨立革命，美人白齊文
之助太平軍，並不多見。美國的荷馬李（Homer Lea, 1876-1916）將
軍可謂異數。根據已有文獻和研究所得，襄助中國革命之國際人士，
共計約 290 人，其中以日本的 212 人為最多，法國的 24 人次之。在
290 人中大致可分成四類，分別為：（1）直接參與中國革命者；（2）
協助中國革命工作者；（3）資助中國革命工作者；（4）同情中國革命
工作者。

　　在法國諸多友人中，當以羅氏（Ulysse-Raphael Reau, 1872-1928）
最富傳奇，也最受孫中山稱道。孫中山在《孫文學說》第八章「有志
竟成」篇留下這樣一段見證：[9]

> 　　（武昌起義），熊秉坤首先開鎗發難，而蔡濟民等率眾進攻，
> 開砲轟擊督署，（湖廣總督）瑞澂聞砲，立逃漢口，請某領
> 事如約開砲攻擊。以庚子條約，一國不能自由行動，乃開領
> 事團會議，初意欲得多數表決即行開砲攻擊以平之，各國領
> 事對於此事，皆無成見，惟法國領事羅氏乃予舊交，深悉革
> 命內容。……法領事於會議席上，乃力言：「孫逸仙派之革
> 命黨，乃以改變政治為目的，決非無意識之暴舉，不能以義
> 和拳一例看待而加干涉也。」時領袖領事為俄國，俄領事與

---

[9]　秦孝儀主編，《國父全集》，近代中國出版社，1989 年 11 月，第一冊，頁 419。

　　法領事同取一致之態度，於是各國多贊成之，乃決定不加干
涉，而並出宣布中立之布告。

羅香林所著《國父與歐美之友好》一書，即據此而肯定，羅氏在領
事團會議上的力主中立，產生了很大的作用，直接影響於武昌起義
成功的因素。[10]
　　有關羅氏同情中國革命的事蹟，除史學家羅香林有心探索外，至
於羅氏的原姓名以及其學歷背景與外交經歷為何？一般史書並未有
進一步揭露。1963 年秋冬間，羅香林由港經歐至美遊歷。某一日在紐
約哥倫比亞大學東亞圖書館與李書華（留法物理學博士，曾任北平中
法大學校長、中央研究院院士、總幹事）相遇，託其便中設法調查羅
氏原姓名。李書華又轉託旅居巴黎之趙明德醫師，時筆者正在巴黎大
學攻讀博士學位，常出入外交部檔案館，故趙醫師又轉託於我，筆者
即根據法外部所出版的歷年《外交年鑑》（Annuaire Diplomatique et
Consulaire），查出羅氏的原姓名及一生經歷，抄送李書華先生，李先
生即根據這些資料，撰〈法國羅氏的原姓名及其經歷〉一文，發表於
《傳記文學》。[11]至此，這位同情孫中山革命的法國友人之學經歷終得
大白於世。查出羅氏原姓名及其經歷，對筆者來說，事屬舉手之勞，
不敢居功。返台後，筆者又根據所搜集之部分資料，撰〈法國羅氏與
辛亥革命〉[12]一文，以為續貂，重點則放在羅氏於辛亥革命前後的政
情觀察。法人班莎克・蒂西葉（Nicole Bensacq-Tixier）根據法外部的
個人檔案與外交年鑑，近年編有《在華法國外交與領事團辭典，
1840-1911》（Dictionnaire du Corps Diplomatique et Consulaire Français

---

[10] 羅香林，《國父與歐美之友好》，台北中央文物供應社，1979 年 8 月再版，頁 118-119。

[11] 李書華，〈法國羅氏的原姓名及其經歷〉，《傳記文學》，第 15 卷第 1 期（1969 年 7 月），頁 16-17。

[12] 陳三井，〈法國羅氏與辛亥革命〉，《傳記文學》，第 15 卷第 4 期（1969 年 10 月），頁 67-69。

en Chine, 1840-1911）[13] 一書，又加上羅氏父母姓名與家庭婚姻狀況，資料更為完整。

按羅氏於 1872 年 5 月 17 日生，父母親皆為聖‧克利斯多福（Saint‧Christophe）小學老師。在拉羅歇爾中學（Lycée de La Rochelle）畢業後，到巴黎深造，1893 年 6 月獲得東方現代語專漢語文憑，1894 年 2 月通過法學碩士學位，其後進入外交系統工作。1894 年 10 月 9 日任駐曼谷學生翻譯員（élève-interprête），1898 年 4 月 30 日升任二等翻譯員，1899 年 3 月 27 日升任上海總領事館一等翻譯員。1900 年 9 月 3 日與胡羅麗（Laure Roux）小姐結婚。1901 年 9 月 9 日至 11 月 19 日，12 月 1 日至 1903 年 10 月 14 日，任駐香港法領館經理人；1902 年 9 月 18 日發表為駐海口（瓊州）副領事；1905 年 6 月 20 日，任二等副領事；1905 年 7 月 12 日任駐河口副領事；1905 年 9 月任蒙自法領館經理人；1910 年 10 月 1 日，代理漢口法領館館務；1911 年 2 月 22 日任漢口二等領事；1913 年 8 月 8 日法國政府授以「Chevalier de la Legion d'honneur」勳章；1916 年 2 月 26 日升充一等領事；1916 年 6 月 1 日任駐香港總領事；1920 年 1 月 19 日至 1921 年 1 月 15 日任駐上海總領事館經理人；1921 年 1 月 8 日升任駐上海總領事；1923 年 10 月 12 日改任駐日內瓦總領事；1927 年 8 月 1 日升二等公使任駐曼谷特命全權公使，1928 年 3 月 9 日因腦炎卒於曼谷任所，享年 56 歲。[14]

孫中山與羅氏究在何時何地結識？孫中山並未明確指出。據雙方年表推測，兩人結交應係在羅氏於 1901 年至 1903 年在香港任職期間，此係孫氏稱其為舊交之所由來。

---

[13] Nicole Bensacq-Tixier, Dictionnaire du Corps Diplomatique et Consulaire Français en Chine, 1840-1911, Les Indes Savantes, Paris, 2003.
[14] 本表參閱李書華前引文及 Nicole Bensacq-Tixier 之書而成。

　　1904 年 6 月至 1905 年 7 月，羅氏因健康關係惡化及岳母去世，告假回法國休養。在此期間，孫中山適於 1905 年 2 月抵法國，羅氏因係舊識，曾與孫中山於 2 月 9 日與 5 月 18 日有過兩次會談。[15]透過羅氏的介紹，孫中山並與法國若干政要晤面。孫中山表示，他此次歐洲之行，特別是巴黎之旅，主要在請求法方給予財政、後勤，甚至軍事上的援助，以支持他的革命運動。孫允諾法國勢力進入中國西南之雲南和廣西兩省，這是以韜美為主的殖民派所最感興趣的。緊接著這次訪問後，法國政府決定派遣一個由布加卑上尉（capitaine Bocabeille）所率領的軍事訪問團前往中國，秘密地幫助孫中山與其黨人革命。[16]

　　羅氏對中國革命的協助，一是對孫中山革命的認識與同情；一是對中國文化的瞭解與推崇。他的主要貢獻在於孫中山所發動的幾次邊境革命上，特別是 1907 年的防城之役。有些跡象顯示，羅氏在擔任蒙自領事期間，曾召募法國軍事教習，教導革命軍操作現代化武器。[17]這是當時孫中山革命最需借重於國際友人者。

　　辛亥革命期間，法國一則因德法摩洛哥事件已趨緊張，無暇東顧，再則因巴黎與北京之間通信費時，故許多決定多係地方領事見機而行的個人行為，並不完全代表外交部的決策。羅氏在漢口領事會議席上力主不干涉中國革命之態度，在其正式外交報告中並未刻意強調，原因何在？若細加推敲，顯係一種低調審慎作法。蓋同情孫中山革命，純係羅氏個人私衷，決非也不可能出自法國外交當局之授意。苟其明言而與外長本意不相縈合，豈非自討苦吃！羅氏在給駐華署使畢柯（François Georges Picot）的報告說：「第一次領事會議，各國間自然達成一致協議，即各國保持中立不加干涉，不作任何敵對之行

---

[15] A. E. 27/79, L'entretien avec Sun Yit-sen,18 Mar, 1905.

[16] Nicole Bensacq-Tixier，前引書，p.471.

[17] Jeffry G. Barlow 著，黃芷軍、張國瑞譯，〈1900 年至 1908 年孫中山與法國人〉，《辛亥革命史叢刊》，第 6 輯，北京中華書局，1986 年，頁 232。

動。除非被迫，否則，各國之職責應限於確保租界之安全而已！」[18]輕描淡寫，正所以說明一個深沉而老練的外交官的審慎作法，也足以反映法國友人或同情或協助中國革命的尷尬處境。

---

[18] A. E. 27/309, Rapport de Réau à Picot du 13 Oct. 1911.

俄國新檔中所見的孫中山

一、前言

　　蘇聯解體後，俄羅斯科學院遠東研究所、前蘇共中央檔案館（現已改稱「俄羅斯現代史文獻保存及研究中心」）及柏林自由大學東亞研究所（中國研究）於 1992 年共同合作，進行整理、發表「俄共（布）與中國革命有關的未刊秘密檔案」。俄文版與德文版同時發行，內容相同。二十年代的《俄共（布）、共產國際與中國民族革命運動》共有兩卷：第一卷（1920-1925），第二卷（1926-1927）。這兩卷收入的文件，是以蘇俄在華推行民族革命運動過程中俄共與國共兩黨關係為主，其中包括共產國際駐華代表及其他蘇俄駐華人員向莫斯科發出的報告、電報乃至私函。這些文件對於瞭解在執行莫斯科路線、指示時，共產國際內部及其駐華代表之間所發生的爭論與矛盾、成果與後果，具有高度的史料價值。[1]

　　1994 年俄文版第一卷問世後，引起廣大注意，並先後出現三種不同的中文版本。一是負責推動計畫、籌錢出力的郭恆鈺教授所撰的《俄共中國革命秘檔，1920-1925》[2]，可說是這本檔案選集的簡要導讀，在中譯本尚未問世之前，使得不諳德、俄文的讀者除了一睹為快之外，也可以對文件內容有提綱挈領的認識。[3] 二是中共中央黨史研究

---

[1] 郭恆鈺著，《俄共中國革命秘檔，1920-1928》（台北東大圖書公司，1996 年 1 月），前記：關於俄共的中國革命秘檔，頁 1-3。
[2] 參閱註 1：郭恆鈺另撰有《俄共中國革命秘檔，1926》（台北東大圖書公司，1997 年 3 月）。
[3] 余敏玲，〈評《俄共中國革命秘檔》等四書〉，《中央研究院近代史研究所集刊》，第 27 期（1997 年 6 月）。

室第一研究部所譯的《聯共（布）共產國際與中國國民革命運動，1920-1925》[4]，它刪除了俄文本數頁的檔案文件照片、書目、人文索引，查閱較為不便。[5]三是中國社會科學院近代史研究所譯審李玉貞女士獨譯的《聯共、共產國際與中國，1920-1925》[6]，它保留了原有的俄文人名索引，對讀者是一大方便。李玉貞女士採取意譯，譯筆較為流暢，亦明確易懂，但不免有誤譯或校對之疏失。[7]

不管如何，這些俄國新檔對於孫中山革命及對華政策，披露不少極具價值的資料，爰稍加整理，以供有興趣者進一步研究之參考。

二、孫中山與俄方人員及共產國際代表的周旋

共產國際於 1919 年 3 月在莫斯科成立，是即第三國際。

早在共產國際成立之前，即國民革命初期，孫中山在海外即與俄國革命黨人有所來往。1896 年至 1898 年孫中山遊歐期間，曾與當地俄國僑民有往來。1905 年孫中山在法國巴黎時，就已認識了後來擔任蘇俄外長的齊趣林（Georgy Vasilyevich Chicherin, 1872-1932，齊切林、齊采林、瞿采林），做了長時間的談話。1905 年至 1907 年俄國流亡日本的政治僑民人數漸多。1905 年 7 月孫中山遊罷歐美後來到日本橫濱，再移居東京築土八幡旁的房子命名為「高野寓」。俄國革命黨人格爾雪尼（Girgory Gershuni）和尼・康・蘇季洛夫斯基（流亡期間易名為魯塞爾）當時正流亡日本，常赴「高野寓」訪問孫中山，暢談俄國和中國革命問題。11 月 15 日孫中山偕日本友人與格爾雪尼曾有

[4] 中共中央黨史研究室第一研究部譯，《聯共（布）、共產國際與中國國民革命運動，1920-1925》（北京圖書館出版社，1997 年 1 月），頁 753。

[5] 同註 3，頁 307。

[6] 李玉貞譯，《聯共、共產國際與中國，1920-1925》（台北東大圖書公司，1997 年 5 月），頁 676。

[7] 同註 3，頁 307-308。

夜談。另一位俄國革命流亡領袖比利斯茲基（Josef Plisudski）也是「高野寓」的常客。[8]

　　俄國革命一起，孫中山便全力灌注和了解俄國革命的進行。一方面擬派人前往俄國留學，特囑廖仲愷、朱執信、李章達、李朗西四人學習俄文，還請了一位俄國教師每日到廖仲愷家教他們俄文，後來只有李章達一人去了俄國；一方面自上海親電俄國政府，祝賀俄國革命的成功。同樣的，列寧對孫中山的革命事業十分注視，1919年11月19日第二次接見「旅俄華工聯合會」會長劉澤榮（紹周）時表示，中俄兩國必定會建立起友好關係，會共同進行反對帝國主義的鬥爭。1920年6月底至7月初在莫斯科舉行的「旅俄華工聯合會」第三次大會，推舉列寧和孫中山為大會名譽主席，劉澤榮並代表大會邀請孫中山前往蘇俄訪問。[9]「旅俄華工聯合會」是一個共產主義組織，一開始它做了孫蘇關係的最初溝通者，為蘇俄的外交而服務。孫中山的態度非常謹慎，他沒有表示要馬上去蘇俄，這時的他並不急於聯合蘇俄，一則他害怕與蘇俄做正式的聯合會引起歐美列強的干預；二則他正忙於組織申討桂系軍閥和安排中國國民黨的黨務。[10]

　　五四運動以後，蘇俄客人絡繹不絕，相繼拜訪了孫中山，開展了孫蘇關係的新頁，也奠定孫中山聯俄容共政策的基礎。1919年底，旅居上海的俄國勞動社（一說為俄僑事務局）負責人馬特維耶夫‧鮑德雷，與其熟諳法文的同僚——鮑格柳莫夫，一齊到上海莫里哀路會晤孫中山，這是孫中山最早的俄國客人。翌年4月，馬特維耶夫‧鮑德雷又回到上海，再次會見孫中山，談及俄國和中國革命問題。1920年初蘇俄海軍中將波塔波夫（Potapoff）和陸軍上校波波夫（Popoff）

---

[8]　周谷著，《孫中山與第三國際》（台北大地出版社，1997年10月），頁64。
[9]　同前註，頁69-70。
[10]　李玉貞著，《孫中山與共產國際》（中央研究院近代史研究所出版，1996年10月），頁43-51。

在上海拜晤孫中山，並由孫中山通知當時駐防漳州的援閩粵軍總司令
陳炯明，告以蘇俄代表將赴漳州訪問，囑妥為接待洽談。[11]

　　終孫中山一生，究竟他接見過多少共產國際代表？在何處見面？
透過誰的介紹和安排等等，雖然知者已多，但或許可用表列說明方
式，更加一目了然。

時間	人名	介紹、作陪或譯人	地點	註
1920 年 9 月	魏金斯基（吳廷康）	陳獨秀介紹 馬特維耶夫‧鮑德雷作陪	上海	用英語交談
1921 年 12 月	馬林（馬丁‧斯内夫利特）	張太雷翻譯 胡漢民、鄧家彥等人作陪	桂林	會談三次
1922 年 4 月	達林	張太雷翻譯 瞿秋白培同	廣州	青年共產國際，會談多次
1922 年 8 月	馬林	李大釗陪同 陳獨秀	上海	會談多次
1923 年 1 月	越飛	史瓦察倫翻譯 張繼作陪	上海	俄駐北京全權代表
1923 年 4 月至 7 月	馬林		廣州	投入國民黨的改組工作
1923 年 10 月	鮑羅廷		廣州	蘇俄駐廣州代表、俄共中央及第三國際駐華代表
1923 年 11 月	魏金斯基			再度來華，接替馬林擔任共產國際駐華代表

製表參考資料：
1、李玉貞主編，《馬林與第一次國共合作》
2、李玉貞著，《孫中山與共產國際》
3、周谷著，《孫中山與第三國際》

---

[11]　周谷，《孫中山與第三國際》，頁 71；李玉貞，《孫中山與共產國際》，頁 54-59。

三、俄方人員暨共產國際代表對孫中山的看法

（一）波塔波夫的看法——一個缺乏自信的親英份子

蘇俄海軍中將波塔波夫於 1920 年初在上海拜晤孫中山、漳州會見陳炯明後，經香港返回莫斯科報告遠東之行，10 月他發表〈關於中華民國第一任大總統孫中山博士〉一文，記述他本人在上海會晤孫中山的情況。

他認為，孫中山缺乏自信，對加拉罕（Lev Mikhailovich Karakhan, 1859-1937）1917 年 7 月 25 日的對華宣言沒有任何反應。孫中山覺得他與莫斯科接觸，會使他在上海法租界居住以及在中國從事革命產生更多麻煩。波塔波夫尤其不滿意孫中山竟與蘇俄不友好的安福系（指段祺瑞）聯合。他甚至認為，孫中山也是一位舊式軍人，以為除用武力外，再沒有更好的辦法來挽救國運。波塔波夫最後預言，孫中山所提與蘇俄軍事合作計劃完全不能實現。[12]

1920 年 12 月 12 日，波塔波夫致蘇聯外交人民委員齊趣林的報告，對孫中山的情況有更詳細的分析。報告中說：

> 孫中山是一個熱情的親英份子，是北京政府和現在已經解體的廣州政府的敵人。他在中國各地都有擁護者，革命者中間許多人視他為摯友，對他無限忠誠。孫中山博士有經費，許多資本家經常給予他物質援助。孫中山在湖南、四川和福建省勢力最大。靠其聲望他能夠在這些省和中國其他地區發動起義，並且得到與他友好的督軍們的支持，他們可將軍隊聯合起來，向他提供一支強有力的武裝力量。他軍事行動的第一個目標是廣州，即佔領華南，在此組織力量攻打北京。就統一中國事，孫中山博士主張召開普選產生的議會會

---

[12] 周谷，《孫中山與第三國際》，頁 79。

議。……孫中山是中國第一個得到我國憲法、土地法令、俄法條約等書英譯小冊子的人。[13]

(二) 從魏金斯基到馬林

魏金斯基（Gregori Naumovich Votinsky, 1893-1953, 魏經斯基、胡定康、吳廷康等）於 1893 年 4 月出生於俄國世家，1907 年中學畢業後當了三年排字工人，幹了三年會計，1913 年移居美國謀生，1915 年加入美國社會黨，1917 年 10 月俄國革命後經加拿大返俄加入俄共，在西伯利亞和遠東地區從事地下工作，1919 年 5 月被捕，判處無期徒刑，流放庫頁島，次年元月參加暴動，推翻當地政權，重獲自由，乃加入第三國際遠東局工作。[14]1920-1921 年任俄共（布）中央委員會遠東局外事處和俄共（布）中央委員會西伯利亞東方民族部派駐中國的代表。1922-1925 年，任共產國際執行委員會東方部遠東處處長，1924-1927 年幾度擔任共產國際執行委員會派駐中國的代表。1926-1927 年，任共產國際執行委員會遠東局駐上海代表。1927-1929 年從事經濟工作，1934 年起從事教學科研工作。[15]

魏金斯基是共產國際派往中國的第一個使者，他認為孫中山是個不切實際的夢想家。關於國民黨，魏金斯基在給共產國際的報告中指出，國民黨在組織上尚未形成，政治上又軟弱，思想上也未定型。因此，它也不能領導正在全國範圍掀起的革命。[16]

魏金斯基收在新檔的文件至少有十六件，時間從 1920 年 6 月一直到 1925 年 11 月，可見其重要性。他指出了孫中山和國民黨活動中的嚴重缺點——一味熱衷於軍事手段，不重視群眾性的鼓動和宣傳工

---

[13] 李玉貞譯，《聯共、共產國際與中國》，第 1 卷，第 7 號文件，頁 25-26。
[14] 周谷，《孫中山與第三國際》，頁 137。
[15] 李玉貞譯，《聯共、共產國際與中國》，人名索引，頁 671。
[16] 劉德喜，〈蘇俄、共產國際與陳炯明的關係〉，廣州《中山大學學報論叢：孫中山研究論叢》，第 6 集（1988 年 12 月），頁 116。

作，與反動軍閥張作霖、段祺瑞勾結，向帝國主義列強妥協，國民黨對工人運動持消極態度等等。[17]

因篇幅所限，這裡僅舉俄方反對孫（中山）張（作霖）聯合與反對北伐兩件事，稍加討論。

1923年1月25日，魏金斯基從赤塔致共產國際東方部的信，特別指出對張作霖有一致而肯定的看法：張是日本的代言人，推行日本的政策，是我們的頭號敵人。蘇維埃國不得同張有任何往來，對張的任何援助那怕是間接援助，都意味著助紂為虐。因此質疑孫中山對張作霖的態度不僅表現在孫對後者道義上的援助，還表現在組織聯繫方面，故而反對越飛以孫中山為聯合對象的策略。魏金斯基一再致函共產國際執行委員會東方部部長薩法羅夫，要求向孫中山提條件：第一、集中主要精力於建設國民黨，而不是去同督軍們縱橫捭闔；第二、支持工人和學生運動；第三、與張作霖、段祺瑞一刀兩斷、決裂。如此才能得到俄共的支持。[18]

事實上，魏金斯基的大前提是有問題的，也顯見他對中國的軍閥並不夠瞭解。張作霖是一個複雜的歷史人物。他對日本有投靠的一面，但也有所抵制；認為他是「日本的代言人」或「日本的工具」，未免太過於簡單化了。作為一個軍閥頭子，他的一切行動都以奉系集團的利益為依歸，無論「聯日」或「聯孫」或者與蘇俄改善關係都是如此。在1922-24年間，孫、張都感到有合作的必要，但彼此都明白對方只能是暫時的合作者。[19]

魏金斯基顯然也不支持孫中山的北伐。他在1923年3月24日給共產國際執行委員會東方部的報告中說：

---

[17] 同註15，頁136。

[18] 同註15，第59、65、70號文件，頁162、186、195。

[19] 邱捷，〈孫中山聯俄過程中的一段插曲——從「孫文越飛宣言」關於中東路的條款談起〉，廣州，《中山大學學報論叢：孫中山研究論文集》第12集（1995年10月），頁149。

孫中山在南方的處境依然吉凶難卜，因為他打算首先聯合西
南各省，然後就取最近路線經湖北或繞道四川準備北伐，可
是，他那個計畫的實施，眼下並不順利。於是在孫中山鼻子
底下實行小的軍事折衝和耍弄手腕的情況再現，儘管他顯然
是真正渴望統一並且得到華南百姓的支持，因為人民早已厭
倦中國的「不斷」革命了。同時，遺憾的是，至今國民黨和
孫中山還明顯地，不想向全中國廣大人民群眾說明自己軍事
行動的意義。而沒有這樣的政治運動，孫中山的軍事征討，
就將引起華中和華南大多數城鄉人民的懷疑，並且使華北軍
閥們抓到把柄，把孫中山從華南北上說成是前來襲擊，從而
必須採取措施自衛。[20]

1921 年以前俄共及第三國際在南方和北方的活動，多是散兵游勇，他
們最大的成就，只在籌組一個第三國際在華支部。直到馬林銜第三國
際之命來華時，才轉入正題。馬林是蘇俄聯孫工作的戰將，主要在促
成孫中山在蘇俄支持援助下，改組國民黨，建立黨軍，重掌中國政權。
馬林是蘇俄這一政策的建議人。馬林原名斯內夫利特（Hendricus
Jonannes Franciscus Marie Sneevliet, 1883-1942），出生於荷蘭鹿特丹，
曾在荷京大學讀書，能說英、法、德等國語文，1900 年開始在荷蘭從
事工人運動，入鐵路工會工作，1902 年加入荷蘭社會民主工黨，1913
年派往荷蘭荷屬東印度群島從事共產主義運動，1914 年 5 月 9 日發起
建立東印度社會民主聯盟，又使之與伊斯蘭教聯盟合作，1918 年又在
印尼創辦《人民呼聲報》，歌頌俄國十月革命。1918 年 11 月被捕，旋
遭驅逐出境，次年重回故國。1920 年 8 月，列寧任命他為第三國際駐
中國代表，令其到上海考察中、日、朝鮮、印尼、菲律賓、越南等地

---

[20] 同註 15，第 68 號文件，頁 191-192。

革命活動情況，以貫徹第三國際決議，並聯繫調查是否可能在遠東建立第三國際分支組織。[21]

馬林先後有三次中國之行，與孫中山在桂林、上海、廣州三地都會晤過，返國後陸續發表過〈我對孫中山的印象〉、〈和孫中山在一起的日子〉、〈中國軍閥與中國革命——陳炯明和蔣介石〉三篇重要的回憶[22]。綜合馬林對孫中山的印象，大概有以下幾點：

1、　孫中山具有堅強的毅力和偉大的號召力；
2、　他的特徵是嚴肅、有力、樸素。為人和藹可親，很有個性；
3、　他贊成專政的思想，重視黨的作用。他十分同情俄國革命，越來越明顯地發展成為一個毫不妥協的反帝主義者。[23]

馬林與孫中山在桂林多次晤談的結果，在聯俄等問題上也出現了一些不和諧的音調：

1、　孫中山基本上仍然堅持，只能採用軍事行動的老辦法（指出兵北伐統一中國）。[24]
2、　孫中山強調國民黨革命思想的基礎是中國的傳統哲學，毫不掩飾的對共產主義學說表示了否定的態度。
3、　孫中山和他的同志們明確拒絕了共產國際代表對他進行的共產主義宣傳。
4、　孫中山明確闡述了他對蘇俄實行經濟政策的贊同。
5、　孫中山斷然拒絕了馬林提出的與蘇俄結盟的建議，他認為聯俄是日後的事。
6、　針對孫中山的《建國方略》，馬林明確表示，讓列強來開發中國資源，是根本不現實的。[25]

---

[21] 周谷，《孫中山與第三國際》，頁 139-141。
[22] 譯文見：李玉貞主編，《馬林與第一次國共合作》（光明日報出版社，1989 年 9 月）。
[23] 同前註，頁 365-367、373。
[24] 同前註，頁 373。
[25] 李玉貞，《孫中山與共產國際》，頁 100-102。

（三）從越飛到鮑羅廷

越飛（Adolf Abramvitch Joffe, 1883-1927）生於克里米亞一商人家，1903 年到德國柏林擬研習醫學，因形勢所迫乃轉而從事革命活動，1908 年在維也納與托洛茨基同編《真理報》，1912 年在俄國基輔被捕流放西伯利亞，直至 1917 年俄國二月革命始返歐俄，再度與托洛茨基合編《前進報》，同年加入布爾什維克派從事軍事領導工作，十月革命後轉任外交工作，自中國任內回國從事托派活動，1927 年因牽連托派被迫在莫斯科自殺。[26]

越飛來華，係蘇俄政府駐北京的全權代表身分，而其最大的成就，則是在上海與孫中山進行歷史性的會談，並發表了「孫文越飛聯合聲明」。這一聯合聲明，確立了孫中山在共產國際和蘇俄對華政策中的地位，也使得孫中山與蘇俄的關係公開化，孫蘇合作開始具體化。[27]

越飛認為，孫中山無疑是一位正直的革命家和誠摯的熱心者。[28]孫中山的缺點，主要是消極性、不參與全國性事務，單純準備武裝革命，對組織群眾工作注意不夠。[29]越飛試圖讓莫斯科相信，孫中山是一位正直的革命家和誠摯的熱心者，不會像凱末爾那樣欺騙蘇俄領導。他強調說：「孫中山遠不是凱末爾，他更加親近我們，是我們的人，也具有更多的革命性。如果我們與他團結起來，他絕對不會背叛我們。中國在世界上的比重無論如何不小於土耳其。難道這一切還不值那兩百萬盧布嗎？」[30]這兩百萬盧布是越飛向蘇俄建議，用來協助孫中山在華北或中國西部建立一個完整的作戰單位，或者借助（蘇俄的）軍

---

[26] 周谷，《孫中山與第三國際》，頁 36。
[27] 李玉貞，《孫中山與共產國際》，頁 219。
[28] 《聯共（布）、共產國際與中國國民革命運動》，第 1 卷，頁 210。
[29] 同前註，第 44 號文見，〈越飛給契切林的電報〉，頁 147。
[30] 同註 15，第 60 號文件，〈越飛致俄共（布）、蘇聯政府和共產國際領導人的信摘錄〉，頁 173。

事物資和人才來建立一個「各兵種內部學校，而非野戰性質的部隊」
的款額。

　　鮑羅廷（Mikhail Markovich Borodin）於 1884 年 7 月 9 日出生於
俄國西部的俄羅斯境內一猶太後裔家庭中，年輕時為碼頭船工，1900
年加入俄國社會民主工黨，1904 年奉列寧之命赴瑞士，隨列寧工作。
列寧流亡海外，鮑於 1908 年遠居芝加哥，不久與當地立陶宛姑娘結
婚。1911 年 4 月及 10 月孫中山兩度到芝加哥發展革命組織，曾與鮑
羅廷見面。十月革命後，鮑羅廷自美返國，派在蘇俄外交部工作。1919
年 3 月鮑出席第三國際成立大會後，列寧派之前往美國活動，又赴墨
西哥負責籌建墨共組織，12 月又到西班牙活動。1921 年元月任第三
國際駐德國代表。1922 年化名赴英從事地下工作，引起英國當局注
意，被判刑入獄，後遭驅逐出境。鮑羅廷回俄不久，因與列寧關係密
切，即於 1923 年 5 月奉派出使廣州，10 月初到達廣州。其人精通俄文、
法文、德文、英文，有豐富的國際地下工作經驗。抵廣州後，受到孫
中山盛大歡迎，孫中山與之朝夕共處，對之信任有加，逾於常格。[31]

　　鮑羅廷為俄共與共產國際所任命的孫中山「政治顧問」，也是派
到中國的「欽差大臣」，其初到中國的首要任務，是負責進行國民黨
改組。在他發給莫斯科的第一個關於華南形勢的報告中說，廣東人民
對於孫中山政府持有拒絕的態度。在廣東有三十五萬工人，先是熱烈
歡迎孫中山返粵，現在對孫則是相應不理。軍事上，內鬥不斷，打來
打去也使小資產階級飽受災難。苦力被抓走送前線，因此城內缺少運
輸工具，也影響了商業活動。孫中山對陳炯明進行戰爭，銀根吃緊，
無理地苛捐雜稅也落在小老百姓的身上。妓院、賭場到處都是，多少
也是為了稅收。農民有時進行武裝反抗。報紙上每天刊載的，多半是
矛盾百出的勝利消息，掩飾真相。孫中山好像從不看報，每天忙於視
察前線或會談戰況，但奇怪的是，廣東沒有軍事上的指揮中心。根據

---

[31]　周谷，《孫中山與第三國際》，頁 202-205。

目前的改組登記，廣東只有三千黨員，而且黨員與黨員之間沒有任何聯繫；沒有集會，沒有刊物，也沒有政綱和黨章。國民黨做為一個組織力量，根本就不存在。偶而孫中山發表一篇宣言、聲明，提到三民主義，涉及時勢，但無關痛癢，也與國民黨本身的發展無關。孫中山和國民黨的優秀份子一樣，全力集中於軍事活動，老百姓只知道今天拉這個軍閥打另外一個，明天又拉那個軍閥打這個，不知道在打什麼？國民黨必須改組，否則無法領導民族革命運動。孫中山認為，黨沒有發揮作用是因為他沒有足夠的「學生」、信徒，共同完成革命大業。鮑羅廷則建議放棄軍事活動、改組軍隊、成立軍校、訓練工作幹部、發行黨報，以及對工農和小資產階級進行政治宣傳工作。在廣東兩個月，鮑羅廷確信，從實現共產國際的路線和改組國民黨的角度來看，保有廣東和維持孫中山的地位是重要的。在中國，還沒有一個省份可以成為推行民族革命運動的中心。因此，孫中山為了控制廣東而進行的軍事鬥爭，也是蘇俄再華政策的一部份；孫中山向加拉罕提出的軍援要求，應該給予正面答覆。[32]

不可否認，鮑羅廷是個很用心的「政治顧問」，他在短短兩個月間有這樣深入的分析，確實令人刮目相看。國民黨一大結束後，鮑羅廷在另一份報告中[33]，對國民黨的歷史和現狀、孫中山和國民黨、國共關係及其未來發展的趨勢，都有深入地分析，對一大宣言的制定與爭議，也提供了很多珍貴的史料。這兩份報告都很長，構成了俄國密檔中最重要的文獻！

我們從這兩份鮑羅廷的報告中，可以勾勒出他對孫中山的一些有趣看法：

---

[32] 郭恆鈺著，《俄共中國革命秘檔，1920-1925》，頁87-89；李玉貞，《聯共、共產國際與中國》，第1卷，第101號文件，頁297-306。

[33] 同註15，第111號文件，〈鮑羅廷筆記和報告紀錄摘要〉，頁342-390。

> 我覺得孫中山非常像片山潛（1859-1923，日本國際共產主義
> 運動者），只是稍微年輕些，精力充沛得多，幹練得多。[34]
> 孫中山其人，猶如一個水珠，可以折射出國民黨內部，從共
> 產黨人到新加坡商人，形形色色的成分和龍蛇混雜的情
> 況。……有時，他的話極其革命，比我們共產黨還革命。有
> 時，他把革命的詞藻忘得一乾二淨，淪為小資產階級市儈。
> 忽而他雷霆大發，氣勢洶洶地反對帝國主義，忽而他又對美
> 國公使說，美國人應當干預中國事務，卻不惜背叛本國的真
> 正民族利益。[35]

鮑羅廷分析，「孫中山傾向於左派，他十分明白，依靠黨內的老右派，
未必能給國民黨這具僵屍注入新的活力」。「沒有左派，國民黨就不
可能進行改組，但同時他還不想和右派反目，因為他們已有二十年的
交情。」[36]

　　在鮑羅廷的心目中，從孫中山身上雖然反映了小資產階級的重重
矛盾，雖然目前不可能把國民黨建成一個真正革命、團結而有紀律的
政黨，但鮑羅廷仍然相信，國民黨的改組離不開孫中山。所以，鮑羅
廷的主要工作，便是要盡可能挽救孫中山，「讓他從小資產階級幻想
家變成一個國民革命者」，盡量「利用他的左傾，利用他的威信，利
用他的建黨願望，把國內的真正革命份子發動起來，把他們集結在國
民黨的左派周圍。」[37]

（原載《第一屆孫中山與現代中國學術研討會論文集》）

（民國八十七年，頁1-10）

---

[34] 同前註，第101號文件，頁297。
[35] 同前註，第111號文件，頁351-352。
[36] 同前註，頁361。
[37] 同前註，頁352-353。

我心向明月：

論孫中山晚年與美國關係

一、與哈定政府的一段過節

　　1920 年 11 月，中美雙方都有了政治上的變化。在南方，由於陳炯明部粵軍由閩回粵打垮桂系操縱之軍政府的成功，孫中山得以重回廣州繼續其護法事業，並主張改組軍政府為正式政府，以加強對外交涉上的地位。這一計劃於五個月後實現了，正式政府於 1921 年 5 月 5 日成立，孫中山為國會非常會議選任為非常大總統。在美國方面，總統選舉的結果，共和黨的哈定（Warren G. Harding, 1865-1923）當選，並於 1921 年 3 月 4 日就職，是為美國第二十九任總統，威爾遜的時代宣告結束。哈定總統任命許士（Charles Evans Hughes）為國務卿，美國人民所習稱的哈定—許士時代遂告開始。[1] 依照 1962 年美國歷史學家調查所做的評價，哈定在所有美國總統中排名最後，為兩名「失政」（failures）總統中最差的一位，在格蘭特（Ulysses S. Grant, 1882-1877，為美國第十八任總統，在位 1869-1877）之下。[2]

　　孫中山對於哈定總統的新政府抱有極大的期望，一開始即表現出真誠的善意。孫中山當時對外國的政策，概括起來有以下兩點：

1、　在南北兩個政權並存的情況下，他力求列強保持中立，不要給北京的軍閥政府以各種支持；

[1] 李雲漢，〈中山先生護法時期的對美交涉（1917~1923）〉，收入《中華民國史料中心十週年紀念論文集》（台北，中華民國史料研究中心，1979 年 11 月），頁 345。
[2] 朱建民，《美國總統繽紛錄》（台灣商務印書館，1996 年 11 月），頁 419。

2、 他看到當時對中國最大的禍害是，把二十一條和軍事密約強加
　　 給中國、妄圖獨霸中國的日本，指望利用美、英與日本之間的
　　 矛盾，取消這些條約，挫敗日本的陰謀。

孫中山在不同場合，一再肯定海約翰（John M. Hay, 1838-1905）
的門戶開放照會「能夠防止瓜分中國」，表示「中國南部人民，會力
爭美人所主張之開放門戶主義」。正是出於這種利用列強矛盾的目
的，他希望美國在華盛頓會議上對日本持強硬態度，謂「美國欲避戰
禍，抵拒日本，則美國將來必至與日本開戰」。總之，孫中山力圖改
善中國革命的國際環境，希望美國對中國革命給予某種同情。[3]

可是，美國人回報給孫中山的，卻是一連串的冷漠、嘲諷與打擊。
首先，第一件不友好的行動，是美國新任駐華公使柯蘭（Charles R.
Crane）於 1921 年 2 月 28 日寫給孫中山一封粗魯無禮的信。他說孫
逸仙的屬員們都認為孫是個不切實際的理想家，孫的計畫是「不切實
際而且誇張」。更惡劣的是，他說不少人認為孫先生是個「不慎重的
冒險家，與日本及安福系私通，為個人目的而犧牲國家利益。」[4]柯
蘭為袁世凱時代熱中「助袁安定與發展以改造中國」的進步主義人物
之一，他到中國就任時的先入之見是「孫逸仙為親日派」。柯蘭對孫
中山的態度，除個人偏見外，亦與英國有關。原來孫先生回粵後，取
消桂系把持時代與英國所簽訂的卡賽爾斯礦產合同（Cassells Mining
Contract），這個合同如果實行，對英國在中國南方之經濟、政治地位
將大為提高。孫中山將此合約取消後，英國公使阿爾斯頓（Sir Beilby
Alston）乃於公使團建議並獲通過，將廣東之關餘移給北京，理由是
「孫及其同人不遵守桂系與北京總統全國統一之聲明，將此關餘交給
廣州軍政府只會妨礙統一。」柯蘭同意阿爾斯頓的意見。[5]

---

[3] 陶文釗，《中美關係史（1911-1950）》（重慶出版社，1993 年 10 月），頁 96。
[4] 李雲漢，前引文，頁 345-346。
[5] 王綱領，《歐戰時期的美國對華政策》（台灣學生書局，1988 年 7 月），頁 215。

　　第二件不友好的行動是，哈定總統於 3 月 4 日就職時，孫中山的駐美代表馬素（Ma Soo）曾致電祝賀，並轉達中山先生「此後共和美國與共和中國彼此間應建立更密切關係」的希望。可是這通賀電受到了歧視，國務院主管遠東事務的馬慕瑞（John V. A. MacMurry）吩咐說，這通賀電不必答謝。當馬素要求去訪晤哈定總統的秘書克里斯亭（George B. Christian）時，也遭到馬慕瑞的阻止。馬慕瑞指示克里斯亭說：不要接見這位馬素先生，因為他自稱是孫逸仙的代表，而孫自稱為中國總統反對北京政府，但北京政府卻是唯一獲有國際承認的中國政府。[6]

　　第三件不友好的行動是，5 月 5 日孫中山宣誓就任非常大總統。當天他發表對外宣言，要求各友邦，承認廣州政府「為中華民國唯一之政府」。孫中山還特地給哈定總統寫了一封信，讓駐華盛頓的代表馬素連同宣言於 6 月 16 日親自帶到美國國務院去面交。信中有這樣一段懇切的話：

> 因為我們認為美國是民主之母，是自由與正義的護衛者，歷史上已經不止一次的顯示出美國毫無偏私的友誼，在我們有困難時給我們支持……中國民主的成敗實多半繫於美國的決定。[7]

　　可惜國務院沒有將信轉達給哈定總統，也沒有做任何有利的及善意的反應。孫中山同時也請美國駐廣州副領事蒲萊士（Ernest B. Price）轉交同樣內容的信給哈定總統。一向密切注視南方事態發展的蒲萊士，對於廣州政府頗有好感，他於 1921 年春向國務院報告說，廣州革命政府領導人「工作努力、忠誠」，「思想開明」，「他們在行政管理工作方面所做的比北京任何集團在過去六年間所做的，更值得引起外

---

[6] 李雲漢，前引文，頁 346。
[7] 同前註，頁 347；韋慕廷著，楊慎之譯，《孫中山——壯志未酬的愛國者》（廣州：中山大學出版社，1986 年 10 月），頁 111。

國人的尊敬」,「這個政府獲得成功的前景比以往任何時候都更光明」,他建議政府對其採取同情態度,並稱這是「每一個在華南的美國人的感情」。孫中山宣誓就任非常大總統後,蒲萊士又於 5 月 7 日報告說:「我相信,在這個群體身上──不僅是一個孫中山,而且是華南一大批支持民主原則和事業的人們身上──寄託著中國唯一的希望」。他把孫中山致哈定總統的信連同他 5 月 7 日的報告一齊寄送國務院。[8]

孫中山在等待著美國總統哈定的回音,然而這次國務院又讓中山先生失望了。蒲萊士由於「將總領事館變成為與某一叛亂組織交往的官式通訊工具,而此一叛亂組織所反對的正是與美國政府具友好關係的(北京)政府」受到國務院斥責;同時,國務院將孫中山的信,退還給廣州總領事伯格霍爾茲(Leo Bergholz)處理。但這封信已被拆封,總領事覺得退還此信很是為難,他認為這封信已歷時三個月,並已外洩,建議國務院編造「忘卻處理」的理由,不要退還,以免使「一位誠實而愛國的行政領導者,受到退信的羞辱」。惟伯格霍爾茲的建議,國務院並未同意。[9]

從以上幾件美國政府與外交人員處理問題的可笑與幼稚反應出,美國對中國形勢沒有正確估計,儘管美國駐華外交官也覺察到了中國人民的民族主義情緒正迅速增長,但他們並沒有意識到中國正處在一場大革命的前夜。而孫中山正像當年領導辛亥革命一樣,在組織和準備這場革命。遺憾的是,美國政府仍然把他看做是「狂妄自大的麻煩製造者」,是妨礙中國統一和安定的主要因素。如同辛亥革命時

---

[8] U.S. Department of State. Foreign Relations of the United States(以下引作 FRUS),1921, vol. I , pp.323-325, pp.328-335、 ;陶文釗,前引書,頁 99。

[9] The Consul General at Canton to the Secretary of State. FRUS, 1921, vol. I , pp.341-342、 ;吳翎君,《美國與中國政治(1917-1928)──以南北分裂政局為中心的探討》(台北,東大圖書公司,1996 年 2 月),頁 110-111;李雲漢,前引文,頁 347。

期一樣，美國政府依然對孫中山及其領導的政府採取一種既蔑視又敵視的態度。[10]

不平則鳴，同年 5 月 19 日，華南美國人聯誼社之幹事會一致通過，承認孫中山為總統，並向國務院呼籲改善北京（美國）公使對孫逸仙的敵對態度。哲學家及教育家杜威（John Dewey, 1859-1952）亦在《遠東每週評論報》（原密勒遠東評論報）上撰文，指責北京報界對廣州的報導不詳，偏袒另一方，美國應保持善意中立，制止北方統一政策，讓孫逸仙有表演之機會……。但國務院仍維持「只與北京往來」的原則。[11]

1921 年 8 月，美國邀請北京參加華盛頓會議。「是否邀請廣州軍政府參加」的問題，隨即引起美國駐華外交人員的討論，其中廈門領事、廣州總領事、代理公使盧多克（Albert B. Ruddock）、亞洲艦隊司令、公使館商務官等均向國務院報告，或稱讚廣州政府，或對北方頗有微詞，他們雖未明白表示要改變美國對華政策，但已使國務院逐日重視孫逸仙。國務院希望南方能推派代表，與北方共組成一個代表團，做為願意「中國統一」的表示。[12]孫中山認為這是一個最好的發言機會，決定全力爭取。他曾於 9 月 16 日寫了一份非常鄭重的文件，由外交秘書陳友仁攜往華盛頓，要求親自送交哈定總統。9 月 20 日，陳友仁在請求晉見哈定未能如願下，寫信給許士國務卿，請求將一封密函親自轉交給哈定。在這份長達十頁的密函中，孫中山指出，承認廣州政府是維護遠東和平的關鍵。他警告美國政府，日本計畫佔領滿洲，這是一條併吞中國的歷史老路，此一行動將於 1925 年完成，這樣日本將控制中國，並導致日本在對美國戰爭中免於受到損害。孫中

---

[10] 陶文釗，前引書，頁 96-97。
[11] 王綱領，前引書，頁 216。
[12] 同前註，頁 216-217。

山再一次指出北京政府的非法性，不配做為一個國家的政府；它採取親日政策，施政表現全然無能。[13]

然而，孫中山這一苦口婆心、嚴正而又謹慎的文件，僅僅於 11 月 3 日送到了國務院，並沒有到達哈定手中，就被歸檔了。孫中山的駐美代表馬素也曾到國務院去力爭華盛頓會議的出席權，國務院的官員們卻不承認孫中山所領導的政府有正確的法理基礎。華盛頓會議於 11 月 11 日開幕，除了北京政府在代表名單中列入伍朝樞的名字做為安撫手段外，廣州政府在外交上的出路始終未能打開。哈定政府不僅不給予孫中山的政府以外交承認，且不止一次的阻撓美國人私人或團體，與廣州政府間的合作行為。儘管美國哈定政府屢次對孫中山的政府杯葛，孫先生並沒有放棄尋求外交承認的希望，對美國政府和人民也未曾有任何怨言。1922 年 4 月在梧州行營對《美京郵報》訪員談話時說：「美國自來對於中國毫無攫取土地之野心，亦未利用中國衰弱以營私利，故今日否認北庭，當然事也。」一個月後，他在韶關接見美國《星期六晚報》（Saturday Evening Post）記者馬科森（Issac F. Marcosson）時，雖批評華盛頓會議，但仍以取得美國的承認為最優先的考慮。[14]

二、關餘交涉與美國態度

孫中山重返廣州，新成立的廣州政府對列強表現出比以往更為堅定的態度，它與列強間發生的第一次重大衝突，是圍繞著「關餘」而展開的。「關餘」問題是一個由列強在華享有的不平等特權而產生出的問題。所謂關餘，是指海關稅收在扣除了以關稅作抵押的賠款和外債後的剩餘款。做為國家稅收的一部分，它是國家重要財源之一，理

---

[13] 吳翎君，前引書，頁 112。
[14] 李雲漢，前引文，頁 349-350。

應由中國政府掌握。但是，由於海關的管理權長期為外籍稅務司所控制，解送關餘的權力便落入列強的手中，時常成為列強用以影響中國內政的一個重要手段。1917 年，孫中山在廣州發起護法運動後，經北京公使團的同意，廣州軍政府曾獲得 13.7%份額的關餘。這一款項指定由軍政府外交兼財政總長伍廷芳出面領取。但到 1920 年 3 月，軍政府內部分裂，伍廷芳離開廣東且帶走印信，公使團便將關餘停止撥付。是年 10 月，孫中山率粵軍驅逐了盤踞廣州的桂系軍閥，恢復了中華民國軍政府後，曾要求列強撥交關餘。但公使團未接受這一要求。[15]

　　關餘交涉是廣東革命政府在 1924 年中國國民黨改組前最大的一次外交交涉。這一交涉，影響中國國民黨的改組，也改變了孫中山晚年的外交政策。關餘交涉起於 1918 年中山先生第一次南下，首次成立護法軍政府時期，一直延續到 1924 年改組之後，前後七年引起數度嚴重交涉。[16]

　　廣州正式政府成立前後，共有兩波行動較為激烈的關餘交涉。一為 1920 年底，廣州護法政府為解決財政困難，命南方軍政府代表郭泰祺在北京向公使團提出了請撥關餘的要求，1921 年 1 月軍政府正式致函公使團，要求依照前例（13.7%）撥交關餘，並補還自 1920 年 3 月以來的積欠二千五百餘萬海關兩。但 1 月 18 日在京的公使團開會，決定嚴詞拒絕，「無論如何不能放任中國政府正供之關餘，供應無意識政爭之用。」並且進一步恫嚇說：「關稅為債務擔保，決無截留之理，且亦不容其截留。」南方政府獲悉公使團的決定後，也決心採取強硬的相對措施，一方面令郭泰祺在京就近致送說帖繼續交涉，一方面於 1 月 21 日由軍政府外交總長伍廷芳發布命令：「凡在軍政府所屬

---

[15] 王建朗，《中國廢除不平等條約的歷程》（江西人民出版社，2000 年 4 月），頁 137-138。

[16] 呂芳上，〈廣東革命政府的關餘交涉〉，《中華民國歷史與文化討論集》，第一冊，頁 255。

各省海關，須於 2 月 1 日起服從軍政府之訓令，聽其管轄。但各省關稅仍照前儘先攤還外債，絕不欲稍有妨礙債權人之利益。」[17]

伍廷芳於發布命令的同時，並指責列強如此作為是「荒謬（absurdity）、「異常」（anomaly），各國公使團對此反應強烈，1 月 24 日公使團會議一致通過，命駐穗領事通知伍廷芳：「對目前海關做為外債償還的安排及行政管理之事，無權干涉，也不能容忍。」會中同時也針對 1920 年廣州海關所累積的二千五百萬兩關餘的處置進行討論，公使團中有主張歸還南方之提議，但指定必須用於非政治用途。英國公使艾爾斯頓堅決反對廣州接管海關，他向美國公使柯蘭表示，「果真廣州政府接管海關，英國政府將禁止香港與廣州間的貿易，並將派軍隊保護海關所在地，要求美國採取一致行動。」柯蘭遂於 1 月 26 日致電國務院說：「默認軍政府接管海關，等於是撤銷對北京政府做為全中國政府的承認」，並且可能使其他地方起而效尤，等於是重新製造利益範圍的危險性，加速中國的分裂。國務卿柯爾比（Bainbridge Colby）同意柯蘭的建議，並聲言如有需要將採用武力。[18]

在廣州政府據理力爭的同時，北京政府也毫不退讓。由於南北對關餘問題，相持不下。北京公使團於 2 月初，打算提出通融之道，即尋求北京政府的諒解，希望所有關餘都能用之於國家建設，且嘉惠東南地區。柯蘭公使對此提議甚為動心，認為廣州釋出的關餘如不限制用途，乃不智之舉。各國駐穗領事的態度傾向將關餘用於西江。美國總領事主張在粵漢鐵路終點，建造一個深水港。柯蘭乃於 2 月 3 日提議，在上海使領的合作及公使團的批准下，立即將 1920 年上海的二百五十萬兩交給伍廷芳。但這一舉動立刻遭到國務院的制止。國務院於 2 月 4 日要柯蘭暫緩提出這項建議，並於 2 月 8 日做了明確指示，非經北京政府同意，各國無權將關餘交付廣州政府。同時訓令柯蘭儘

---

[17] 同前註，頁 259。
[18] The Secretary of State to Crane, FRUS, 1921, vol. I , p.498.

速和公使團解釋美國政府的立場，另要駐穗領事轉告伍廷芳，美國政府只承認北京政府，不能考慮南方與北方之間的問題。3月1日，柯蘭公使又向國務院請示：公使團一致無異議通過，希望在取得北京政府的同意下，釋出四十二萬兩交給廣州政府，做為整治河運之用，國務院是否支持？國務院表示，按照1月5日訓令舊章辦理。由於國務院的堅持，公使團於3月初再經協商，最初法國主張由各國與北京政府外交部磋商，但在美國公使的斡旋下，列強終於無異議將原歸廣州政府的13.7%關餘，全數交給北京政府使用，公使團不再干涉。北京政府因此甚為感激美國政府。[19]

北京公使團的決定，等於直接回絕了南方政府的要求。公使團這一藐視南方革命政府的態度，激起了孫中山的憤慨，也激怒了廣東的民眾。1921年2月25日，孫中山在廣州海陸軍警同袍社春節宴會上，沉痛地指出：

軍府因爭關餘不得，擬將海關收回，外人反對，竟調砲艦來粵示威。此等舉動，直視軍府如無物，辱我如此，……關餘應交軍府，而外人不交，且敢以兵臨我，是視軍府如土匪耳。予感此痛苦，以為名不正則言不順，故有組織正式政府之提議。正式政府成立，則全國政權皆歸掌握，何獨此區區關餘，致受外人阻撓？[20]

3月6日，廣州有一萬多名民眾，聚集在東園召開「國民請願收回關餘大會」，力爭收回關餘，並請組織正式政府以利交涉。會後並列隊遊行，分赴軍府、國會請願，民氣十分高昂。[21]

4月4日，孫中山在廣州舉行宴會，告訴國會議員說：過去關餘交給護法政府，實等於國際上承認西南政府為交戰團體的表現，但：

---

[19] Crane to the Secretary of State, FRUS, 1921, vol. I , pp.499-505；吳翎君，前引書，頁129-130。

[20] 孫中山，〈組織正式政府之必要〉，《國父全集》，第三冊，頁224。

[21] 呂芳上，前引文，頁260。

今日駐京各國公使決將關餘交回北京偽政府，是明明取消已經承認我之西南交戰團體，亦不啻對西南宣告死刑，國際上既已取消前次承認，諸公想想，我們護法關係人不皆成了土匪。兄弟每念及此，中心如焚，應急謀救濟方法以為對待，其方法為何，⋯⋯即立即選舉總統，組織正式政府，使西南各省能取得同外國進行談判的合法地位。[22]

1922 年 6 月陳炯明叛變，中山先生被迫離粵，革命事業中挫，關餘交涉暫告停頓。12 年 2 月，孫中山命滇桂聯軍合力擊潰盤據廣州的陳軍後，第三度入粵建立陸海軍大元帥大本營，執行大元帥職權，亦再度提出分享關餘的交涉。

孫中山透過美籍友人雷喬治（George Benson Rea）表達了他對關餘分撥的意見。雷喬治於 1923 年 5 月，在《遠東評論》發表文章，建議西南應得的關餘，由總稅務司暫時全部保管，以待符合民意的中央政府組成時，再行繳交。9 月 5 日，孫中山令大本營外交部長伍朝樞，透過英國駐廣州領事真密孫（James, Jamieson），正式照會北京公使團要求分享關餘，展開第二波的關餘交涉。9 月 5 日的照會所附說帖，共分五款：首述軍政府分領關餘的前例，並對 1921 年美國國務院阻撓續撥關餘之事表示抗議；第二款駁斥國務院將關餘悉數移交北京政府的理由，否認北廷能被視為「中國的政府」，更進一步說明各省可同擔外債償還義務，但絕不能允許北方武人以西南關餘對付西南人民；第三款主張關餘交付總稅務司，依照比例分配南北政府，並且1920 年 3 月以後西南應得關餘，理應全數補還；第四款否認內債整理基金有挪用關餘的權力，指出事實上以鹽餘及煙酒稅，已足充此項基金；第五款希望外交團急速照辦。在照會中所附的另一說帖，指明關餘的用途均為市政教育及建設事業，也就是說南方政府以人民所納之稅還諸地方人民之用。9 月 28 日，廣州政府接到英領通知，謂北京公

---

[22] 陳錫祺主編，《孫中山年譜長編》（北京，中華書局，1991 年 8 月），下冊，頁1343。

使團領袖已有回覆，此一問題正在考慮中。10 月 23 日伍朝樞再度照會公使團，否認北京政府有移用關餘權力，主張關餘分配問題，應由各方面全部核定。[23]

從 9 月到 12 月幾乎三個月的時間，北京公使團均無進一步切實的答覆。北京公使團之所以遲遲未對廣州政府第一次照會作具體答覆，或許想用拖延的方式等待南方政局的變化，或許還要分別向其本國政府請示之故。至 10 月 24 日，美駐華公使舒爾曼（Jacob G. Schurman）面告北京政府外交總長顧維鈞稱：「廣東向使團力爭屬於東南部分之關餘，本使業經請示政府訓令。今奉本國政事堂電開，美政府仍持往昔看法，以為使團對於關餘之關係，僅如信託人代表中國已經列國承認之政府，暫行經理而已。否則條約上之根據，將完全消失。」[24]

美國政府此一態度，實足以影響北京公使團之決定，彼等對廣州政府兩次照會，均遲不作覆。11 月 20 日，英國駐廣州領事真密孫報告北京英公使馬克利（Ronald Macleay）提出警告說：關餘問題不能再拖延了，孫逸仙博士已經表示為關餘不惜一戰，甚至於說如戰敗也甘心，不過英國得負起扼殺民主的責任。12 月 1 日，北京公使團以領袖公使荷蘭籍歐登科（William J. Oudendijk）具名，致電廣州英領，對孫中山有意接管海關「駭人聽聞的主張」，提出兩點警告：（一）任何方面如有干涉中國海關之事，公使團均不予以容納；（二）如有上述情事發生，公使團即當採取相當強迫手段。英國公使馬克利也私下致函伍朝樞，表示公使團無權干預關餘分配，同時暗示公使團也不允孫中山干預海關作業。正當私人間函電來往之際，美、英、法、意、日、葡等國準備於必要時以海軍力量來對抗。美使舒爾曼這時建議美

---

[23] 呂芳上，前引文，頁 262。

[24] 王聿均，〈舒爾曼在華外交活動初探〉，《中央研究院近代史研究所集刊》，第一期（1969 年 8 月），頁 293。

國政府採取實質戰爭以外的任何手段，以阻止廣州政府接收海關。美國駐華代辦貝爾（Edward Bell）積極主張，「使用非戰爭的一切手段，嚇阻廣州政府，以維持海關現狀。」美國駐華陸軍武官支持他的看法。貝爾並強調說，如果美國不參加海軍示威的聯合行動，那就不但顯得美國甘願比其他大國起次要作用，而且會使孫中山相信，美國政府對他要求關餘的主張是同情的。遠東司司長馬慕瑞竭力贊同貝爾的看法。國務卿許士則建議派遣美國南海艦隊駛往廣州參加示威，此議並立即獲得柯立芝（Calvin Coolidge, 1872-1933，在任 1923-1929）總統的許可。其他國家也採取了類似的行動。12 月初，外艦開始集結廣州。英國駐華海軍上將尼文生（Admiral Sir A. Levenson）、法國海軍司令佛樂德（R. A. Frochot）均受命前往廣州了解情勢。至同月中旬，已有英、美、法、日、意、葡等國軍艦十六艘，其中美艦最多達六艘，集結在廣州省河向大元帥府示威，衝突有一觸即發之勢。[25]

面對外艦的威脅，孫中山毫不畏縮。他於 12 月 5 日致電公使團，嚴詰公使團來電抗議之不當，強調「中國海關始終為中國國家機關，本政府轄境內各海關自應遵守本政府命令」，並申明兩個星期之後如尚未解決，大元帥府將截留廣東海關之關餘，以為地方之用；「此乃完全中國內政問題，無與列強之事」。同日，孫中山接受《字林西報》記者之訪問，亦率直表明其截留關餘的決心：「謂廣州擔負護法戰爭之軍費，歷時已久；北京則用在粵所收之稅以攻粵省，公使團知而不問。查兩廣關稅，歲以千萬元計，此原為粵人之款，故彼擬截留之，彼將令稅務司繳出粵省關稅之全數。如不從命，則將另易總稅司，如北京乏款付到期之外債，彼願酌量撥出一部分，以供此用。」[26]

[25] 李雲漢，前引文，頁 359-360；呂芳上，前引文，頁 262-263；吳翎君，前引書，頁 133；陶文釗，前引書，頁 102。
[26] 孫中山，〈截留關稅之決心〉，《國父全集》，第二冊，頁 586。

　　就在外艦示威的同時，12 月 11 日北京公使團透過廣州領事團，正式就南方政府 9 月 5 日對關餘的要求，提出答覆，表示無權決定。「對於此項要求之承認或拒絕，不在外交團權限之內」。至於 1919 年至 1920 年西南政府分配關餘之協定，是西南政府與北京政府直接訂結，公使團於此事「既未提倡於前，又未參與於後」，故現今他們對此案的態度仍然如此。這一答覆等於完全拒絕廣州方面的要求。列強先則於 12 月 1 日表示對南方政府干涉海關之事，絕不容許。11 日之電又說使團不能過問關餘，但同時又聚艦示威，其言辭、行動與立場自相矛盾之處，十分顯然。[27]

　　列強集結軍艦的示威行動，殃及北京政府，使得外長顧維鈞招致國人的指責，認為北京政府縱容外人干預中國內政。12 月 8 日，顧維鈞向貝爾質詢此事。貝爾給國務院的報告中，提到不少北京政府要員私下同情孫中山的處境，他要福開森（J. C. Fergusoon，曹錕總統顧問）向曹錕解釋，情勢的演變不得不爾，北京應該感謝列強的這項舉動，不要「得了便宜又賣乖」（look a gift horse in the mouth）。為避免北京政府處境艱尬，12 月 10 日北京公使團正式照會顧維鈞，謂派艦赴廣州，在於制止廣州政府奪取做為庚款主要來源的海關稅款。12 月 4 日，北京公使團決定致函中國各派軍事將領，警告不可截用關餘，並表示如果孫中山試圖截留關餘，列強將在海關部署海上警戒。同時有十六艘各國軍艦駛進廣州白鵝潭示威，向大元帥府進行直接武力恐嚇。[28]

　　列強的砲艦政策，引起廣州政府強烈的抗議和廣東民眾的抗爭。12 月 17 日廣東交涉特派員傅秉常，為外艦集中示威一事致函英領提出質問。20 日英領覆文說：外艦駐泊口岸無仇向政府、本城及廣州人民之意，「總因阻止干涉洋關公務而已」。因此請轉知市民「不可抵制

---

[27] 呂芳上，前引文，頁 264。
[28] 吳翎君，前引書，頁 133-134。

英美，致釀事端」。粵省當局接到覆文後，立刻再駁斥英領「事端由派艦者釀成，還應由各該國負責」，可謂針鋒相對。同時大本營外交部長伍朝樞還應香港《德臣西報》（Hong Kong Telegraph）記者訪問指出：南方政府做事乃秉持公理而行，外人亦須諒解，「幸勿以老大帝國國民之畏懼外艦及洋槍者視我」，任何意外，列強均得負其咎，毫無讓步餘地。[29]同日，中山先生即令大元帥府財政部長葉公綽、外交部長伍朝樞聯銜通知總稅務司安格聯（Sir Francis Anglen），轉令粵關稅務司易紈士（A. H. F. Edward），應即遵照大元帥命令，如數補還1920 年 3 月以後積存廣東政府應得之關餘款項。惟安格聯並無遵行上項命令之意。大元帥大本營乃於 12 月 24 日發表〈關於海關問題之宣言〉，聲明「總稅務司倘不遵命令，本政府當另委能忠於職務之人，為稅關官吏，以免稅務之廢弛中斷。」關餘危機，至是愈益擴大。[30]

在關餘事件交涉中，孫中山對美國的倚信最深，而美國的態度卻最為強悍。孫中山乃於 12 月 17 日發表〈致美國國民書〉，沉痛的指出：

> 吾人首倡革命，推倒專制及腐敗政府而建立民主之時，吾人實以美國為模範，且深望得一美國刺花逸（拉法葉 Lafayette，助美國獨立戰爭之法國軍人）協助吾等，使得成功。吾人之力爭自由，於今已十二年矣。但今由美國而來者非刺花逸，乃美國之羅連臣提督（Captain Lannon），同來之戰艦較多於別國，而與欲推倒吾等，以使中國之民主得以滅亡者相連。華盛頓及林肯之國是否誓拒其對於自由之信仰，而轉為力爭自由國民之壓制者手？吾人實不信此，並深願貴國艦隊人員詳思此問題，然後放砲向吾等轟擊。現彼等

[29] 同註27。
[30] 李雲漢，前引文，頁 362。

之炮已向此無炮壘抵禦之廣州城矣！因何而欲砲擊吾等乎？實因吾人對全國稅關之收入，有合理要求，除清償以稅關作抵押各外債之後，得取得余政府治下內各處收得所餘之關稅。夫此項收入，實屬吾人，故余政府定有此權。且此款為敵人所得，遂用之以購軍械，轉殺吾等，故不得不阻止之，與君等先代投英國茶於波士頓埠港口之事無異。現貴國執政者或不肯扶助中國爭自由，等於扶助他方。設若貴國以海軍軍艦向我所轄境內爭收關餘，而令北方不良之軍閥得獲勝利，實為一種怨咎及無窮恥辱也。[31]

孫中山除了透過外交管道，希望迫使公使團理屈而退外，輿論的反應也站在南方政府一邊。換句話說，列強的蠻橫行徑也激起了廣東各界人民的無比義憤。12 月 16 日廣州各界在豐寧路西瓜園舉行第一次公民大會，機器總會的黃煥廷擔任主席，通過致電北京公使團，籲勿對關餘作越軌干涉。又致電各埠華僑，說明列強壓迫中國真相，共勉為政府的後盾。會後一萬多人參加大規模的示威遊行，遊行的隊伍曾在粵海關署前停息，演說爭回關稅；到了東堤，又派代表赴大元帥府請願，希望孫中山「勿為強權所屈」，即日收回關餘。中山先生親自接見，表示將限期收回關餘，並建議散發英文傳單，以正誼公理勸告外艦上的水兵，冀其憬悟。翌日，廣州各公團又集會，決定組織「外交後援會」為政府後援。24 日，廣州工會聯合會等七十餘團體又召集了第二次公民大會，這次大會在廣州市第一公園舉行，到有各界一萬多人，通過譴責列強砲艦政策的宣言。會後遊行，所到均分發傳單，號召同胞「要分關餘，就要民族自決，就要民族奮鬥！」「外交後援會」並在會中發出白話宣言：「要求收回關稅」、「恢復以前國家喪失的權利！」、「打倒軍閥！」、「打倒國際侵略主義！」並主張以經濟絕交為

---

[31] 孫中山，〈為爭關餘稅收致美國國民書〉，《國父全集》，第二冊，頁 128-129。

後盾。12 月 20 日廣州市街出現了「抵制英美」的標誌。25 日「外交後援會」遵照孫中山的建議，派發致外國海軍水手傳單，傳單內容說「吾人只求和平與秩序，遵守公理收回關餘，以揭去世界併吞主義者之假面具」，要求水手們起而扶助被壓制下的中國人。另外，在廣東的聯義社、省港華人船主司機總工會有罷工、停止起卸外貨的宣言，廣東總工會、湖南旅粵學會、梧州勞工聯合研究會、上海外交大會、旅滬廣東自治會、全國學生聯合會、廣東省議會及廣東中山學校校長等，或通電，或集會宣言，要求「即日收回關餘」，要求收回關稅自主權，都誓作政府後盾。[32]

　　面對廣州政府的強硬態度，復凜於南中國民意之不可侮，列強意識到武力恫嚇政策已不再是一個行之有效的政策。英國擔心，如果真的對廣東地區實行封鎖，港、粵商務中斷，英國在香港的經濟利益也將大受影響。而列強內部態度也不一致。日本在華南利益較少，不願因此事與孫中山政府為敵。日本外務省早就指示其駐華公使芳澤謙吉，「廣東關稅事件，雖規定與各國取一致行動，但我國無論如何總要以尊重中國主權，貫徹不干涉內政之主權。倘行動上有涉及華會九國對華條約之根本反對事件，亦當避之。而我國之對華關係上本與歐美各國不同，故不得不取如斯之態度。」[33]就孫中山而言，在這場關餘的鬥爭中，鑒於內有陳炯明的潛在威脅，他實在沒有以武力對抗列強的實力。因此，孫中山希望日本從中調停、斡旋。12 月 15 日，孫中山通過佐藤安之助聯絡，親自訪問日本總領事館。次日晚，伍朝樞外長宴請天羽英二總領事，表示希望日本芳澤公使從中調停、斡旋。17 日，天羽致電伊集院外相，認為「有慎重考慮之必要」。不過，伊集院外相向英駐日公使表示將儘可能與列強協力。孫中山想透過日本調停的希望遂成泡影。日本雖與列強共同行動，但與美、英等國之間

[32] 呂芳上，前引文，頁 266-267；陶文釗，前引書，頁 103。
[33] 王建朗，前引書，頁 142。

的態度仍有差異。美、英具有率先的、主動的特點，日本則以被動的、追隨的形式參加。這與列強在廣東地區的殖民利益是密切相關的。[34]

至 12 月底，列強態度明顯轉趨緩和，除法艦和葡艦先已離開廣州外，31 日美國駐廣州總領事詹金斯（Douglas Jenkins）亦下令驅逐艦離開廣州港域。1924 年 1 月初，美公使舒爾曼藉口赴滇，順道來粵「調停」，關餘事件開始有了轉機。這時孫中山正在廣州積極進行黨的改組工作，第一次全國代表大會尤正在大力進行籌備之中，公使團頗有調和之意，中山先生也不願樹敵太多，影響革命事業的進展，因此也同意透過交涉途徑，解決爭端。[35]

舒爾曼於 1 月 5 日搭乘「墨黎納」號自香港抵廣州，與該處領事團及各國海軍官員會議，討論粵海關問題。出席者計有領袖領事英領真密孫、美領詹金斯、法領波維（M. Beauvais）、日領天羽英二、美海軍提督羅連臣（Captain Lannon）、美館海軍參贊陳尼上校（Colonel Cheney）、英國艦隊司令賓遜大將、英艦麥那里亞號管帶李文生爵士（Lord Livingstone）、法艦克拉尼號管帶海軍提督費洛扎等人。美使秉承美政府宗旨而行事，採取穩健和平的立場，發言異常慎重，認為繼續以砲艦威脅，並非良策。[36]同日，並先拜會伍朝樞。

1 月 6 日舒爾曼由伍朝樞、詹金斯及諾曼（Robert Norman，孫中山的政治顧問）陪同，晉見孫中山，傾談近兩小時。關於談話的內容，孫中山未曾有直接的言論發表，伍朝樞則曾對新聞記者發表過談話，舒爾曼、詹金斯等曾對柯立芝總統提出報告，舒氏本人也曾對英文《京津泰晤士報》記者發表過談話，林百克（Paul Linbarger）在《孫逸仙傳記》（*Sun Yat-sen and the Chinese Republic*）一書中，也有所記述，其中以伍朝樞的談話最為具體：

---

[34] 俞辛焞，《孫中山與日本關係研究》（北京人民出版社，1996 年 8 月），頁 259-260。
[35] 呂芳上，前引文，頁 267。
[36] 王聿均，前引文，頁 296。

關餘案前經駐京美使舒爾曼來粵，提出調解意見。首先與余晤面，謂將向外交團提議，將廣東應得關餘，撥作治河經費，庶使各方均能保持面子。余曾答以廣州政府，曾有公文發表，聲明決不將關餘供軍用，而以該款應治河辦學校之需；今貴使提議，正為原訂計劃之一部，自可贊同。嗣商及交款手續問題，則美使之意，欲使總稅務司直接撥交治河處；余則主張交廣東政府，再由政府撥作治河之用。蓋用途之指定，係為余個人之信約，而政府對於該款之所用權及其處分權，固不容外人之干涉也。關於此點，未有成議。次日，偕舒氏往謁中山先生，談及茲案，其初頗不投契。至後中山先生對舒爾曼意見，已表示贊同，惟於交款辦法，則未之討論。美使退出後，余向彼聲明：中山先生在適間，係在主義上承認貴使之意見，至實行手續，則仍應依照昨日所議辦理。

伍氏在上項談話中提及，孫中山在與舒爾曼談話時，「其初頗不投契」，舒爾曼本人亦證實此事。他曾向柯立芝總統報告：「兩小時談話的前十五分鐘，孫氏對我談起世界上壓迫者與被壓迫者──中、俄、德、印度等──之間的衝突，以及資本主義國家──包括美國──未來關係等，簡直像一個瘋狂的人。」於對《京津泰晤士報》記者談話時，舒爾曼亦稱「重申尚無承認軍政府之機會，孫先生意頗不悅。」據林百克記述，中山先生曾問舒爾曼：「美國是否誠意願為中國之至友」；並謂：「如美國欲對中國表示真正之友誼，應先歸還上海、漢口之所謂美租界，以為誠意之保證。」據舒爾曼透露，中山先生亦提及「由美國人出面贊助，以便中國各方首領可以召集會議，以謀中國之和平」的建議。但舒爾曼並未重視此一建議，他甚至未曾向國務院提出較為詳細的報告，而詹金斯總領事則譏評中山先生此一提議為「完

全不切實際」，「因為孫先生只管轄極小一部分的領土，根本沒法使得北方強而有力的軍事首領接受他所提的任何措施。」[37]

涉及關餘問題，另據鮑羅廷（Michael Borodin）憶述：「孫中山向舒爾曼表示，即便他不得不同列強各國作戰，他也將用武力取得關稅。舒爾曼答應對於友好地解決向廣州政府轉交關餘的問題提供幫助，只要將關餘用於改善內河航行和改善航道，而不用於軍事需要。孫中山表示贊同，但他責備了舒爾曼乃至列強對待中國的不公正態度。孫中山說：列強拒絕承認按權力應屬於我們的東西，同我及我的政府進行鬥爭。同時，他們不是按照華盛頓會議的決議以自己的干涉裁減督軍的軍隊，反而支持督軍。」[38]

美國公使舒爾曼的廣州之行，並未能消除孫中山對美國政策的不滿。惟關餘問題，確由於他的折衷建議終於獲致暫時的和平解決。4月1日，北京公使團作出決定，同意將粵海關關餘撥付廣州政府。同日，停泊在廣州港的外國軍艦也陸續開始撤走。6月19日，北京政府命令安格聯撥粵海關關餘充作西江疏浚費用，孫中山即派林森為廣東水利督辦。這樣，圍繞著關餘問題而展開的漫長交涉，實際上是以廣州政府的勝利而告終。這一勝利，不僅紓解了廣州政府的經濟困難，更重要的是，它意味著列強炮艦政策在中國的第一次失敗。因此，它對南方政府今後的反帝國主義侵略和廢除不平等條約鬥爭，有著重要的鼓舞和啟示作用。[39]

三、孫中山北伐與美國

綜孫中山一生，為了討伐北方軍閥，追求統一全國的目標，前後曾發動兩次北伐。第一次自 1921 年 12 月抵桂林設大本營，迄於 1922

---

[37] 李雲漢，前引文，頁366-367。
[38] 《孫中山年譜長編》，下冊，頁1787。
[39] 王建朗，前引書，頁143。

年4月，因陳炯明在廣州之掣肘而返旃；5月再於韶關誓師，至6月16日復有陳炯明之叛變，攻擊總統府之事件，至8月間孫先生不得已而離粵，兩者統計歷時八個月。第二次於1924年9月，移大本營於韶關，隨之分向贛、湘出發，至12月譚延闓湘軍在江西之被迫後撤，歷時約四個月。[40]

1922年4月中旬，孫中山接受美國《華盛頓郵報》記者訪問，指出：

> 廣東合法政府北伐之目的，不在中國北方人民，而在日本及為日本外府之北廷。……蓋中國若不推翻日本在中國之勢力範圍，日本必利賴中國之天產及人民，以遂其窮兵黷武之帝國主義。能維持太平洋和平之國家，非英國實中國也。吾人今日自救，即可以使全世界免除日本武力之危害；北方同胞亦逐漸醒悟，將與吾人同心協力，推翻日本之外府。推原北庭之所以能存立者，良由列強各國之承認。倘各國否認之，中國即能統一於民意合法政府之下，然後解散無用之軍隊，整理財政，禁止賄賂，則國庫充裕，外債即可清償。故列強多承認北廷一日，即多重苦中國人民一日，亦即中國真正民治之政府，不能早現一日。美國自來對於中國毫無攫取土地之野心，亦未利用中國衰弱以營私利，故今日否認北廷，當然事也。[41]

統觀孫中山在北伐前後所發表的宣言和談話，主要在推倒軍閥及軍閥所賴以生存的帝國主義，孫中山認為「美國素重感情，主持人道」，

---

[40] 呂實強，〈孫中山之兩次北伐〉，《北伐統一六十周年學術討論集》（民國77年10月），頁166。

[41] 孫中山，〈推翻帝國主義實現中國真正民治政府〉，《國父全集》，第二冊，頁550；《孫中山年譜長編》，下冊，頁1441。

美國的領袖地位足以左右他國，又得中國人民信任，所以希望美國協助中國抵拒日本，希望美國協助中國整理財政，更希望美國出面召集會議，協助中國解決問題。

孫中山北伐，對美國所提出的第一件外交訴求，便是向美國要求撤銷對北京的承認。在華盛頓會議期間，孫中山的駐美代表馬素曾將廣州政府的提案，分發給各國首席代表，並再一次要求列強撤銷對北京政府的承認，但美國國務院始終沒有理會。[42]伍廷芳甚至向美國要求，「若不能撤銷對北京的承認，是否可允不干涉，使雙方作一決戰。」中國內戰是美國最不願見之事，美國最大的希望在南北達成和議，使國際銀行團能充分作業，此即女史家柏格（Dorothy Borg）所稱的「華盛頓模式」（Washington formula）。[43]

孫中山的第一次北伐，因未獲陳炯明的支持，不久即撤兵。消息傳到華盛頓，國務卿許士大喜過望，即刻報告哈定總統。蓋國務院認為孫先生乃中國統一之障礙也。[44]美國公使舒爾曼對孫中山和陳炯明有不同的評價，他認為「孫中山一心想擴充那朝不保夕的政府，是有野心的軍人」，而陳炯明和他的同僚，「則反對為擴充武力，而壓榨廣東人民的生命財產。」[45]

1922 年 4 月初，直奉戰爭爆發前夕，孫中山派遣伍朝樞至奉天與張作霖談判，推動「三角反直同盟」。據美國廣州副領事休斯頓（Jay Calvin Houston）報告，伍氏回到廣州後向他表示：根據在奉天的協議，孫中山將被推為總統，段祺瑞出任副總統，新政府改採聯合政府形式，舊國會取代新國會，張作霖支持梁士詒組閣，吳佩孚或徐世昌必須接受此事，否則就被排除。舒爾曼於報告國務院時，提到吳佩孚不打算用激烈手段擴大和孫、張之間的對立，但如果孫發動占領漢口攻

[42] 吳翎君，前引書，頁 112。
[43] 王綱領，前引書，頁 217。
[44] 同前註。
[45] 吳翎君，前引書，頁 119。

勢而威脅其地位時,彼必將反擊。舒爾曼強調,吳佩孚的政治思想單
純而誠實。[46]及直奉交戰,直系獲勝。美國以為「強人」再度出現,
結束內戰有望。[47]

　　廣州政府所展開的北伐軍事行動,因不獲陳炯明的支持,湖南戰
事受挫。孫中山告訴當時正在廣州訪問的美國助理軍事參贊弗隆
(Wallace C. Philoon),陳炯明因不支持北伐而遭解職處分。舒爾曼於
5月20日向國務院報告,陳述孫、陳之間的衝突,並分析南北之間的
情勢,認為直奉戰事已近尾聲,奉系慘敗,且直系的吳佩孚與陳炯明
之間已達成某種妥協,北伐無望。據廣州政府外交委員會表示,南方
派等待吳佩孚開出和平條件,如果符合要求,準備說服孫中山接受。
如果勝利的吳佩孚致力於憲法政府之完成及中國統一之工作,孫中山
則準備和北方和談。舒爾曼估量中國政情愈來愈樂觀,但問題在於中
國能否把握住這一機會。他覺得「孫中山不可能成為一個負責任的政
治家。」[48]

　　同年6月16日,陳炯明部砲轟觀音山總統府,孫中山脫險後避
難於永豐艦,繼續指揮陸軍與叛軍對抗。廣州副領事休斯頓當日即向
國務院報告此事。不久,休斯頓登艦訪問孫中山,並勸孫中山下野。
他在給國務院的電報中,提到廣州政府外交總長伍廷芳於21日交出
廣東省長印信,22日陳炯明被推為廣東臨時省長,包括伍廷芳及廣東
海軍都一再要求孫下野。23日,休斯頓向駐華公使舒爾曼發出急電
稱,孫中山暗示如能有尊嚴的退路,願意離粵,希望領事團能從中斡
旋,因為據瞭解英國駐廣州總領事有意調停,美國是否願意加入,頗
令人矚目。舒爾曼的答覆是:「美國駐廣州的領事館,既不可從中斡
旋,也不應該提供良好的幫助。」舒爾曼同時向國務院說明了這項決

[46] Schurman to the Secretary of State, FRUS, 1922, vol. I , pp.690-691.
[47] 王綱領,前引書,頁217。
[48] 吳翎君,前引書,頁121-122。

定的理由，他認為「孫中山是中國重新統一的顯著障礙。」「現在別無他法，只有清除孫中山，非勝即敗，如果陳炯明沒有收拾孫中山，似乎留待北京政府來完成。」他向國務院建議說：「外國的調停，只會壯大孫中山的威望，並確保孫將來的聲譽。」美國國務院於 6 月 26 日答覆：「國務院不贊成廣州總領事館參加任何調停計劃，你在這方面的意見，國務院無條件同意。」[49]換言之，從舒爾曼到國務院，都不贊成美國出面調停，「為孫逸仙安排一個光榮的退路。」

6 月 25 日，孫中山的美國顧問諾曼前往拜會休斯頓，討論取得前往上海的安全保證，但美領事館未曾給予協助。至 8 月 9 日，孫中山以北伐軍回師失利，決定離粵赴港，他希望美國能夠提供他赴港的交通工具，派那文和女婿戴恩賽，分別向美國駐廣州領事和白鵝潭上的美國軍艦洽商乘艦離粵事宜。[50]但廣州領事已奉駐華公使與國務院之命，不得參與調停孫、陳戰事，因而拒絕孫中山的請求。最後還是英國領事館派「摩漢號」（Moorhen）砲艦相送，孫中山與蔣中正、陳策等人才順利抵港，換乘「俄國皇后號」（Empress of Russia）去滬。[51]

美國政府始終認為孫中山是中國統一的最大障礙，而陳炯明事變有利於中國的統一。舒爾曼更由此認定，孫中山不可能東山再起，但他很快會發現這種看法，恐怕是一項嚴重的錯誤。孫中山於 8 月 14 日抵達上海後，各團體代表在吳淞口岸歡迎者約數千人，連日颶風驟雨，鵠立江岸不倦。[52]翌日，孫中山發表〈宣布粵變顛末表示統一意見宣言〉，提出了新的號召：主張合法國會自由行使職權，實施兵工計劃，發展實業，尊重自治，以和平方法促成統一，討伐叛國禍首陳炯明。[53]他並且先後派員分赴北方及西部與各派聯絡，直、皖、奉、

---

[49] The Acting Secretary of State to Schurman, FRUS, 1922, vol. I , pp.725；吳翎君，前引書，頁 122-123。

[50] 莫世祥，《護法運動史》（台北，稻禾出版社，1991 年 10 月），頁 223。

[51] 李雲漢，前引文，頁 350。

[52] 《孫中山年譜長編》，下冊，頁 1492。

[53] 孫中山，〈宣布粵變顛末表示統一意見宣言〉，《國父全集》，第二冊，頁 97-99。

黎等集團也都派代表至滬相商。黨務方面,則召集張繼等 53 人舉行
會議,力謀改進,對外交涉─尤其是對俄交涉,已在祕密中展開。不
管從任何角度看,孫中山在滬比在粵時更能控制全盤形勢,他簡直不
是一個已被推翻的失敗者,而是各方仰望的一個中心人物。[54]

8 月 16 日,上海美商《大陸報》(*The China Press*)刊出孫中山
慷慨激昂的對外宣言,表明了他為建立南方政權以堅持憲政民主的努
力,並且嚴正譴責北方軍閥的黷武主義和陳炯明的叛變。[55]孫中山一
時之間,不但成為媒體報導的焦點,更成為中國政局注目的中心。誠
如《紐約時報》刊出了合眾社發自上海的報導所說:「孫已成為各派
人士在上海集會的中心關鍵人物;他的住所已變成各方面意見並不一
致的政治領袖們的『麥加』(Mecca)─人心歸向的所在,許多宴會在
舉行著,而政治卻是這些宴會中的主菜。」[56]

美國駐上海總領事館的官員們看到這種情形,非常吃驚,總領事
克寧漢(Edwin Cunningham)於 8 月 22 日向國務院報告說:

> 在南方失敗了,孫逸仙現在卻變成比任南方政府首領時更具
> 全國性格的人物。很多北方的著名軍人與民政首長,都來尋
> 求孫先生的支持。[57]

克寧漢從中山先生受歡迎人數之多,拜訪者之頻繁,甚至得出「此人
極有影響力」、「孫中山是個可信賴的政治家」的結論。[58]

遺憾的是,不論上海總領事的報告或《紐約時報》的報導,終究
無法絕對影響美國國務院對華政策之轉向。即使在 1923 年 2 月孫中

---

[54] 李雲漢,前引文,頁 351。
[55] 吳翎君,前引文,頁 124。
[56] 同註 54,頁 351-352。
[57] 同註 54。
[58] 王綱領,前引書,頁 218;吳翎君,前引書,頁 124。

山重返廣州，續行大元帥職權，甚至成立合法政府之後，美國政府對孫中山以及廣州政府仍不改以往的冷漠態度，關餘的交涉便是最佳的例子。

自廣州政府建立之後，孫中山一如革命之初，不獨精神上深受美法革命自由獨立精神的影響，制度上亦「實以美國為模範」，而我「華人亦信任美國」，認為「美國是中國真正的朋友」，故對美國抱持熱切期待，積極拓展聯美外交，一次又一次地呼籲美國政府施予援手，出而主持公道，然而在孫中山晚年，從威爾遜、哈定到柯立芝這三位前後主政的美國總統，所給予中國革命領袖的，卻是不睬不理，甚至鄙視，始終未能叩開美國的外交大門，真是「我心向明月，奈何明月照溝渠」！

孫中山在廣東的外交，需要走出去；中山先生的北伐，需要爭取與國。在一連串對美交涉不受重視，備遭冷遇，對美國從希望到失望乃至絕望之後，孫中山的革命不得不採取「以俄為師」的聯俄政策。此是後話。

第二輯

蔣介石研究篇

蔣介石與蘇俄軍事顧問

——以《事略稿本》為中心之討論

一、前言

　　俄國顧問在中國，共產國際與中國革命，孫中山與蔣介石和蘇聯顧問之間欲迎還拒、若即若離的微妙關係，一直是學術界窮追不捨，不斷推陳出新的課題，而其成果亦頗令人矚目。[1]

---

[1]　相關之著作，茲舉在台北出版，較為重要之專書與論文如下：
　　（一）專書
　　王健民，《中國共產黨史稿》，三冊，大陸問題研究所叢書，1974 年 9 月。
　　王聿均，《中蘇外交的序幕——從優林到越飛》，中央研究院近代史研究所專刊，
　　　　1963 年 11 月。
　　李雲漢，《從容共到清黨》，中國學術著作獎助委員會，1966 年 5 月初版。
　　蔣永敬，《鮑羅廷與武漢政權》，傳記文學出版社，1972 年 3 月初版。
　　郭恆鈺，《共產國際與中國革命——第一次國共合作》，東大圖書公司，1991 年 4
　　　　月再版。
　　郭恆鈺，《俄共中國革命秘檔，1920-1925》，東大公司，1996 年 1 月。
　　郭恆鈺，《俄共中國革命秘檔，1926》，東大公司，1997 年 3 月。
　　李玉貞，《孫中山與共產國際》，中央研究院近代史研究所，1996 年 10 月。
　　周谷，《孫中山與第三國際》，大地出版社，1997 年 10 月。
　　Moscow, Canton, Peking: Early Diplomatic Relations between the Soviet Union and
　　　　China, Tamkang University, 2000 年。

　　（二）論文
　　王聿均，〈加拉罕與廣州革命政府〉，《孫中山先生與近代中國學術討論集》，第
　　　　3 冊，1985 年 12 月。
　　王聿均，〈蔣中正先生訪俄及其觀感〉，《蔣中正先生與現代中國學術討論會論文
　　　　集》，第 2 冊，1998 年 12 月。
　　蔣永敬，〈鮑羅廷使華始末記〉，《傳記文學》，32：5（1978 年 5 月）。
　　蔣永敬，〈鮑羅廷與中國國民黨之改組〉，《中華民國建國史討論集》，第 3 冊，
　　　　1981 年 10 月。

　　隨著俄國檔案的解密與「大溪檔案」的開放，預期這一方面的研究將有重大的突破，展現新的面貌。遺憾的是，一般通俄文、能夠看到俄文原檔的學者並不太多，所幸李玉貞女士個人和黃修榮先生所主持的翻譯班子所做的檔案翻譯、出版和整理工作，[2]大大彌補了這方

蔣永敬，〈三月二十日事件之研究〉，《中華民國初期歷史研討會論文集》，中研院近史所，1984 年 4 月。

蔣永敬，〈中山艦事件原因的考察〉，《歷史月刊》，21 期，1989 年 10 月。

蔣永敬，〈馬林與國共合作〉，《近代中國》，137 期，2000 年 6 月。

蔣永敬，〈孫中山先生與越飛聯合聲明前的談判〉，《近代中國》，130 期，1999 年 6 月。

蔣永敬，〈蔣中正先生赴俄考察記〉，《近代中國》，136 期，2000 年 4 月。

李國祁，〈先總統蔣公早年對共產主義及蘇俄的認識〉，《台灣師範大學歷史學報》，15 期，1987 年。

李國祁，〈鮑羅廷策劃下中共勢力的快速擴張〉，收入氏著《民國史論集》，南天書局，1990 年 2 月。

陳存恭，〈黃埔建校前後在華南的蘇俄軍事顧問〉，《黃埔建校六十周年論文集》（上），國防部史政局，1984 年 6 月。

陳存恭，〈蔣公中正與俄德籍軍事顧問〉，《先總統蔣公百年誕辰紀念論文集》（下），國防部史政局，1986 年 10 月。

余敏玲，〈蘇聯對中國的軍事援助，1925-1930〉，《中國現代史專題研究報告》（18），1996 年 12 月。

余敏玲，〈蔣介石與聯俄政策之再思〉，《中央研究院近代史研究所集刊》，34 期，2000 年 12 月。

韓迪德，〈蘇俄軍事顧問與中國國民黨，1923-27〉，《中華民國建國史討論集》，第 3 冊，1981 年 10 月。

楊奎松，〈孫中山的西北軍事計劃及其夭折──國民黨謀求蘇俄軍事援助的最初嘗試〉，《郭廷以先生九秩誕辰紀念論文集》，上冊，中研院近史所，1995 年 2 月。

楊天石，〈蔣介石的赴蘇使命及其軍事計劃〉，《中國現代史專題研究報告》（18），1996 年 12 月。

陳慈蓉，〈「孫越宣言」的再解讀及其相關的幾個問題〉，《中華軍史學會會刊》，第 2 期，1997 年 5 月。

吳文津，〈戰略上之分歧：民國十二年蔣中正先生赴俄報聘之研討〉，《蔣中正先生與現代中國學術討論集》，第 2 冊，1986 年 12 月。

陳三井，〈俄國新檔中所見的孫中山〉，《孫中山與現代中國學術研討會論文集》，國父紀念館，1998 年 6 月。

王正華，〈寧漢分裂前中國國民黨的黨務會談〉，《近代中國》，第 156 期，2004 年 3 月。

2 李玉貞譯，《聯共、共產國際與中國，1920-1925》，第 1 卷，東大圖書公司，1997 年 5 月。

面的缺憾。至「大溪檔案」即使已經開放，由於數量十分龐大，亦非少數個人短期間內所能充分利用。「大溪檔案」現已正名為「蔣中正總統檔案」，其內容依性質可分為：籌筆（已出版有目錄兩巨冊）、革命文獻、特交文卷、特交文電、特交檔案、領袖家書、文物圖書、蔣氏宗譜、照片影輯和其他類共十項，數量相當驚人。其中第七項的文物圖書，又包括《事略稿本》（1927-1948，274 冊）、《事略簡編》（1927-1934，4 冊）、《困勉記》（光緒 10 年至 1943 年，8 冊）、《游記》（光緒 19 年至 1943 年，2 冊）、《學記》（光緒 20 年至 1943 年，3 冊）、《省克記》（1915-1942，2 冊）、《愛記》（1916-1943，3 冊）等共 458 冊。[3]特別是起自 1927 年下迄 1948 年的《蔣總統事略稿本》，曾摘抄蔣氏之日記，有極豐富且具價值的史料。《事略稿本》由許卓修等人仿毛思誠的體例編修，[4]採編年體，按年月日先後依次敘述，以毛筆謄寫，每年少則六冊，多則十餘冊，並經蔣氏核閱定稿。在全部《蔣介石日記》[5]尚無緣見天日之前，這應是深入蔣氏內心世界最可

中共中央黨史研究室第一研究部譯，《聯共（布）、共產國際與中國國民革命運動，1920-1925》，北京圖書館出版社，1997 年 1 月。另編《文獻資料選輯，1917-1925》一冊。

中共中央黨史研究室第一研究部譯，《聯共（布）、共產國際與中國國民革命運動，1926-1927》，上、下二冊，北京圖書館出版社，1998 年 11 月。另編有《文獻資料選輯》二冊。

中共中央黨史研究室第一研究部譯，《聯共（布）、共產國際與中國蘇維埃運動，1927-1931》，北京，中央文獻出版社，2002 年 5 月，共四冊。另編《文獻資料選輯，1927-1931》兩冊。總計這套檔案文獻，前後分三次出版，目前已出刊 12 冊，時間起迄為 1920-1931 年。

[3] 序言，《蔣中正總統檔案——事略稿本》（以下簡稱《事略稿本》，國史館出版，2003 年 7 月。

[4] 許兆瑞，〈許卓修先生對近代史研究之貢獻——記念先叔逝世二十週年兼述「大溪檔案」整編之經過〉，《近代中國》第 125 期（1998.6），頁 141-150。

[5] 蔣介石與蔣經國每天都有親自寫日記的習慣，特別是自來台開始，一直到兩人分別臥病為止，幾十年從不間斷。日記都是用毛筆寫的，原稿裝訂典藏，再請專人重新謄寫過。這些日記（包括隨魚日誌）在蔣經國逝世後，隨著蔣孝勇的移居舊金山，已全部帶出國。蔣孝勇死後，現交由其妻方智怡保管。然由於蔣經國遺命，這些資料近期之內尚無公諸於世的可能。參閱王力行、汪士淳合著，《寧靜中的風雨——蔣孝勇的真實聲音》，天下文化出版社，1997 年 5 月。

靠的第一手材料。現《事略稿本》已由國史館正式印行，先發行八冊，時間起自 1927 年 1 月至 1929 年 12 月。茲根據《事略稿本》、《蔣介石年譜初稿》，並輔以其他檔案史料，把蔣介石與俄國顧問之間，特別是與鮑羅廷之間的關係，作一分析整理，並通盤探討。

二、從同情到失望——蔣介石對俄國革命的認識

蔣介石生於 1887 年，早年接受傳統的私塾教育，其對外國的瞭解和認識，多得自塾師，但亦屬一鱗半爪，並無系統。

蔣氏曾於 1929 年自述：「我對於蘇俄革命的感想，可分兩時期：從蘇俄革命（1917）時起，到我赴俄之時（1923）止，為第一時期；赴俄之後到現在（1929），為第二時期。第一時期的感想是同情的。第二時期的感想是失望的。感想之所以變遷，乃是實地考察的結果。」[6]

蔣氏對俄國革命的看法，由同情而失望，甚至到採取公開反對的心路歷程，可能投射到以後對俄國顧問的態度上，所以我們有必要先就其變化過程做一瞭解。

蔣介石何時開始注意社會主義及共產主義的問題，並無確切資料可攷。1919 年加拉罕（Leo Karakhan）發表對華宣言，願援助中國人民脫離外族壓迫，放棄帝俄在華特權，頗引起中國知識份子的嚮往。蔣氏於是年十一月曾撰〈世界各國政府對付俄國勞農政府的手段如何？〉一文，投稿於《星期評論》，暇時，並閱讀《俄國革命記》，亦學習俄文，準備一有機會，能夠赴俄觀察。[7]1921 年 3 月 5 日，他曾上書孫中山，除主張緩選總統外，並建議以蘇俄自強自立為師法，團結內部，放棄外交。[8]

---

[6] 《事略稿本》（5），頁 424。

[7] 毛思誠，《民國十五年以前之蔣介石先生》，中央文物供應社，1971 年 10 月重印出版，卷 1，頁 114、116。

[8] 中國第二歷史檔案館編，《蔣介石年譜初稿》，檔案出版社，1992 年 12 月，頁 62。

　　蔣氏雖然沒有在俄國革命之初，實現親赴蘇俄實地考察的決心，但他個人自承是同情共產黨革命的，所以他曾經說出：「俄國革命在近代革命歷史上，開闢了一個新紀元」這樣的話，並坦誠，當時如有人攻擊俄國革命，他必力與之爭，由此一點來證明他早期對共產黨革命的態度，並無絲毫成見。[9]

　　及至 1923 年蔣介石奉孫中山之命率團考察俄國歸來，他的態度由是產生極大的轉變。蔣氏赴俄考察的夢想雖然終於實現，但這一趟「破冰之旅」，對蔣而言，可以說是「乘興而去，敗興而歸。」其中癥結不少，論者已多，茲略作歸納，說明如下：

（一）「關於中國民族解放運動和國民黨」的重要決議

　　蔣在臨行前夕（11 月 28 日）收到共產國際包含八項的決議，在決議中，批評國民黨及蔣本人，認為國民革命之所以迄今未能得到成功，在於未曾注意及勞動大眾及農民與城市市民的階級利益，使其投入革命。故中國國民黨的國民革命必須澈底的改變其方針，完全走蘇俄共黨的路線，且文字十分嚴厲，幾乎完全用命令與必須的口吻。[10]因此，蔣氏閱後，深為憤怒，怫然說：「吁！觀其論調，不認識本黨如此，應愧自居為世界革命之中心。」[11]

（二）對外蒙的侵略野心

　　蔣氏於十月二十一日晤蘇俄外交人民委員契切林（Georgy Chicherin, 1872-1936），談蒙古問題時，發現俄人並未放棄其侵略外蒙

---

[9]　蔣介石，〈本黨國民革命和俄國共產黨革命的區別〉，《先總統蔣公思想言論總集》（中國國民黨黨史委員會出版，1984 年 10 月），卷 10，演講，頁 389。

[10]　Dieter Heinzig, Martin Wilbur, 吳文津、王聿均、李國祁、陳存恭等人皆曾論及。此處參閱李國祁，〈先總統蔣公早年對共產主義及蘇俄的認識〉，《師大歷史學報》，15 期，頁 243。

[11]　《民國十五年以前之蔣介石先生》，卷 1，頁 294。

的野心，也就是蘇方對外蒙視同禁臠，不容他人染指的態度，給蔣留下了十分惡劣的印象，以致對蘇俄援助中國的誠意，深表懷疑。[12]

（三）西北計劃的夭折

所謂「西北計劃」，孫中山是戰略的提出者，蔣介石是具體計劃的制定者，主要是 1922 年陳炯明叛變後，孫中山被迫放棄他長期企圖作為根據地的廣州，決心將戰略重心轉向中國西北，打算利用俄國的軍火，在新疆的烏魯木齊或外蒙的庫倫建立革命武裝的計劃。蔣氏銜命到蘇聯後，前後會見了蘇聯革命軍事委員會副主席斯克良斯基(I. M. Sklansky, 1892-1925)、紅軍總司令加米涅夫（C. C, 1881-1936）及契切林，討論了西北計劃，但這個計劃觸及了蘇俄最敏感的問題，蘇方不可能同意孫、蔣利用外蒙古來進行活動的想法，因此否決了「西圖」戰略，讓蔣氏不免失望。[13]

綜上所述，於是有 1924 年 3 月 14 日蔣氏致廖仲愷書中的對俄痛切批評，內云：

> 以弟觀察，俄黨殊無誠意可言，即弟對兄言俄人之言，只有三分可信者，亦以兄過信俄人，而不能盡掃兄之興趣也。至其對孫先生個人致崇仰之意者，非俄國共產黨，而乃國際共產員也。……俄黨對中國之惟一方針，乃在造成中國共產黨為其正統，決不信吾黨可與之始終合作，以互策成功者也。至其對中國之政策，在滿、蒙、回、藏諸部，皆為其蘇維埃之一，而對中國本部，未始無染指之意。[14]

---

[12] 王聿均、蔣永敬、陳存恭、楊奎松的論文均談及此點。
[13] 楊奎松首先提出「西北計劃」的問題，以後陸續加以討論的有楊天石、蔣永敬和余敏玲。
[14] 《民國十五年以前之蔣介石》，卷 2，頁 333。

這代表蔣氏對蘇俄侵略中國本質的認識，不信任中透露著失望之情。

　　經過實地考察的結果，從失望到公開決裂，大致表現在 1929 年。是年 4 月 25 日，蔣在長沙市民歡迎大會上，以〈本黨國民革命和俄國共產革命的區別〉為題演講，從理論上比較俄國共產革命和中國國民革命的根本差別。就革命的動機說，前者的動機起於階級鬥爭，起於恨；後者則是求民族獨立，求人類和平，是起於愛。就革命的性質說，前者是階級革命，以無產階級的利益為本位；後者是全民革命，以全社會全民族為本位。就革命的方法說，前者專講階級鬥爭和武裝暴動；後者則是統一全民族革命的力量，不論屬何階級，都統一在國民革命旗幟之下。由以上的分析，可說明共產革命不適於中國的理由。因以恨為動機的革命，不適於中國和平的、寬厚的和光明的民族性；以階級為本位的革命，無論就中國的社會狀況或國際地位說，都沒有在中國實行的餘地；以階級鬥爭、武裝暴動和奪取民眾等方法的革命，無論就打倒帝國主義說，或解放農工說，在中國都不能實行。[15]

　　以上所述，乃蔣介石對俄國革命的認識，從同情而失望到公開反對的變化過程。

三、俄國顧問紛紛東來

　　從黃埔軍校成立到北伐前後，在「聯俄容共」政策大纛之下，俄國顧問紛紛東來。據非正式統計，最盛時期俄國顧問共有 58 名在南方政府工作。[16]蔣介石與這些俄國顧問的互動關係如何？他如何看待這些顧問？雙方是相互尊重、真誠合作，還是各懷鬼胎？會不會有喧賓奪主的情形？這是筆者比較感興趣所要探討的問題。

---

[15] 同註 9，頁 387-392。
[16] 李玉貞，《孫中山與共產國際》（中央研究院近代史研究所，1996 年 10 月），頁 397。

　　根據軍校籌備委員之一的王柏齡（茂如，1889-1942）的回憶，最初黃埔建校籌備處暫設於孫中山坐船「大南洋號」上，而四位蘇俄顧問早就來了，他們雖然革了命，洋習氣並未革除，既輕視黃面孔，更趾高氣揚，竟是目中無人。他們見蔣先生時，態度高傲，言語不遜。[17]

　　蔣介石一度辭卸軍校籌備委員長離粵，有人把責任推到他與俄國顧問的齟齬上。例如：

　　第一次軍校籌備會議（二月八日），蔣介石與俄國顧問為建校計劃意見相左，憤而辭職。

　　蔣介石和蘇聯顧問對於軍校課程內容與管理方式產生重大歧見，由於蔣的計劃受到蘇聯顧問的反對，他又不能完全行使職權，因此憤而辭職。[18]

　　事實上，俄國顧問在軍校除進行技術性的教學工作外，他們多半只執行參謀作業，備諮詢，擬計劃，提建議而已。他們的權限應不至大到直接與蔣介石起衝突，蔣氏也不會因與他們的意見不合而辭職。所以，蔣氏的請辭，應是「內患」而不是「外憂」造成的！

　　不管如何，蔣介石與幾位俄國顧問之間的關係，還是值得探討的。

（一）巴甫洛夫（P. A. Pavlov，即 Govoroff, 1893-1924）

　　巴甫洛夫在中國時用名高和羅夫，1893 年出生在一個沙皇高級將領的家庭，後參加革命，投入紅軍。到中國來之前，他是紅軍第 13 軍的軍長。為了幫助孫中山創建一支新型的革命軍隊，他於 1924 年 6 月間來華出任孫中山政府的總軍事顧問。他到廣州之後，有鑒於軍隊的彈藥武器十分缺乏，急電蘇聯政府給南方政府運送急需的武器，又因軍隊紀律不佳，建議成立軍事委員會，他自己並出任顧問。正當

[17] 王柏齡，〈黃埔軍校開創之回憶〉，《中國國民黨第一次全國代表大會史料專輯》（中華民國史料中心，1984 年），頁 383。
[18] Frederic F. Liu（劉馥），A Military History of Modern China, 1924-1949,（Princeton Uni. Press, 1956），p.9.

他長才待展之際，孰料因赴石龍考察，不幸於 7 月 18 日在珠江落水身亡。[19]

巴甫洛夫之喪，孫中山親臨主祭，於 8 月 4 日率領廣東黨政軍官員在軍校舉行隆重的追悼會，蔣介石自然參加。蔣氏在巴甫洛夫短暫的停留廣東期間，兩人的交往似不多。

6 月 26 日，「公接高和羅夫，還《俄國革命軍組織及戰略》書（凡 4572 言）」[20]這大概是巴氏自撰介紹紅軍組織與戰略的簡本，篇幅不大，借給蔣氏參攷，蔣閱後歸還。

8 月 2 日，晚蔣介石召集軍校各職教員學生暨特別區黨部各組組長臨時會議，講明辦事應痛除舊習及組長的責任，特別提到對巴甫洛夫的佩服。內云：

> 我們革命黨，不但辦事不要拘泥陳腐的習慣，就是戰術戰略
> 上說，如高和羅夫將軍所說的，他們俄國革命戰術，完全不
> 照德國、法國的原則，而他們就像拿破崙的戰術一樣，學他
> 一種特別的戰術原則，這句話真是不錯的。我們革命軍這十
> 幾年來不能得到勝利，就是拘泥各國戰術原則的結果，這是
> 我對高和羅夫將軍最佩服的地方。[21]

蔣介石現學現賣，把得自巴甫洛夫書中的啟發，很快的灌輸給黨政軍各級幹部。

巴甫洛夫雖然英年早逝，「遺恨何如」[22]，但卻在眾多重要俄國顧問之中，與蔣介石維持著最沒有爭議的賓主關係。

---

[19] 李玉貞，前引書，頁 397-400。
[20] 《蔣介石年譜初稿》，頁 206。
[21] 同上註，頁 223。
[22] 此係孫中山致送匾額，參見《民國十五年以前的蔣介石先生》，卷 2，頁 404。

(二) 加倫 (B. K. Blucher, 1890-1938，布魯轍，布留赫爾，化名加侖)

加倫為蘇聯統帥，國內戰爭時期的英雄，傑出的軍事家，第一批蘇聯元帥之一。1921-1922 年任遠東共和國軍事部長、人民革命軍總司令。1924-1927 年擔任廣州政府總軍事顧問。

1924 年 7 月，巴甫洛夫在石龍溺水身亡後，蘇聯政府應孫中山之請，於 8 月委派布留赫爾前來擔任廣州政府總軍事顧問。他以良好的品質，優秀軍事家的態度和氣質頗得人們的愛戴，親切的「加倫將軍」表示了人們對他的態度。蔣介石一直同他保持良好關係，直到 1935 年，蔣還向蘇聯政府提出要求派加倫來中國幫助抗日。[23]

蔣介石訪俄時，曾經與當時擔任紅軍第一軍軍長兼政委的布留赫爾具體討論了在軍校裡培養指揮人員和招收學員的問題，[24]所以兩人算是舊識。又有一說，蔣介石訪俄於 1923 年 11 月回國途中，在火車上巧遇布留赫爾返回其西伯利亞遠東軍總部任所，兩人相見恨晚，頓生愛慕之意。[25]

根據《蔣介石年譜初稿》或其他資料所留下的記載，蔣氏與加倫兩人互動的情況遠不及後來與鮑羅廷之頻繁密切。

1925 年 6 月 17 日，《日記類鈔》載：「晚嘉（加）倫來談政府及軍事委員會組織，至十二時方去。自知愚甚！嘉倫亦一外交家也。」[26]

倒是白崇禧（健生，1893-1966）的回憶，對加倫有較多的描述，並涉及蔣介石與加倫的情誼，值得注意。白崇禧指出加倫將軍，

> 曾受高等教育，待人和善，學問淵博。他因為是革命軍軍事總顧問，我是總司令部幕僚長，兩人經常接觸，所以知之甚

---

[23] 李玉貞，前引書，頁 497。
[24] 同上，頁 359。
[25] 周谷，《孫中山與第三國際》（大地出版社，1997 年 10 月），頁 215。
[26] 〈蔣介石日記類鈔‧黨政〉（一），《民國檔案》，1998 年 4 期，頁 5。

深。平日行軍，他素不坐轎，好騎馬；我從小即有騎馬之嗜好，人馬總形影不離。每日作戰，總司令部召開高級軍事會議，加倫將軍必定提出數個方案以供參佐，其胸懷甚為寬大，無論是否採納，全不在意。大體上言，自北伐以來，加倫將軍與我們相處非常融洽，蔣公待之殊厚。[27]

事實上，根據 A. H. 卡爾圖諾娃的《加倫在中國》、切列潘諾夫（A. I. Cherepanov）的回憶錄和俄方檔案顯示，加倫對蔣介石的計劃還是有頗多意見的。他說過，中國人歷來喜歡搞計劃、方案之類，蔣介石也不例外。他對蔣介石的一份文件——〈計劃與提出計劃的政治上軍事上的理由〉，曾提出洋洋灑灑的十五點實質意見，對進行中的北伐戰爭，也有若干的批評。[28]

（三）季山嘉（N. V. Kuibyshev，化名季山嘉，Kissanka）

由於加倫與鮑羅廷不合，俄方改派化名季山嘉的古比雪夫，接替首席顧問。季山嘉是外高加索人，在革命內戰中建有軍功，曾任外高加索區的軍團司令，他於 1925 年 10 月抵達廣州。1926 年春，鮑羅廷等北上，季山嘉在廣州可說是志得意滿，此時他以首席顧問的身分擔任軍委會及國民革命軍總監的顧問，羅克覺夫（Victor Rogachev）擔任參謀團顧問，雷米（Remi，化名伍格爾夫）擔任航空局顧問，雪米諾夫（Smirnoy）擔任海軍部顧問。於是俄方有理由相信他們已成功地掌握了南方政府的軍事領導權，且對其政策—北伐毫無忌憚地進行干預，甚至對蔣作人身攻擊，在軍校中詆毀蔣不革命，與段祺瑞同樣

---

[27] 陳三井等口述訪問，《白崇禧先生訪問記錄》（中央研究院近代史研究所，1989 年 3 版），上冊，頁 59。

[28] 中共中央黨史研究室第一研究室編，《共產國際、聯共（布）與中國革命文獻資料選輯（1926-1927）》，北京圖書館出版社，1998 年 8 月，上冊，頁 209、251。

是要打倒的對象,在在踰越了「顧問」的身分,自然也因此使得蔣有
所戒備。[29]

在蔣介石眼中,季山嘉是個「專橫」之人,不斷的釋出不滿的聲
音,請看下面幾段記事;

1926 年 1 月 19 日:「公近對羅、季二顧問主張,心輒不樂,嘗謂:
　　　　　　　　　『我以誠往,彼以詐來,非可與共事之同志也。』」
　　　2 月 7 日:「上午十一時,季山嘉就談政局與軍隊組織,語
　　　　　　　　多諷刺,又若甚疑懼公者。因喟然曰:『今之中
　　　　　　　　國社會與空氣,無怪其以土耳其為殷鑒,並鄙中
　　　　　　　　國軍人盡為貪劣者也。嗚呼,國家若此,軍人如
　　　　　　　　彼(感觸現象),能不深用汗顏耶。』」
　　　2 月 11 日:「蘇俄同事疑忌我、侮弄我,或非其本懷,然亦
　　　　　　　　何為而然,惟有以誠格之。」
　　　2 月 22 日:「晚,赴俄顧問宴,席終坐談,多主北伐從緩。」[30]

季山嘉主要反對蔣介石立即北伐的主張。根據楊天石的研究,季
山嘉在黃埔軍校會議上以及在和蔣介石的個別談話中,都明確表示過
自己的意見。這些意見,從顧問團寫給蘇聯駐華使館的報告中可以知
其梗概。該報告認為,「國民黨中央缺乏團結和穩定,它的成員中包
含著各種各樣的成份,經常搖擺不定」;又說:「軍隊缺乏完善的政治
組織,將領們個人仍然擁有很大的權力。在有利的情況下,他們中的
部分人員可能反叛政府,並且在國民黨右翼的政治口號下,聯合人口
中的不滿成份。另一方面,國民革命軍何時才能對北軍保持技術上的
優勢還很難說。」據此可知,季山嘉和蘇俄顧問們認為,由於政治、

---

[29] 陳存恭,〈蔣公與俄德籍軍事顧問〉,《先總統蔣公百年誕辰記念論文集》(國防
　　部史政編譯局編印,1986 年 10 月),頁 356-57。
[30] 《蔣介石年譜初稿》,頁 528、536、539。

軍事等方面的條件還不成熟，因此，北伐應該從緩。然而，蔣介石容不得反對意見，二人的裂痕由此肇端。[31]

　　季山嘉不僅公開反對北伐，甚至攻擊蔣個人為新軍閥，而且破壞北伐計劃，這是蔣所無法忍受的。蔣介石在《蘇俄在中國》一書中，對此有露骨的表示。「15 年（1926）1 月，本黨第二次全國代表大會開會，……提出北伐的主張。在會期中及會議後，汪兆銘對於北伐，均表示贊成，鮑羅廷亦未表示異議。……不料自鮑回俄後，俄國軍事顧問團長季山嘉忽在軍校會議中，極力宣傳北伐必敗之謬論。他對我面談的時候，反對北伐的意思，也逐漸暴露出來。廣州市面接連的散播傳單，反對北伐，並攻擊我個人為新軍閥。最後，季山嘉更是明目張膽，破壞本黨的北伐計劃。[32]」

　　證之蔣介石的年譜和日記，雙方一再交鋒，矛盾擴大，互信已告動搖。

> 2 月 27 日：「上午，往訪季新（汪精衛）主席，報告要事及對季山嘉之我見，彼允即進行。季之專橫矛盾，如不免除，不惟黨國有害，且必牽動中俄邦交，然料其為個人行動，決非其當局者之意也。下午與季新兄議事，季山嘉已自知其錯誤，並露辭去之意，不知其尚有何作用也。[33]」

> 3 月 12 日：「午後四時，季山嘉就談，極陳北伐之不利，公力辟其謬妄。」

> 3 月 18 日：「與史顧問論季山嘉之過失，以後應改正各點。[34]」

31　楊天石，《蔣氏秘檔與蔣介石真相》（北京社會科學文獻出版社，2002 年 2 月），頁 108。

32　蔣介石，《蘇俄在中國》，參閱《先總統　蔣公思想言論總集》，卷 9，專著，頁 42。

33　〈蔣介石日記類鈔‧黨政〉（一），《民國檔案》，1998 年 4 期，頁 7。

34　《蔣介石年譜初稿》，頁 545、569。

　　季山嘉為抵制北伐計劃，建議由海道派兵運往北方，蔣氏譏其為
「兒戲欺人之談」。季山嘉又提議勸蔣赴北方練兵，藉以迫蔣離粵，
使黨軍失去重心。[35]

　　在這種情況下，雙方已很難共事，不是蔣介石辭去軍事委員會委
員及廣州衛戍司令等職，就是蘇方遷就蔣介石意見召回季山嘉，因為
他們也承認，蘇俄軍事工作人員太冒進了，一方面他們忘記了自己只
是顧問而不是指揮官，一方面做出了種種使蔣介石與俄方和與國民政
府疏遠的事情。[36]

四、相看兩厭──蔣與鮑羅廷關係

　　鮑羅廷（Mikhail Markowich Borodin）於 1884 年 7 月 9 日出生於
俄國西部的俄羅斯境內一猶太後裔家庭中，年輕時為碼頭船工，1900
年加入俄國社會民主工黨，1904 年奉列寧之命赴瑞士，隨列寧工作。
列寧逃亡海外，鮑於 1908 年遠居芝加哥，不久與當地一立陶宛姑娘
結婚。十月革命後，鮑羅廷自美返國，派在蘇俄外交部工作。1919
年 3 月鮑出席第三國際成立大會後，列寧派之前往美國活動，又赴墨
西哥負責籌建墨共組織，12 月又到西班牙活動。1921 年 1 月任第三
國際駐德國代表。1922 年化名赴英從事地下工作，引起英國當局注
意，被判刑入獄，後遭驅逐出境。鮑羅廷回俄不久，因與列寧關係密
切，即於 1923 年 5 月奉派出使廣州，10 月初到達廣州。其人精通俄
文、法文、德文、英文，有豐富的國際地下工作經驗。抵廣州後，受
到孫中山盛大歡迎，孫與之朝夕相共，對之信任有加，逾於常格。[37]

---

[35] 李雲漢，《從容共到清黨》，頁 487。
[36] 〈索洛維約夫給加拉罕的信〉，《聯共（布）、共產國際與中國國民革命運動
　　（1926-1927）》（上），卷 3，頁 177。
[37] 周谷，《孫中山與共產國際》，頁 202-205。

　　蔣介石受到孫中山「聯俄容共」政策的影響，與鮑羅廷之間亦有一段蜜月合作期，彼此互相利用，但以後即因「三二〇事件」而導致衝突決裂，其間錯綜關係至為複雜，本文無暇細論，僅只探討兩人關係惡化的點點滴滴。

　　自孫中山逝世後，經廖仲愷被刺、中山艦事變（鮑不在廣州）等一連串事件的衝擊，再加對北伐政略和戰略的分歧以及國共發展策略的對立，在在激發了蔣介石與鮑羅廷關係的緊張，這方面論者已多，如蔣永敬、李雲漢、郭恆鈺、陳存恭等，故在此不贅。

　　蔣氏與鮑羅廷關係的惡化，是全面性的，象徵著從孫中山到蔣介石與俄共和第三國際顧問關係的總攤牌，這不僅涉及蔣氏個人的面子問題和尊嚴問題，也關係到國民黨發展的生死存亡問題。首先，我們來透視蔣氏與鮑顧問交鋒的一些內心反應記錄：

1926 年 2 月 3 日：　「鮑羅廷自北回，晚來述觀測情形。彼以解決土地問題，為革命之基礎，余亦為然，惟憂無法引起全國大革命矣。余言北伐非大革命，現在國民政府，亦不足為真正革命政府也。彼默認不答。余少頃自悔失言。」

1926 年 4 月 30 日：「下午二時至四時半，與鮑羅廷顧問商議黨爭，交換意見，彼尚有猜忌之點也。」[38]

　　　5 月 16 日：　「下午往訪鮑顧問。余甚以兩黨革命小黨勝於大黨為憂；又以革命不專制不能成功為憂；又以本黨黨員消極抵制共產黨，而不能積極奮發自強為憂。彼甚動聽也。」

　　　5 月 17 日：　「晚與鮑顧問談黨事，左右為難也。」

---

[38] 〈蔣介石日記類鈔・黨政〉（一），《民國檔案》，1998 年 4 期，頁 7、10。

5 月 21 日：「上午，與鮑顧問商議宣言。……革命須求自
立，不可勉強遷就，世界革命應統一指揮，但各
國革命政權仍須獨立，不能以用人行政亦受牽
制，一國政治不能獨立，在於其不能自主也。」

7 月 2 日：　「上午，往訪鮑羅廷，談至下午二時半回寓。余
甚以其對黨意見為不然也。以本黨有歷史、有主
義，不可勉強也。」

7 月 23 日：「下午，與鮑顧問談革命方略及政治主張，彼以
余言為然。」[39]

12 月 31 日：「晚，歡宴譚主席及各委員，公致詞畢，鮑羅廷
即在席間，公開痛詆黨部與軍政各種問題之錯
誤，表示其極端之憤懣，無異嚴厲之教訓，與對
部屬之責備。」[40]

　　北伐軍佔領武漢與南昌之後，國民政府和國民黨中央是遷往武漢
還是遷往南昌，引爆了鮑羅廷和蔣介石權力之爭。鮑羅廷確信，倒蔣
的時機已經成熟，他爭取唐生智，企圖在軍事上和政治上孤立蔣介
石，最後奪取他的權力。[41]蔣鮑的關係已勢同水火，也面臨攤牌的時
刻。請看這時蔣氏如何節節反撲：

1927 年 1 月 12 日：「到武昌，民眾開會歡迎，到者數萬人。晚宴會，
鮑羅廷在席間面辱公袒護黨中老朽，喪失革命精
神，聲色俱厲，特使公感受難堪，意在逼公消極
辭退也。而公則動心忍性，不與計較，惟自矢必

---

[39] 〈蔣介石日記類鈔〉（二），《民國檔案》，1999 年 1 期，頁 4、5、6。
[40] 《民國十五年以前的蔣介石先生》，卷 3，頁 1356。
[41] 郭恆鈺，《共產國際與中國革命》（東大公司，1991 年），頁 256-257。

伸中華民族之正氣，以救黨國，謂俾外人知國人不可侮也。」[42]

1月19日：「抵九江。程潛來談，論及黨事，公直言與鮑羅廷不相容，並謂革命至此，如終受帝國主義與外人壓迫，其將何以承黨國付託之重任乎？不禁歔噓！」[43]

1月21日：「公痛斥鮑曰：蘇俄解放被壓迫民族之說，我信其不誤，然其所派之人如鮑等，其最近之行動，與其主義云云完全相反，徒使國人喪失人格，倍受壓迫耳。凡有正氣者，誓必驅而逐之。」[44]

1月30日：「撤去鮑顧問名義之議，久不能決。至27日晚始得譚延闓、戴傳賢同意。公曰：吾欲使政府與黨部貫通一致，故非去鮑不可。吾人當不顧外間之誹議，以期立於革命獨立之地位，橫暴如鮑羅廷，不能速去，尚何能革命乎？又曰：惟欲革命，亦非去鮑不可，以其實為革命障礙也。否則何必汲汲去之，黨中幹部多不知原委，一味遷就畏縮，為可嘆也。」[45]

2月6日：「譚延闓、宋子文來訪，言鮑羅廷願來隨營而不問中央事，公不允，必令其回俄，謂但可保全其顏面。」[46]

[42] 《事略稿本》（1），頁16-17。
[43] 《事略稿本》（1），頁22。
[44] 《事略稿本》（1），頁27。
[45] 《事略稿本》（1），頁31-32。
[46] 《事略稿本》（1），頁38-39。

2月15日：　「公以近日環境惡劣，大受刺激。嘆曰：看人面
　　　　　　目，受人輕侮，遭人疑謗，被人壓迫，受他人之
　　　　　　播弄，為部下所脅制，此最難堪者。」[47]

3月10日：　「李烈鈞來，談漢口瘋狂情形，公曰：共產黨自
　　　　　　以為陰謀之毒，不知其狡計皆為人利用。鮑氏之
　　　　　　肉，尚足食乎？」[48]

4月20日：　在南京東南大學，召開黃埔同學會演講。公曰：
　　　　　　「鮑羅廷，他是第三國際派來的代表，在中國實
　　　　　　在太橫行無忌了。你們大家沒有看見，還不知他
　　　　　　那種飛揚跋扈壓迫的情形，竟至此極。我們是一
　　　　　　個革命者，豈能聽其所為，坐觀黨國危亡，甘受
　　　　　　壓迫，而不與之鬥爭反抗嗎？……鮑羅廷的居
　　　　　　心，就是要消滅中國國民黨，要破壞中國國民革
　　　　　　命。中國國民黨消滅之後，共產黨才可以抬起頭
　　　　　　來。……鮑不止是欺負我一個人，不止是壓迫我
　　　　　　一個人，完全是欺負我們中國國民黨，欺負我們
　　　　　　中國人，我那裏可以輕易放過。」[49]

　　而從俄國檔案中，蔣介石與維經斯基（吳廷康，Gregori Voitinsky,
1893-1953）於 2 月 22 日和 23 日在九江的談話，也透露了非撤換鮑
羅廷不可的理由。蔣說：「鮑為我們的國民革命做了不少事。他為建
立我們革命和黨的鞏固基地付出了辛勞。但是近來鮑開始執行分裂國
民革命運動的政策。這樣的政策對於中國革命今後的命運非常危險。

---

[47]　《事略稿本》（1），頁 48。
[48]　《事略稿本》（1），頁 117。
[49]　《事略稿本》（1），頁 309-316。

我個人對鮑沒有任何惡感。我迄今為止一直把他當作老師看待。但我現在反對他，因為他在堅持會造成兩個政府的危險方針。」[50]

蔣氏雖表示對鮑沒有惡感，但對這一段不愉快的合作經驗依然耿耿於懷。直至 1931 年 3 月，蔣仍把湯山事件時的胡漢民，比作昔日的鮑羅廷，是他一生不幸遭遇的「二奸」，因為「鮑使國民黨徒受惡名，而共產黨受其實惠，今胡則使國民黨受害，而彼個人自取其利。鮑使國民黨革命破壞而不能建設，胡則使國民革命阻礙而不能統一；鮑使國民黨制度法律皆陷於散漫割裂不能運用，胡則使國民政府與行政院隔斷，必欲以五院牽制政府，而且使各種法律不能久存。」[51]

據鮑羅廷自己的看法，蔣介石在到達南昌之前，還能聽他們的，但占領上海之後，便徹底脫離了革命，在外國帝國主義的影響下轉入資產階級反革命陣營，所以他堅決主張同蔣介石作堅決徹底的鬥爭。[52]鮑羅廷坦白承認，「我們利用了蔣介石，並準備拋棄他，就像拋棄一個擠乾的檸檬一樣。」他甚至透露，以當時共產黨人與國民黨左派聯盟所擁有的軍事力量，是可以奪取南京的，「這樣做就會給我們提供一個迅速除掉蔣介石的機會。可是我們沒有這樣做。這是我們所犯的第一個大錯誤。」[53]

喧賓奪主，或反客為主，賓主已到了相看兩厭的程度，不啻宣告從孫中山到蔣介石這一段與俄國或共產國際顧問之間的革命合作關係，已到了劃下休止符的時候了。

---

[50] 〈維經斯基和蔣介石在九江的談話記錄〉，《聯共（布）、共產國際與中國國民革命運動（1926-1927）》，（下），頁 133。

[51] 《蔣中正總統事略稿本》（未出版），1931 年 3 月 1 日。

[52] 〈鮑羅廷關於中國政治局勢的報告〉，1927 年 5 月初於漢口，上引書，頁 220。

[53] 〈鮑羅廷在老布爾什維克協會會員大會上所作的「當前中國政治經濟形勢」的報告〉，同上書，頁 500-501。

五、結語

　　蔣介石是一位軍人，他所具有的領袖魅力（Charisma）是軍人式的，注重威嚴，有一種霸氣，對人要求效忠與絕對服從。[54]身為黨政軍領袖，他最不能忍受的就是別人的驕橫跋扈，不服從命令，目無法紀。在他的眼中，李宗仁、李濟深、白崇禧，甚至宋子文，都是屬於驕橫跋扈型。[55]而俄國或共產國際顧問中，稱得上「專橫」、「橫暴」的，大概只有季山嘉與鮑羅廷兩人。

　　終蔣介石一生，與他共事合作過的外國顧問，先後有俄、德、日、法、美等國的政治和軍事官員，為數眾多。一般而言，蔣與法、日兩國顧問的合作，大抵能做到相敬如賓，合作愉快。1939 年 10 月 19 日法籍顧問白爾瑞（Berger）辭行時，還特別向蔣介石感謝垂愛德意。[56]蔣氏引用德國軍事顧問，一度備受國內外各方的指責，蔣本人對佛采爾（魏澤爾，Georg Wetzell）的軍事才能雖予充分肯定，[57]對其忠誠與作戰經驗能力同表可佩，但亦不諱言其缺點，那就是「對人事之考察指揮與組織能力，不甚豐富，故不僅對中國軍官時有意見，而且對德國顧問亦不免有偏重不公之時。至於外交與政治，則未甚注意。」[58]

　　抗戰期間，蔣與美國史迪威（Joseph W. Stilwell）的合作關係，無異蔣鮑關係的又一翻版。史迪威來華出任中國戰區統帥部參謀長，經數度召談後，在蔣介石眼中的史迪威，基本上是個不懂禮貌、不知尊重的人，「對中國軍官及軍事之報告，皆極輕視，且加侮蔑」，蔣亦

[54] 李國祁，〈孫中山與蔣中正先生用人風格的比較探討〉，《國父建黨革命一百週年學術討論集》，第四冊，頁 111。
[55] 參閱拙作，〈蔣介石眼中的民國人物——以《蔣總統事略稿》為中心之討論〉，南京大學第四次中華民國史國際學術討論會論文。
[56] 《總統蔣公大事長編初稿》，卷 4，上冊，頁 1480。
[57] 馬振犢、戚如高著，《蔣介石與希特勒——民國時期的中德關係》（台北東大公司，1998 年 2 月），頁 123。
[58] 〈抗戰前的中德關係史料選輯〉，《近代中國》，第 45 期（1985 年 2 月）。

「深以史氏缺乏作戰經驗，徒尚感情，不顧軍事基本原則為慮。」[59]史迪威在華十年，能操華語識華字，但性情粗率，善忤上官，而於中國文化、政治、時代精神、人物鑑別，皆乏真知。史氏曾在羅斯福、邱吉爾出席之百餘人軍事幕僚會議上討論反攻緬甸案中，公然醜詆中國軍隊之無能，作戰之不力，以及統帥之寡斷與善變。[60]史迪威在他的日記中，通常以「花生米」綽號稱呼蔣介石，動輒以「白癡」、「笨蛋」、「糊塗蟲」消遣中國將領，形容蔣是「一個頑固、無知、滿腦子偏見和自負的暴君」。[61]於是白宮顧問、羅斯福總統代表居里（Lauchlin Currie）奉派來華到渝 16 日，先後謁見蔣委員長十四次，談話內容涉及史迪威者七次，蔣氏告以史迪威人地不宜，性格乖戾，恐難完成任務，[62]會談難有交集，終還是走上調回一途。

以蔣介石的地位，從北伐到抗戰的過程中，他所要求於友邦軍事顧問者，不外個人尊嚴、事權統一指揮與國政獨立自主三大基調。不幸從鮑羅廷、季山嘉到史迪威，在蔣介石眼中，他們的性格驕橫，行事作風強悍，處處掣肘，反客為主，不但難以充分配合，甚且齟齬叢生，摩擦不斷。基於「操之在我則存，操之在人則亡」的考量，蔣氏最後不得不為自己所服膺的主義和所追求的革命，採取斷然處置，無怨無悔的向前行。

[59] 《總統蔣公大事長編初稿》，卷 5，上冊，頁 44、101。
[60] 梁敬錞，《史迪威事件》（台灣商務印書館，1971 年），頁 3、7。
[61] 約瑟夫・W・史迪威著，《史迪威日記》（北京世界知識出版社，1992 年 2 月），頁 114。
[62] 同註 60，頁 6。

北伐初期蔣介石的日本觀

一、前言

　　眾所週知，綜蔣介石一生，與中國現代史密不可分，也是近代中日關係史上最重要的一頁；在近代中國的軍政領袖人物中，毫無疑問的，蔣中正也是對日本瞭解最為深刻的一位。這一方面由於蔣曾留日學習軍事，民國初年又曾兩度赴日本居留達三年之久，對日本的立國精神與建國過程，下過一番研究的工夫。另一方面由於蔣氏在參與及領導國民革命的過程中，有數度直接與日本當局接觸的經驗，也曾不止一次的派遣專使到日本去做縝密的考察，這都使蔣先生對日本的國力與軍國主義興起後的侵略趨勢，瞭若指掌。[1]

　　日本是中國的近鄰，也是對中國虎視耽耽的強鄰。近代以來，從黃遵憲到戴季陶等人對日本都有一定的認識，不少人做過相關的研究。惟研究北伐初期蔣介石的日本觀，除古屋奎二[2]略有涉及外，似不多見。國史館最近出版有《蔣中正總統事略稿本（1927-1929）》，共9冊，係蔣氏歷任秘書參閱相關函電令告及節抄蔣氏日記，編撰而成。

　　透過此一《稿本》，可以窺知蔣氏心靈深處的一些想法，舉凡對日本的觀感、對日的認識和評價、對日本政治家的月旦、對日本軍閥的撻伐，乃至日本對華方針與我方應付之道，及中日合作之前途與乎兩國邦交之維護，無不留下豐富的一手材料，不僅可透過蔣氏的此一

---

[1] 李雲漢，〈九一八事變前後蔣總統的對日政策〉，《師大學報》，第 21 期（1976 年 4 月），頁 197。

[2] 古屋奎二，〈默察蔣介石先生之日本觀〉，《中國現代史專題研究報告》（中華民國史料研究中心編印，1976 年 11 月），頁 1-20。

近距離觀察和體會，對以上諸問題有更透徹的瞭解，即於九一八事變前後，對蔣氏製訂對日政策的背景，也將有心領神會的豁然貫通感覺。

二、對日本觀感

　　蔣介石曾多次旅日，從清末到民初的對日觀感，黃自進[3]已有深入分析，而九一八事變前後蔣介石的對日謀略，李雲漢與楊天石[4]已有多篇文章論述，故在此不贅。本文所要討論的是北伐初期自 1927 年 8 月，蔣總司令為促成寧漢合作而下野，並於 9 月 28 日赴日訪問，至 11 月 10 日始返上海這一段期間的訪日觀感，除董顯光的《蔣總統傳》[5]外，一般書籍大多語焉不詳，而《事略稿本》則有詳細記載，應係首次正式披露。

　　蔣介石自北伐以來，有鑒於內部紛爭不斷，環境惡劣，常感嘆要「看人面目，受人輕侮，遭人疑謗，被人壓迫，受他人播弄，為部下所脅制」[6]，因此早蓄出國志趣。計劃「以一年為準，其目的以考察軍事、兵器、社會、經濟、組織與延訪人才。觀察外交為重，以學習經濟、政治、社會、哲學、軍事五科為本」，並發卜宏願，要「在日本注重軍事經濟，在德國注重哲學與軍事學，在法國注重政治與社會學，在英國注重政治經濟與海軍，在美國注重哲學與經濟，在意國注重社會政治，在土耳其注重革命歷史」[7]，可惜這個包括七個國家為期一年的出國訪問計劃，最後縮水成為只到日本一國為期大約四十天的考察。為何出訪國家僅剩日本一國？而且以日本為優先，這當然與蔣先生的日本經驗密切相關。蔣先生到日本後曾發表談話，表示「此

[3]　黃自進，〈蔣中正在日本學習的一段歲月〉，見氏主編《蔣中正先生留日學習實錄》（中正文教基金會出版，2001 年 12 月）。

[4]　楊天石，《蔣氏秘檔與蔣介石真相》（北京社會科學文獻出版社，2002 年 2 月）。

[5]　董顯光，《蔣總統傳》（中華文化出版事業委員會出版，1952 年 12 月）。

[6]　《蔣中正總統事略稿本》（國史館印行，2003 年 7 月），第一冊，頁 48。

[7]　同上，第二冊，頁 22-23。

次來日，乃欲視察及研究十三年以來進步足以驚人之日本，以定將來之計劃」，且其友人居日者甚多，更「欲乘此閒暇之機會，重溫舊好，並願藉此與日本諸名流相晉接[8]。

1927 年 9 月 28 日，蔣介石自上海搭乘「上海丸」東渡日本，隨行者包括南京市長劉紀文、軍醫署長陳方之博士、秘書陳舜濤、江慶余等人。張群早幾天先赴日本。翌日午抵長崎，但覺「港內清潔安靜，有條不紊，亦不如十年前舢板尚有雜亂情狀，益有進步矣」！登岸後，即搭車赴溫泉，「沿途道路雖崎嶇而其路基頗固」，且「其鄉間習俗如常，似未激變」[9]。這是蔣氏對長崎的印象，感覺較前進步。

10 月 2 日下午，蔣氏由小濱出發，至諫早驛乘坐火車，經門司渡下關換車，又覺「站中設備比前進步，晚間電燈明朗」，因聞其全國已無無電燈之處，故贊曰：「其用水壓電力之進步，與其經濟之發展，亦可想見矣！」[10]

10 月 4 日，往寶塚遊覽，見劇場旅館，皆已歐化，蔣氏謂：「其進步之速可驚，社會秩序與教育，亦均有進步」。最後蔣嘆曰：「未至日本以前，以為其物質進步精神必衰退，今乃知其興盛，猶未艾也」[11]。

10 月 5 日下午二時半，蔣等一行搭乘兵庫縣廳提供之汽車，由有馬出發，經神戶、大阪於晚間七時半抵奈良觀光，當日宿奈良。翌日上午，遊奈良公園，見公會堂建築甚巧，蔣「思有以法之」。又遊春日大社寺院，觀大佛與大鐘，登二月堂。風景歷歷皆在目前，其地古樹甚多而幽雅，使人心怡，佛像與鐘皆絕巨大，蔣謂：「是可為日本民族性忍耐之表徵」[12]。

---

[8]　同上，第二冊，頁 73-74。
[9]　同上，頁 71-72。
[10]　同上，頁 74。
[11]　同上，頁 77-78。
[12]　同上，頁 79。

10 月 14 日，出遊蘆之湖，古木參天，勝景也。富士山映照湖底，明麗可愛。蔣謂：「須從水中觀山影，其景更佳。」15 日，往淺間山看瀑布，又遊小湧谷公園。蔣嘆曰：「其國中到處有公園，而公園或多於家庭，可羨也」。[13]

10 月 21 日，下午三時，往遊伊東，其地沿海，風景絕佳。蔣深嘆：「日本建設之猛進，不知吾國何日乃能臻此！」[14]29 日，往遊日光東照宮，德川家康與家光之墓，皆在焉！蔣謂，「其建築之幽美堅固，可稱日本第一」。又杉木葱鬱，其高過於山峰，而最古之木，周圍有至二十七尺者。聞日光之古木，共有三萬株，連路旁之木，共六萬株。蔣見而羨之曰：「將來建築中師（孫中山）之墓地，或新興金陵，以此等樹種為佳也。」[15]

回國以後，11 月 16 日蔣介石出席上海黨員大會，並做演講，談到日本之行的觀感，他做了總結說：「到日本之後，隨時感覺到鄰國是這麼有秩序，有條理，實業、經濟、地方治安、人民教育，一切都有進步，都上軌道」。而反觀中國的情形，卻使人非常悲痛。[16]

對於一位政壇的短暫失意人而言，遊山玩水乃是舒解壓力，撫平心靈創傷的最佳調劑。觀蔣介石遊踪所至，不外公園、瀑布、溫泉、湖泊、寺院等名勝古蹟，他先後到過雲仙、神戶、寶塚、奈良、大津、箱根、湯本、蘆之湖、河口湖、熱海、伊東等地，各景點不僅風景秀麗，而且清幽雅靜，展現日本最美麗、最引人入勝的一面，難怪蔣氏觀感極佳，讚不絕口，羨慕有加，一再留下「進步」、「猛進」等好評字眼。在此值得順便一提的是，宋太夫人（宋美齡母親）時在有馬溫泉旅館療養足疾，蔣介石在宋子文陪同下，曾多次往謁，並獲太夫人

---

[13] 同上，頁 86-87。
[14] 同上，頁 90。
[15] 同上，頁 103-104。
[16] 同上，頁 126。

面允婚事，佳偶天成，牽手相隨的歲月有期，這是此行的另一大收穫，益增「爽秋之旅」的愉快心情。

三、論評日本政治家

蔣中正此行，除舊地重遊，藉此看看闊別多年的日本的各方面進步情形外，主要仍在與日本諸名流相晉接。如果說，蔣氏前半段的安排以遊山玩水為主，後半段則多與日本政治家相周旋，因此留下不少與日本政治家接觸的論評。

基於多年與日本政治家打交道的經驗，蔣介石常嘆息「日本並無眼光遠大之政治家」，[17]認為「日本人不易交」[18]，原因在於「日人臨事終欠爽朗也」。[19]他甚至批評，日本政治家不如俄國，主要基於日本對華之三點錯誤：（一）以為中國革命成功，其東亞地位動搖，尤其不能確保滿蒙權利。（二）利用中國南北分裂，從中操縱。（三）利用無知軍閥，壓制民眾。可見其政治家之識力，不如俄國遠矣。[20]

蔣中正在日本所接觸的政治家，大多為孫中山時代的一般舊同志，茲依時序先後，敘論如下：

10 月 14 日，與秋山定輔[21]談革命計劃。孫中山在時，甚佩此老，以為日本唯一之政治家。蔣與之談歷五小時，秋山盛稱蔣計劃之偉大，過於其師。[22]

10 月 24 日，上午往訪內田良平[23]及各部次長。下午與白川義則[24]談話，稱之為舊式軍人。[25]

17 《事略稿本》，第四冊，頁 416。
18 同上，頁 498。
19 同上，頁 567。
20 《事略稿本》，第二冊，頁 83。
21 秋山定輔，曾任《東京二六新聞》社長、眾議院議員。為孫中山好友，支援中國革命運動。
22 《事略稿本》，第二冊，頁 83。

10 月 26 日，上午往訪澀澤子爵[26]，子爵年已八十餘，熟讀論語，所談皆道德之言，並自言嘗以「己所不欲，勿施於人」句，警戒其國人。[27]

11 月 2 日，訪犬養毅[28]、床次竹二郎[29]、長岡外史、飛松寬吾、佃信夫等。長岡外史、飛松寬吾為十七年前蔣留日見習時之長官（前者為第十三師師團長，後者為野砲第十九聯隊長），相見歡敘如家人。蔣親自揮毫「不負師教」四字，贈與長岡師團長。[30]與床次談約三時餘，蔣謂此人同情於吾黨，但對中國事仍多隔膜也。又謂犬養毅，此公老態突增，對中國革命事已冷淡矣。[31]

11 月 3 日，訪藤山（雷太）、梅屋（庄吉）及山本條太郎[32]。藤山家擅園林之盛，為東京第一。梅屋為總理故人，其家庭對蔣等皆甚親切，坐談頗久。山本為政友會代表，今日相談奉張事。蔣謂，所見諸人中，最不直其所為，以其政策與手段偏重壓制與侵略也。[33]《蔣

---

[23] 內田良平，為舊福岡藩士內田五郎次子，因宮崎寅藏介紹，結識孫中山，支持中國革命運動。

[24] 白川義則，陸軍大將，曾任關東軍司令官、軍事參議官，時任田中義一內閣陸軍大臣。

[25] 《事略稿本》，第二冊，頁 99。

[26] 澀澤榮一子爵，日本實業界元老，明治時期大藏大臣。建立日本第一個株式會社商法會所，創建第一國立銀行，先後建立王子製紙、大阪紡織、東京人造肥料、東京瓦斯、東京儲蓄銀行等，並成立銀行集會所、支票交換所等。退隱後致力教育、社會、文化等社會公共事務。蔣中正曰：「此人今年八十有八歲，熟讀我中國孔孟論語，所談道德之言，洵不愧日本實業界之元老也。」《蔣中正檔‧愛記》，卷三，頁 4。

[27] 《事略稿本》，第二冊，頁 100-101。

[28] 犬養毅，孫中山革命知友之一。曾組東亞同文會，謀中日親善，援助中國革命運動，並與頭山滿等組織有鄰會，為同盟會之後援。曾任眾議院議員、文部大臣、遞信大臣等職。

[29] 床次竹二郎，眾議員、前內務大臣，早先參加立憲政友會，後退出，成立政友本黨，任總裁。1917 年，政友本黨與憲政會合併為立憲民政黨，任顧問。

[30] 張寶樹，〈訪問日本高田、小濱、雲仙及有馬等地紀要〉，《近代中國》，53 期（1984 年 6 月），頁 170。

[31] 《事略稿本》，第二冊，頁 107。

[32] 山本條太郎，曾任政友會臨時政務調查會副會長，行政整理特別委員長、幹事長。

[33] 《事略稿本》，第二冊，頁 107-108。

檔‧愛記》補充說：「奉張雖尚與我為敵，為國家民族計，不得力為反對之。」[34]

11月4日，又訪萱野（長知）、水野（梅曉）。蔣謂：此次來日，以水野相助最為得力，甚感之。[35]

11月6日，再訪山本條太郎，蔣曰：此人乃可代表日本人思想者。晚與秋山定輔敘談，謂日本人之思想，較為澈底者，惟此一人。故中師甚敬其人，惜彼邦政治家多不信彼云。[36]

11月7日，下午往訪政友會總務小泉又次郎[37]。蔣稱其人明白，敘談頗久。[38]

蔣此行除了拜訪孫中山時代一些同情和支援中國革命運動的日本政治人物外，最值得注意的就是與日本首相田中義一[39]的一次重要會談。

我們先看看《事略稿本》的記載：

> 11月5日，蔣今日往訪日首相田中義一，在其私邸會談三小時。蔣以中日將來之關係，可為決定東亞前途之禍福，謂田中以為如何？田中即問蔣以此次來日之抱負。蔣乃侃然以三事告之曰：「余之意，第一，中日必須精誠合作，以真正平等的基點，方能共存共榮，此則胥視日本以後對華政策之改善，不可再以腐敗軍閥為對象，應以求自由平等之國民黨為對象。換言之，不可在中國製造奴隸，應擇有志愛國者為

---

[34] 同上，頁611。

[35] 同上，頁108。

[36] 同上，頁112。

[37] 小泉又次郎，眾議員，參加立憲同志會，後為眾議院副議長。

[38] 《事略稿本》，第二冊，頁113。

[39] 田中義一，日本山口縣人，陸軍大學畢，曾任原敬內閣、山本權兵衛內閣陸軍大臣。1925年，任政友會總裁，以充實國民生活、促進政黨政治及中日經濟提攜為政綱。1927年4月，受命組閣，任總理大臣，並兼外務、內務、拓務等大臣。1929年，辭職。

朋友。如此，中日乃能真正攜手合作。第二，中國國民革命軍以後必將繼續北伐，完成其革命統一之使命，希望日本政府不加干涉，且有以助之。第三，日本對中國政策必須放棄武力，而以經濟為合作之張本。余此次來貴國，對於中日兩國之政策，甚願與閣下交換意見，且期獲得一結果也，希有以明教之。」

田中對此三點意見，避免作正面的答覆，反問以：「閣下何不以南京為目標，統一長江為宗旨，何以急急北伐為？」蔣曰：「中國革命，志在統一全國，太平天國之覆轍，詎可再蹈乎？故非從速完成北伐不可。且中國如不能統一，則東亞不能安定，此固為中國之大患，而亦非日本之福利也。」田中每當蔣談及統一中國之語，輒為之色變。後談蘇俄問題，田中詳詢中蘇外交之經過，而不涉論斷。

蔣辭出後，綜核今日與田中談話之結果，做了以下三點評論：

第一、斷言田中毫無誠意，中日亦決無合作之可能。

第二、知道田中必不許中國革命成功，而其後必將妨礙我革命軍北伐之行動，以阻中國之統一。

第三、過去日本嘗以中國北洋軍閥為對象，自滿清甲午以來，凡與日人交涉者，類皆腐敗卑劣、暴棄自私之徒，故使日人視我中國人為可輕侮，亦積漸之勢然也。

最後，蔣氏復由兩人會談，檢討此行之結果，認定其為失敗，因田中「仍以往日之軍閥官僚相視，一意敷衍籠絡，而相見不以厥誠」。但在失敗之餘，蔣認為仍有收獲，蓋「雖不能轉移日本侵華之傳統政策，然已窺見其政策之一般」，故「不特無所損，實亦未始無所得矣！」[40]

---

[40] 《事略稿本》，第二冊，頁108-112。

　　會後，日本外務省曾將會談紀錄，透過外務次官出淵勝次於 11 月 14 日抄送駐華公使以及駐上海、漢口、瀋陽各總領事。茲將日方紀錄內容要點整理如下：

　　　　蔣介石於 11 月 5 日下午一時半攜同張群訪問田中總理於青山私宅。會談約二小時。因田中即將前往腰越地方，時間匆促，不得已結束會談辭去。

田中：本人不僅熟知您的經歷、行為以及奮鬥情況，而且對於您能以堅強的意志行事，一向深感敬佩。特別是此次斷然下野，乃是深為國家的將來著想。我認為這實是非常得體的行為。……
　　　下面請教您將來如何打算，我倒很想了解一下抱負。
蔣介石：從前擬訂過幾個計劃，也曾有過各種希望，不過都已失敗。……將來應該如何進行，願聽指教。
田中：我認為目前的狀態比孫中山進行反袁的第三次革命還要困難得多。孫中山是革命的元勛，國民黨的創始人，所以和任何方面都有聯繫，都享有威望。群雄可以他為中心進行活動，而今他已物故，各方面陷於分裂狀態，所以進行革命十分困難。為此之際，從大局著眼，應該先以整頓江南為當務之急。整頓江南，除您以外，不復再有他人可當此任，您應該自重。假如長江以南不能統一，其間共產黨便會成長，即使一旦摘掉嫩芽，仍會再次發芽生葉；如果僥倖能因收拾局部而控制全局，就可使共產黨不能抬頭。否則，將為極大的隱患。……當今之計，仍應首先整頓長江以南，一俟基礎鞏固，方可著手北伐。……我能提出做

為參攷的是：您不必過份著急於北伐，首先在於鞏固
自己的地盤。

列強方面，在貴國最有利害關係的是日本，日本對於
貴國的內亂，固然可以一概不予干涉，但共產黨如在
貴國得勢，便斷難袖手旁觀。根據這一道理，反對共
產主義的您如能鞏固南方，這對日本來說，乃是最大
的期望。為此，在國際關係允許的條件下，或在不犧
牲日本的利權等條件下，對您的事業，將不惜給予充
分的援助。……現在打算附帶說一下的是：日本對於
張作霖的態度問題。人們動不動就說日本援助張作
霖，這完全不合事實。日本絕對沒有支援過張作霖，
不用說是物質，就是替張說話等等也從未有過。日本
的希望，只在於滿洲的治安得到維持，便已心安了。

蔣介石：閣下的發言，乃係根據中國現狀而得出的結論，所以
我認為再無其他更好的辦法。對於閣下現在不可立即
進行北伐的高見，我完全抱有同感。在南方鞏固以
後，再以討伐北方，也是一致的。我雖懂得這個道理，
但是，從前為什麼還要進行北伐呢？不過是由於當時
的形勢，生怕不進行北伐，反而會禍起江南。……
總理前面說過不能損害日本的利權，本人也認為如果
日本在中國的利權獲得保證，中國的國富民強也可實
現，說起來兩國的利害是一致的。為此，必須早日完
成革命，穩定時局。從此意出發，中國軍隊的革命行
動自當以中國及列強的利益為目的。儘快完成革命是
我和同志們的理想。中國之所以排日，乃是認為日本
幫助張作霖才引起的。本人對於日本的態度雖然十分
了解，但是嫌棄軍閥的中國國民卻認為日本是軍閥的
靠山。所以日本有必要幫助我們同志早日完成革命，

消除國民的誤解。如果真能如此，滿蒙問題也便容易
解決，排日行動當可絕迹。如日本藉口有礙列強的關
係，不能給予中國以任何援助，此乃抹煞中日特殊關
係的論調，無須重視。[41]

這次會談，張群以翻譯身分同行，而日方為田中擔任翻譯的，則是佐
藤安之助少將。據張群告知古屋奎二，佐藤安之助是一位所謂「中國
通」，每天清晨與田中見面，詳細報告前一天的中國情報，所以田中
義一之所以能夠瞭解中國情形，完全由於佐藤的幫助。之前，張群與
田中認識，而蔣介石與田中則是初次見面。蔣對於這次會談，寄予很
大期待，曾經對張群透露：「這次訪日，最重要的是和田中會談。」[42]

　　古屋奎二在撰寫《蔣總統秘錄》時，曾就雙方紀錄做了比較。
他認為日方文件與中國方面的紀錄在語氣上頗有不同。茲分三點加
以說明：

1、　在北伐問題方面，田中以「從中國內部分裂狀況看來，革命的
　　　實行非常困難」為前提，接著便對蔣介石提議：「為了先要使
　　　長江以南的基礎鞏固下來，似可不必急於北伐，而專心於南方
　　　統一，如何？」對於這一點，蔣介石雖然答覆：「對於不宜立
　　　即北伐以及等南方鞏固之後，再行北伐的高見，固有同感。」
　　　不過同時表示：「如果不繼續北伐，則南方反而會有發生禍亂
　　　之虞。」說明了急於北伐是有其內部的理由存在。

2、　關於日本援助軍閥問題，中方紀錄沒有具體涉及那些人，而日
　　　本的紀錄則有蔣介石提出張作霖的名字說：「中國之所以有排
　　　日運動，是因為中國國民認為援助張作霖。」田中則斷言：「日

---

[41] 李華譯，〈田中義一與蔣介石會談紀錄〉，《近代史資料》，總 45 號（1981 年 8
　　月），頁 218-224。

[42] 古屋奎二，《蔣總統秘祿——中日關係八十年之證言》（中央日報譯印，1976 年初
　　版），第 6 冊，頁 227。

本沒有給張作霖任何援助。」又據在場的張群回憶:「田中曾
說討厭張作霖,而支持他的總參議楊宇霆。」

3、 對於共產黨問題,雙方意見一致,都認為非予清除不可。[43]

古屋奎二早就有機會參閱尚未出版的《事略稿本》,當他讀到蔣
中正提及「中國革命,志在統一全國,而田中為之色變」等字眼時,
古屋奎二做了認同的評論說:「蓋抱持著分割中國野心的田中,當然
會在中國統一的問題上表現出不快。從他的談話和態度,可以充分
觀察得出一日本軍閥將會在後來為阻止中國統一而瘋狂奔馳的情
勢。」[44]

史學界對於蔣氏此次外交活動,存在著截然相反的觀點。日本有
些論著稱,通過和日本首相田中義一的會談,蔣日雙方達成了諒解,
甚至締結了秘約;張群強調說,蔣介石是為轉移日本侵華的傳統政策
而赴日,意在「對日本當局作一點說服工作」。[45]大陸學者認定會談紀
錄是一份研究日蔣勾結的重要史料,以田中義一為代表的日本統治集
團堅決支持蔣介石反共,卻反對國民革命軍立即進行北伐。[46]又有學
者認為,蔣介石訪日是南京政府初期親日外交路線的體現,會談結
果,雙方在北伐、張作霖以及滿洲等重大問題上並沒有達成任何諒
解。蔣介石未能為自己一統天下的事業取得日本政府的支持,日本之
行以失敗而告終,它預示著中日關係的未來充滿風險,蔣日衝突、兩
國大對抗不可避免。[47]

---

[43] 同上註,頁 229-230。
[44] 同上註,頁 229。
[45] 張群,《我與日本七十年》(台北,中日關係研究會,1981 年),頁 21。
[46] 李華譯,〈田中義一與蔣介石會談紀錄〉,說明部分。
[47] 郭曦曉,〈評蔣介石 1927 年秋訪日〉,《近代史研究》,1989 年,第 4 期,頁 191。

四、中日關係的重大轉折

中日兩國高層會談的失敗，不僅意味著中日關係的未來充滿風險，危機重重，更透露出東亞新秩序即將發生重大變化的訊息。就中國而言，率領國民革命軍北伐，啟動中國統一風雲的蔣中正，早於 1927 年春底定長江中游即將進行以佔領寧、滬為目標的東南作戰之際，即面臨如何應付英、日等帝國主義國家干涉的問題，尤其是日本政府的態度，攸關北伐成敗至深且鉅。而另一啟動侵略風雲的主角田中義一，於 1927 年 4 月組閣，不久即宣布他的「積極政策」，六月召開的「東方會議」，以及七月的所謂《田中奏摺》，一再顯示有別於前此的幣原外交，大有「山雨欲來風滿樓」之勢。

就中國而言，蔣介石有鑒於日本軍閥進逼日急，乃提議並經在南昌的中央政治會議通過，派戴傳賢（季陶）代表赴日訪問，藉向日本朝野說明國民革命的目的，觀察日本政局的動向，盼望說服日本當局放棄對中國運動的干涉，與國民政府在平等的基礎上，謀兩國關係的改善。

戴季陶（1891-1949），早歲留日，畢業於日本大學，精日文日語，他所撰《日本論》一書，從許多不同角度去分析日本，對日本這個民族的自負心及向上心，給予很高評價，但亦強調日本具有消除不掉的島國根性，尤其自明治維新以後，一味崇拜歐美而侮蔑中國。《日本論》的重點在於批判田中義一的大陸政策，並稱田中為「失敗的非英雄」。[48]

戴氏奉命後，於 1927 年 2 月 14 日自上海啟程，歷訪神戶、東京、大阪、長崎等地，於 3 月 31 日返抵上海，歷時一月又半。除發表八十餘次講演外，曾與日本朝野做多方面的接觸。戴氏發現「田中頭腦

---

[48] 參閱黃福慶，〈論中國人的日本觀——以戴季陶的《日本論》為中心〉，《中央研究院近代史研究所集刊》，第 9 期（1980 年 7 月），頁 61-78。

就像一塊化石」，政界人士如西園寺、澀澤榮一、佐分利等人，雖對中國情勢略有瞭解，軍部人員及黑龍會份子，卻公然顯露其侵華的野心，甚至在一次黑龍會席上「惟見一片殺伐之氣。」戴氏綜合這次訪日所得的印象是「戰禍已不可避免」，因此他於回國向蔣先生復命時，即詳述中日關係的危機，主張「惟有努力於全國一致以自立自救者，求世界之和平。」[49]

就日本方面而言，田中義一上台後，就對中國採取公開的、急進的、武裝的積極侵華政策。為貫徹田中對華政策，確定推行大陸政策的方針任務，1927 年 6 月 27 日至 7 月 7 日，在田中、森恪和吉田茂主持下，於東京召開了有陸軍、海軍、外務省、參謀本部、關東軍、駐華使館代表參加的「東方會議」，田中首相兼外相提出了《對華政策綱領》，確定了侵華方針，其對華外交的基本意念有三點：

1、 以明治以來傳統的軍國主義觀念為基礎。
2、 因為以傳統的軍國主義觀念為基礎，所以不斷地主張所謂「體面論」（如對於外交官拒絕問題之論難）。
3、 不但不知中國新興勢力和趨勢，連自己應怎樣才可以更生，應向何方向伸展也未能認識。因而始終不能脫除明治以來軍國主義時代的意義。[50]

接著，繼「東方會議」之後，同年 8 月，在森恪主持下召開一次「大連會議」，這意味著日本的大陸政策在二〇年代發展到一個新階段，幣原的「協調」外交為田中的「強硬」外交所取代。「東方會議」之後，日本加快了侵略中國的步伐，田中名符其實的扮演了推行大陸政策急先鋒的角色。[51]

總之，以「東方會議」為轉折點的田中對華政策，主要在兩方面改變了「幣原外交」的路線：

[49] 李雲漢，前引文，頁 2。
[50] 李雲漢編，《九一八事變史料》（台北正中書局，1983 年台 2 版），頁 128。
[51] 李玉等主編，《中國的中日關係史研究》（北京世界知識出版社，2000 年 12 月），頁 216。

1、　田中確定要把滿蒙從中國本土分離出去，置於日本的「保護」
　　之下。

2、　田中對中國內部事務實行武力干涉的方針。

（1）對蔣介石北伐實行武力遏制政策。

（2）以武力威脅張作霖，推行滿蒙與中國本土分離的政策。[52]

　　1927 年秋，就在田中政府的對華外交呈現出咄咄逼人攻勢，中日
兩國的上空已彌漫著充滿惡兆的烏雲下，蔣介石的赴日訪問，其目的
與前此戴季陶的訪日一樣，亦在勸告日本朝野正視在革命浪潮中的中
國新形勢，放棄對中國統一運動的干涉。

　　蔣當時化名為蔣仁湖，於 29 日下午一時安抵長崎港，臨上岸前，
蔣氏經由陳方之博士翻譯，在船上接見日本記者，表明此行純為會見
日本友人，力求化解日華兩國間之誤會，並遊覽名勝及探訪在神戶有
馬療養的宋太夫人，並無其他政治目的。[53]態度相當低調，也純粹是
一種外交辭令的說法。

　　10 月 13 日，蔣介石在旅次，研究日本對華方針，歸納其觀念共
六點：

1、　滿蒙經濟發展。

2、　滿洲為日俄戰爭犧牲所得來。日俄之戰，為東亞存亡之戰（案
　　日本以後之侵略中國，即基於此觀念之誤點，而漠視中國革命
　　進步之環境，則其觀點不清之故也）。

3、　投資滿洲交通實業，國人皆受其惠。

4、　不在政治上吞併滿洲，致擔負義務。

5、　願交還行政司法權，獨謀經濟之發展。

6、　須保留其在滿蒙之權利。[54]

---

[52] 沈予，〈日本東方會議和田中義一內閣對華政策〉，《近代史研究》，1981 年第 1
期，頁 284。

[53] 張寶樹，前引文，頁 178。

[54] 《事略稿本》，第二冊，頁 85。

　　準此以觀，蔣氏所認知的日本對華方針，其對滿蒙似仍著重在經濟利益的覬覦，而未慮及日本要把滿蒙從中國本土分離出去，也即尚未察覺日本對滿蒙的野心並不以經濟利權為滿足。可見，此時中國方面對「東方會議」的性質和內容仍一無所知。正因如此，後來蔡智堪之竊取《田中奏摺》，才顯得那麼重要與轟動。

　　10 月 23 日，蔣介石由熱海乘車到東京，下榻帝國旅館，本日並發表《告日本國民書》（19 日擬好，連日皆有修正）。全文約一千五百字，內容可摘要如下：

1、 確信中日兩國在國際關係上非確實提携共同奮鬥，不足以保障東亞之和平，而中華民族之解放，與中國國際地位之平等，即所以完成中國國民革命，亦即我中日兩國奮鬥之基礎。

2、 國民革命運動，經我中國國民黨之奮鬥，已將我國民獨立之精神，表現於世界，即各國有識之士，亦莫不公認我國國民已具有獨立之能力，如列強之政府能同情於吾黨之三民主義，不加妨礙，則國民革命之運動，決不至有今日之停頓，甚或已告成功矣！

3、 欲期中日親善之實現，必先掃除兩國親善之障礙，障礙為何？厥為中國國民所共棄之軍閥也。

　　最後，希望「日本七千萬同文同種之民族，對於我中國革命運動，澈底了解，而予以道德及精神之援助」，「中國革命成功之遲速，其於中國之禍福，與貴國之安危關係，皆同一密切，無所輕重，故吾人甚望我兩國國民，在共同努力於東亞和平責任之上，迅速完成中國國民革命。」[55]

　　蔣回國後，於 11 月 13 日接見記者訪談，曾謂：「余此次赴日，往返四旬有餘，所得感想頗多。余所發布之《告日本國民書》，亦頗予日人以深切之印象。」[56]

---

[55] 同上註，頁 92-99。
[56] 同上，頁 119。

　　古屋奎二認為，蔣中正的這一篇書告，把日本與中國的關係看成世界中的同一「命運共同體」，也可以說是孫中山提倡的「唇齒相依」、「同文同種」、「兄弟之邦」、「大亞細亞主義」的延長。[57]

　　兩個星期後，緊接著而來的蔣氏與田中義一的會談，並未能如願說服田中內閣改變侵華的積極政策；那麼，這種訴諸道德勸說的書告，雖可能給予日人以深切之印象，又能發揮什麼樣的效果呢？

五、結語

　　蔣先生回國後，由於「濟南慘案」、「東北易幟」等問題，續與日方多所交涉，對於日本政治家亦有若干看法與批評，以篇幅所限，或容另文探討。

　　1927 年秋，蔣介石日本之行返國後，除招待記者接受訪談外，並於 11 月 16 日在上海總商會出席上海黨員大會的演講中，對此行做了深切的檢討。檢討分幾部分：

1、　對日本的整體觀感：「到日本後，隨時感覺到鄰國是這麼有秩序、有條理，實業、經濟、地方治安、人民教育，一切都有進步，都上軌道。

2、　日本老同志的勸告。當年幫同組織同盟會，幫助中國革命成功的頭山滿、犬養毅、佃信夫、內田良平、秋山定輔等這些老同志，勸告呼籲，凡是孫中山的忠實信徒，大家都要團結起來，共同奮鬥，革命才能成功。

　　此外，蔣氏本預定到了日本，就往美國，由美國再去歐洲。但這些日本老同志出面阻止，勸蔣說，「如果自認是革命者，萬萬不能離開中國，遠遊歐美，一定要打消遠遊歐美的計劃，回到中國。」

---

[57] 古屋奎二，前引文，頁 14。

3、　覺得黨國的紛亂，國際上地位的危險，國民黨黨員不能達到革命的目的，使得全國的民眾，受革命的痛苦，這是非常悲痛的。[58]

　　不久，蔣中正在各方促請下復任國民革命軍總司令，繼續領導北伐，他所要面對的便是日本出兵濟南，公然阻撓國民革命軍北伐的行動，從此東亞風雲變色，中日關係急轉直下。蔣先生先前《告日本國民書》的道德勸說，他與田中義一會談的理性忠告，所有這些努力，卻不能扭轉日本侵華之傳統政策，無法挽回日本軍國主義於既傾，這不僅是師承孫中山、主張中日必須精誠合作，以蔣介石為民意主流的中國的不幸！同樣也是整個亞洲和全世界的不幸！

---

[58] 同上，頁 124-130。

敵乎？友乎？蔣介石對日本的愛恨情結

一、前言

打開中文書籍，一提到中日兩國關係，開宗明義常這樣寫道：「中日兩國一衣帶水，一葦可航」，這是從地理上論述兩國的緊鄰關係。

「中日兩國關係兄弟之邦，唇齒相依」，中日兩國同屬亞洲，誠如孫中山所言，「亞細亞為吾人之一家，日本與中國則一家中之兄弟也」，「日本及中國實兄弟之國也」，[1]

「中日兩國，同文同種（黃種），」自古代以來，兩國之間有著兩千年以上文化交流往來的歷史。

以日本為革命基地，畢生致力中國革命，到達日本的次數最多，居留時間亦最久，並獲得眾多日本友人贊助的孫中山，對中日親密關係，有更深入的體會：

> 中國與日本壤地密接，歷史上精神物質之關係至深且切，論其情誼，儼如兄弟。[2]
> 中國日本兩國有數千年親密關係，種族、文字相同。[3]
> 亞細亞之東，中國之近鄰，有日本之強國。此強國，為中國同文同種之友國。[4]

---

[1]　孫中山，〈中日須互相提攜〉，《國父全集》（秦孝儀主編，台北：近代中國出版社，1989年），第三冊，頁136-137。
[2]　《國父全集》，第二冊，頁156。
[3]　孫中山，〈中日兩國共保東亞利益〉，《國父全集》，第二冊，頁496。
[4]　同註1，頁136。

相對的，胡漢民論起日本謂：「地理是接近的，文字是一半相同的，風俗習慣是相去不遠的。」[5]這是持平比較沒有激情的說法。

談起近代中日關係，人們往往喜用「同文同種，唇齒相依」等辭彙來說明兩國的善鄰邦交，黃郛（膺白）甚至佩服，日本為有色人種爭光。但是從近代兩國關係史發展的過程來看，伊原澤周教授認為事實並非如此，有時完全處於針鋒相對的局面。[6]以下讓我們來檢討它的轉變。

二、中國人對日本的愛恨情結溯源

近代中日關係極其複雜、曲折多變，其間至少引發兩場比較大的戰爭，干戈刀兵，腥風血雨，綿延七十餘年[7]，一是 1895 年的甲午戰爭，老大的中國敗給明治維新後崛起的日本蕞爾小國，並割地賠款；一是 1937 年日本在盧溝橋事變後發動全面侵華戰爭，而於 1945 年兵敗投降。

在甲午戰爭之前，至少在 1874 年日本派兵侵犯台灣之前，中日兩國尚維持了一段和平友好的外交關係，東亞風雲尚未變色，雖然日本在這之前發生了具有劃時代意義的明治維新，並且已有人高唱「征韓論」。

中、日兩國人民過去在長期的交往中，形成了一種親切感。中國是世界上最早的文明古國之一，曾經是東亞經濟、文化的中心。在長期的文化交流中，中日兩國人民建立了深厚的友誼，在日本民眾中產生了對中國文化的傾慕心理，對中國人士極為敬重，中國士人對日本

---

[5]　戴季陶，《日本論》，（台北：中央文物供應社出版，1954 年），胡漢民序，頁 1。
[6]　伊原澤周，《從「筆談外交」到「以史為鑑」——中日近代關係史探研》（北京：中華書局出版，2003 年），序論，頁 1。
[7]　同上書，張海鵬序，頁 1。

產生了親切感。這種情況一直延續到近代的中國和日本。維新志士王韜、黃遵憲、駐日使臣黎庶昌等和日本人士的交往尤為突出。[8]

王韜（1828-1897），江蘇長洲甫里人。1879年應日本重野成齋、中村正直等的邀請，東遊日本。日本人士慕王氏「博學宏才，通當世之務，足跡遍海外，能知宇宙大局」。其所著《普法戰紀》，尤為日本士人所推服，有人將其同魏源相比，或謂「魏源不足比先生也」。他在日本時，「都下名士，爭與先生交，文酒談宴，殆無虛日；山遊水嬉，追從如雲，極一時之盛。」他廣泛結交朋友，其中有政府官員、將軍、巨儒。並與日本學術界人士結成了所謂「苔岑之契，金石之交。」所著《扶桑遊記》曾比較了漫遊西歐與日本的感受說：「日本山水之勝，過於泰西。兼以同文之國，文詩詞賦，迭唱屢賡。文字之緣，友朋之樂，特於海外見之。」「余將返國，同人餞余於中村酒樓，不期而會者六十餘人。余位列星使上，衣冠宴集之盛，向所未有，諸名流之寵異余也如此。臨別依依，嗚咽愴惻，賦別離聲，濡毫潑墨，親炙篤厚之情，難以言喻」。[9]

1877年，黃遵憲以駐日公使館參贊的身分，隨首任公使何如璋出使日本。他一踏上日本國土，就感受到明治維新不久已給日本帶來的變化，立志撰寫一部《日本國志》，幫助中國朝野上下全面了解日本的過去和現在。為此，他在繁忙的外交公務之餘，克服語言文字障礙和資料缺乏的困難，結交大批日本朋友，採用筆談方式，采風問俗，網羅舊聞，參考新政，深入調查日本歷史和現狀，大量收集有關明治維新後日本政治、經濟、文化等各方面的資料，尤其是日本政府各機關

[8] 吳雁南，〈中國社會文化心態與聯日思潮〉，收入《第三屆近百年中日關係史研討會論文集》（台北：中央研究院近代史研究所出版，1994年），上冊，頁301-302。
[9] 吳雁南，上引文，頁302；王韜，《扶桑遊記》（收入鍾叔河主編，《走向世界叢書》，長沙岳麓出版社，1985年），第一輯第三冊，頁385-390。

和地方發佈的各種公報、法令、統計表等第一手材料，五年之後寫成了《日本國志》初稿。[10]

黃遵憲是一位詩人，他的詩「能熔新理想以入舊風格」，頗合一般人的口味，故黃遵憲到了日本以後，通過詩文與日本各界人士交游，與日本人結下了深厚的友誼。當時的情況是：「日本人士耳其名，仰之如泰山北斗，執贄求見者戶外履滿，而君為之提倡風雅，於所呈詩文悉心指其疵謬所在。第一篇出，群奉為金科玉律，此日本開國以來所未有也。」[11]

黃遵憲《日本國志》的編撰和《日本雜事詩》的刊印，不僅推動了中日兩國之間的文化交流，也幫助了中國有識之士了解明治日本，對外實行開放，對內革故鼎新，由弱變強的情況，為中國的維新運動提供了輿論準備。《日本國志》同時也提醒人們，中國不僅沒有擺脫西方列強侵略的危險，而且預見到明治維新後的日本存在著對中國威脅的可能性。後來梁啟超曾追述在二十年前，多數中國人「未知日本之可畏」的時候，《日本國志》「則已言日本維新之效成則且霸，而首先受其衝者為吾中國」。[12]

黎庶昌繼首任公使何如璋之後，曾兩度奉命出使日本，前後在日本共滯留了大約六年，時間從 1882 年到 1891 年，其主要外交任務是解決中日之間的琉球歸屬及朝鮮獨立問題。黎庶昌在日本曾應榎本揚武會長之邀，參加興亞會（後改名亞細亞協會，由中日朝三國人所組成，以保全亞洲國家獨立與安全為宗旨），黎的人品和才學，也為當時日本的朝野人士所敬重。1890 年 12 月 4 日，亞細亞協會為餞別黎庶昌公使任期屆滿返國，特在東京的紅葉館舉行盛宴，黎為表達謝

---

[10] 陳錚，〈黃遵憲外交思想初探〉，收入《近代中國與世界國際學術研討會論文集》（中國社會科學院近代史研究所主辦，北京：1990 年 9 月，未正式出版），頁 546；王曉秋，《東亞風雲——近代中日啟示錄》（台北：宏觀文化，1995 年），頁 96。

[11] 《日本雜事詩》，王韜序。轉引自伊原澤周，前引書，頁 89。

[12] 陳錚，前引文，頁 547。

意，吟七言絕句謂：「高館離筵一再張，感君敦睦誼偏長，亞洲大局
關中日，茲會同心耐雪霜」。師承曾國藩的衛道精神，站在當時所宣
稱的同文同種、唇齒之邦的立場上，強調中日兩國攜手和好，排除西
洋霸道思想以維護東洋的王道文化及其傳統的黎庶昌，對於該會雖標
舉著亞洲諸國團結一致，而日本卻以亞洲的先進者自居，隱然有想做
亞洲諸國「盟主」的意圖，似乎並未意識到。[13]

　　對日本的意圖意識到，並心生警惕，在短短期間內由聯日而轉變
視日本「為中國永遠大患」的，當首推李鴻章。以日本為榜樣，走向
西方學習之路，以求國家之富強，是 1860 代與 1870 年代之交李鴻章
心儀之事。此時李鴻章不僅認識到日本及時改轍，知所取法的重要，
而且感受到了一種無形的壓力。於是，李鴻章在外交上遂產生了聯絡
日本以拒西方列強的設想。截至同治十三年（1874）台灣事件發生之
前，李鴻章對於日本之認識，大致可歸結為如下幾點：

1、　日本效法西洋，自國君主之，故能上下一心，立竿見影，其國
　　　勢日張，實為中國仿效之榜樣；
2、　日本國內尤如列國爭衡，一時尚無圖我之心；
3、　日本的強大，使它成為影響遠東地區戰略格局的一個重要力
　　　量，中國應聯合日本，以抵禦西方列強的入侵；
4、　在朝鮮問題上，李鴻章隱約感到日本的潛在威脅。

　　台灣事件是一個重大轉折，它對李鴻章最大的刺激，便是打破了
他過去一直抱有的日本「無圖我之心」的幻想，而有日本「近在戶闥」、
「誠為中國永遠大患」的警惕。自此將日本「聯為外援」，為「西洋
多樹一敵」的外交策略，轉變為把日本當作中國的戰略假想敵。李鴻

---

[13] 伊原澤周，前引書，頁 51。

章之所以有這樣大的轉變，無疑是受到他的舊部丁日昌與幕友薛福成
和朱采的影響。[14]此處不贅述。

三、孫中山的日本觀

近代以來，中國人對日本同時抱有愛與恨的情結，既標榜互相提
攜和聯合，又處處嚴正揭露和批判日本侵華行徑的，恐怕非孫中山莫
屬。這一方面，俞辛焞教授在他的著作──《孫中山與日本關係研究》
中，已有深入的分析。

首先，孫中山之所以決定以日本為策動中國革命的基地，除了地
理條件（與中國相近，消息易通，便於籌劃）和華人人力資源（有大
批留學生）外，尚有兩項因素的考慮：

1、 孫中山認定日本明治維新後之自強建國精神，是為中國革命之
    典範。早在 1894 年上書李鴻章論述富強之策時，孫中山即曾
    讚許日本「維新之政」的成效，以為係「仿效西法」成功之例。
    孫中山在以後的言論中，也經常提到「日本維新是中國革命的
    第一步，中國革命是日本維新的第二步」，「中國革命同日本維
    新實在是一個意義」，他認為日本歷經明治維新，廢除了與西
    方國家間的不平等條約，成為現代的國家，足資為中國人效
    法。他這一看法，直到晚年並未改變。1924 年 4 月他在廣州講
    述民族主義時，仍說：「他們（日本人）有民族主義的精神，
    所以便能奮發為雄，當中經過不及五十年，便由衰微的國家，
    變成強盛的國家，我們要中國強盛，日本便是一個好模範。」
2、 孫中山認定日本民族與中國民族有「同文同種」的文化與血緣
    關係。基於這種特殊的密切關係，中國革命之獲得日本人士之

[14] 劉申寧，〈李鴻章的對日觀與晚清海防戰略〉，《第三屆近百年中日關係史研討會
論文集》，上冊，頁 2-12。

同情與贊助，是完全可能的。他有時也說明中日兩國是兄弟之邦，已臻於強盛的弟邦日本，協助尚在苦難中掙扎求生存的兄邦中國，是理所必然之舉。[15]

但是，孫中山一方面主張向日本學習，對日本抱著期待，希望日本政府、軍部及民間人士支持其革命，要求日本提供貸款和武器，又如 1923 年至 1924 年的關餘問題上，要求日本支持，1924 年的商團事件中，要求日本提供武器和彈藥等；一方面卻有時會嚴正揭露和批判日本的侵略行徑。例如：

1894 年 12 月，孫中山在檀香山創建興中會時，即在開會的章程中指出：「方今強鄰環列，虎視鷹瞵，久垂涎於中華五金之富、物產之饒。蠶食鯨吞，已效尤於接踵；瓜分豆剖，實堪慮於目前。」這裡揭露了各列強，尤其是日本在甲午戰爭中侵略和瓜分中國的罪行。

1903 年 9 月，在〈支那保全分割合論〉中，孫中山又揭露了日本對福建和浙江一帶的侵略。

1904 年至 1905 年日俄戰爭時期，孫中山又主張聯合法國抵抗日本。

1910 年 8 月，日本侵吞朝鮮後，孫中山更提高了對日本侵略的警惕性。

1911 年 2 月 3 日，他在致宮崎滔天的信中尖銳地指出：「恐貴國政策已變，既吞高麗，方欲併支那。」同年 8 月，在致荷馬李（Homer Lea, 1876-1912）的信中也提出了日本對中國開戰的可能性。這些事實說明，孫中山不僅對日本侵華有明確的認識，而且對日本侵華的新動向亦抱有相當的警惕。因此 1911 年 10 月辛亥革命爆發後，孫中山擔心日本出兵干涉，故不立即回國，而在美國和歐洲採取了牽制日本出兵的外交措施。

---

[15] 李雲漢，《中山先生與日本》（台北：台灣書店，2002 年），頁 5-6。

　　1917 年 1 月，他在〈日支親善之根本義〉一文中，提出了日本追隨歐美列強在中國擴大殖民地權益的事實。同年 5 月，他又在〈中國存亡問題〉一文中明確地指出：「日本佔南滿、東內蒙、山東、福建，均在中國全國幅員百分之五以上」。這些事實清楚地說明，孫中山對日本的侵略，尤其是對中國領土的侵佔有明確的認識。

　　綜合上述，大致可以說明，孫中山在革命過程中對日本的期望與批判是同時並存的。俞辛焞把孫中山這種言論和態度，歸結為一種雙重性或二元論。他認為，孫中山的對日本批判，並不意味著要與日本決裂，而是實現其對日期望的一種手段。在其對日認識、言論和態度的雙重性中，對日本的期望才是主要的。[16]

　　提到孫中山的日本觀，不能不稍微提及他的「大亞洲主義」。

　　所謂「大亞洲主義」思想萌發於日本明治時代。第一次大戰開始，1916 年小寺謙吉出版了《大亞細亞主義論》，表面上以「白禍論」抵制「黃禍論」，實際上要求在日本指導下改造中國，為日本的大陸擴張政策製造輿論。1924 年，由於美國的排日移民法使日本的反美情緒高漲，「大亞洲主義論」一時甚囂塵上。中國方面有人批判這種理論，上海《民國日報》刊出譯民的〈真東亞聯盟〉一文，論述「大亞洲主義」之不可行。李大釗發表〈大亞細亞主義與新亞細亞主義〉、〈再論新亞細亞主義〉兩文，批判日本的「大亞洲主義」，主張以「新亞細亞主義」取代日本所謂的「大亞洲主義」。陳獨秀在 1924 年 6 月 4 日的《嚮導》上發表〈亞洲民族聯合與亞洲平民聯合〉一文，提出日本、中國軍閥政府及一切執政者除外的平民大聯合。[17]

　　正是在這樣一個歷史背景下，孫中山於 1924 年 11 月 13 日由廣州北上，經上海繞道日本，24 日抵神戶，這是他一生中最後一次訪問

---

[16] 俞辛焞，《孫中山與日本關係研究》（北京：人民出版社，1996 年），頁 319。
[17] 茅家琦等著，《孫中山評傳》（南京大學出版社，2001 年 5 月），頁 843。

日本。雖然受到當地華僑的盛大歡迎，但日本政府要員卻無一人露面。這表明，日本政府對廣東軍政府大元帥孫中山訪日態度十分冷淡。

　　孫中山此次訪日的高潮，自然是 11 月 28 日下午，在神戶高等女學校應邀發表「大亞洲主義」的演講。這次空前盛大的演講會，是由「神戶商業會議」所主辦，後援者是「大阪每日新聞社」、「大阪朝日新聞社」、「神戶又新日報社」及「神戶新聞社」。演講的內容，可歸結為以下幾點：

1、　讚揚日本「發奮為雄」，同歐洲人奮鬥，爭取廢除所有不平等條約，取得獨立和富強，使亞洲各國民族獨立產生了希望。
2、　宣傳「亞洲全部的民族聯絡起來，然後亞洲全部的民族的獨立運動，才可以成功」；強調中國與日本的「大聯絡」。
3、　將亞洲的興衰問題，歸結為文化問題。強調東方的文化是王道，西方的文化是霸道，講王道是主張仁義道德，講霸道是主張功利強權。
4、　介紹俄國情況，認為俄國要主張王道，和歐洲的白人分家，要和「東方攜手」，暗示中日俄三國聯盟。[18]

　　孫中山在日本境內，對日本國民講述「大亞洲主義」，對日本的侵華政策未作明確的指責。但在講演結尾時，卻語重心長的正告日本國民：

> 你們日本民族既得到了歐美的霸道的文化，又有亞洲王道的本質，從今以後對於世界文化的前途，究竟是做西方霸道的鷹犬，或是做東方王道的干城，就在你們日本國民去詳審慎擇。[19]

---

[18]　同前註，頁 844-848。
[19]　孫中山，〈大亞洲主義〉，《國父全集》，第三冊，頁 542。

後面兩句，可以說是這次演講最精采、最有意義的重話。但是講演後，贊助這次講演會的幾個報社並未將最後結語「鷹犬」、「干城」字眼刊載出來。這是為什麼呢？伊原澤周曾做出四種推測，最後認定，可能是報社顧慮政府的檢查及國民的反感而將之刪除的。[20]

無論如何，孫中山的「大亞洲主義」與日本人倡言的亞洲門羅主義，完全不同，它是以亞洲民族為本體，而以東方文化為動力，促成東亞民族的團結與東方文化的復興。日本的「亞細亞主義」則是以日本民族為主體，結合國權主義與擴張主義，而成為「對亞洲的侵略主義」。總之，孫中山在神戶演講「大亞洲主義」，是對日本人的一項忠告。希望日本人以東方王道文化做基礎，聯合並扶植亞洲被壓迫的民族，抵抗西方的侵略，共同造成一個有助於人類文化發展的新亞洲、大亞洲。但日本人顯然並沒有體諒孫中山的心意，甚至曲解孫先生「大亞洲主義」為後來日本軍閥所主張的所謂「東亞共榮圈」做註腳，這自然不是孫中山當時所能預料到的悲慘後果。[21]

四、蔣介石對日本的愛恨情結

在近代中國的軍政領袖人物中，毫無疑問的，蔣介石是對日瞭解最為深刻的一位。這一方面由於蔣曾留日學習軍事，民國初年又曾兩度赴日本居留達三年之久，對日本的立國精神與建國過程，下過一番研究的工夫。另一方面由於蔣氏在參與及領導國民革命的過程中，有數度直接與日本當局接觸的經驗，也曾不止一次的派遣專使到日本去

---

[20] 伊原澤周，前引書，頁 322-323。
[21] 李雲漢，《中國國民黨史述》（中國國民黨黨史委員會出版，1994 年），第二編，頁 579。

做縝密的考察，這都使蔣介石對日本的國力與軍國主義興起後的侵略本質，有深刻的體認。[22]

蔣介石早年留日的學習經驗，根據黃自進教授的研究，對蔣本人至少有四點重要影響：

1、培養堅忍不拔的人生觀

蔣自認為他之所以能於簡單的生活以及對工作能持之以恆，實得力於在日本嚴格、枯燥的軍隊生活，鍛鍊出他不畏艱難、勇於面對挑戰的個性。

2、體認到全民軍事化的重要性

蔣於 1930 年代在中國所推展的新生活運動，其目的即在追求中國國民生活的軍事化，唯有國民軍事化，才能在短時間內加強中國的動員力量，加速中國的現代化。

3、主張運用科學知識重新驗定傳統生活習慣

從他主張吃夠不一定意味著吃飽，多食容易導致疾病以及在日本聯隊受訓過程中吃不飽的經驗，到理解節制是養生過程等範例，無一不是反映他的日本經驗。這些經驗自然也蘊涵著日本運用現代化的科學觀念，推動社會習俗改革運動的成效。

4、強調實踐，奉行「知行合一」學說

這些理論雖然是陽明學說的真諦，但也是他通過對日本「武士道」的觀察所得到的新啟發。[23]

蔣介石所津津樂道的日本學習經驗甚多，包括軍隊訓練的嚴格、生活的勤勞節約、軍人的絕對服從等，對蔣氏日後的建軍都有重大的

[22] 李雲漢，〈九一八事變前後蔣總統的對日政策〉，台灣《師大學報》，第 21 期（1976 年 4 月），頁 197；陳三井，〈北伐初期蔣介石的日本觀〉，收入黃自進主編，《蔣中正與近代中日關係》（台北：稻香出版社，2006 年），第一冊，頁 51。

[23] 黃自進主編，《蔣中正先生留日學習實錄》（台北：中正文教基金會出版，2001 年），頁 49。

影響，可以說完全以「日本為師」，這方面黃自進已做了地毯式的爬梳，在此不贅。

蔣介石深受中國傳統文化的薰陶，是個講究孝道、師道、友道的政治人物。他的對日觀，同孫中山一樣，是發自內心的愛，從佩服和推崇的角度出發的。他在日後與日本政治人物的談話中，一再這樣表示：

> 「中日兩國無論在種族文化地理人情各方面，皆甚親近，而且在歷史上中國與英、美、俄、法等西洋各國之關係，皆不如與日本關係之長久而親密。」所以他堅信，「兩國之間沒有不可解的糾紛，沒有不可了之事。[24]

他曾明白告訴日本記者，對日本明治維新以來，進步之速及一般國民忠義孝友之德，禮儀勤儉之風，向所傾佩。[25]他進一步對日本的古今人物，像維新以前的賴山陽、維新時期的勝安房與吉田松陰二氏表示欽佩。[26]

蔣介石認為，日本之強盛在於他的工業化以及吸取中國王陽明的實踐哲學，他很推崇日本的「武士道」，特地指出，日本之國魂，即為「大和魂」，「大和魂」所表現的精神，即是「武士道」。「武士道」講究「忠君愛國」、「好俠尚義」、「輕生樂死」。這些特質都有助於日本建構一個現代化的國家，當然更有助於建設一個軍事強權。而塑造日本民族成就這樣的特質，實際上是來自於中國傳統的儒家精神，尤

---

[24] 〈蔣兼院長接見日使館武官磯谷談話，民國 25 年 1 月 25 日〉，國史館印行，《蔣中正總統文物：革命文獻，四，中日關係史料》，2002 年，頁 506。
[25] 〈蔣委員長對日本大阪朝日記者談話，民國 24 年 2 月 14 日〉，《中日關係史料》，頁 467。
[26] 同前註，頁 469。

其是陽明哲學中所倡導的「致良知」、「知行合一」、「即知即行」的實
踐精神。[27]

　　同孫中山一樣，蔣介石對日本的看法也是雙重性的，愛與恨糾
結，幾乎同時並存的。這是歷史造成的時代悲劇！將日本視為一個對
中國具有領土野心的帝國主義，是蔣介石自青年時期以來就秉持的看
法，認為日本視滿州為禁臠，中國在無完全準備之前，不應輕易嘗試
解決滿洲問題，這是蔣在 1921 年向孫中山提出北伐建言書中的一個
重要觀念。根據這一理念，他主張國民黨在北伐過程中，不應將張作
霖列入作戰對象，以免刺激挺張的日本政府。換言之，蔣對日本在中
國東北之殖民經營野心，瞭若指掌，因而不願輕舉妄動，以免挑起和
日本的衝突。[28]

　　1926 年，蔣介石所領導的國民革命軍開始北伐，在北伐過程中一
再遭到日軍的挑釁。從翌年的「五三慘案」開始，身為國民革命軍總
司令的蔣介石，對日軍師出無名在先，濫殺中國軍民於後，公然在中
國領土行暴，自然痛心疾首，引為平生奇恥大辱，視為「國恥」、「軍
恥」、「民恥」，自此由愛生恨，激發出一股強烈的雪恥之念。蔣在日
記中，每天必做自強雪恥之警語，以為自勵自惕：

　　　5 月 4 日：「日人侵侮我至此，實難忍受！」
　　　　　　　　「濟南軍民，對日軍之慘殺，無不義憤填膺，目
　　　　　　　　皆欲裂。」
　　　5 月 7 日：「日本軍閥心毒狠而口狡詐，若其政治家再無遠
　　　　　　　　見，吾誠為日本國民危也」
　　　　　　　　「哀哉！國未亡而亡國之慘禍已見矣！」
　　　　　　　　「慘毒苛暴之威，豈能懾動我哉？」

---

[27] 黃自進，〈蔣中正先生對日本的所見所思所行〉，參閱氏編，《蔣中正先生對日言
　　論選集》（台北：中正文教基金會出版，2004 年），頁 13。
[28] 同上註，頁 10-11。

5月9日：「如此橫暴，雖亡國之民，亦難忍受也。」

「悲乎！如有一毫人心，其能忘此恥辱乎？忘之乎？雪之乎？何以雪之，在自強而已」

「有雪恥之志而不能暫時容忍者，是匹夫之勇也，必不能達成雪恥任務，余今且暫忍為人所不能忍者可耳！」

「國恥、軍恥、民恥，何以雪之，可不勉哉！」

5月10日：「土地任人處分，人民任人慘殺，亡國之慘痛，極矣！」

「對於日本，凡可忍辱，且暫忍之，必至最後忍無可忍之時，乃求最後歷史之光榮與之決一死戰云云。」[29]

「五三慘案」予蔣介石的打擊最大，但在衡量當前情勢下，蔣在與譚延闓、吳敬恆、張人傑、王正廷等黨政要員徹底計議後，決定對軍事暫取不抵抗方針，先禮後兵以觀其後，而迅令各軍全部渡河，繼續北伐，以集中全力完成革命為目前唯一方針。而蔣本人自己則決定，每日六時起床，必做國恥紀念一次，勿間斷，以至國恥洗雪後為止。[30]

及至1934年秋，中日局勢更趨危急，正進入最後關頭，蔣介石亟思設法打開僵局，乃在病榻分章口述，而囑陳布雷筆錄，撰〈敵乎？友乎？中日關係的檢討〉一文，但以當時政治關係，不便以陳布雷的名義出之，乃用徐道鄰名義刊載於《外交評論》（*The Foreign Affairs Review*）第三卷第十一、二期合刊。

這是一篇語詞含蓄而用意深長的論文。文章一開頭，首先定調說：「一般有理解的中國人，都知道日本人終究不能作我們的敵人，

---

[29] 國史館印行，《蔣中正事略稿本》，第三冊（民國十七年至七月），頁271-305。
[30] 同上註，頁305-308。

我們中國亦究竟須有與日本攜手之必要。」對於中日僵局的造成，中日兩國均有責任，但「中國方面有十分之四的責任，日本方面至少也應有十分之六的責任」。因此，中國需要檢討自身的錯誤與失計，日本尤應承認其「直接的對中國認識的錯誤」，與「間接的國際間舉措上的錯誤」。作者特別指出，日本對中國國民黨之觀察，犯了兩種錯誤：其一以為中國國民黨是發動排日勢力的中心；其二以為非打倒中國國民黨則中日問題無法解決。其次，日本人拿蔣介石與袁世凱、李鴻章相提並論，也是一種錯誤，因為兩者出身不同、教育不同、環境不同，即其所處的時代絕對不同。以袁、李的習性與識見來推斷蔣氏，有如「老子與韓非同傳」一樣的滑稽。[31]

〈敵乎？友乎？〉一文的結論，歸結到中國的一句古語：「解鈴還須繫鈴人」。希望日本勇於檢討，接受錯誤而改正，以懸崖勒馬的勇氣，擔當起打開中日僵局的責任，謀求久遠的和平。後來陳布雷回憶此文之主旨，曾謂：

> 此文之作，蓋欲暗示日本以中國決不可屈服，日本決不可不認識東亞安危之至計。為日本徬徨無主之國論闢一新視野，而痛斥其野心軍閥之無知，即或未能打消其侵略之妄念，亦冀稍緩其凌偪之氣勢也。[32]

五、餘論

可惜的是，中日僵局始終沒有打開，日本軍人也並沒有懸崖勒馬，東亞風雲完全變色，最後演成一場玉石俱焚的大悲劇，日本因侵

---

[31] 秦孝儀主編，中國國民黨黨史委員會編印，《先總統　蔣公思想言論總集》（1984年），卷四，專著，頁135-166。
[32] 《陳布雷回憶錄》（台北：傳記文學出版社，1967年），頁97。

華戰爭與發動珍珠港事變,終於兵敗投降,自食苦果。中國也因為抗
戰八年而兵疲民困,而損失慘重,而元氣大傷!

　　蔣介石對日本苦口婆心的勸告,最後是失望了,中國人也失望
了,但終戰後蔣介石卻不念舊惡,「以德報怨」,化民族國家之恨為至
高無上的愛,「與人為善」,對日本採取了史無前例的寬大政策。其內
容包括:

　1、　維持日本天皇制度;

　2、　反對列強瓜分日本;

　3、　迅速將兩百多萬的日本軍民送還其祖國;

　4、　反對報復性賠償。

　　是什麼力量?怎樣的考慮?促使蔣介石對日本採取「不念舊
惡」,表現「大愛精神」的寬大政策呢?

　　首先,最基本的因素,當然在於以儒家思想中心的東方文化。東
方文化的本質,一為仁愛,二為忠恕。深受儒家文化薰陶的蔣介石,
一直是東方文化與傳統道德的終生服膺者與切實踐履者。誠如日本國
會議員灘尾弘吉所言,蔣之所以採取如此寬大的對日政策,「決非基
於戰勝者對戰敗者的隨興的寬容或憐憫,而是由於中華民國建國的理
想。此一理想是植基於中國固有的儒學思想,發自深遠的哲理。」[33]

　　其次,蔣介石對中日合作的信念與希望,在他的一生當中,無論
遭遇任何情況,都是始終一貫,絕不動搖的。他對日本的愛,是出自
兄弟之邦的感情,源自生活經驗的體會。他對日本的恨,則是基於國
家民族的大是大非。愛恨之間,雖時有矛盾糾葛,卻並非不能切割的。
蔣介石對日本的愛恨情結,不僅是他個人的對日情懷,同樣也可以用
來表達所有中國人的對日情懷。因此,對於敗戰後日本的措施,蔣認
為「戰爭是日本軍閥發動的,不是日本國民之罪。」所以諄諄說服聯

---

[33] 灘尾弘吉,〈中日關係的回顧與展望〉,《近代中國》,第 35 期(1983 年 6 月),
　　頁 169。

合國其他領袖，親自率先垂範王道的襟度，為日本的復興，實施了史無前例的寬大政策。[34]

中日學者對「以德報怨」政策有不同的解讀。台灣的黃自進教授認同此一觀點，認為蔣介石之所以對日本寬大為懷，是因為他自始就不以日本國民為敵，只要窮兵黷武的日本軍閥一滅，中日兩國絕對可以化敵為友，不僅可以化敵為友，而且日本還會唯中國馬首是瞻。特別是兩國在戰前就是以反共為國策，戰後更應在反共的前提下合作無間。[35]日本的家近亮子教授則認為，蔣介石所決定的放棄戰爭賠償索取這一政策，從某種意義上來說，阻礙了中日戰爭真正意義上的結束。它使日本的戰爭責任，集中在不具備實質內容而且口頭上的「反省和賠罪」上，其結果，戰後處理並沒有得到根本解決。中國經常要求日本在口頭上表達「反省和賠罪」，以加深「歷史認識」。[36]

是的，俗話說：「冤家宜解不宜結」，世上沒有永久的敵人，中日兩國之間沒有不可解之糾紛，也沒有不可了之事。蔣介石主動拋棄過去的恩怨，在戰後挺身而出，做了一次「解鈴人」，主動化解了中日兩國糾葛半世紀的愛恨情仇，為日後的中日親善，甚至中日復交奠定了基礎，也為亞洲的和平、安定與繁榮，開啟了一扇「友好之門窗」。

---

[34] 同上文，頁170。
[35] 黃自進，〈抗戰結束前後蔣介石的對日態度：「以德報怨」真相的探討〉，《中央研究院近代史研究所集刊》，第45期（民國93年9月），頁184。
[36] 家近亮子，〈蔣介石外交戰略中的對日政策——作為其歸結點的「以德報怨」講話〉，中國社會科學院近代史研究所編，《近代中國與世界——第二屆近代中國與世界學術討論會論文集》（北京：社會科學文獻出版社，2005），第三卷，頁273。

第三輯

革命人物篇

陳英士與居正的革命情誼

一、前言

陳其美（1877-1916），字英士，浙江吳興人，居正（1876-1951），字覺生，湖北廣濟人，均係孫中山的得力助手，乃忠誠為國的革命元勳，兩人在革命歷程中曾有過出生入死、患難與共約近十年的公誼私情。

1916 年 5 月 18 日，陳英士在上海遇刺殉黨，孫中山聞訊即於翌日電告居正謂：「英士昨下午在山田（純三郎）家被兇轟斃，捕兇一人，關係者數人，捕房查押。見兄侄來，請暫勿會。此電請秘。」[1]時居正在東北討袁，適值 5 月酣戰期間，聞惡耗全軍痛憤，認係「中華革命黨、中華革命軍受一絕大打擊。」[2]居正有聯輓之曰：

> 魯仲連恥生與暴秦為臣，卒使漸台新君，不能高枕以臥；孫
> 討逆竟死於小人之手，遂令吳會子孫，未得渡江而西。[3]
> 故友同志為革命而捐軀，居正自然深致悼念！

1937 年居正在陳英士殉國二十一週年的紀念會上，特以〈效法英士先生堅苦卓絕的精神完成革命大業〉為題，追述英士的一些人格特質：堅苦卓絕、不怕艱難、不畏犧牲，對同志愛護備至，很得同志們的信任和尊敬。[4]言下不勝懷念！

---

[1]　秦孝儀主編，《國父全集》（台北：近代中國出版社，1989 年 11 月 24 日出版），第四冊，頁 416。
[2]　居正，〈中華革命黨時代的回憶〉，收入李翊民等編《居覺生先生全集》（台北：中國國民黨黨史編纂委員會，1952），上冊，頁 164。
[3]　朱馥生、姚輝，《陳英士評傳》（北京：團結出版社，1989 年 1 月），頁 181。
[4]　秦孝儀主編，《陳英士先生紀念集》（中國國民黨黨史委員會出版，1977 年 2 月 2 日出版），頁 171-172。

　　據上述三事可知，居正與陳英士的交情至為深厚，值得進一步探討。

二、歃血同盟，矢志革命

　　居正於 1905 年夏末東渡日本，入東京法政大學速成科學習。該科專供留學日本的中國青年速成學習，內設法律、政治、理財、外交四科，以六個月為一期，三期即可畢業。居正學政治，屬第四期。居正到東京後，耳濡目染的結果，很快投入革命工作，與田桐、黃興、宋教仁等人接近並受彼等影響，於 1905 年 12 月 14 日加入同盟會。[5]

　　陳英士則於 1906 年初夏由上海乘輪赴日本東京，先進東京警監學校第三班肄習警政法律，後轉入東斌陸軍學校學習軍事。在日期間，陳英士結識了徐錫麟、秋瑾等留日志士，並從大批留日學生所出版的革命書刊中，開始接觸到了民族革命的思潮，而於 1906 年冬天加入同盟會。[6]陳英士晚生居正一年，其東渡日本與加入同盟會，恰好也都比居正晚一年。

　　鑒於孫中山所領導的革命，多在華南一帶起義，且屢遭失敗，宋教仁於是提出在長江流域首先起義和成立一個統轄長江流域革命活動的中部同盟會的主張，「從長江結合，以次推行河北，……期以三年，養豐毛羽，然後實行」。[7]並推定十一省區同盟會分會會長，陳英士為上海同盟會主盟人，居正為湖北負責人，分途積極進行。1910 年盛夏，居正從日本經香港回到上海，隨即前往拜訪陳英士。兩人晤談歡洽，意見一致，深感「長江一帶的革命運動，一點一點擴大了，非有一個總機關來策劃領導不可」。[8]

---

[5]　林濟，《居正傳》（武漢：湖北人民出版社，1993 年 10 月），頁 17-19。

[6]　《陳英士評傳》，頁 14-19。

[7]　居正，〈辛亥箚記〉，收入陳三井、居蜜合編，《居正先生全集》（台北：中央研究院近代史研究所，1998 年 6 月），上冊，頁 10。

[8]　《陳英士先生紀念集》，頁 171。

　　陳英士在上海悉心經營,「會務益振」,在馬霍路德福里一號,設立了總機關,和《民立報》社相呼應,指揮策劃,宣傳鼓動,調配力量;在寶昌路十五號,作為秘密製造炸彈的場所;法租界嵩山路十一號,作為隱藏軍火處;打鐵濱四十五號、後馬路湖州旅館、萬安旅館,作為接待各處黨人的秘密招待所。在長江流域地區,中部同盟會真正發揮了中樞作用。[9]

　　居正返抵漢口後,即接黃興轉來之親筆信,謂革命黨人正謀廣州起義,希望居正在武漢主持,結合新軍,速起響應。不久,黃興又派譚人鳳到漢,並帶來八百元交居正做為運動費,希兩湖能急起響應。居正既受命,乃積極展開活動,先在漢口法租界長清里設立總機關,復在武昌胭脂山租屋成立一分機關。為連絡新軍,乃效法梁山泊朱貴酒家辦法,在黃土坡開一酒館,以溝通新軍各營消息。

　　辛亥3月,廣州「三二九」之役失敗消息傳來,居正等在武漢結納日廣,同志遍及新軍各營,並也籌到部分經費。旋因四川發生路潮,決在武昌首義。居正受武漢革命黨人之託啟程赴滬,初訪宋教仁於《民立報》,次訪陳英士於馬霍路,再訪譚人鳳於北四川路,報告湖北近事並交英士一千元,請其代購手槍。英士慨允辦理。[10]

　　其後眾領導人連日在英士寓所,舉行上海機關部會議,居正報告武漢革命黨人活動情況,決定南京、上海同時發動,並請黃興速到武漢主持。就在此時,武漢形勢急速變化,居正覺得不能再留上海,乃於10月10日晚乘船北上,約定在南京與譚人鳳會合後,一同返鄂。是日,陳英士替居正買齊槍械,隱裝在沙發椅內,派人抬到預定官艙後,居正始登輪出發。12日晨譚人鳳自南京上船會合。當日晚,船抵安慶,始獲悉武昌革命黨人首舉義旗的消息,兩人皆欣喜若狂。[11]

---

[9]　《陳英士評傳》,頁53。
[10]　居正,〈辛亥箚記〉,參閱《居正先生全集》,上冊,頁38。
[11]　林濟,《居正傳》,頁72。

三、上海光復，出力倡組臨時政府

武昌首義後，居正擔任鄂軍都督府顧問，身為同盟會中部總會的代表，他特別關心外省革命黨人響應武昌起義，因為這關係到武昌革命政權能否有外部的屏障和安定的後方，也關係到武昌革命軍的士氣，更關係到武漢軍政府的存亡。職斯之故，居正經常奔赴電報局與外界聯絡，催促各省響應。[12]其後上海的光復，不但彌補漢口之失，具有穩定軍心的作用，而且進而窺取南京，對於革命大局助益甚大，故孫中山推許陳英士「為吾黨健者。第一次革命，於滬上握東南之鎖鑰，其功最大」。[13]這正是居正聯絡各方所樂見的成果。

義軍四應，大局粗定後，為革命前途計，革命黨人深覺有組織全國性統一機構的必要。首義的武昌在倡組共同政府的行動上當仁不讓，由鄂軍都督府一再發電通知各省，請速派全權委員赴鄂組織臨時政府。而本為此次革命運動最初策源地的上海，在蘇浙兩督聯電滬軍都督陳英士倡議下，因佔地利之便，再加所擬之辦法較為具體而富於彈性，故頗得後來居上之便宜。

臨時政府的組織，在戰事紛擾中分上海與武昌兩地積極進行，11月 20 日聚集上海的各省都督府代表公議決定，「承認武昌為民國中央軍政府，以鄂軍都督執行中央軍務，統籌全局，畫一軍令」，並請以中央軍政府名義，委任各代表所推定之伍廷芳、溫宗堯為全國外交總副長。[14]

11 月 23 日，湖北都督府代表居正、陶鳳集抵上海，出席各省代表會，除報告武漢情勢外，並重申湖北都督府前已通電各省，請各省派全權委員赴武昌組織臨時政府之意。居正到上海後，曾拜訪陳英士，「見督府中人，緊張異甚」，而英士「形勞喉啞，一如湖北初起義

---

[12] 同上註，頁 83。
[13] 〈孫中山為派陳其美等南下籌餉致鄧澤如函〉，《國父全集》第四冊，頁 368。
[14] 《革命文獻》（中國國民黨黨史委員會，1958 年 12 月再版），第一輯，總頁 4。

時狀態」。英士見居正到，只能「以手示歡喜狀，而沉沉細語，不能多」。[15]嗣各省代表僉以湖北既認為中央軍政府，則代表會自應在軍政府所在地舉行，且府會地隔千里，辦事實多遲滯，非常時期恐失機宜，當經議決，各省代表均赴武昌。次日復決議各省代表赴武昌，各有一人以上留在上海。赴武昌者，商議組織臨時政府事，留上海者，聯絡聲氣，為通信機關。[16]

　　赴鄂代表到武昌時，漢陽已經失守，武昌飽受威脅，遂改在漢口英租界開會。12月2日決議如袁世凱反正，即舉為臨時大總統。3日，通過「中華民國臨時政府組織大綱」，設臨時大總統、參議院與行政各部。次日得悉南京克復，又議決以南京為中央政府所在地。而留滬的一半代表眼見漢陽失守，認為赴鄂代表未必能達到組織臨時政府的目的，故在陳英士、程德全、湯壽潛三都督出面邀集下舉行會議。陳英士主張，先定二事：一是臨時政府不能不從速組織，「對內之事，先求團結，仿美國獨立後第一、二次會議，為臨時政府或臨時國會之準備。也就是根據同盟會政權建設的一貫思想，臨時政府應以美國共和制為模式。二是決定南京為臨時政府所在地，選舉黃興為大元帥，黎元洪為副元帥，由大元帥負責籌建臨時政府。陳英士堅持大元帥非黃莫屬，他說：「大元帥責任重大，關係全國，方今北虜未滅，軍事旁午，非有臥薪嘗膽之堅忍力者，不足以肩此巨任，故其美以為舍克強先生無當此者。」[17]但赴鄂代表及黎元洪與立憲派、光復會表示反對，克復南京有功的浙軍將領聲言不願受漢陽敗將黃興的節制，黃遂堅辭不就。17日，全體代表在南京集會，改舉黎為大元帥，黃為副元帥，代行大元帥職權，黎雖承認，黃終不受，代表左右為難，中央臨時政府遲遲無從組織。

[15] 居正，〈辛亥箚記〉，前引書，頁72。
[16] 許師慎編，《國父當選臨時大總統實錄》（國史叢編社，1967年6月初版），上冊，頁14。
[17] 《陳英士評傳》，頁73-74。

12 月 25 日，孫中山抵滬，29 日，十七省代表於南京選舉臨時大總統。開票結果，孫中山得十六票，黃興得一票。各省代表多不屬同盟會會員，而票選結果獨不及黎元洪，可見當日全場多數代表之心理，一者尊重同盟會之系統，一者承認辛亥革命完全為同盟會主動。[18]身為湖北代表的居正，在這種心理素質下，並未投黎元洪一票。及臨時政府組成，居正出任內務部次長，陳英士雖未在臨時政府中任職，但他的滬軍都督位置卻十分重要。

四、亡命日本，孫中山手足情

辛亥革命的結果乃袁世凱取代清廷。強人政治引發了大借款案與宋教仁之被暗殺，國民黨的激烈派決定起兵討袁，史稱二次革命，但不旋踵戰事即告結束。革命領袖孫中山、黃興等紛紛流亡海外各地，暫求喘息之機，於是扶桑三島遂為亡命客集中之地點。陳英士於 1913 年 10 月 3 日抵東京，居正則於翌年春由神戶轉往東京。陳英士待居正夫妻「親熱如同家人」。[19]

當此新敗之餘，談及將來事業，則意見紛歧，或緘口不談革命，或期革命以十年，喪氣灰心，互相訴辭。在此時期，孫中山力排眾議，屹立不動，堅持革命主義，本大無畏之精神，團結同志，成立中華革命黨，期以嚴格的訓練，組成一個堅強的戰鬥的革命黨，以謀革命之再舉。[20]

5 月 14 日，孫中山鑒於中華革命黨正式成立之前，宜先成立籌備委員會加以推動，於是指定柏文蔚、周應時、陳其美、劉承烈、鄧家彥、胡漢民、楊庶堪、居正、侯度生、張肇基、凌鉞、文群、陳揚鑣、張百麟、田桐十五人為籌備委員[21]陳英士和居正都堅決支持孫中山的

---

18 《居正傳》，頁 129。
19 居正，〈辛亥箚記〉，前引書，頁 78。
20 《革命文獻》第四十五輯，《中華革命黨史料》，前言，頁 1。
21 羅家倫主編，黃季陸、秦孝儀增訂，《國父年譜》（中國國民黨黨史委員會，1985 年增訂版），上冊，頁 615。

建黨主張。7月8日，中華革命黨開成立大會於日本築地精養軒，到會者三百餘人。孫中山就任總理職（6月23日選出）。凡入黨者，須寫誓約。孫中山當眾宣誓加盟，並自蓋手印。由胡漢民主盟，陳英士、居正做介紹人。孫中山並根據黨章，任命陳英士為總務部部長，居正為黨務部部長，許崇智為軍務部部長，胡漢民為政治部部長，張人傑為財政部部長。[22]又以宣傳機關重要，在東京創辦《民國雜誌》，初設於東京麴町區新櫻田町，旋遷芝區南佐久間町一丁目三番地，胡漢民為總編輯，居正為經理。重要執筆人均為革命黨精英如胡漢民、戴季陶、朱執信、居正、田桐、鄒魯、邵元沖等，蘇曼殊亦時撰文藝、筆記及小說。印刷發行，委日人出名。[23]

孫中山用了兩個月時間編寫《革命方略》。定稿後，自9月開始孫親自召集胡漢民、陳英士、居正、廖仲愷、許崇智等，在東京靈南頭山滿寓所斷續進行了二個月十七次的討論，其中陳英士參加了十一次，居正除缺席一次外，餘全部參加，留下了〈中華革命黨革命方略討論會議記錄〉的原始文獻。[24]

總務部為各部之首部，各部事務應受其考成，故凡孫中山發布命令或委任職員，必須總務部及有關部長副署，特別是籌款及對外交涉，亦均由總務部任之。[25]在此期間，黨務部與總務部之間的業務往來，自是頻繁而密切。在居正遺留的致陳英士函牘中，至少有四封是過去所未曾披露者，而且多與籌款有關。革命經費困難，主事者左支右絀，可見一斑。茲摘錄如下：[26]

---

[22] 同上註，頁 621-623。

[23] 同上註，頁 614-615。

[24] 同註20，頁 1-15；《陳英士評傳》，頁 130。

[25] 《國父年譜》，上冊，頁 635。

[26] 參閱陳三井、居蜜合編，《居正先生全集》，中冊（中央研究院近代史研究所 1999 年 6 月出版）。

第一封　1914 年 11 月 12 日

敬啟者：

　　日前面陳敝部第五局需少數開辦費，蒙囑以預算理應照辦。奈昨商之慧生兄（謝持，總務部副部長），以預算調製有種種困難，而且滯礙多方，是亦不可不慮。刻下第五局所需者不過三、二十元，其他每日來任事者只需車費而已。《民國雜誌》五、六號打成一片，需費亦急，加之前此欠款有四百餘元（蘇曼殊兩種印刷費），本月底給以半數尚可支住，若至來月底，則值年終清結，恐開銷或鉅也。請兄豫為之

　　肅此，以當面談　伏希

　　惠鑒

　　英士我兄　大安

　　　　　　　　　　　　　　　　　　　　弟　　居正謹啟

第二封　1915 年 1 月 27 日

英士先生大鑒：

　　覃理明（振、理鳴，1885-1947，湖南支部部長）初接事，一時應付沒錢，特囑弟轉達，伏希設法，賜覆為荷

　　　　　　　　　　　　　　　　　　　　　　弟　　居正叩

第三封　1915 年 3 月 26 日

計開本月底應開銷之款：

一、三秀舍印刷所壹百元

　　右欠印刷所之款，原有壹百八拾元左右，因印刷各件有關於林蔚陸者，有關於「民國社」（即中華革命黨籌備委員會臨時辦公處所）者，該所尚未開清細賬，故約於本月底墊付百元，餘款算清，來月再付。

二、湖南支部約七拾元

右據該支部長面談，三人伙食（內二人在支部辦事）大約非此數不可。以後按月支出，俟預算編成，再為查實轉告。

三、寒江別墅約六拾元

右係僕住所開銷，前此均由「民國社」一筆打算，故未另自開賬，今既另居，自不能不多算一筆賬也。

右三項皆為月底所必需之款，其他關於黨務部內部員之津貼、各支部長之津貼，在預算未編成以前，仍希商之財政部，斟酌前此成案辦理，以省繁複為荷。

　　肅此　即頌

　　大安

　　英士兄　偉鑒

　　　　　　　　　　　　　　　　　　弟　居正拜

第四封　1915 年 10 月 19 日

敬啟者：

前月需要之數（四百元之中已貳百元），至此再無可緩，加以印刷所之欠項（內含第四號欠款與蘇曼殊此次印書費約六百元），岑樓與劉俊三之要求均蒙快諾，如能騰挪，祈早擲交以便應付為盼。

再者岑樓之費可交梓琴，劉俊三之費直交本人，則省卻許多周折矣！

　　英士兄　偉鑒

　　　　　　　　　　　　　　　　　　弟　居正謹啟

五、義軍再舉，並肩討袁

二次革命失敗以後，孫中山流亡東京，積極組織革命黨。為謀再舉革命，一面組織海外華僑，以為革命運動之支援；一面遣派同志，深入內地，從事討袁之發動。1914 年 1 月，孫中山派遣陳英士、戴季陶前往大連，籌設奉天革命總機關部。在路上，英士因為感冒觸發舊疾，頭昏腳酸，坐臥不安。到大連後，即住醫院內，以便治療。仍扶病見當地的志士，共商大計。袁黨微有所聞，警探四出，分頭密查；一面運動大連的日本官廳，採取壓迫政策。英士派往各地的同志，已到目的地的終於無法活動；正在途中的被阻折回；準備啟程的，亦受監視，不許離開大連。陳英士在大連住了五十餘日，默察當地的工作環境，已無活動餘地，不得已把東三省黨務交給方劍飛等主持，而於 3 月 15 日悄然離連，回到東京。[27]

至 1915 年夏末，隨著袁世凱賣國稱帝陰謀日益暴露，孫中山召集各部部長研究軍事進行辦法。經過十多次開會討論，製定出新的討袁計劃，決定組織武裝力量，成立中華革命軍東南軍、東北軍、西南軍和西北軍，在上海、青島、廣州、三原等地設立司令部，開展討袁軍事鬥爭。孫中山任命陳英士為東南軍總司令、居正為東北軍總司令、胡漢民為西南軍總司令、于右任為西北軍總司令。[28]

陳英士自日返滬親自主持軍事活動後，設總機關於法租界霞飛路漁陽里五號，以蔣中正、吳忠信、楊庶堪、周淡游、邵元沖、丁景良、余建光諸人，分任軍事、財政、總務、文牘、聯絡諸職務，積極進行討袁鬥爭。其最大貢獻是，策劃刺殺滬軍鎮守使鄭汝成和運動肇和兵艦起義。後者雖然失敗，但陳英士、居正兩人曾於 12 月 19 日聯名通告肇和艦起義經過，宣告肇和艦起義「為第三次革命海陸軍突起之一

---

[27] 徐詠平撰，《民國陳英士先生其美年譜》（台灣商務印書館，1980 年 5 月），頁 359-360。
[28] 《居正傳》，頁 137。

大霹靂，又為各地討袁軍最有力之導火線」。[29]居正曾謂：「肇和一炮，
青天霹雷，影響至巨」。[30]居正因瞭解日本政情，與山東人相識較多，
且能統一全局，故奉派至青島出任東北軍總司令，統籌直隸、山東、
山西等地討袁軍事，號召各方，集合吳大洲、薄子明、呂子人等部，
發給餉械，並親自率隊攻佔濰縣，發布孫大元帥討袁檄文，在國土上
首豎青天白日旗幟。接著又分兵克高密、諸城、昌樂、臨淄、益都，
進逼濟南，使中華革命黨軍之聲威震山東。[31]陳英士未及完成的革命
志業，終由居正亦步亦趨加以完成。在討袁的一頁革命史上，前後相
互輝映。

---

[29] 同上註，頁138。

[30] 居正，〈中華革命黨時代的回憶〉，《居覺生先生全集》，上冊，頁162。

[31] 詳參郭芳美，〈居正與討袁東北軍〉，《近代中國》，第十一期（1979年6月30
日），頁84-98。

王京岐在歐洲的組黨革命活動

一、前言

　　中國國民黨人在歐洲的革命活動，考其歷史，遠在同盟會成立前後。[1]當孫中山先生於 1905 年春遊歐之時，即集合留歐學生，有所組織，但當時黨的名稱尚未正式定出，組織亦未完備，故在歐洲社會上，尚未成立正式黨部。迨辛亥革命成功，雖有張繼（溥泉）等先後遊歐，但僅見有個人之活動，而無黨的工作之表現。故歐洲之有正式中國國民黨黨部，實自民國十二年始。組織之初，支部設於法國里昂，巴黎、柏林與比京均設通訊處。[2]

　　而從中醞釀、籌備、奔走，促成此一組織在里昂建立者，便是王京岐。因此，在孫中山先生逝世前，歐洲先後出現了由中國人組織的四個不同黨團的黨部，分別是「中國共產黨旅歐支部」（民國十一年冬）、「中國青年黨」（民國十二年十二月）、「中國社會民主黨」（民國十三年六月）與「中國國民黨里昂支部」（民國十二年十一月）。重要的是，中國國民黨里昂支部是王京岐奉孫中山先生之命，到法國組織起來的。

二、王京岐其人其事

　　提起王京岐，大家可能對他相當陌生，而且很容易和王光祈（1892-1936，四川溫江人，少年中國學會的發起人及主要幹部）、王

---

[1]　有關孫中山先生在歐洲的活動，請參閱：《國父年譜》，增訂本上冊（中國國民黨黨史委員會，民國 74 年 11 月第 3 次增訂版）。張玉法：《清季的革命團體》（中央研究院近代史研究所專刊 32，民國 70 年 8 月再版）。鄭彥棻：〈國父與法國〉，《近代中國》，第 44 期（民國 73 年 12 月 31 日），頁 33-46。

[2]　〈中國國民黨駐法總支部向第三次全國代表大會報告歐洲黨務〉（民國 18 年 3 月），AOM, SLOTFOM VIII.6.。

景岐（1882-1941，福建閩侯人，留法研習政治，歷任駐比利時、瑞典、波蘭等國公使，其次子王季徵亦係外交官，歷任黎巴嫩、利比亞、中非共和國大使）相混。[3]

　　一般的傳記資料，對王京岐也是語焉不詳。比較確實可靠的是近代中國出版社所編的「中國現代史辭典──人物部分」。茲介紹如下：

　　王京岐（1894-1925），浙江嵊縣人，五歲入學，十四歲畢業於縣立小學；十七歲入南京金陵大學，其後畢業於之江大學。民國八年（1919）入留法預備學校，翌年六月赴法勤工儉學。民國十年六月，北洋政府特派專使朱啟鈐、財政次長吳鼎昌到巴黎，密洽中法借款三到五億法郎，名義是救災，其實是購買軍火等用途。借款條件以全國印花稅、驗契稅作抵押，以滇渝鐵路建築權、全國實業購料權作交換。消息傳出後，旅法學生與僑胞莫不義憤填膺，各界遂成立「拒款委員會」，召開兩次「拒款大會」，通過「拒款宣言」，並於會上毆打代陳籙到場的一等秘書，其議乃罷。王京岐除曾參與該項拒款運動外，復於九月間為爭里昂中法大學開放案，參加先發隊，進駐里大，因而被遣回國。

　　回國後，加入中國國民黨。十一年三月，復奉中山先生之命赴法，在里昂中法大學成立通訊處，辦理宣傳事務，吸收黨員。十二年八月，回國報告黨務，十月返法。同年十一月二十五日，成立中國國民黨里昂支部，並於法國華僑聚集之地及德比各國都會，均設通訊處。十三年七月二十日成立總支部於巴黎，中國國民黨之有駐法總支部自此始。遂改各通訊處為支部，黨務益繁。十四年三月十二日獲中山先生逝世電訊，時王氏已積勞成疾，養病農村，但仍召集東方弱小民族舉行追悼大會。五月，五卅慘案起，因號召華人大會，舉行示威於巴黎，

---

[3]　例如關國煊所撰〈王景岐小傳〉，便提到王京岐以駐比利時公使身份兼中國國民黨駐法總支部部長，及 12 年 11 月，中國國民黨駐法總支部改組為駐歐總支部設總支部於里昂，任執行部部長等，不僅錯誤百出，而且景岐、京岐不分。參閱：劉紹唐主編：《民國人物小傳》（傳記文學出版社，民國 74 年 12 月初版），第 7 冊，頁 9。

六月被捕，囚於高貝伊（Corbeil）；七月，被驅逐出境，十月十五日途死紅海入口吉普第（Djibouti），年僅三十二。[4]

三、獻身革命的心路歷程

　　從上述簡歷得知，王京岐原是留法勤工儉學生，先後在楓丹白露（Fountainbleau）中學、耳阜工校就讀，但未有在工廠作工紀錄，而於民國十年十月因里大事件被逐回國。

　　里大事件後，在法的勤工生覺得求人不如求己，決心自力更生，有的一面做工，一面學習；有的態度激烈化，積極從事組黨的政治活動。而與蔡和森、陳毅、李隆郅（立三）等同船回國的王京岐，卻沒有走上共產主義革命的道路，反而投身國民黨，加入孫中山先生所領導的革命行列，其間之心路歷程，頗為特別，值得探述。

　　在里昂兵營及海船中一個半月的幽囚生涯，王京岐飢寒交侵，欲留無力，欲歸無家，受盡摧殘、凌辱，甚至連解手的自由皆無，真正是茫茫四顧，困厄無垠。到了上海，則飽嚐無衣穿、無飯吃、無房住，幾乎流落街頭，求告無門的苦楚。經過這次的切身體驗，王京岐心理上自然產生重大變化，自述「向抱專門讀書，不管國事宗旨」，但有此「幽囚里昂」的經驗加上海船風霜之苦，始悟「國事比讀書為宜先，為大要；國事不解決，雖欲專門讀書亦不可得。」[5]所以一抵上海，他即邀同學友，投身國民黨而從事革命運動。這是王京岐加入中國國民黨與國民黨結緣的開始。

---

[4]　邵銘煌撰：〈王京岐〉，《中國現代史辭典》（近代中國出版社，民國 74 年 6 月），人物部分，頁 27-28。陳三井：《勤工儉學的發展》（臺北：東大圖書公司，民國 77 年 4 月），頁 98、112。

[5]　〈王京岐致總理函〉，民國 12 年 3 月 5 日。陽明書屋上海環龍路檔（以下簡稱環檔），8705 號。

其後，王京岐重擬赴法，以宣傳主義、聯絡同志，透過總務部長居正之推介，曾訪謁孫中山先生於上海環龍路四十四號，並被委為法國里昂中國國民黨通訊處籌備員。在途中，王京岐乘機向法國郵輪上的中國水手與機關長宣傳，得宣誓立約入黨者三十多名。[6]

里大運動，對王京岐而言，是再好不過的一次活生生的革命教育，也可以說是刺激他為何要走上革命道路的重大關鍵！由於「苦命的娃兒」（指勤工生）並沒有吃到「天上飛的雀兒肉」（指進入里大），所以身為事件參與者之一的王京岐，難免在心態上對里大的中國學生有先天上的排斥作用。雖然他到里昂後，自稱住在里昂中法大學（但正式學籍名冊上沒有他），惟一旦與所謂「最高學府」的中法大學學生接觸，便只見他們「醉生夢死，苟且偷安，感覺討厭。」相反的，由於他曾在「海船上與中國水手工人為伍，熟悉工人的冒險、豪俠、純樸的性情」，所以便覺得「工人可愛，證實工人自己確能擔當革命，中國的工人確能自己擔當中國的革命。」[7]

四、旅歐中國國民黨支部的成立

（一）事先的籌備

里昂雖是王京岐的傷心地，但因覺中法大學是中國人在歐洲有正式組織的留學機關，所以仍然落腳里昂，住里昂中法大學，「意欲一面研究各門科學，一面宣傳主義」，第一步先建立中國國民黨旅歐支部於里昂，再藉此陸續推廣至德、比諸國大埠。[8]初抵里昂中法大學，因認識者少，加上對中法大學的學生有成見，所以他發展組織的對

---

[6] 同前註。〈王京岐另有致總務部長居正函〉，環檔 8704 號。

[7] 〈旅歐中國國民黨支部第一次大會報告〉，民國 12 年 11 月 25 日於里昂，環檔 7636 號。

[8] 同註 5。

象，主要是僑居在法的數千華工、勤工儉學生和小商人，以及往來中、法的郵船上中國籍水手。[9]

在抵法後的第一年籌備階段，從王京岐的書信報告中，我們大致可以瞭解，他的工作進展相當有限，主要原因可以分析如下：

1、　他不是吳稚暉從國內招考同船去的第一批正式學生中的一個，所以認識的人不多；何況他是勤工生科班出身，與有「貴族子弟」之稱的中法大學學生，難免不無格格不入的感覺。

2、　中法大學多數為粵籍生，而王係浙江人不懂廣東話，在語言溝通上亦存在先天上的障礙，且廣東官費已有九個月不到，故粵生對於民黨黨事並不十分熱心。[10]

3、　里昂中法大學為一教育機關，且按中法大學協會章程，一向禁止學生從事政治或宗教宣傳活動。

4、　里大自吳稚暉到任後，內憂外患頻生、風波不斷，故王京岐體認到「學校風潮方盛，黨務事頗難進行」，而向本部建議，「容待幾月再下手」。[11]

不管如何，在人地生疏，外在環境不是很有利的情況下，王京岐還是很努力的進行工作，值得一記的事有：

1、　他不斷的寫信給黨務部，要求郵寄章程、願書、黨章、黨證、委任狀、總理玉像等各項文件資料，以應工作上的需要。

2、　他曾先後寫了三封信，分致孫鏡與鄭達佛、總務部長居正及孫中山總理，為經濟情況窘迫的華工及勤工生請命，爭取免繳或減繳入黨基金（十元），但所得到的答覆是：「入黨金辦法照入黨規則第五條辦理，萬難通融減免。」[12]

[9]　〈王京岐致孫鏡（鐵人）、鄭達佛函〉，民國 11 年 10 月 6 日，環檔 6520 號。
[10]　〈王京岐致總務部長函〉，民國 12 年 4 月 25 日，環檔 6646 號。
[11]　〈王京岐致孫鏡、鄭達佛函〉，民國 11 年 10 月 20 日，環檔 6515 號。
[12]　同註 10。

3、 他數度有搭乘郵輪，與水手機關長接觸的經驗，故認為除可便利黨人遊歷南洋及歐西外，若購買手槍子彈等件亦易從事，因此建議透過「安德烈‧勒朋」（André Le Bon）與「保羅‧勒卡」（Paul Lécat）兩郵輪的機關長，為國內代購短小的軍械（手槍）、子彈，彼可設法一直送至上海。[13]此事未見本部有所反應而作罷。

4、 他曾介紹比利時勞動大學的方棣棠、左紹先、石明德、朱增祥、林權英、林聖端、言榮一、樊潤山、喬丕成、李庭蔭、謝澤沅、楊自福等十二人入黨。[14]另介紹五艘法國郵輪的機關長孫阿寶等及海員共十六人入黨，[15]成績不惡。

5、 由於各地黨員人數相對增加，組織亟待建立，所以透過王京岐的推荐，本部以孫總理名義（總務部長彭素民副署），於民國十二年九月三日，委任王京岐為里昂中國國民黨分部籌備處籌備員，方棣棠為比國中國國民黨通訊處籌備處籌備員，周恩來、尹寬為巴黎中國國民黨通訊處籌備處籌備員。[16]

6、 民國十二年，王京岐曾回國報告黨務，主要處理兩事：一與國內本部商辦刊物，但因本部經濟窘迫萬分，僅允擔任一小部分，並望支部製定經濟編輯印刷等預算案，呈繳本部核准以便酌量津貼及決算。至印刷一層，汪兆銘已允先為代借里大的鉛字使用；一與郵船上的海員接洽並推荐孫阿寶往見孫鏡、鄭達佛二人。據王京岐觀察，全世界的郵船可說無不雇用中國水手，單就英法兩國計共有海員三、四千名以上，世界海員同盟

---

[13] 同註9。
[14] 〈方棣棠等十二人致總部函〉，民國12年6月23日，環檔6650號。
[15] 〈王京岐上總理等函〉，民國12年8月4日，環檔7800號。
[16] 秦孝儀主編：《國父全集》（近代中國出版社，民國78年11月24日），第8冊，頁570。

（工會）罷工，足以斷絕海上水路的交通，於革命運動中的作用極大。[17]因此之故，他特別看重海員，也希望本部加以注意。

除以上六事外，在國內李大釗、陳獨秀、蔡和森、張太雷等於民國十一、十二年間陸續參加了國民黨的一片容共聲中，王京岐在法國也做了一個類似的重大決定。其過程大致是：

民國十二年二月，旅歐中國少年共產黨在巴黎召開臨時代表大會，決定加入中國社會主義青年團，成為其「旅歐之部」，在歐名稱定為「旅歐中國共產主義青年團」。

民國十二年四月二十五日，王京岐致函總務部長，透露曾與該團多次接頭，並有意引其加盟入黨，攜手合作，其理由是該「組織頗稱完善，而其行動亦與吾黨相差不遠」，[18]而請總務部裁示。

「旅歐中國共產主義青年團」加入國民黨的問題，在內部曾經有所討論。鄭超麟提出一些懷疑的意見，尹寬則替這個政策做辯護，其理由有兩點：一是加入國民黨後，可以漸漸擴充勢力，譬如獅子滾雪球愈滾愈大；一以法國共產黨為例，法國共產黨員雖是公開的，但仍有一部分是絕對秘密，連黨員自己也不知道。[19]

同年六月十六日，周恩來、尹寬、林蔚三人一起到里昂，與王京岐商談合作問題。雙方達成協議：「旅歐中國共產主義青年團」團員八十餘人全部以個人身份加入國民黨。[20]

同年六月十七日，王京岐即向本部報告結果云：「昨天開會結果很好，旅歐少年團八十餘人極端贊成本黨宗旨，一概加盟本黨。」[21]

同年八月，周恩來致信即將回國述職的王京岐，談旅歐國共兩黨合作，開展革命活動問題。內云：「依我們的團體意識，我們願在此

---

[17] 同註7。
[18] 同註10。
[19] 《鄭超麟回憶錄》（東方出版社，1996年版），頁39-40。
[20] 中共中央文獻研究室編：《周恩來年譜》（中央文獻暨人民出版社，1989年3月），頁60。
[21] 〈王京岐致孫、鄭二先生函〉，民國12年6月17日，環檔6648號。

時期盡力促成民主革命的一切工作，這是無可置疑的事。」周恩來並提出現時兩黨合作的三項建議：（一）宣傳民主革命在現時中國的必要和其運動方略；（二）為國民黨吸收些留歐華人中具革命精神的份子；（三）努力為國民黨做些組織訓練工作。最後說：「本著上述三種原則，可隨時勢變遷而計劃當前所要做的工作。」[22]

關於「旅歐中國共產主義青年團」加入國民黨的問題，總務部長彭素民於七月十九年覆函王京岐云：「查國內該團團員已有多數加入本黨，則對於旅歐該團亦自不須拒絕。惟須於入黨之初，詢其以後是否在本黨主義之下活動；若不能與我步調一致，則是無合作之益，而有混亂之害，此層請特別注意為幸。」[23]

自此從國內到海外，國民黨容共政策確立，自中央至地方，步調一致，開啟了容共時期。國民黨因共產黨員的加入而壯大，也因共產黨員的別有居心而紛爭不已！

（二）里昂支部的成立

經過一段時間的籌備，在周恩來等共產黨人的加盟和合作推動之下，王京岐所想成立的中國國民黨里昂支部，於民國十二年十一月二十五日在里昂正式成立。是日開會地址原訂在里昂中法大學，後因考慮有違中法大學協會章程，故移至市區崔翁廣場（Place de Trion）一家咖啡館舉行。

到會來賓有男女學生及工友共六十餘人，同志代表計有王京岐、周恩來、林蔚、郭隆真、張若名、何兆清、周崇高、吳文安、韓旅塵、胡大才、周全達、于公民、何熾昌、趙仰玄、江呂文、蕭錫三、陸霞飛、藍鐵夫、王燦芬等十九人。大會預先推定里昂中法大學學生周崇

---

[22] 《周恩來年譜》，頁 61；〈王京岐上總理等函〉，民國 12 年 8 月 4 日於郵船 Paul-Lécat 號中，環檔 7800。
[23] 《國父年譜》，下冊，頁 1089。

高（湖南）擔任主席，首由王京岐報告籌備經過以及各地組織發展
情形。

　　據王京岐統計，此時全歐男女同志總計一一二人，可列表顯示
如下：

宣傳地點	黨員人數	通訊處設立情形
比（勞動大學）	20	已設
里昂	19	支部籌備處
巴黎	20	已設
德國	少	醞釀中
俄國、荷蘭	5或6	
船上	16	

　　至宣傳成績，以比大方隸棠、巴黎周恩來及郵船機關長孫永寶、
孫金友為最優，里大何熾昌、吳文安、周崇高次之。

　　繼由巴黎通訊處籌備員周恩來報告，巴黎通訊處已於同月二十日成
立，黨員的徵求共有二十二人（比王京岐的報告多出二人），計有胡倫、
趙光宸、顧文彬、熊銳、傅烈、周維楨、雷定琨、劉雲等。通訊處以李富
春為處長，聶榮臻為書記，穆清為財務，熊味根為宣傳，毛克生為交際。
次由比國通訊處籌備員方隸棠報告，比國通訊處於同月十一日開會成
立，選出方隸棠為處長，楊自福為書記，左紹先為財政，朱增祥為宣傳。

　　其後有同志張露珊、周恩來的演說。周歸納各方對國民黨之輿論
有三派：（一）自由思想派；（二）非革命派；（三）建設派。而建設
派中固有熱心黨務者，但也有掛名黨籍不負責任者，周藉機批評蔡元
培、王寵惠，他說：

　　　　掛名黨籍不負責任者，此類人實居吾黨最大多數，不但普通
　　黨員統抱此病，即黨中知名人士如在歐之蔡孑民、王亮疇，

何莫不然？用著黨時便自稱為老同志，不用黨時便竟一反黨議，甚或從人做落井下石之舉，是真令人痛心疾首而不得不認為本黨內部伏莽之患。[24]

本次大會達成重要決議如下：

1、 宣布旅歐中國國民黨支部於本日正式成立，支部機關暫設里昂。
2、 改職員任期為一年。
3、 添設軍事委員會。

最後並選舉職員，結果如下：

評議部
正議長　何熾昌（法、粵）
副議長　韓旅塵（法、粵）
評議員　張若名（法、直）
周崇高（法、湘）
胡大才（法、川）
林　蔚（法、湘）
任卓宣（法、川）
謝澤沅（比、川）

執行部
正部長　王京岐（法、浙）
副部長　方隸棠（比、粵）
總務科主任　周恩來（法、浙）

---

[24] 〈旅歐中國國民黨支部第一次大會報告〉，民國 12 年 11 月 25 日，環檔 7636 號；李雲漢，《從容共到清黨》（中國學術著作獎助委員會，民國 62 年 8 月影印版），頁 162。

　　黨務科主任　吳文安（法、粵）
　　財務科主任　孫永寶（法、粵）
　　宣傳科主任　李富春（法、湘）
　　交際科主任　朱增祥（比、蘇）
　　政治委員會會長　熊　銳（德、粵）
　　軍事委員會會長　孫金友（法郵船、浙）
　　農工委員會會長　朱重光（德、蘇）
　　婦女委員會會長　郭隆真（法、直）[25]

　　觀此名單，評議部的正議長何熾昌（1890）、副議長韓旅塵（1892）及黨務科主任吳文安（1893）皆為里大學生，而且多屬粵籍，年紀也較大，不無敬老尊賢與重視里昂本土意味在內。[26]此外，周崇高與1927年之後的張若名也是里大的學生。

　　可以明顯察覺的是，共產主義青年團份子在這個支部組織中，扮演了舉足輕重的角色：周恩來當選為總務科主任，李富春為宣傳科主任，朱增祥為交際科主任，熊銳為政治委員會長，郭隆真為婦女委員會長，在執行部中已經囊括了一半，而且盤據了總務、宣傳、交際、政治、婦女五個比較重要的位置。而在評議部方面，也有林蔚、任卓宣、胡大才、謝澤沅和張若名五位評議員。所以如果說，這是左派共產黨運作成功，控制了甫告誕生的里昂支部，並不為過。

　　中國國民黨旅歐支部成立後，並由執行部起草，評議部通過，發表一篇對外宣言。宣言主要內容有兩段，首在表明捍衛三民主義的決心，語氣極為堅定，內云：

---

[25] 同前註，環檔7636號。
[26] M. Levine & Chen San-Ching, "*Strange Victory: Communist-Leftist Control of the European Branch of the Guomindang*", paper presented at the 44th Annual Meeting of A. A. S. April 1992, p.9、

總之，三民主義是吾黨捍衛民國，永久一致的主張，此中有一不遂，即足為吾黨革命未增徹底的詬病。今三者竟未一遂，這真是吾黨對於國民慚愧無地的！雖然吾黨在過去的歷程中，吾黨亦曾為革命努力了，但吾黨之所以能為國民嚮導的，要亦在有此澈頭澈尾的革命主張，假使中途而廢，棄革命不為，不獨愧對國人，且更有負革命諸先烈了。明乎此，則吾黨報國的責任也就無取乎多說，而旅歐支部的成立，更明顯地不能外乎此種使命了！

其次，在宣示海外黨員應該努力的目標，宣言接著這樣說：

我們海外僑居，不能直接為革命努力，多為革命預備方工作，如經濟先進國的政制和軍備，可助吾黨成功的，要盡力研求；工商實業可供我國採用的更儘量搜集。吾黨正大光明的主義，相機向國際宣傳。列強如有侵略吾國之舉動，即當盡力設法抵制，更團結旅歐同胞為一致的救國運動，且吾黨所努力的非敢以一人一黨之私，期望全體國民齊來努力的向嚮導而已。甚至就認三民主義為中國國民的救亡主義，也非過言。[27]

自旅歐支部在里昂成立後，各地黨員漸有增加，如巴黎兩屬已增加為三十六人。本來，巴黎通訊處之組織，係統轄全法境內之黨員，但有鑒於里昂與巴黎黨員數目幾乎相等，且兩地睽隔，以一機關統率之，辦事頗感不便，經周恩來與王京岐及里昂諸同志函商結果，咸以里昂另設一通訊處為宜。準此，巴黎通訊處（轄巴黎及其附近地域之黨員）遂於民國十三年一月十七日正式成立，並選出聶榮臻為處長，習文

---

[27]　〈中國國民黨旅歐支部成立宣言〉，民國 12 年 12 月於里昂，環檔 7613 號。

德為書記，卞偉飛為財務幹事，廖仁先為交際幹事，毛克生為宣傳幹事。[28]

五、壯志未酬身先死

黨的組織成立後，黨員有歸屬感，活動的舞台也隨之擴大，黨務得以順利開展，王京岐一本「宣言」的原則，即積極展開下列各項活動：

（一）猛烈的宣傳

革命宣傳為革命運動所不可或缺的活動，至少與革命組織和革命起事同等重要。尤其面對知識程度不高、資訊十分不足的勤工生，更要講究各類宣傳。

王京岐是個善於把握機會的行動家，除了常到馬賽向郵船中國海員宣傳革命外，也利用各種節慶，趁機作猛烈的宣傳。民國十三年元旦，里昂、巴黎、比國三地有同步的革命宣傳活動。以里昂為例，是日里昂支部邀請里昂各界開會慶祝，到會來賓及同志約四十餘人，由同志輪番上台演講，茲誌名單與簡要內容如下：

任卓宣：說明中國現時國民革命迫切的需要，對內警勵同志之注重訓練及宣傳兩工作。

韓旅塵：解釋三民主義、五權憲法為救中國危局的良藥。

顧文彬：提醒大家，紀念元旦的意義及其教訓。

李其玨：宜注重實業及教育。

蔡痴平：宜注重國民運動，尤當替工人設想。

吳文安：宜注重學生及農人之宣傳，工人次之。

---

[28]〈巴黎通訊處籌備員周恩來致總務部長函〉，民國 13 年 1 月 18 日，環檔 5038(1)。

最後，由主席王京岐總結大意，略謂：「今天當喚起大家一種革命精神，譬如講民權是非革命不能實現的；講兵工政策，也是非革命不能實現的；講教育及實業，尤非革命不能實現的。所以革命為目前所必需，為各種方法的一個先決問題。」[29]

（二）創辦刊物

中國國民黨自從成立旅歐支部以後，進黨的同志異常踴躍，黨務亦漸具規模，因此各方面反應，以為需發行一種刊物，方得收群策群力的效果。這個刊物為「對內團結」的考慮之外，據王京岐認為，尚可加強「對國際上的宣傳」。他的構想除「發行中文之外，同時或臨時當發行西文（英、德、法）刊物，贈送歐洲農、工、商、政、學各重要機關，俾他們可以知道吾黨的建設精神，明瞭東方的實在狀況。」至於技術問題，已由執行部致函汪精衛，商借留存中法大學的鉛字，同時又函請上海本部，商請資助年費三千法郎。[30]

創辦刊物事，至十三年二月間醞釀成熟，訂定章程如下：

定名　國民
宗旨　以發揚本黨之三民主義、五權及連絡全歐黨員為宗旨
經費　向本部請三千法郎津貼為開辦費，再請全歐黨員每月每人出二法郎五十生丁為常經費。
經理　分事務編輯二部
　（1）事務部　關於發行會計印刷等事，由總務科辦理之。
　（2）編輯部　關於撰述編輯等事，由宣傳科辦理之。
性質　半月刊。[31]

---

[29] 〈王京岐致總務部長並轉各部長〉，民國13年1月2日，環檔7117（1）。
[30] 〈旅歐支部部長王京岐通告〉，民國13年元月17日，環檔7604號。
[31] 〈王京岐致彭素民函〉，民國13年2月2日，環檔5032號。

做為中國國民黨旅歐黨部喉舌的《國民》，於民國十三年發刊，起初為半月刊，後改為週刊，所在地設於巴黎第五區的羅蘭街（rue Rollin）十四號。該刊後由於黨內紛爭一度停刊，至十四年二月重新問世，其後又因若干黨內要角參加支援五卅運動的反帝示威遭驅逐出境，而於十四年七月再度停刊，這是《國民》的第一階段。[32]

（三）清黨與黨部的分裂

民國十三年一月，中國國民黨第一次全國代表大會在廣州召開，宣告改組，允許共產黨員和社會主義青年黨員以個人資格參加國民黨。就國共兩黨關係而言，這次大會的召開標誌著革命統一戰線的正式形成。

旅歐的中國國民黨員乃依照黨章，在巴黎哲人廳召集第一次代表大會，由邵元冲從旁指導，正式成立中國國民黨駐歐總支部，所轄有法、比、德（谷正綱、谷正鼎主持）等五支部，當時有黨員約二百人。後因英、俄黨部不在總支部總轄範圍內，覺駐歐總支部名稱不大妥當，遂改名為中國國民黨駐法總支部，仍轄德、法、比等支部及散在歐洲各地之黨員。第一次代表大會選出王去病、曹德三、習文德、王京岐、張星舟、陳樞、楊棟臣等七人為執行委員，方隸棠、李富春、任卓宣、朱重光、林蔚五人為監察委員。[33]

國內有鄧澤如、張繼、謝持等監察委員對共黨發生猜疑，擔心共產黨員可能「借國民黨之軀殼，注入共產黨之靈魂」，而提出彈劾案。[34]在歐洲同樣也有張星舟（回國後改名為張厲生）、習文德、曹德三等執行委員，反對共黨以個人名義加入國民黨，擔心他們「吞併國

---

[32] Shiu Wentang ,（許文堂）*"Les Organisations Politiques des Etudiants Chinois en France Dans l'Entre-Deux-Guerres* ", Doctoral dissertation, Université de Paris VII., 1990. pp.275-276.

[33] 同註2。

[34] 郭恆鈺：《共產國際與中國革命——第一次國共合作》（臺北：東大圖書公司，1991年4月再版），頁83。

民黨」，而主張把共產黨員和共青團員排除出國民黨，因此雙方發生多次摩擦：

1、 由於周恩來堅決地貫徹執行了中共中央關於「團結和擴大左派，爭取中派，打擊和孤立右派」的方針，因此右派份子恨之入骨，在某次會議上發生以手槍對付周恩來的事情。[35]

2、 共產黨人為操縱黨部，乃獻計王京岐，請召集第二次代表大會。中國國民黨駐法總支部第二次代表大會於十三年七月二十日在巴黎舉行，周恩來也出席參加。大會開會時，共產黨員見國民黨員代表過多，無法壟斷，乃實行搗亂，將會場搗散。[36]

3、 十四年三月間，在巴黎舉行中國國民黨駐法總支部會議，決定由共黨份子施益生擔任總支部副主席並兼管宣傳工作，原比央古（Billancourt）區分部書記陳齊也內調至總支部，負責組織工作。為此，右派的張星舟、習文德、曹德三等人益感到有「亡黨」之痛，認為「總支部的領導權完全為共產黨人所篡奪」，而號召所有純粹國民黨員起來，一致採取驅逐共產黨人，奪回總支部領導權的行動。[37]

就在雙方頻頻發生摩擦爭執期間，共黨份子的監察委員李富春、任卓宣二人，利用王京岐，開除了習文德、張星舟、曹德三、王去病等四位執行委員之黨籍（當時總支部有七位執行委員，監察委員方隸棠等曾反對此種違法舉動）。在德國支部，則有廖煥星、夏奇峰、高語罕三位執行委員開除黃英、林森二位執行委員之黨籍，並解散柏林第二分部同志八十餘人。並未經監察委員會之決議及總支部之許可，霸佔總支部黨部，且盜竊已停辦之《國民》，宣傳無產專政。國民黨員目睹共產黨份子專權益甚，中央又置之不理，為歐洲黨務前途發展

[35] 施益生：〈回憶中共旅歐支部的光輝業績〉，《天津文史資料選輯》，第15輯（天津：人民出版社，1981年5月），頁120-123。
[36] 同註2。
[37] 同註35。

計，乃實行清黨。於是，習文德、張星舟、曹德三、王去病、方隸棠、楊棟臣、陳樞各委員於十四年四月召集全歐第三次緊急代表大會於巴黎，改組駐法總支部。大會議決，開除共產黨員之國民黨籍。並定「三民」二字，永為黨報名稱，以表示實行三民主義的忠實信徒也。黨部地址，設於巴黎都庵街（rue Thouin）三號。被開除之共黨份子與附和份子王京岐等，復另組織駐法總支部，以《國民》為黨報，借國民黨名義，宣傳共產主義。該黨部成立未久，任卓宣與王京岐打架，於是又一分為二。[38]這是孫中山先生逝世後，中國國民黨駐法總支部因共黨的滲透分化一分為三的簡單經過，其後的演變更形複雜，在許文堂的博士論文與林如蓮（Marilyn A. Levine）的專書[39]已有論列，而且已在王京岐被驅逐出境之後，故在此不贅。

（四）五卅運動的反帝示威

　　時王京岐業已染患嚴重的肺結核病，在鄉下休養，雖然因病得以擺脫許多政治活動的糾纏，但在他生命的最後歲月裏，仍然經歷了一場有生以來最為轟轟烈烈的革命工作，那便是為支援上海五卅慘案在巴黎所舉行的一連串示威行動。民國十四年五月底，震驚全世界的「五卅」反帝國主義運動在上海爆發後，中國共產黨旅歐支部、中國共產主義青年團旅歐支部和王京岐所領導的中國國民黨駐法總支部便聯合採取行動，於六月七日在巴黎十三區的布朗基大道（Boulevard Auguste Blanqui）九十四號的一家餐廳舉行旅法華人反帝大會，號召所有旅法華人，包括工人、學生、商人參加。當天到會人數約六百人，除旅法華人外，尚有法國共產黨代表托里歐（Jacques Doriot）、馬爾替（André Marty）與科士特（Alfred Coste）以及安南共產黨留法組代表阮世傳（Nguyen The-Truyen）參加。大會主席由當時的中共旅歐

---

[38] 同註2。

[39] Marilyn A. Levine, *The Found Generation: Communists in Europe during the Twenties*（ University of Washington Press, Seattle & London, 1993）．

支部書記任卓宣擔任，各界代表踴躍發言，一致聲討國際帝國主義侵略中國和屠殺中國人的滔天罪名，最後並通過七項重要決議，主要是以大會名義致書法國政府，抗議其出兵上海，要求立刻撤退其駐華軍隊、軍艦。[40]

緊接著，為了表示對駐法公使陳籙於五卅事件中噤聲不響的不滿，上述三個團體又以「旅法華人援助上海反帝國主義運動行動委員會」的名義，於六月二十一日悄悄發動和組織一次包圍駐法公使館的行動，約有二百人秘密進入巴比倫街（rue Babylone）五十七號的駐法公使館，他們封鎖大門、切斷電話、挾持陳籙，並強令其在事先準備好的各項文件上簽字，其中一項是由陳籙以駐法公使名義，通牒法國政府，要求其撤退駐華軍隊，放棄既得利益，讓中國人民實行其民族自決，並予旅法華人以集會，示威等自由。[41]

在人家的國度裏集會指責法國帝國主義並公然包圍公使館的火辣辣行動，自然激怒了法國政府。為壓制此種過激行動，不使其繼續蔓延擴大，法國警察於是開始一連串的搜捕行動，任卓宣等領頭份子數十人被捕繫獄，王京岐的住處也遭搜索，終於難逃被逐出境的命運。是年十月，王京岐所乘郵輪經地中海進入紅海，氣候突變，溫度驟升，重病在身的他不能適應，遂病逝船上。由中國海員王芳（寧波人）料理後事，將屍體投入大海。[42]旅法同志聞此噩耗，甚感悲痛，十一月十五日，共有四十七個中國人聚集在貝勒市（Bell-Ville）的一間會堂舉行紀念會，追思這位國民黨的鬥士。主席鄧小平在會上致詞說：「我們呼籲在座諸人，繼續從事反抗帝國主義的戰鬥，並在

[40] 施益生，前引文，頁 123；許文堂博士論文，頁 115-116；Nora Wang, " Da Chen Lu l-Le Mouvement du 30 Mai 1925 à Paris ", in *Approches Asie*, n.7、 1983, pp.31-32.
[41] 同註 35，頁 125。
[42] 吳琪：〈周恩來同志青年時代在法德兩國的革命活動〉，《天津文史資料選輯》，第 15 輯，頁 143。

心中永遠銘記我們已故的王京岐同志。」[43]數載奮鬥，客死異鄉，魂斷紅海的王京岐，其父王春林在國內卻是家書杳然、查訊無門、朝夕不安，[44]空遺日日盼兒歸之恨！

六、結語

王京岐是個悲劇型的人物。首先，是他所處的時代，正是五四前後政局擾攘動盪、社會急劇變遷、新思潮相激相盪的一個光明與黑暗交織的時代。對革命黨所處的國內大環境而言，也是一個處境艱難、挫折相連，有待突破困局的時代。對王京岐的主要活動舞台法國而言，無論勤工儉學或組黨革命，也是一段荊棘叢生、坎坷不平的艱困旅程。其次，就王京岐個人的經歷而言，他的勤工儉學不成，他為黨事積勞成疾，一生中留下兩次遭法國當局驅逐出境的紀錄，終於葬身大海的悲劇，更是他個人最大的不幸！

無疑的，王京歧是個有理想、有抱負的時代青年，他犧牲個人的學業，以國事為重，他的理想是要在歐洲（尤其法國）造成一個強而有力的革命組織，所以看上現成的「旅歐中國共產主義青年團」，所以與周恩來等主要領導份子一拍即合。在黨就是彼此「生命共同體」的大前提之下，自己也不可避免的染上左傾的色彩，並被利用而錯誤的開除了張星舟、習文德、曹德三等幾位所謂「右派」執行委員，種下了分裂，導致「無合作之益，而有混亂之害」的後果。這應是他組黨雖有成，卻至今沒沒無聞的緣故。

懲前毖後，國內與海外兩相比照，我們不忍苛責他引狼入室，他有可能因病而大權旁落，但至少難辭一開始識人不深，急躁求功之

---

[43] Nora Wang 原作，陳三井等譯：〈鄧小平在法國的歲月〉，收入拙著《勤工儉學的發展》（臺北：東大圖書公司，1988），頁187。

[44] 〈王春林致本部函〉，民國14年11月27日，環檔7485號。

咎！革命黨人組黨、建黨，以主義、理念相結合，始能肝膽相照，若以利益相吸引，終有期望落空的一天。歷史殷鑑，其在此乎？

（原載《國父建黨革命一百週年學術討論集》，第二冊，頁 308-325）

周恩來與近代歐洲

一、前言

　　周恩來少年時期曾旅歐四載（1921-1924），遊蹤所至有英、法、德、比諸國，並經常往來於巴黎、柏林之間。憑其個人優越條件（有參加學生運動經驗、英語好、記憶力強、富交際長才、具協調和組織能力），他是旅歐學生界與中共黨團組織的重要領導人物，無論參加勤工儉學運動或領導發展中共旅歐組織，甚至在對外思想鬥爭方面，都扮演了舉足輕重的角色。[1]

　　周恩來旅歐之初，適值歐戰結束不久，他對戰後歐洲的殘破與乎物質文明的衰退有何觀感？這些觀感與同時代的梁啟超、黃郛、陶履恭、莊啟、張若茗、蔡和森等人的觀感有何異同？值得比較討論。

　　身為天津《益世報》的駐歐特約記者，周恩來親臨其境，親聞目睹，筆觸敏銳，他對歐洲社會的種種問題以及歐洲所面臨的危機，曾做過一系列的報導，這些報導較諸當時的《東方雜誌》、《新青年》等刊物的報導，有無超越之處，亦值得探討！

　　不斷的學習，是進步的泉源。周恩來旅歐期間，對語文的進修和書報的閱讀，有何具體的努力和心得？他山之石，可以攻錯。周恩來對英、法、德等國民族性都有一番考察，可與同時代的蔡元培、張君勱等人的看法，稍做比較討論。而歐洲文明圖像的破滅，對中國若干

---

[1]　參閱陳三井，〈周恩來旅歐時期的政治活動〉，收入拙著《勤工儉學的發展》（台北：東大圖書公司，1988年），頁87-117。

知識份子產生極大的衝擊，它是否引導周恩來回歸東方或改宗？以上是本文所要探索的幾個重點所在。

二、歐戰後的殘破印象

周恩來出國之初，曾自述，其至歐洲的意旨，在「獵取學術」，「在求實學以謀自立，虛心考查以求了解彼邦社會真相暨解決諸道，而思所以應用之於吾民族間者。」[2]而他抵達歐洲雖已在歐戰結束兩年之後，但首先映入眼廉的仍是一幅殘破景象。據其親身體驗所得的觀感，大致可歸納如下：

（一）物價高漲

「英國生活程度之高為各國冠，每年非中洋千元以上不易圖存，其他消費尚不論也。」[3]

「若居倫敦，則英倫生活程度之高，實難久居。」[4]

「而生活程度之高，倫敦又在巴黎兩倍上矣。」

「而英國生活程度之高，金鎊價格之長，竟超過留美費用以上。」[5]

「在法費用甚省，每月只中幣四十元便行，較英倫省多多矣！」[6]

（二）生活窘困

「游于巴黎、倫敦之市，雖覺繁華遠過東亞，然物質文明之享受，如煤、電、麵包、糖，已不能如我國上海、京津之取給均足矣！」[7]

---

[2]　〈周恩來致陳式周信〉，劉焱編，《周恩來早期文集》（南開大學出版社，1993年2月），上卷，頁490。

[3]　同前註，頁492。

[4]　〈周恩來致陳式周信〉，同前書，頁500。

[5]　〈周恩來、李福景致嚴修信〉，同前書，頁488-489。

[6]　同註4，頁500。

[7]　周恩來，〈歐戰後之歐洲危機〉，同前書，頁494。

（三）失業者多

「即以英倫、蘇格蘭論之，見失業者已超過百萬上矣！」[8]

（四）滿目瘡痍，復原緩慢

「法國受歐戰影響為最大，滿目瘡痍，戰地恢復舊觀至今日，猶不能達百分之五、六。」[9]

以上是周恩來初履歐洲，在致親友信函及「旅歐通信」中所透露出來，有關戰後歐洲的一些初步印象。他對戰後歐洲的殘破與乎物質文明的受創，頗有「百聞不如一見」的震撼感！他坦承道：「未出國前，雖屢震乎歐戰影響巨大之論，然終以為歐洲物質文明發達甚盛，數年來之摧殘，特不過部分耳，何能礙及全體之發展。比以實驗證之，方知昔日之理想乃等諸夢囈」。[10]

我們再來看看同時代國人對戰後歐洲的一些報導。

歐戰告終後，梁啟超想一遊歐洲，親身體驗西方文化，在政府和友人的資助下，他率領一個成員包括張君勱（嘉森）、徐新六（振飛）、丁文江（在君）、蔣方震（百里）、劉崇傑在內的「歐洲考察團」，到歐洲各國考察。他們一行在歐不過一年，於遊罷各地之後，在巴黎郊外的百魯威（Bellevue）租了一棟房子住下。這棟房子是專為避暑而建的，沒有什麼禦寒的設備。到了冬天，他們貪其便宜、僻靜，未換地方。他們的生活起居，有兩個佣人照料，洗衣煮飯。[11]

1919 年那年冬天，特別寒冷，梁啟超等人「別無所苦」，卻親身經驗到「數人共圍一爐，炙濕薪取暖」的那種缺煤的痛苦。他在《歐遊心影錄》中對此有生動的描寫：

8　同前註。

9　同註 5，頁 488。

10　周恩來，〈歐戰後之歐洲危機〉，同前書，頁 493。

11　張朋園，《梁啟超與民國政治》（台北：食貨出版社，1978 年 5 月），頁 185-186。

> 歐戰以來，此地黑煤的稀罕，就像黃金一樣，便有錢也買不
> 著。我們靠著取暖的兩種寶貝，就是那半乾不濕的木柴，和
> 那煤氣廠裡蒸取過煤氣的煤渣。那濕柴煨也再煨不燃，吱吱
> 的響，像背地埋怨，說道你要我中用，還該先下一番工夫，
> 這樣活剝起來，可是不行的。那煤渣在那裡無精打采的乾
> 炙，卻一陣一陣的爆出碎屑來，像是惡狠狠的說道，我的精
> 髓早已搾乾了，你還要相煎太急嗎？！我們想著現在剛是
> 故國秋高氣爽的時候，已經一寒至此，將來還有三、四個
> 月的嚴冬，不知如何過活。[12]

梁任公絕沒想到，一向過慣舒服生活的歐洲人，竟會有朝一日要煤沒煤，要米沒米，開門七件事，都要皺起眉頭來。除了煤之外，生活必需品也並不充裕。梁啟超繼續有具體的描述：

> 我們來歐，已是停戰之後，戰中況味，未曾領受，但在此一
> 年以來，對於生存必需之品，已經處處覺得缺乏。麵包是要
> 量腹而食，糖和奶油，看見了便變色而作。因為缺煤，交通
> 機關停擺的過半，甚至電燈機器也商量隔日一開。……那富
> 人便有錢也沒處買東西，那窮人從前一個錢買的東西如今
> 三、五個錢也買不著，這日子怎麼能過呢？……以上所說情
> 形，在戰敗的德奧等國，固然是加倍艱難，就是戰勝的英法
> 等國，還不是一樣的荊矢棘地，到底戰後的痛苦和戰時的痛
> 苦孰輕孰重，我不敢斷言哩！[13]

---

[12] 梁啟超，《飲冰室合集》，專集之二十三，《歐遊心影錄節錄》（上海：中華書局印行，1941 年再版），頁 2。
[13] 同前書，頁 5-6。

梁啟超的另一個感觸，是他在同年 12 月 12 日乘火車自科隆去柏林途中所受的苦。在車行十五小時中，「僅得餅乾一些充飢，蓋既無飯車，沿途飲食店亦閉歇也。戰敗國味況，略嘗一臠矣。霜雪載途，益增凄黯。」[14]歐洲以物質發達著稱，這就是物質發達的結果嗎？梁任公歐洲物質破產的第一個印象便由此而來。[15]

陶履恭在 1919 年 5 月到了巴黎，他在歐遊雜記中所描繪的歐洲，同樣是令人悲觀失望的。他寫道：

> 現在的歐洲，仍然是戰爭狀態的歐洲。我到歐洲的時候，停戰的條約雖然是已經簽過了六個月，但是各方面仍然維持著戰爭的狀態。戰場上的鐵絲、鐵網、鎗砲、子彈、人骨、獸骨，還沒有收拾清楚。萊因河畔所駐屯的聯軍都在那裡嚴裝待發，⋯⋯在這個恐怖的環境裡，如何能希望發生天國的福音，如何能希望那平和會議席上的一班人物會有高尚理想的判決呢？⋯⋯我在英、法兩國住了三個月，⋯⋯悲觀的人說，世界黑暗的程度不能比現在再加利害了。[16]

人在「創痍未復，百廢待舉」的歐洲，陶履恭「只覺得生活難，物價昂貴，罷工頻繁」，不僅個人深受影響，若放大觀察社會，則是「失業、工商業停滯、資本消耗、貧窮、飢寒，革命相繼而至」。所以，他看了各國戰後的情況，覺得西歐的國家，「正遇著一個大難關」。[17]與周恩來英雄所見略同。

江蘇武進的莊啟，自幼西渡，旅學八年，曾獲比國列日（Liège）大學電科工程師學位。歐戰後曾自費前往各國考察一年，其心得是：

---

[14] 丁文江編，《梁任公先生年譜長編初稿》（台北：世界書局，1958 年版），頁 566。
[15] 張朋園，《梁啟超與民國政治》，頁 186。
[16] 陶履恭，〈遊歐之感想〉，《新青年》，7 卷 1 號（1919 年 12 月 1 日），頁 50。
[17] 同前註，頁 54-55。

　　歐戰雖終，舊狀未復，各處火車，直通者尚少。旅行所用之時間較戰前加倍，費亦加數倍。……法幣兌價大減，一英鎊兌至四十佛郎，戰前僅二十五佛郎耳。……巴黎常用衣履較戰前約高七、八倍。[18]

　　物質生活原料的嚴重欠缺，幾乎完全推翻西方在中國人眼中原有的富足景象；生產力的缺乏和外糧輸入的中斷，終於出現「兵無飽餐，民有菜色」的局面。除了獎勵生產，發明人造食品以替代不足之所需外，消費量的節制規劃，亦成為歐洲各國在戰時競相施行的方案。限定食量的採行和禁酒令的頒發，以及「斷肉日」在英國和「斷糖日」在法國的頒定，全都說明了這場攸關西方文明生死的戰爭，對常民生活所造成的嚴重打擊。[19]

　　英國自 1918 年 1 月開始實施的限定食量制度，其嚴格之程度，完全看不出有任何足以傲人之處。因為，按照這個規定，英國人每星期：

> 有兩日不准食肉，其餘五日，朝餐亦不准食肉。晝餐夕餐，帶骨肉品，每次不得過三翁士（ounce，今譯盎斯，每盎斯約重八錢）。牛乳除茶或咖啡中酌量攙加外，一律不准飲用。麵包朝晚二餐各定三翁士，晝餐二翁士。……自一九一七年冬起，每星期二與星期五，全國菜市不准賣肉，其餘五日，不准賣馬鈴薯及含有馬鈴薯質之食物。[20]

---

[18] 莊啟編，《戰後歐遊見聞記》（上海：商務印書館，1926 年四版），頁 129-130。
[19] 黃金麟，〈歷史的儀式戲劇──「歐戰」在中國〉，《新史學》，7 卷 3 期（1996 年 9 月），頁 106。
[20] 黃郛，《歐洲之教訓與中國之將來》，收入沈雲龍主編，《近代中國史料叢刊》，第 28 輯，文海出版社印行，頁 179。

相較於其敵對國，德國的情形亦是五十步與百步之間而已。誠如黃郛在《歐戰之教訓與中國之將來》一書中所戲言，「戰時德國國民之尚得自由吞吐者，吾恐除空氣外，已無他物也。」[21]

在赴法勤工儉學生之中，與周恩來同樣感受到歐戰後蕭條情形的有周崇高、張若茗、覃仲霖等人，惟他們的視野僅局限於法國。

周崇高，湖南人，1896年生，原為勤工儉學生，後考入里昂中法大學就讀，曾任中國國民黨里昂支部評議員。他在〈遊法雜記〉中寫道：「巴黎之繁華，早在讀者想像之中。……但據久居巴黎者言，刻下巴黎蕭條已極，加以秋間蕭殺之氣，遂成一種陰慘景象，不似昔日之燦爛繁華矣！」[22]

張若茗（1902-1958），河北人，畢業天津直隸第一女子師範，為「覺悟社」發起人之一，因參加五四運動與周恩來一齊入獄，後於1920年11月7日與周恩來、郭隆真等人同船赴法勤工儉學，嗣轉入里昂中法大學攻讀，獲文科博士，與楊詢結婚，返國後從事學術工作。她在〈留法儉學生之恐慌與華法教育〉一篇通訊稿中透露：

> 歐戰造了許多的罪惡，經濟的恐慌當首屈一指。稅賦的增加，物價騰貴，日加無已。法國現在的六厘公債，幾無地不見它的廣告。雖然他們極力想恢復，但依然缺乏恢復的滋養料。自去夏至今，法國的物品銷路不暢，工廠因而停止者有之，因而減工者有之。既然工廠停止或減工，工界自然發生

失業的現象。法國本國工人尚且失業，況說外國人，更應當沒有工作了。[23]

又留法學生覃仲霖在〈留法勤工儉學生之窘況〉一文中指出：「歐戰告終以後，法國生活程度極昂，是因受戰後之影響，原料缺乏，兼之各工廠所製成之貨品多不銷行，故法國各工廠多半倒閉，均將工人辭退，是以我國在法勤工儉學生二千人多無工作。」[24]

相較之下，在法國鄉間蒙達集（Montargis）就讀的蔡和森（林彬），卻缺乏這方面的體驗和感受。蔡與毛澤東同鄉，係新民學會會友，1919年底與母親葛健豪、妹蔡暢等人一同乘輪赴法勤工儉學。從蔡和森寄自法國的家信看，一點兒也嗅不出法國戰後生活的苦況。他寫道：「法國普通一般的生活，以現在看來，比較中國差不多，每人每日只能吃一個佛郎的麵包，再買一個佛郎的菜，就夠了。法國鄉中的生活，可說比中國還便宜。每人每月包房租伙食，四十佛郎已足。我們擬在學校住足三個月」，然後就去工廠做工。[25]

誠然，認識一個國家固難，了解一個社會也不易。一位觀光客或初履斯土的過客，對該國的觀感有時難免浮光掠影，失之於直覺、主觀、片面的印象，並缺乏數據。事實上，一戰以來，歐洲各國生產減少，工價增高，其結果則生活費增加，較諸戰前提高數倍或數十倍。不僅中歐、東歐為然，西歐戰勝諸國，如法如意，亦均未免。以法國為例，半由於戰後賦稅之苛重，半則由於失業之不安與罷工之頻仍，物價有增無已。茲將巴黎之民生日用品價格列表比較如下：[26]

---

[23] 張允侯等編，《留法勤工儉學運動》（上海人民出版社，1986年5月）（二），頁786。
[24] 同前註，頁792。
[25] 《蔡和森文集》（北京人民出版社，1980年3月），頁24。
[26] 〈巴黎之生活費〉，《東方雜誌》，17卷10號（1920年5月），頁41。

單價：佛郎

食品名	1914	1919.4	1920
馬鈴薯（一瓩）	0.15	0.65	0.75
牛乳（一瓩）	0.40	0.80	0.95
雞卵（一枚）	0.15	0.45	0.80
咖啡（一瓩）	4.00	10.00	11.00
牛油（一磅）	1.90	8.50	8.80
火腿（一磅）	2.00	10.00	12.00
米（一磅）	0.60	0.75	1.70
鹽（一磅）	0.10	0.25	0.50
麵包（一瓩）	0.355	0.50	0.90
糖（一瓩）	0.65	2.10	3.20

物價呈倍數波動，可見巴黎生活之不易也。

而欲知法國的復原情形，不可不先瞭解該國戰時所受之破壞與復原之不易。第一次世界大戰，破壞之烈，為前所未有。歐洲文明國，城郭村落，經兵燹之後，毀棄無餘，繁華街市，頓成荒漠，廣廈巨屋，鞠為茂草。戰事終了之後，流離之民，欲歸無家。[27]以法國為例，一戰之間，法國房屋之被毀者五十五萬餘所，但自 1920 年 1 月至 8 月間，已建築新屋十三萬六千餘所，以收容失宅之人民。鐵路之被毀者，復占百分之八十九，亦於此短時期間修造完竣。此外更墾復一千五百方哩遭兵燹之耕地，填築八千萬立方碼之塹壕，重開五千餘所之學校，再興三千八百七十二處之村鎮。[28]法國國民性素稱勤奮節儉，有此復原成效，已屬相當難得矣！

又 1920 年 9 月 24 日至 10 月 8 日，國際聯盟假比京布魯塞爾召開國際財政大會，法國代表邱生（Cheysson）於會中報告指出，

---

[27] 羅羅，〈戰後重建理想都市之計劃〉，《東方雜誌》，15 卷 6 號（1918 年 3 月），頁 23-26。

[28] 昔塵，〈歐洲列國之再興〉，《東方雜誌》，17 卷 23 號（1920 年 12 月），頁 26。

> 大戰後法國土地被毀者七百萬英畝，人口損失百分之十二，
> 農產物損失百分之十，煤礦歲入減少百分之七十四，鐵礦
> 歲入減少百分之九十二，麻及棉織物之歲入，減少百分之
> 七十至八十。惟自戰事停止後，被毀各工廠之重行開工者
> 有百分之七十七，被損毀之農地，已重行耕種者有百分之
> 六十六。[29]

　　這些背景的說明與數據的提供，當有助於吾人對戰後歐洲殘破景象的
深入瞭解，並可論斷國人之觀察是否略嫌草率，並偶有以偏概全之失！

三、歐洲危機之所在

　　「西方」或「歐洲」自大戰以後，這個「可以救治中國政治上道
德上學術上思想上一切黑暗」[30]的人類文明先進國，這個在《新青年》
不斷吶喊下，曾經召喚多少青年學子努力向它看齊的國度，這個曾經
孕育德（民主）、賽（科學）兩位先生成長茁壯的母國，對中國知識
份子而言，卻不再是一個富強的標記，而正在往「陸沉」的道路上蹣
跚前進。[31]

　　周恩來抵達歐土後，即展開對歐洲的「社會實況之考查」，於短
短一年之內，在《益世報》發表一系列不下五、六十篇有關歐洲政情
之報導。他一眼便看出，歐洲的不安，在於「生產力之缺乏，經濟界
之恐慌，生活之窘困」。他認為戰爭之禍害，「遂使歐洲之生產減少，
商務停滯，而工人之失業，中層階級之衰落實蒙其大害，因是無產階
級之人日以加多，不能生活之人日趨死境。而社會之不安遂復影響
於經濟之不安，經濟愈不安，其變動亦愈甚，結果遂激成異樣之改

---

[29] 〈國際財政大會之經過〉，《東方雜誌》，18卷3號（1921年2月），頁39。
[30] 陳獨秀，〈本誌罪案之答辯書〉，《新青年》，6卷1號（1919年1月），頁11。
[31] 黃金麟，前引文，頁92。

造」。[32]最後，他的結論是：「歐洲今日之危機在物質。換言之，即經濟上的麵包問題也。」[33]

事實上，歐洲此時經濟上之現象，幾如百孔千瘡，無從救治。而其危險之尤大者，約舉之可得以下六端：

1、煤斤之缺乏

其直接影響則為製造工業之停止，交通機關之阻滯；因工業停止而輸出總額減少，因交通沮滯而糧食分配不能充分，則其間接者也。

2、交通機關之不完全

交戰各國之機關車、車軌、車輛等，戰時悉被破壞，無力修繕。

3、糧食之缺乏

大抵由於國內生產減退與國外輸入減退之兩因。生產之減退，則因肥料及畜牧材料等輸入困難之故。

4、原料之缺乏

戰時因棉花缺乏，德、奧、波蘭之機織業衰頹。因樹膠不足，德國之自動事業衰頹。戰後固可自海外輸入原料，然卻缺乏現金。

5、現金之缺乏

歐洲之困難者，莫如現金之缺乏。因德國須付巨額之戰爭賠款，法、比、意等國亦莫不等待他國之援助，其稱寬裕者，惟英美兩國而已。

6、通貨之暴落

因缺乏現金之故，而濫發紙幣，通貨之暴落，遂為自來所未有，德國馬克、奧國克倫、俄國盧布紛紛貶值，此尤危機之最大者。[34]

有位美國銀行家范得力（Frank A. Vanderlip）於戰後考察歐洲政治經濟，足跡遍及英格蘭、法蘭西、瑞士、意大利、西班牙、比利時、

---

[32] 周恩來，〈歐洲之救濟事業〉，《周恩來早期文集》，下卷，頁166。
[33] 周恩來，〈歐戰後之歐洲危機〉，《周恩來早期文集》，上卷，頁497。
[34] 〈歐洲經濟之危機〉，《東方雜誌》，18卷3號（1921年2月），頁43-44。

荷蘭等國，返美後曾在經濟俱樂部（Economic Club）演說，語重心長的對美國人提出警告說：「歐戰雖告終，然歐洲仍日處驚濤駭浪之中，危機四伏，一觸即發，其為害之烈，較諸大戰，何止千百倍」。他所觀察到的歐洲經濟危機，有以下幾項：

1、工業恐慌——出產稀少，失業者多
2、原料來路斷絕
3、金融紊亂
4、人民生計日艱
5、餓莩載道
6、貨物銷路之停滯[35]

除以上所述歐洲經濟的危機，造成梁啟超所謂的「物質文明的破產」外，過去陳獨秀所歌頌的法蘭西文明，視其為人類三大文明——人權說、生物進化論、社會主義——的先驅和發動者[36]，又國人一向把法蘭西看做是「自由思想、人道主義之搖床」、「產生文學藝術之沃土」，認為「法蘭西文明將有造于灰黑乾枯之中國」[37]等影像，在歐戰的衝擊下，也一切走樣、變質，因為戰勝後之法國，「竟成為軍國化，福煦將軍以征服德國為未足，必欲征服全歐而後快。和會中克里孟梭之專制，有甚於梅特涅。戰後法國軍費之支出，則較戰時為尤多。……在考察法國內政，則行政權力逐漸增加，議會政治漸失勢力，政局全為軍閥所壟斷，而久已朽腐之皇黨，復有栩栩復活之勢。凡此種種，使吾人幾疑戰後之法國，不復類盧梭、福祿特爾、囂俄之法國，不復類自由思想發源地之法國，惟拿破崙、路易十六之法國、帝國主義之法國，則近似之矣！」[38]

---

[35] 顧潤卿譯，〈大戰後歐洲政治經濟狀況考察記〉，《東方雜誌》，16卷11號（1919年6月），頁172-175。
[36] 陳獨秀，〈法蘭西人與近世文明〉，《新青年》，1卷1號（1914年9月15日），頁1。
[37] 羅羅，〈法蘭西文化之危機〉，《東方雜誌》，17卷22號（1920年11月），頁4。
[38] 同前註，頁4-5。

一場劇烈的戰爭，可以泯滅人性，毀棄崇高的理想。對法國文明的負面呈現，法國大文豪法朗士（Anatole France, 1844-1924）有強而有力的舉證。他說：「歐洲方病而垂死，而法國則尤然。……法國不特猶恨德國，且復恨俄國。至對於同盟之英意，亦無友好之餘地。更就國內而言，則階級仇恨，日益滋長，一階級要求勞動專制，他階級要求復辟。民治主義，已不絕如縷。」[39]

四、改革的心路歷程

周恩來到歐洲留學，是有計劃有抱負的。他之出國，既為「獵取學術」，第一個目標顯然是英國。他抵英後，原計劃入大學讀書三、四年，然後再往美讀書一年，而以暑中之暇至歐陸遊覽。[40]他對英倫相當推崇，他說過：「英倫地勢之大，人口之多，為世界冠。」[41]又說：「倫敦為世界最大都城，地大北京四、五倍，人口多七倍，交通複雜，人種萃集，舉凡世界之大觀，殆無不具備。……故倫敦為世界之縮影。在倫敦念書，非僅入課堂聽講而已，市中凡百現象，固皆為所應研究之科目也。」[42]此外，英國是資本主義的發源地，藉此可實地考察一下西方資本主義國家的社會真相，進一步暸解歐洲各種改造社會的學說主張，經過充分的比較和選擇，來最後確定自己所要走的道路，把它應用到中國來，尋求拯救中華的具體途徑。[43]

「工欲善其事，必先利其器」。語文無疑是「獵取學術」的主要工具，更是「履西域，接西士」，考察其社會狀況必不可少的一項利器。周恩來一再謙稱：「拙于語言的天才，乃不自量，習英文，習日

---

[39] 同前註，頁5。
[40] 〈周恩來致陳式周信〉，《周恩來早期文集》，上卷，頁491。
[41] 同前註，頁492。
[42] 〈周恩來致周貽鼎信〉，同前書，頁492-493。
[43] 金沖及主編，《周恩來傳，一八九八～一九四九》（中央文獻出版社，1989年2月），頁51。

文，又習法文，將來成就，殊難期望。」[44]又自云：「拙于外國語言，談不易收功，計惟讀以償之耳！」[45]可見在語文造詣上，其閱讀能力勝於會話表達能力。當其出國之初，雖然英文程度較好，但亦認為「法文學習尚不難，有英文做幫手尤易。」[46]這種情況已經較之「英文只會拼音，法文一字不識」、「兩小時學一字，一日三字」[47]的徐特立超出許多，亦比「不上課，不看書」、「日惟手字典一冊，報紙兩頁」[48]的蔡和森為優。周恩來並不諱言，「學外國文有兩道：一求多讀，一求多談」，而他則志在多讀。[49]所以到了旅歐後期，周恩來不但自認為「英文較好」，而且「法文、德文亦可以看書看報」。[50]四年期間，周恩來靠自修磨練，能看法文和德文書報，這是相當不容易的一件事。他是如何辦到的？

周恩來在英因入愛丁堡大學未成，乃退而求其次回到巴黎，住拉丁區，先在「阿里昂絲補習學校」或譯「法語聯合學校」（Alliance Francaise）補習法文。至上課多久？從初學或第幾級念起，目前尚無資料透露。不久，又與來自天津的四名勤工儉學生一起，轉到法國中部的布盧瓦（Blois）鎮一邊學習法文，一邊進行社會考察。[51]當時周恩來曾化名喬‧耐特（Jean Knight）。[52]

1922 年 3 月，周恩來自巴黎遷居柏林，住瓦爾姆村區皇家林蔭路五四號。據瞭解，這是一處相當高級的住宅區，月付四十八馬克，約

[44] 〈周恩來致陳式周信〉，《周恩來早期文集》，上卷，頁 501。
[45] 同前註，頁 491-492。
[46] 同前註，頁 500。
[47] 中央教育科學研究所編，《徐特立教育文集》（北京人民出版社，1986 年），頁 2、40。
[48] 《蔡和森文集》，頁 27。
[49] 同註 44，頁 501。
[50] 中共中央文獻研究室編，《周恩來年譜，一八九八～一九四九》（北京人民出版社，1989 年 3 月），頁 65。
[51] 《周恩來傳》，頁 56。
[52] 張洪祥、王永祥，《留法勤工儉學運動簡史》（黑龍江人民出版社，1982 年 4 月），頁 63。

合十二元美金。[53]在柏林，他有沒有進德語補習學校，不得而知。但他在致友人信中透露，「德文先生在我們住的樓中有一位，每點鐘十五馬克，他並會英、法文。」[54]猜想他有可能請私人教師補習德文，也有機會與房東隨時交談請益。

周恩來旅歐時期，一方面要參加中共旅歐黨團的組織活動，一方面要進行社會考察，定期為天津《益世報》撰寫專欄，所以時間之忙碌可想而知。在這種情況下，顯然他無法像一般學子專心一志進學校念語文，在課堂聽講於圖書館鑽研學術。他的吸收新知，完全仰賴書報發達、資訊流通普及的歐洲社會。時間對周恩來而言，可說到了分秒必爭的地步。所以，我們看到他在「地下鐵，電車上，抓緊時間閱讀文件和書報」[55]，有時，「將皮包擺在膝蓋上，充分利用時間寫信，與同志們通訊。」[56]

周恩來的英文比法文、德文（可以閱讀書報）好，但為了輸入（input）與產出（output）合乎時間效益，猜想他會以看英文書報為主。根據資料顯示，他至少訂閱或不定期購買過《泰晤士報》(*Times*)、《每日先驅報》(*Daily Herald*)、英國共產黨機關報《共產黨人》以及《共產黨人評論》、《勞動月刊》等雜誌，當然也會注意法共機關報──《人道報》(*L'Humanité*) 的消息。[57]而他的書架上陳列的多是英文版的《資本論》、《共產黨宣言》、《社會主義從空想到科學的發展》、《國家與革命》、《卡爾、馬克思的生平與教導》(*The Life & Teaching of Karl Marx*)、《法蘭西內戰》、《家庭、私有制和國家的起源》等書。[58]他到

---

[53] Kay-yu Hsu（許介昱），*Chou En-lai: China's Gray Eminence*（Doubleday & Company, New York, 1968），p.33。但據周恩來致常策歐信中說，房費三百五十馬克，電燈費五十馬克。

[54] 〈周恩來致常策歐信〉，《周恩來早期文集》，下卷，頁 365。

[55] 施益生，〈回憶中共旅歐支部的光輝業績〉，《天津文史資料選輯》，第 15 輯，頁 118。

[56] 吳琪，〈周恩來同志青年時代在法德兩國的革命活動〉，同前書，頁 137。

[57] 《周恩來年譜》，頁 51。

[58] 同註 55，頁 116。

柏林後，對德文有關《經濟學原理》的書亦感興趣，請友人開列書單，以便購買。[59] 上述這些馬克思主義的經典書籍，應當是他大量咀嚼消化，借鏡取經的泉源。

　　周恩來不但是位好學深思之人，亦是個行動之人。其足跡所及以英法兩國為主，與兩國人民自然有所接觸。據周恩來觀察所得，「英人重實利，法人重自然，此為世界之公言也。產業之振興，應用工藝之科學，法不如英。應用於農業上，則英不如法。」[60] 又比較說：「英人美術天才不甚多，所以英國好作品少。」[61]

　　關於法國之民族性，曾經遊德遊法的蔡元培也有一番相關論評。他說：

> 現今世界各國，拉丁民族之性質偏于美，而日爾曼民族之性質偏于高。……法國語調之溫雅，羅科科（Rococo）時代建築與器具之華麗，大衛（David）與英格爾（Ingres）等圖畫之清秀，皆偏于美者也。……凡民族性質偏于美者，遇事均能從容應付，雖當顛沛流離之際，決不改變常度。觀法人自開戰以來，明知兵隊之數，預備之周，均不及德，而臨機應變，毫不張皇，當退則退，可進則進，若握有最後勝利之預算，而決不以目前之小利害動其心者，其雍容為何如！此可以見美術與國民性之關係。而戰爭持久之能力，源于美術之作用者，亦必非淺鮮矣！[62]

留學法國的曾琦（慕韓）曾比較英、法、德三國的國民性，他的結論是：

---

[59] 同註 54。
[60] 《周恩來早期文集》，上卷，頁 501。
[61] 〈周恩來致李福敏信〉，《周恩來早期文集》，下卷，頁 51。
[62] 蔡元培，〈我之歐戰觀〉，高平叔編，《蔡元培全集》（北京：中華書局，1984 年），第 3 卷，頁 3。

英國人常表出他不撓的忍耐和持久的精神。法國人常表出他自然的輕易和流暢的行動。德國民族常有尋求代表超絕的優強的勢力中心而崇仰歸向的趨向。

又說：

英國人則對於實地生活之打算的利益幸福，計劃周到綿密。法國人則對於一定之非超絕的而亦非現在的理想的對象主義，常以熱烈的感情、傾向而驀進。至於行動方式，德國民族其行遲遲而很確實，晦澀而著著收功。英國人始終不離實際的打算，恰如實行數學之演習。法國人往往以狂熱當事，有時不憚出於急劇的破壞的行動。[63]

周恩來於英、德、法三國民族性原本著墨發揮不多，故摘錄蔡元培、曾琦兩氏之觀察，以為比較參證。無論三國民族性的優點或缺點，無疑都對周恩來的人格特質與心靈產生惕勵作用，並有所反思，有助於他在歐洲舞台及返國後行事圓融之參考！

五、他山之石──代結論

　　周恩來旅歐四載，歐洲的殘破景象在他的心靈深處產生何樣的激盪？歐洲的思想文明對他有何助益？整體而言，近代歐洲又對他有何實質的影響？

　　周恩來留歐，像其留學日本一樣，始終未得大學門牆而入，僅在法國巴黎與中部短期補習過法文。就獵取高深學術而言，他未像一般留學生取得一紙文憑，「以謀自立」，並榮宗耀祖一番，故堪稱交白卷

[63] 曾琦，〈法蘭西文明特點的一斑〉，陳正茂等編，《曾琦先生文集》（台北：中央研究院近代史研究所，1993年），（上），頁523。

而歸！不過，他雖然未獲取任何形式上的文憑，亦無緣在大學圖書館埋首鑽研，但卻能利用民智充分開放的歐洲文明社會，加上個人好學深思，對歐洲各種社會思潮經分析比較後，終於使自己的思想大定，確立了對馬克思主義的堅定信仰。

周恩來出國的目的，除了「求實學以謀自立」外，其深一層的意旨，還在「虛心考查以求了解彼邦社會真相暨解決諸道，而思所以應用之於吾民族間者」。在〈別李愚如並示述弟〉一首自由體長詩中，也正是他個人雄心壯志的寫照：

> 出國去，
> 走東海、南海、紅海、地中海；
> 一處處的浪捲濤湧，
> 奔騰浩瀚，
> 送你到那自由故鄉的法蘭西海岸。
> XXX
> 到那里，
> 舉起工具，
> 出你的勞動汗，
> 造你的成績燦爛。
> 磨煉你的才幹，
> 保你天真爛漫。
> XXX
> 他日歸來，
> 扯開自由旗；
> 唱起獨立歌。
> 爭女權，
> 求平等，
> 來到社會實驗。

> 推翻舊倫理，
>
> 全憑你這心頭一念。[64]

這與「五四」型知識份子的留學動機一樣，要旨都在尋求強國的技能，建國的知識和救國的本領。

周恩來憑居英法各一月之經驗，除了觀察到「英人重實利，法人重自然」外，並特別指出，「吾國今日最大之患，為產業不興，教育不振」。他的醫治良方，是「產業與教育之振興兼程並進」。[65]在比較了英、俄兩種改革社會的途徑後，他認為有保守與暴動兩種差異，而總括的說：

> 有以保守成功者，如今日之英也；亦有以暴動成功者，如今日之蘇維埃俄羅斯也。英之成功，在能以保守而整其步法，不改常態，而求漸進的改革；俄之成功，在能以暴動施其「迅雷不及掩耳」之手段，而收一洗舊弊之效。若在吾國，則積弊既深，似非效法俄式之革命，不易收改革之效；然強鄰環處，動輒受制，暴動尤貽其口實，則又以穩進之說為有力矣！執此二者，取俄取英，弟原無成見，但以為與其各走極端，莫若得其中和以導國人。[66]

可見初履歐土的周恩來，其心目中的改革中國途徑，究竟以俄為師抑以英為師，似並無定見，由此足證周之天性調和，仍以穩健是尚。

周恩來改革中國的想法，常隨時空的推移而有所改變。當他在國內時，一度認為，要拯救貧弱的中國，非學德意志，實行富國強兵的軍國主義和「賢人政治」不可。[67]及至他到日本後，通過對同樣實行

---

[64] 〈別李愚如並示述弟〉，《周恩來早期文集》，上卷，頁386。
[65] 同註44。
[66] 〈周恩來致陳式周信〉，《周恩來早期文集》，上卷，頁490。
[67] 《周恩來年譜》，頁25。

軍國主義的日本的觀察,始推翻了這一想法。1918 年 2 月 19 日,他在日記中寫道:

> 軍國主義的第一個條件是「有強權無公理」,它必定是以擴張領土為最要的事,這在二十世紀是絕對不能存留了。我從前所想的「軍國」、「賢人政治」這兩種主義可以救中國,現在想想實在是大錯了。在二十世紀的進化潮流中如不實行國家主義、世界主義,那是自取滅亡的。[68]

赴法勤工儉學的新民學會會員於 1920 年 7 月在蒙達集(Montargis)聚會,會上對於改造中國的方法出現了分歧的意見和激烈爭論。以蔡和森為首的革命派,主張激烈革命,立即組織共產黨,實行無產階級專政,即倣效俄國十月革命的方法。而以蕭瑜為代表的改良派,頗不以為俄式——馬克思式的革命為正當,而傾向於無政府——無強權——蒲魯東式的新式革命,故主張溫和的革命,以教育為工具的革命,為人民謀全體福利的革命,以工會合作社為實行改革之方法。[69]周恩來到法後,常與蔡和森、趙世炎等人接觸,並一齊學習馬克思主義理論,經過對各種主義的反復推究以及和同志間的多次討論,對主義認清較晚的周恩來終於 1921 年 10 月,確立了對馬克思主義的堅定信仰。[70]

至此,我們若回顧周恩來改革中國的心路歷程,很有趣的經過了軍國主義、國家主義、馬克思主義三個階段。在歐戰造成了「西方」的「陸沉」或「歐洲的垂死」,甚至「物質文明圖像的破滅」,中國知識份子紛紛回歸東方文化,高唱中國文化復興之際,周恩來卻選擇了改宗馬克思主義。這是周恩來一生最大的轉折,也是近代歐洲對周恩來最具關鍵性的重大影響。

---

[68] 同前註,頁 25-26。
[69] 陳三井,〈新民學會之成立及其在法活動〉,收入拙著《勤工儉學的發展》,頁 39。
[70] 同註 1,頁 108。

陳炯明與留法勤工儉學運動

一、前言

　　有關留法勤工儉學運動的研究，近幾年來仍然方興未艾。由於運動的時間長達十數年，涵蓋面既廣且複雜，加之相關資料不斷湧現，在一部兼具宏規與微觀而且詳實嚴謹的全史尚未問世之前，有興趣者或從人物著手，如對李石曾、吳稚暉、蔡元培、張繼、周恩來、鄧小平等人[1]加以個別研究，或對不同省份，如湖南、四川、河南等[2]從事探索比較，不失為切入問題的較佳途徑。此為循序漸進，而非以偏概全也。

　　在勤工儉學運動史上，除了李（石曾）、吳（稚暉）、蔡（元培）、汪（精衛）等全國性知名人物外，陳炯明應該有其一席之地。他出錢出力，屬於地區性的熱心支持者和贊助者，較之四川的吳玉章、湖南的熊希齡、廣東的黃強、山東的王訥等人，不遑多讓。惟過去卻乏人

---

[1]　有關人物與勤工儉學的研究，茲就手邊可得資料，擇要依序簡列如下：公孫訇：〈李石曾與留法勤工儉學運動〉，《近代史研究》，1992 年第 4 期；王會田，〈李石曾與留法勤工儉學運動〉，收入鄭名楨編著，《留法勤工儉學運動》（山西高校聯合出版社，1994 年）；張曉唯，〈蔡元培與留法勤工儉學運動〉（1988 年 1 月未刊稿）；陳三井，〈吳稚暉與里昂中法大學的創設〉，收入《郭廷以先生九秩誕辰紀念論文集》，上冊（中央研究院近代史研究所，1995 年）；陳三井，〈張繼與勤工儉學〉，《中央研究院近代史研究所集刊》，第 15 期上冊（1986 年）；陳三井，〈周恩來旅歐時期的政治活動，1921-1924〉，《中央研究院近代史研究所集刊》，第 14 期（1985 年）；Nora Wang, "Den XiaoPing: The Years in France," *The China Quaterly*, No.92（Dec. 1982）.

[2]　有關地區與勤工儉學的研究，有以下數篇：黃里州，〈四川留法勤工儉學運動〉，《四川文史資料選輯》；陳三井，〈新民學會的成立及其在法活動〉，《中央研究院近代史研究所集刊》，第 13 期（1984 年），陳三井，〈河南與留法勤工儉學運動〉，《中國歷史學會史學集刊》，第 16 期（1984 年 6 月）。

專門研究，主要原因可能有二：（一）在政治、軍事上，陳氏有過叛孫，「反對孫大元帥在粵稱大總統，反對立即北伐，令部下砲轟總統府」[3]的反革命紀錄，甚至被貼上「造反出身」、「犯上作亂」[4]的標籤，一般持正統論的史學家在感情上往往對他避而不研究，更不會輕易改變「顛覆歷史」的態度；（二）有關的資料不多，而且缺乏整理。陳氏哲嗣陳定炎君以非史學專業人員身分，窮 40 年之力，雖編輯出版《陳競存（炯明）先生年譜》[5]一書，但書中有關勤工儉學的資料仍屬一鱗半爪。儘管資料方面仍有不足的缺憾，但對陳炯明的研究，或可嘗試將人物和地區（福建、廣東）結合起來，這是筆者撰寫本文的深意。

二、陳炯明在漳州

民初新文化運動的浪潮，起於北京，達於上海，波及漳州。漳州是閩南偏僻之屬，1918 年 8 月粵軍援閩，使革命黨保住了最基本且僅有的一支武力，而漳州也成為革命黨最後的根據地。在上海的黨人，對漳州因之寄望殷切，無不合力助其發展。帶領粵軍的是陳炯明（1873-1933），從清末他就勇於接受新思潮的衝擊，故取字「競存」，又以前清季秀才和諮議局議員資格加入同盟會。1919 年新文化運動展開後，受到黨人又是他老師朱執信的影響，除「注意新思潮之發展」外，並曾熱心贊助革命黨在上海的新文化宣傳刊物——《建設》雜誌的出版。為了使閩南 26 縣成為革命黨復興的基地，他決定依從朱執信的建議，「招致新文化運動的中堅份子，刷新教育，編印書報，丕變社會風氣，提高民眾知識」。不久，革命黨人如朱執信、戴季陶、

---

[3] 參閱段云章等著，《陳炯明的一生》（河南人民出版社，1989 年），頁 276。

[4] 吳相湘，〈陳炯明「造反出身」〉，收入《民國百人傳》，傳記文學叢刊第 3 冊（台北：傳記文學出版社，1971 年），頁 69-83。

[5] 陳定炎編，《陳競存（炯明）先生年譜》，上、下冊（台北：桂冠圖書公司，1995 年）。

廖仲愷、胡漢民等，無政府主義者如梁冰弦、劉石心、陳秋霖等絡繹於途。[6]

陳炯明在漳州，採軍民合治制，總司令為軍民兩政最高統治者，除以「在福建為圓心的起點，做新文化運動」[7]外，欲「在軍閥構亂中拓一片乾淨土，予國人以觀感，從而促進全國的革新」。[8]

為了吸收新思想，培養新人才，陳炯明曾選派男女學生 83 名，分赴法、美、英、日等留學。[9]

三、李、吳、汪等南下鼓吹

陳氏選派留學生赴日本留學，是彭湃、彭澤、李谷珍、林鐵史等人到漳州請求的結果。[10]

至於陳炯明通令所轄各縣選派兩名學生公費赴法，則顯然受到李石曾、吳稚暉、汪精衛等人到漳州鼓吹的影響。據當時長教育局的梁冰弦（海隅孤客）回憶，「吳稚暉、李石曾聯翩至漳，欣然做臨時講演。吳老大談文字逐步改革，盛倡採用注音字母。李老大談青年赴法勤工儉學，賢明父母為子女移家就學」。[11]其後，汪精衛亦曾至漳州，演說留法學校之利益及西南籌備大學為國家將來教育之發展。[12]

廣東省則於 1919 年 10 月設立華法教育會廣東分會，會所設於廣州。其主要發起人為廣東工藝局局長兼增步工業學校校長黃強（莫京，1913 年曾赴法儉學）。分會成立前，黃強即極力贊助青年學生赴法或往北方入預備學校作赴法之預備。黃強在廣州，猶如陳炯明在漳

---

[6]　呂芳上，《革命之再起——中國國民黨改組前對新思潮的回應，1914-1924》（中央研究院近代史研究所，1989 年），頁 89-90。

[7]　《閩星》廣告，《建設》第 1 卷第 5 期，1919 年 12 月 1 日。

[8]　海隅孤客，《解放別錄》（台北：文海出版社，1968 年），頁 12。

[9]　《陳競存（炯明）先生年譜》，上冊，頁 204。

[10]　鄭名楨編著，《留法勤工儉學運動》，頁 21。

[11]　《解放別錄》，頁 17。

[12]　《陳競存（炯明）先生年譜》，上冊，頁 211。

州,亦邀請李、吳、汪南下,鼓吹留法勤工儉學。李石曾從留法儉學
會的發起談到華法教育會的組織,強調主張「中法親善」、「中法教育」
的用意,予廣東有「志同道合」的關係,因為「法國是世界民主的先
進」,而「廣東是中國民主思想的來源」。李石曾並舉出許多實例,從
孔德(August Comte, 1798-1857)到巴斯特(Louis Pasteur, 1822-1895)、
陸謨克(Jean-Baptiste de Monet, Chevalier de Lamarck, 1744-1829),法
國有許多重要學術發明,而 18 世紀法哲如盧梭、服爾德、孟德斯鳩
等所提倡的自由博愛,更早為國人所景仰,足以代表新的學術潮流,
而廣東為中國新思想之先驅,故盼望以新世界先驅之法國與新中國
先驅之廣東合力而輸送新世界之潮流![13]

　　吳稚暉論旅歐儉學之情形及移家就學之生活。其行動方法大略有
二:(一)逕為子弟讀書而遷家海外;(二)湊合成數之子弟,結團設
監以為之。吳稚暉除提倡以國內辦大學之經費,移設大學於國外之
外,並早於 1916 年即在《中華新報》發表〈脞盦客座談話〉長篇連
載,鼓吹移家就學西洋。其說法是:「移家之事,取吾一部分人之家
庭生活,生活於世界改良之城邑;取吾一部分人之起居習慣,習慣於
世界進取之社會。即無子弟就學問題,已覺移家之重要。況就子弟就
學而論,我國學校之驟難完備,尤於高等力役之能力,一時決不能取
諸官中而足。而又因社會上四周圍現狀之無所補助,故即在學校中成
績最優之子弟,往往不比於留學普通畢業之學生。」[14]吳稚暉的想法,
以當時民初一般中國家庭的經濟條件甚難辦到,恐不易打動莘莘學子
之心。

　　汪精衛則闡述留法儉學會主旨兩點:(一)歐洲為近世文明之根
源地,法國尤為先驅。吾國承學之士,涉足東洋者尚不乏人而負笈西
洋則寥寥可數。此會之設,其目的在介紹多數學生留法以彌此缺憾!

---

[13] 《留法儉學報告書》(華法教育會廣東分會,1920 年),頁 59-66。
[14] 吳敬恆,〈脞盦客座談話〉,收入拙編,《勤工儉學運動》(台北:正中書局,1981
年),頁 201-202。

（二）留學西洋所以寥寥者，其大原因以為西洋生活高、費用繁，故視為畏途，此會之設即在說明儉學亦得留法，其費不過較東洋略昂，非如普通所想像非富裕子弟不能有此行也。汪氏並強調，儉學會尚有種種方法為諸生謀其便利，例如未赴法以前，有法文預備學校；赴法之際有人為之料理船位；抵法以後，有人為之招待，且有指定之預備學校衣食住與修學皆由學校經理。初到者即使語言不通，亦無人生地疏之虞！迨至預備一二年後，語言嫻熟，自由擇學更無所難矣！汪精衛又指出，除儉學會之外，復有勤工儉學會之組織，苟具有工業上之技藝，則只備路費及攜旅費少許，即可赴法從事工作，儲其所得，以為他日求學之資。[15]

　　黃強有此三老強力之鼓吹，加上理念與實際之支持，在華法教育會廣東分會成立之後，即一方面敦請廣東省長張錦芳頒發了第810號訓令，「通令各縣，按照地方肥瘠酌予考送，每年由縣補助學費半數，每縣即送兩名或三、四名學生赴法，培養人才，以備國家需要」[16]，一方面函請法國領事轉電駐京法國公使暨法國政府，「希望法國將所有退還（庚子）賠款，悉數擴充中國教育經費」[17]。從此，廣州與漳州同步，在陳炯明與黃強大力支持下，聯成一氣選送學生赴法。

四、出發前後之照料和安排

　　李、吳等人從「留法儉學會」的發起到「勤工儉學會」的組織，旨在「納最儉之費用，求達留學之目的」，或「勤於作工，儉以求學，以進勞動者之知識」，因此凡年滿14歲，欲自費留學而每年至少可籌五六百大洋者，皆得入會。當時法郎匯價低落，即使不做工，每年有中國銀元600元也就足夠在法國讀書了，陳炯明就是以這個估計為基

---

15 《留法儉學報告書》，頁66-70。
16 《留法儉學報告書》，頁126-127。
17 《留法儉學報告書》，頁128。

礎來派遣半官費生的，也即每個學生每年自籌 300 元，其餘 300 元則歸縣政府籌備。[18]

凡事豫則立，陳炯明對選派學生赴法，除由縣府資助各生 300 元外，對事前留學資訊的掌握相當注意，而且透過各種管道訪查，以了解全盤情形。這是勤工儉學生陳虞、陳復給陳炯明提供的重要資訊和建議：

1、 儉學會主張，凡留法五年者可以二年為預備，預備後擇專門學科，可以三年畢業。惟教育哲學之預備時間宜多於農工科。

2、 學費每人每月約 150 法郎（預備年期）。

3、 就氣候習慣而言，閩粵學生可進法國南部各校，以南方氣候較暖和，宜於福建、廣東學生。

4、 對於後選各生宜增益其學費及赴歐之前先進預備學校，稍識文語，略抒放洋時啞行旅之苦。[19]

據鄭超麟回憶，他由福建漳平縣選派。1919 年 8 月 18 日，他與另一位半官費生陳祖康在縣城中水門外上船，上船前，其父親、三伯父、二弟皆來送行。各縣赴法學生 30 餘人先在漳州會齊，陳炯明在舊道台衙總司令部開歡送會、攝影、請吃大菜，並有許多人演說，其中包括朱執信。[20]十天後，由香港赴廣州，到廣州郊外的增步工業學校報到。一邊等船，一邊由校長黃強安排他們在增步學校學法文，由一位女教員教些簡單的常用法語，與北方的布里村、保定育德、長辛店等地的留法預備班不同，沒有一定的學期，也不學工藝，只為等船，船期一到立即停學。[21]這時無論在廣州或福州，正式的留法預備班尚未成立，因此兩地赴法學生不管在語文的學習或技藝的鍛鍊上，

---

[18] 《鄭超麟回憶錄》（東方出版社，1996 年），頁 3-4。
[19] 陳虞、陳復，〈致陳競存先生事〉，《留法儉學報告書》，頁 103-104。
[20] 《鄭超麟回憶錄》，頁 4-5。
[21] 鄭超麟，〈憶旅歐中國少年共產黨〉，鄭名楨編著，《留法勤工儉學運動》，頁 230。

只有隨緣安排，甚至完全付諸闕如，這一點顯然大大不如北方省份之早有規劃了。

至 11 月初，閩生 30 多人由香港上船，一起上船的尚有粵省十幾名留法半官費生。船名「賓勒茄」（Paul Lécat）號，於 1919 年 10 月 31 日自上海出發，同船者尚有上海留法儉學會會長張繼及湘籍學生李維漢、李富春、張昆弟、賀果等第九批勤工儉學生 162 人。

12 月 7 日傳抵馬賽，華僑協社按例派人前往接待。李石曾等人亦到碼頭相接，李還發表了個書面談話稿，讓大家傳閱。當晚，福建學生分配在馬賽華工宿舍過夜。第二天晚上，始乘火車去巴黎。[22]

五、出席巴黎歡迎會

到巴黎後，華法教育會派人接學生到旅館暫住，十幾個人一個小組。次日，到巴黎西郊的哥倫布（La Garenne Colombes）華法教育會所在地。

12 月 15 日，巴黎華法教育會開會歡迎張繼暨新到之 200 餘位同學。是日，中法人士到會者甚多。首由該會幹事李石曾報告開會宗旨，次由張繼演說，對該批學生做了一番精神勉勵，略謂：「諸君來此，皆係坐四等艙，雖經船工優待，可到頭二等艙中去，然究甚勞苦，已算一半成功，其他一半，惟賴奮鬥。且此行除物質上之勞苦外，精神上更有一種危險及豪俠之意味，更令人快意。」再由華法教育會副會長穆岱（Marius Moutet）以法語演說，略云：「對於諸君來此，法人極表歡迎。中法學術相類之點及關係皆甚深，諸君執兩國交換學術之樞紐，將來將有最大最好之影響。法人至華若少，其言論亦未必法人真相。諸君到法，即知法國真正學術文明。自來國與國間之衝突，皆

---

[22] 鄭超麟，〈憶旅歐中國少年共產黨〉，鄭名楨編著，《留法勤工儉學運動》，頁 230。

係兩國之隔閡。大戰原因,亦半由此。今諸君來此,不但可免除隔閡,且又增進了解。」[23]

包括閩粵等第九批勤工儉學生到法後,因係歷屆人數最多,故受到法報與法人特別注意。對政界頗有影響的巴黎《時報》(Le Temps)報導說:「近有中國學生二百人到馬賽,同來者有前參議院議長張繼君,前湘(河)南師範學校校長汪(王)君,中國學生已來者,將近七百人矣!」另法國銷路最廣的《小巴黎人報》(Le Pétit Parisian)也有大幅詳載中國學生到法,對於(舒之銳、常慕昭)兩位女生尤為注意,並將照片登諸報端。美國記者聞中國多數學生到法,次日即至招待學生各機關訪問周至,遍告以美國 1200 種報章,該記者並主張美國開禁華人,此可見中國學生之來法,非僅影響留法學界,亦且影響華人在全世界之地位矣!另有與中國學生同船之法人某君,在馬賽上岸,曾向人言,親見同來法國之中國學生,人數既多,又無人維持,而在途中秩序異常之好,實為難得![24]

赴法勤工儉學生初抵法國國內,予法人以良好的印象,並自然地被賦予肩負起中法學術交流的重責大任,這應該是對李、吳、蔡及陳炯明等人熱心鼓吹、倡導和支持的一大安慰!

六、從「自明社」到「競社」

陳炯明雖通令所轄各縣選派兩名學生公費赴法,實際上各縣選派人數不一,有多至五名者,亦有少至一名者,茲誌第一批名單如下:

> 平和縣五名:盧永秋、黃廷鈞、周澄南、周奠粵、周永年;
> 海澄縣四名:倪聯榮、黃如虎、潘渲疇、林英鋒;

龍溪縣四名：陳瑞桐、林毓英、林青萍、林有壬；

永定縣三名：賴　俊、江文新、江廷琛；

連城縣三名：黃鳴謙、黃翼深、黃永源；

長汀縣三名：曾慶宗、范啟煌、吳乃菁；

南靖線二名：吳郭英、黃士杰；

雲霄縣二名：吳正誼、方文微；

漳平縣二名：鄭超麟、陳祖康；

長泰縣二名：陳德恩、黃英麟；

上杭縣二名：雷　翰、丘天錫；

東山縣一名：蕭煥章；

漳浦縣一名：何存厚；

龍岩縣一名：謝青鋒。[25]

總共達 35 名。

這 35 名閩生，他們在法的個別學習和工作情形，由於資料並不完整，無法拼湊出一幅全圖來。

據鄭超麟回憶，35 名福建學生，全部進入聖日爾曼（St. Gremain）中學，學校特地為他們開了一個班，請一位老師教法文。1920 年底，他在聖日爾曼中學畢業後遂去木蘭（Moulins），與兩位福建同鄉合夥租房住，一個是謝青鋒（福建龍岩縣人），後來學礦業，成為礦業工程師；一個是黃廷鈞（福建平和縣人）。他們三人均無錢上大學，縣裡和家中寄去的錢勉強能維持生活，所以並未進工廠去做工。[26]

相對於湖南、四川兩省留學生的活躍，從事組黨等政治活動，福建學生似乎顯得安靜很多，我們很難在重要旅歐共產黨人物中發現有閩籍學生。陳炯明在漳州極力引介新思潮，似乎未給閩生帶來應有的

---

[25] 《民國日報》，1919 年 10 月 2 日，參閱張允侯等編《留法工儉學運動》，第 1 冊（上海人民出版社，1980 年），頁 624。

[26] 鄭超麟，〈憶旅歐中國少年共產黨〉，鄭名楨編著，《留法勤工儉學運動》，頁 231。

衝擊和影響！另一方面，政治上的拉幫結派，恐不可避免地有地緣關係和語言上的親疏！

雖則如此，因潮流所趨，像鄭超麟等勤工生仍在旅歐期間，讀到《新青年》、《新潮》、《少年中國》等書刊，及法國作家巴爾比斯（Henri Barbusse, 1873-1935）所主編的《光明》（*La Clarte*）雜誌。也自然有人向他宣傳馬克思主義，拿法文的《共產黨宣言》和《空想與科學》給他看。[27]

因為受到「光明社」的影響，鄭超麟與尹寬、黃頌魯三人曾合組了一個秘密小團體，叫「自明社」[28]，當然這個小團體不像在法國的「新民學會」或其後新成立的「工學世界社」、「勞動學會」那麼有組織，不久就隨著個人的分手而形同解散了。

福建學生因為語言關係並不團結，35 人分為汀州派與漳州派，漳州派又分為東黨和南黨，黨派鬥爭從廣州一直延續到聖日爾曼中學。他們對外江學生採取排斥態度[29]，這或許可以解釋閩生何以未參加「二八運動」或「里大運動」的根本原因。鄭超麟可能是閩生當中思想最活躍的一員，他後來因公費不繼，進入蒙達集（Montargis）一家橡膠工廠去做工，因而認識李維漢、王澤楷、李慰農、鄧希賢（小平）等人，透過他們的介紹，於 1922 年 6 月 17 日參加了巴黎西郊布隆恩森林（Bois de Boulogne）召開的「旅歐中國少年共產黨」成立大會，成為 18 名代表之一。[30]

福建學生參加政治活動雖不踴躍，倒是先後成立有聯誼性質的「福建同鄉會」、「留法福建學生會」、「留法福建學會」等團體，均得到陳炯明的贊助。[31]

---

[27] 鄭超麟，〈憶旅歐中國少年共產黨〉，鄭名楨編著，《留法勤工儉學運動》，頁 231。
[28] 《鄭超麟回憶錄》，頁 22。陳炯明在漳州曾設立了自明書社。
[29] 《鄭超麟回憶錄》，頁 12。
[30] 鄭超麟，〈憶旅歐中國少年共產黨〉，鄭名楨編著，《留法勤工儉學運動》，頁 234。
[31] 張允侯等編，《留法勤工儉學運動》，第 2 冊，頁 416-417。

1920 年 10 月粵軍回粵後，陳炯明出任廣東省長兼粵軍總司令，仍本過去贊助勤工儉學之初衷，積極支持里昂中法大學之設立。陳炯明答應每年捐出國幣 8 萬元作為學校經常費，而以派送廣東學生百名，稱為廣東大學海外部做交換。後以學生額數未滿，而以國幣計算殊多不便，乃改為每年法幣約 40 萬法郎。第一學年（1921-1922），粵省經費，全數繳納。第二學年（1922-1923），因廣州政變，款久未到，後收得 9 萬多法郎。[32]其後廣東之助款，因陳炯明之離省而甚難掌握，且每況愈下。

　　廣東生在里大因有陳炯明助款的關係，不僅被視為廣東大學海外部學生，享受各種優待，除旅費由公家代出並免納學膳醫藥費外，每人尚月支零用費 100 法郎[33]。比起「勤工不得，求學無門」的勤工儉學生而言，簡直是「貴族子弟」、「天之驕子」，難怪受到批評和抗爭。

　　里大學生與勤工儉學生不同的是，他們大多能以讀書課業為重，把思想與政治活動擺在其次。雖然學生對政治活動並不熱衷，但大部都思想前進，其中有若干是無政府主義者。1926 年 9 月，里大代理校長花狐（Colonel Faure）曾對學生的黨派作了粗略分析，他認為國民黨籍學生約有 40 名，改組派 30 名，無政府主義者 10 人，並有十多名廣東學生傾向陳炯明的「競社」（屬激進社會主義）。[34]

　　所謂「競社」，應是取自陳炯明的字「競存」，從「物競天擇，適者生存」得來。惟「競社」的宗旨如何？活動情形怎樣？與陳炯明有何關聯？因欠缺資料，只得從略。不過，有一點可以肯定的是，無論「自明社」或「競社」，它在勤工儉學的大波瀾中，恐只是一股小浪花而已，所起的作用似乎不大！

---

[32] 曾仲鳴編，《法國里昂中法大學》，頁 4。
[33] 《法國里昂中法大學》，頁 4。
[34] Archives Nationales F7、13438, D°4, Colonel Faure au Ministre des A. E. Le Chef de la Surete, Sep. 1926.

七、結語

陳炯明無論在漳州的陳總司令時代或在廣州的省長時代,於李石曾、吳稚暉、蔡元培、汪精衛等人所發起的勤工儉學或里昂中法大學的設立,無不熱心支持贊助,可視為他平民式教育主張的一種實踐!

陳炯明重視教育,認為「教育為一國立國元素,教育費之支出,當佔歲出之強半,方為正當」[35],所以他大力選派閩南各縣學生赴法,大方助款設立里昂中法大學,出錢出力,絕無吝嗇,應是此種教育理念的完成。

陳炯明不但重視教育,亦隨時關心子弟在法的學習情形。他對閩生在法成立「留法福建學生會」,特去函以「持以毅力,出以苦心」相勉[36],對選送出國之閩生,並一律贈閱《閩星日刊》[37],以保持聯絡。陳氏並屢致函(連表冊)給華法教育會,託付該會對閩生之費用、學業切實代查代管,且謂若有品性不端、荒廢學業者,通知彼後,彼即告知其父兄糾正;如再不改正,則將官費停止。[38]勤工生素質參差不齊,福建學生中曾有方文徵其人,先由聖日爾曼中學開除,繼到華法教育會會計處強行借貸,侮辱職員,終經董事會議決,宣佈與該生脫離關係。[39]

不論如何,陳氏這種真正關懷子弟起居生活與課業學習精神,是各省父母官中難得一見的,值得華法教育會辦事的職員效法。在李、吳、蔡、汪等所倡導的勤工儉學運動中,如果有更多類似陳炯明「只問耕耘,不問收穫」的人出現,則此一運動所獲得的實質成果,或許更為豐碩,更為美滿。

(原載《近代史研究》,1997 年第 5 期(1997.9),頁 166-178)

---

[35] 《陳競存(炯明)先生年譜》,上冊,頁 206。
[36] 《旅歐週刊》,第 68 號,1921 年 2 月 26 日,頁 3。
[37] 《旅歐週刊》,第 42 號,1920 年 8 月 28 日,頁 3。
[38] 《旅歐週刊》,第 49 號,1920 年 10 月 16 日,頁 3。
[39] 《旅歐週刊》,第 55 號,1920 年 11 月 27 日,頁 3。

吳稚暉與里昂中法大學之創設

> 我國教育界，自改造共和以來，首先就為袁世凱的復古
> 主義所阻撓，其次為段祺瑞的武力主義所破壞。人人都
> 注全副精神，以擁護個人的權利勢力，置教育於腦後。
> 自從五四運動之後，全國教育界才稍稍變易，略有些微
> 的新氣象。
>
> 　　　　　　　　西南大學之經過——楊端六。

一、前言

　　李煜瀛（石曾）、吳敬恆（稚暉）、蔡元培（孑民）、汪精衛（兆
銘）、張繼（溥泉）等人，從共同發起留法勤工儉學到合作創設里昂
中法大學，各人所扮演的角色不同。大體而言，李石曾是聞名的「知
法派」、「法國通」，認識法國政學兩界人士頗多，所掌握的人脈資源
較為豐富，故大部分的對外折衝樽俎工作均由其負責；蔡元培先後擔
任教育總長、北大校長，在教育學術界屬德高望重的重量級人物，平
素復熱心文化事業，舉凡國內任何文教新猷，無不爭相倚重；而吳稚
暉則是位特立獨行的思想家，也是一位開創風氣不落人後的文化思想
界領袖，他先撰有〈海外中國大學末議〉一文，這是里昂中法大學設
校的理論基礎，及該校成立，他復實際出任校長，在那平凡的草台，
與學生共唱一齣海外弦歌。本文主要就吳稚暉的最初創校理念、治校
精神與實際遭遇的種種困難，先作一微觀式的論述，再從宏觀角度檢
討，里昂中法大學的成敗。

二、海外中國大學的倡議及其迴響

由「留法儉學會」所倡導，以留法、留比為主軸的所謂「旅歐教育運動」，雖萌芽於民國初年，然「留法儉學會」因歐戰爆發而停止發展。及至歐戰結束，以發展中法友誼關係，組織中國學生到法留學、辦理華工教育為主要任務的華法教育會，[1]前後雖曾選送近二千名勤工儉學生赴法，然大多分派至工廠作工，其家境稍富裕者，則入中學肄業，學習法文，但均分散各處，一直尚未有專為中國留學生而設立的高等學府。[2]

民國八年秋間，正當直皖戰爭之際，在全國教育會議通過速增設國立大學提案，國內中西人士紛紛起而籌辦大學之際，[3]吳稚暉為有志留學之莘莘學子請命，特撰〈海外中國大學末議〉一文，刊於《建設雜誌》，[4]提倡以國內創辦大學之經費，移設大學於國外，「如此教師既易延聘，環境亦較清高，且可免除種種政潮之纏擾」。[5]

吳氏此一暫借海外適當處所開辦大學的大膽試驗，主要用意，一方面在「為學生覓得較良之環境」，一方面在「使教團就近取法，較使得完美其組織」。其所持理由有以下幾項：

（一）改良學生環境、養成完美教團

吳氏認為，中國即使有能力建設完美之大學，但尚無改造社會之速度，提供學生以完美之環境。就當時國內社會環境言，無論消極或積極方面，皆不甚適宜大學生之受教育。在消極方面，吳氏指出，如社會凶暴懶惰穢惡等之現象，觸目皆是，加之以下等遊戲之場，親朋

---

[1] 參閱拙文：〈華法教育會之成立及其活動〉，收入拙著《近代中法關係史論》（三民書局，民國83年1月），頁201-218。

[2] 曾仲鳴編述，《法國里昂中法大學》，頁1。

[3] 其中較著名者有張作霖的東三省大學、陝西的西北大學（由關中大學改設）、南京的東南大學（由南京高師改設）以及陳炯明創議的西南大學等。

[4] 《建設雜誌》，1卷6號（民國9年1月），頁1-11；以及2卷1號（民國9年2月），頁13-20。

[5] 曾仲鳴，《法國里昂中法大學》，頁1。

淫博之習，皆令國內之大學生平添一層防制之辛苦；在積極方面，他舉出如上海、北京、廣州等通都大邑，欲求一有益之書報，已如鳳毛麟角，若求高等之科學儀器店、製造工具舖，更不易得，遑論博物院、科學會、新品工廠等人文環境。總之，依吳氏看法，國內社會風氣的惡劣與物質文明建設及人文環境的不足，對於大學是有妨礙的。

吳氏並不諱言，巴黎在消極方面亦有與中國相同之劣點，然積極的條件足可補償其所失而有餘。

（二）物質與精神教育並重

吳氏以為，精神教育必以物質之能力相調劑，而後社會足與世界均和。為配合目前社會國家救急之需要，物質教育，終當有一部分之大學特別注重，方足適應現狀。所以試設一巴黎中國大學，肩此注重物質之任務，亦極相宜。並且迎受巴黎環境中之精神，而於精神教育方面，亦不至比當時之北京、上海、廣州有遜色也。

（三）為教育本國人利益計，何妨見賢思齊

吳氏舉上海日本同文書院、聖約翰大學、香港大學為例，皆為外人耗費鉅資所辦者，其目的兼具慈善性，用以教育他國人民，我國若有慈善之力量，建一中國大學於巴黎教授法人，亦不過如近日北京政府之捐助美國哥倫比亞大學漢文科，並無所謂怪特。何況今所議建之巴黎中國大學，其目的只是利益的，只以教育自國人民，豈反有不可之理？

（四）英法文並重，學術與辦事兼顧

依吳氏之意，巴黎中國大學以法文為主要語，以英文為必修科，可得兼習兩種語文之利益。其進行方法是，一面可在國內鼓吹法文之加增，一面可錄取高等英文及普通學科已合本科或預科高班資格者。英文程度既臻高等，加諸法文一年，即本科學課全以法文教授，亦無

難通解。該校學生因有英文為必修科之故,於是在授課之中,得參考
英文書,在畢業之後,得調查或研究於英、美。在歸國之後,辦事得
在英語流通處,並無扞格,其能力豈不大加?

(五)派遣留學與自設大學於海外並行

　　吳氏認為,自設大學於海外與派遣留學,意義不同,無法替代。
我國缺乏之學術太多,欲種種學術有人研究,必使分散各地而留學,
所以留學之局面不因海外中國大學之設立而受影響,仍宜擴充,不應
收縮。惟散居各地之留學生,與聚居一校之學生,其費用不大相同。
聚居一校之學生,可由教團切實料理,使之節省畫一;若散居之學生,
處辦較難。[6]

　　吳稚暉心目中所擬設之海外大學,最急者為兩處:一為法國,一
為美國,原因是中美兩國的「國體相同,物質而外,精神亦調和也。」
他認為,有美國則英國可以不加考慮。而巴黎與歐洲各國,接近在片
壤之中,英、德、伊(義大利)、比等,皆巴黎中國大學學生所能常
在遊歷之地。所以不注意已有甚多留學生之日本者,因「日本近在咫
尺,已學者太多,留學之勢,已成弩末,無從別立一校,自為風氣。」
且帝國教育之暗潮,亦有與現象衝突之處。所以先注意於巴黎者,蓋
「歐洲學子,遠不及赴美之盛。欲使歐、美潮流,平均輸灌,故先及
巴黎。」歸根結底,吳稚暉為扭轉美雨壓倒歐風的留學潮流,故倡設
中國大學於海外,而心目中實以巴黎為首要目標,美國不過陪襯而已。
　　此一擬設於巴黎之海外中國大學,除上述五大理由外,據吳稚暉
看法,尚有以下七項附帶功用:

---

[6]　吳稚暉,〈海外中國大學末議〉,收入拙編,《勤工儉學運動》(正中書局,民國
　　70年),頁323-332。

1、 可為中國在海外之耳目。巴黎中國大學居歐洲，日與彼都人士
　　相接觸，觀察當尤較國內真切，言論當尤較發舒。

2、 可為中國在海外之宣傳。可透過該校出版品，如日刊、週刊、
　　月刊等對外有所宣傳，使「群知有中國，群知中國之消息」；
　　一旦知中國有此大學，大學中有此數百人，則新聞記者必常有
　　蹤跡，亦可自動為中國傳播新聞。

3、 可與法國學術界不斷接觸，常邀其大師演講，或與其大學舉行
　　各項運動比賽。

4、 可與世界各大學互通聲氣，即國內文化之各項演進，由各大學報
　　告於巴黎；海外學術之最新發展趨勢，由巴黎傳之於國內各校。

5、 可輸入歐洲新知或重要譯述於國內。

6、 比派遣留學為優，因地位之不同及職責之所迫，於辦學及教授
　　方面之觀察，必大異其趣。

7、 可建立平民的、勤儉的、勞工神聖的、清潔無倫的校風。

　　除辦學經費力求節省外，可於校內設立消費合作社、學生銀行等
國內行之有年的優良組織，並於寄宿舍實行嚴潔的自治契約。

　　此外，巴黎中國大學在教學上，將英、法文並重，在目標上，將
盡量避免留學界之弊病，不拋荒國粹，不做荒唐鬼，不至洋氣沖天，
不為沒字碑。[7]

　　吳稚暉這篇文章一出，據劉厚（大悲）說，轟動全國教育界人士，
可說是民國八年的一件大事。[8]海外中國大學的倡議若果實現，相對
於王光祈之倡組「工讀互助團」，旨在使天下寒士皆能夠有書讀，而
吳稚暉的眼光則更為遠大，旨在使天下寒士皆能夠出國念書。

---

[7] 同上，頁332-335。
[8] 劉厚，〈里昂中法大學始末記〉，《勤工儉學運動》，頁392。

　　首先贊成者，有蔡元培、張人傑（靜江）兩人。但公開撰文表示支持者則為蔡元培、李璜（幼椿）等人。蔡氏時任北大校長，這年十二月八日有〈跋『海外中國大學芻議』〉一文，發表於《北京大學日刊》，特別加以引申，相互發揮，使意思更為清楚。他說：

> 右議吾極端贊成。以法國文化之高，而尚於雅典及羅馬各設一校，為國內文學博士深究希臘、羅馬文學、史學、哲學之機關；研究年限，在三年以上。又於羅馬設美術學校一，為增進建築、雕刻、圖畫及音樂等技術之機關，其學額，由國內美術學校畢業生競爭試驗而補之。誠取其環境之適也。我國現正在輸入歐化時代，而各學校之設備既簡陋，環境尤不適宜。即如北京大學，恆有人以「最高學府」目之，而圖書、標本、儀器之缺乏，非特畢業生留校研究，無深造之希望，即未畢業諸生，所資以參考若實驗者，亦多未備，其重要講座，懸格以求相當之教員而累年未得者，尚多有之。蓋內容若是其簡陋也。而一言環境，則自舊籍較多之京師圖書館而外，並無閱借新書之所。其他若美術館、博物院、專門學會、特別研究所等，凡是為研究學術之助者，無一焉。所日日刺激神經者，言論、出版、集會之不自由，官僚、軍閥、政客及其他不正當營業之誘惑而已。嗚乎！以如是內容，如是環境，而侈談學術，事倍功半，復何待言！今觀吳先生海外中國大學之議，歲費四十餘萬金，而國內大學諸缺點，無不有以補充之，其成效豈可量哉！吳先生歷舉各種優點，至詳至備，吾無以益之；惟舉吾所親歷者，相當比較，以證成其義，表示極端贊成之誠意云爾。[9]

9　孫常煒編著，《蔡元培先生年譜傳記》（國史館，民國 75 年 6 月出版），中冊，頁 361。

李璜在《少年中國》二卷六期，亦撰有〈留學平議〉一文，他首先指出過去教育部派遣學生出國留學的一些弊病與家長的若干不健康心理，進而建議採以下幾種辦法：

（1）北京大學派教師留學的辦法；

（2）實業家派遣工匠的辦法；

（3）成美會的辦法；

（4）留法儉學會的辦法；

（5）留法勤工儉學會的辦法；

（6）海外大學的辦法；

關於第六項，李璜認為，這恰是為一方面解決在國內辦良好學校的幾個困難問題（教材與設備）而設，一方面又能夠得日本留學辦法，把學生聚結起來，以便管理的意思。既有留學之利，而無留學之弊。[10]

其時，李石曾適在巴黎，蔡元培、張人傑二人即聯名致函，請李就地進行，在法創辦海外大學。法國眾議員穆岱（Marius Moutet）、里昂市長赫里歐（Edouard Herriot）、國立里昂大學校長儒朋（Paul Jobin）、醫學院長雷賓（Jean Lépine）等人，不僅是與李石曾相識之好友，且為法國政學界具崇高地位之人士，聞設中法大學之議，更首先熱烈贊成。里大校長儒朋曾言，與其設大學於巴黎繁華之區，不如創在里昂。赫里歐市長並稱，在里昂西郊三台山（St. Irénée）上，適有報廢兵營一座，內有房舍，可容二、三百人，周圍約百餘畝，交通便利，環境清幽，最適於教育用地，如有需要，彼可設法撥用。[11]總之，就在當地人士對中法教育所表現的無比熱心以及所提供的種種方便下，打動了李石曾等人，無意間促成了海外中國大學在里昂的設立。

海外大學的倡議，除了幾位相關人士的支持外，不像勤工儉學能造成全國性輿論。何以故？孫伏園（1894-1966，浙江紹興人，北京

[10] 李璜，〈留法平議〉，《少年中國》，2 卷 6 期（民國 9 年 12 月），頁 7。
[11] 同註 8。

大學畢業、新潮社社員）在「新潮」撰文，對此一問題有很深入的分析，可以代表知識界的聲音。首先，他這樣說：

> 我看完吳稚暉先生一篇〈海外中國大學末議〉，覺得非常高興，以為這一定可以由個人的意見變為輿論，由輿論變為事實的。不料這篇文字出世以後，除了蔡先生加上幾句極端贊成的跋語以外，竟沒有一個人出來發表一些意見。我因此痛心今日中國知識界的沉悶。

孫伏園進一步推測，中國知識界對此事持冷漠態度的三個重要原因：

1、 患在眼光太近──山東的地方被人霸佔去了，福州的人被人打了，都是顯而易見的。所以有人出來開會、發電、奔走呼號。這到外國去設大學的事，在他們患近視的諸君看來，也許不值得什麼，自然不去注意他了。

2、 靜待當事者採擇──舊眼光都以為發表議論，只是供當事者的採擇，這是吳先生文中也說到這句話。這是一個極大的謬誤。吳先生居作者地位，自不免帶點客氣，可不必論。但作者以外的人，據我看來，萬萬不能帶著這個態度。諸君須知當事者是個什麼東西，不過是唯唯諾諾的聽差而已。叫人鈴愈響，其來也愈速；死人模樣的叫聲，半天一日的不應。這是無可諱言的。所以我想，看了吳先生議論的人，一定有許多與吳先生表同情的，只因上了吳先生「供當事者采擇」一句話的當，耐著心在那裏等待當事者的采擇，而卻不來發一句議論，那真冤枉極了！

3、 愛聽快意語──專愛聽快意的議論，而不願細聆詳盡的辦法。譬如吳先生說「張之洞、端方雖皆可議，惟其能作留學之敗子，高出於今日督軍招兵為盜，固萬萬也」這句話，看者一定點首

稱是，牢記在心，一到了後面幾百人幾百圓的具體計劃，就大家瞌睡起來了。

因此，孫伏園對於海外中國大學一事，希望知識階級的人，多鼓吹提倡，造成輿論。「以知識階級的輿論，養成或指導知識階級以外的輿論」。

最後，孫伏園認為，吳氏的計畫「詳而且盡」，他不必再贅一詞。但對於海外大學將來搬回來一層，他有點懷疑。他以為，「海外中國大學的搬回，只要有精神的搬回，份子的搬回就夠了」；因為這樣的搬法，是永遠搬不盡的。所以他不贊成連根拔起的搬回，理由是：「我們因為巴黎的肥料水分，比中國要好，所以到巴黎去種一株樹，年年豐收果子回來，這道理是講得通的。倘收了一年兩年的果子，便連樹拔回來了，試問那時候中國的肥料水分，一定便能比得上巴黎嗎？要是連根拔起，以後就沒有再搬的希望了。」[12]教育是百年樹人的大計，其道理是相通的！

三、招生過程與學生來源

里昂中法大學的創辦，如果單從容納的人數演變一層來看，頗令人有「雷聲大雨點小」的感覺。根據李石曾的秘書蕭瑜（子升）在巴黎華法教育會召開的第一次勤工儉學生代表談話會上的報告，大約盡可容納二千五百人上下，[13]大有李氏當年發起勤工儉學的雄心壯志，「謀得廣廈千萬間，盡庇天下寒士」的氣魄。以後因籌款情形並不順利，至民國九年八月發布的招生計劃，已減為四百人，內於北京、天津、上海、廣州等處招四分之三，其餘四分之一則在法招收。其中女

[12] 孫伏園，〈海外中國大學為什麼不成輿論？〉，《新潮雜誌》，第2卷3號（民國9年4月出版），頁604-606。
[13] 蕭子升，〈里昂中國大學最近之進行〉，《赴法勤工儉學運動史料》，二冊下，頁591。

生佔十分之一。[14]至民國十年七月實際辦理招生時,又減為預定在北平、上海各招二十名,廣州招一百名。從最早的二千五百人到最後的一百四十名定額,可見招生人數已大幅縮水。人數縮水的主要原因,除經費籌措不易外,與校舍的修葺工作遭遇困難,一再拖延也不無重大關係。

招生時,曾在全國各大報刊登招生廣告,並印發介紹學校旨趣與內容的小冊子,即《里昂中國大學海外部的經過、性質、狀況》,供有興趣者索閱。

民國十年七月十四日的上海民國日報第二版,曾刊登一則「里昂海外大學招生」廣告,茲錄之如下:

1、考期:國曆七月二十日。

2、發案(榜):二十四日。

3、在上海開船赴法:八月一日。必預先三日到滬。

4、特待粵生二十名。

    資格:(1)定要廣東籍貫,不論男女。

          (2)大學專門學畢業生認為相當者免考,惟人數逾額,試外國文決選。報名時附交畢業文憑,無憑者報名無效。

          (3)已在大學專門學修業者,准其考試。報名時附交該校校長證明、在本科修業書,無證書者報名無效。

          (4)報名時開明從前履歷並交四吋半身照相兩張。

    待遇:(1)免交學膳費。

          (2)每人每年各給華銀二百元補助零用。

          (3)出發時廉儉艙位,費校中代出,惟行裝自備。

---

[14] 〈籌備中之海外大學〉,《申報》,民國9年8月12日。

考試：（1）高等國文。

（2）高等算學。

（3）高等外國文、英文或法文皆可，惟僅有粗
　　　淺程度者不收考。

5、本部生五十名

資格：（1）不論籍貫男女。

（2）同粵生。

（3）同粵生，惟附交中學畢業文憑者亦准考試。

（4）同粵生。

待遇：（1）免交學費但每年交膳費華銀二百元，並附交
　　　代存零用一百元。

（2）必要殷實保人出年納華銀三百元之保證
　　　書，無者雖錄取無效。

（3）出發時廉儉艙位、費及行裝皆自備。

考試：同粵生。

6、報名地點：在上海二馬路永安公司後面里昂海外部通詢
　　處。另有詳細說明書亦在該處乞取。報名十八日截止。

7、考試地點：在西門外滬杭車站路大同學院。

二十日一日考畢，晨九點起。[15]

這可說是一校兩制的辦法，對於廣東籍考生特別優待，類似公費留
學，埋下學生日後感到不平，藉故鬧事的種子。

茲將各地招生的情形，略述如下，以見其梗概。

在北平的考試由李石曾主持。據報考人之一的李亮恭回憶，他見
到報紙上的招生廣告後，即到設在南池子歐美同學會內的辦事處索取
簡章，同時領到一本吳稚暉所撰寫的小冊子，對於這個學校的旨趣與
內容有詳細的說明。[16]據擔任實際試務的徐廷瑚（海帆，第一批留法

---

[15] 《上海民國日報》，民國 10 年 7 月 14 日，第 2 版。

[16] 李亮恭，〈稚暉先生與里昂中法學院的誕生〉，《勤工儉學運動》，頁 405。

儉學生）說，當時的招生考試借第四中學教室，作為考場，李石曾親
自監考。放榜後，師大附中在前十名中已佔三、四名之多，第一名的
夏康（伉）農及李亮恭等，均係師大附中學生。當時考取的名單有夏
康（伉）農（湖北）、李亮恭（江蘇）、趙進義（河北）、張璽（河北）、
楊堃（河北）、周發岐（河北）、劉維濤（四川）、翟俊千（廣東）、單
粹民（河南）、黎國材（廣東）、狄福鼎（江蘇）、方子（學）芬（廣
東）、蘇梅（雪林、安徽）、汪廉（未赴法）。[17]另據蘇雪林追述，她當
時就讀北平高等女子師範，考生一百餘人，女生六人，考三科──國文、
英文、算學。考題分三次發給，國文題教各生敘述他將來預備研究的
學科，英文題有兩題，一個是「國民教育的重要」，一個是「公園散
步」；算學題共十二題。[18]

　　上海的招生情形，據參加應考的商文立追憶，他是在七月某日，
在南京高等師範（即後來的東南大學）學校閱報時，看到里昂中法大
學招考學生的廣告，遂約貴州同鄉張廷休、何兆清二人前去應考，高
師同去應考的尚有粵籍同學何衍璿。當時試場設在南市大同大學（學
院），他們坐電車前往，在車上遇見一位身材高大而非常健康，目光
炯炯，身著黑色西服白褲白鞋，年約五十以上，嘴上蓄有短鬚的長者，
印象極為深刻，而且一同到大同大學門口下車，後來才知道這位老人
是來考他們的吳稚暉。考生並不太多，不過一百餘人，上午像是考國
文、英文，下午考數學，都是老人親自出題，英文、數學則是先印就
一張試卷，國文題則是老人寫在黑板上。結果不到一禮拜，通知寄來，
四人都考上，要他們趕快到上海去治裝、辦護照準備出發。最後張廷
休臨時變卦，只有商文立、何兆清和何衍璿三人前往。[19]

[17] 徐廷瑚，〈我與吳稚暉先生〉，《勤工儉學運動》，頁 480。
[18] 蘇雪林，《棘心》（台中，光啟出版社，民國 66 年 11 月，7 版），頁 42。
[19] 商文立，〈隨吳稚暉先生同船赴法記〉，《勤工儉學運動》，頁 432-433。

　　除北京、上海外，廣東同時以西南大學海外部名義辦理招生，性別不分男女，惟籍貫必限隸屬廣東一省之內者。且交驗畢業文憑或修業證書時，倘載明別省，臨時申明原籍廣東省者，概歸無效。茲誌其取錄四步驟如下：

1、　但為廣東籍貫之人，無論在通國任何之大學專門學，若已經本科畢業者，驗其文憑，認彼所入之校，實有相當價值；彼之文憑，實可作為充分之信據者，可免去考試，即通知取錄；其認為不充分，或已經額滿時，即說明理由，將文憑發還，或准其考試。

2、　在相當之大學專學，正修業之本科者，交驗該校校長所出之修業證書，認為充分者，准其考試。

3、　在相當之大學專門預科，已修業一年以上，交驗該校校長所出之修業證書，認為充分者，准其考試。

4、　但有中學畢業文憑者，可報考海外本部，不必指明廣東大學海外部報考，因廣東大學渴望養成教材，故用特別待遇，期望學力較充之人，先去幫忙。[20]

　　第一批究竟總共招生多少人？北平、上海、廣州各佔多少人？因乏官方報告，甚難統計。且錄取之名單與實際出國之人數亦有稍許之出入，並不易確定。惟一般說法，吳稚暉共整批率去一〇五名，其中招自北平與上海，由上海出發者約四十餘人，由廣州錄取在香港下船者約五十餘人。[21]另據《申報》透露，此次里昂海外大學原訂招生一百六十名，分北京、上海、廣州三處招考。北京、上海均未招足額，惟廣州所招，投考者過於名額數倍，故一次招足。其中六十名皆特待生，將於法郵船波爾多斯（Porthos）號經過香港時下船，與京滬各生一同泛海。以下所載，為京滬兩處所招各生姓名：

20　〈里昂中國大學海外部的經過、性質、狀況〉，《勤工儉學運動》，頁382-383。
21　參閱李亮恭，〈稚暉先生與里昂中法學院的誕生〉，《勤工儉學運動》，頁407。

1、 男生六十三名

李煦寰、陳璠、陳本鋒、翟俊千、黎國昌、陳崢宇、姚冉秀、黎國材、曾錦春、曾覺之、曾同春、鍾伯厚、何衍璿、羅易乾、古文捷、劉啟邠、梁政元。

（以上十七名為廣東特待生）

何其昌、周發岐、侯晉祥、許樹墀、楊堃、張璽、吳鎮華、黃秉禮、劉維濤、葉礜、陳蓋民、夏康（凣）農、陳錫爵、趙進義、李亮恭、汪德耀、蔣國華、霍金銘、張繼善、趙鶴瑞、趙壽祺、張樹藩、趙開、狄福鼎、徐祖鼎、商文立、何兆清、李丹、虞炳烈、吳凱聲、陳彝壽、何然、章桐、黃葉、司馬梁、唐學詠、馬光辰、王樹梅、陳振軒、陳洪、孫立人、廉邵成、徐頌年、方岑。

（以上四十四名為本部生及本部優待生與旁聽生）

2、 女生共十一名

黃明敏、黃偉惠、羅振英、林寶權。

（以上四名為廣東特待生）

蘇梅、方蘊、方裕、劉梧、吳續新、潘玉良、楊潤餘。

（以上七名為本部生）[22]

里昂中法大學的招生人數，固然從最初的二千五百人遞降為一百六十人，甚至到實際成行的一〇五人，但並不能保證質的問題。因為雖然比起過去華法教育會所鼓吹的勤工儉學，多了一道考試甄選的辦法，但實際上仍難免有招生不嚴的弊病，很多人是抱著姑且一試的心情去報考的。據蘇雪林回憶，當時她在北平女子高師就讀國文系二年級，法文從未學過，同班同學林寶權、外文系羅振英同邀去考，本來是玩笑性質，誰知一去考都考上了。[23]

---

[22] 〈里昂海外大學又一消息〉，《申報》，民國 10 年 8 月 5 日。

[23] 蘇雪林，《浮生九四——雪林回憶錄》（台北三民書局，民國 80 年 4 月），頁 48。

　　辦理招生不嚴，學生素質不良自難以講求，這又看出吳、李等人匆促從事，急於掛招牌的另一項例證。這個關係百年教育大計的海外大學，沒有在一開始便建立起慎選學生，重質不重量，培養學術聲譽的作法，值得訾議的至少有以下兩點：

1、　從刊登招生廣告、考試、放榜到成行，前後不到一個月，匆促草率將事，一方面未給予全國有志留學的學生較充裕的資訊和心理準備；一方面未成立類似招生委員會經辦其事，從出題到閱卷甚至決定是否錄取，率由少數一、二人決定，難免不無主觀立場或人情請托，甚至可能牽親引戚、內定之事，[24]既影響考試之公平性，亦可能因而降低學生之水準。

2、　既係到法國留學唸書，除專門科目外，當以法國語文為主要工具，必須在這方面有相當基礎者始能收到事半功倍之效。惟見所招之生，有僅中學畢業者，或在大學或專門學校肄業者，而多半未修過法文，率皆法語一句不能出口者。如此做法，無以名之，姑且稱之為「野狐禪式的浪漫做法」。由於吳個人不重視語文的做法，後來不但引起法國友人的不滿，也為吳校長本人製造不少的困擾和糾紛。

　　由於第一批學生考送的程度參差不齊，引起法方的責難，以後在學生的來源和素質方面，即有明顯的改進。學生素質，至少在法國語文方面有所提昇。大致分二方面敘述如下：

1、　國內保送

（1）北平中法大學（設立於民國九年十一月，十七年改稱此名），自民國二十年起各學院（服爾德、孔德、居禮、陸謨克）每

24　如第一批在北平錄取之七位女生，其中吳續新為吳稚暉之任孫女，楊潤餘為楊端六之妹，而楊端六與吳稚暉私交頗篤。參閱蘇雪林，〈我記憶中的吳稚暉先生〉、〈一個五四時代青年的自白〉兩文，《勤工儉學運動》，頁460、469。

院畢業生，前五名成績滿七十五分以上者，資送到法國里昂中法大學深造。

（2）國立廣東大學自民國十四年起，亦選派教授與學生若干名入校。

（3）勞動大學（民國十六年設立於上海，分社會科學、工、農三學院）自民國十九年起，每年選送三十名學生。

（4）江蘇、浙江、福建等省市派送學生入學。

2、就地甄選

除由前述與里昂中法大學有姊妹關係之國內學校，定期選派外，里大亦辦理就地甄選，以收容優秀的留法自費生與勤工儉學生。例如里大於民國十七年十月十二日在巴黎、里昂兩處，分別舉行甄別試驗，主考者，法方為協會會長雷賓、校長樊佛愛（Colonel Faure）及古恆等，中方為吳康、李廣平諸君。計招收儉學生八名（何穆、范國會、符傳鉢、楊傑、徐寶彝、敬隱漁、吳噉永等，副取為車崇勤）

勤工儉學生八名（路三泰、張華、鍾興義、顏實甫、李錦華、韋福祥、羅濬叔、鄧開舉等，副取為楊超、樊德染）

女勤工儉生一名（李浩）[25]

四、創校初期的內憂與外患

里昂中法大學第一任校長吳敬恆（稚暉），是海外中國大學的主要倡議人，也可以說是里昂中法大學的「催生婆」。按理，由他出任校長，既是眾望所歸，應該也有很好的表現與貢獻才對，事實卻不盡然！

吳氏在率領大批從國內招考而來的學生到校後，就先後遭逢了一連串的內憂和外患，真正是創校維艱。「內憂」是指他與中法大學協會（Association Universitaire Franco-Chinoise）秘書間層出不窮的摩擦

---

[25] 《旅歐雜誌》，第 2 期（里昂中法大學，民國 17 年 12 月 1 日出版），頁 8。

以及校內中國學生對他的抵制行動;「外患」是指勤工生因不滿被摒於校門之外,而以抗爭手段,集體佔領里大的事件,此事尤其給他極大的困擾,對他的聲望無疑造成很大的損害。茲分述如下:

(一) 內憂

吳稚暉生性儉樸,素不講究衣著外表,人且以為不修邊幅,但率領學生由馬賽乘火車到達里昂之日,竟全副西裝,雖不筆挺,但衣帽鞋襪,無一非白色,惟均已斑斑轉黃,當為其早年留歐舊物,此在吳氏以為了不起之排場,但在法人眼中,則未免寒酸之至。是日中法大學協會秘書古恆亦到站迎迓,遇吳氏不以為禮,以為乃沿途照料學生之聽差,後經人介紹,始駭然與之握手,連忙改容相敬,道歉不迭。[26]堂堂校長之尊竟被法人誤為「工頭」,當成「鄉巴佬」看待,從此兩人心生芥蒂,並無好感,加上雙方對學生管理與校務運作,有頗多歧見,終演至幾如水火互不相容之地步。

古恆(Maurice Courant, 1865-1935)出身巴黎大學法學院與巴黎東方現代語專(Institut National des Langues et Civilisations Orientaled, Paris),主修中文和日文。早年從事翻譯性質的外交官生涯,自 1888 年起至 1895 年間職務一直在北京、漢城、東京三地間調動,度過漂泊不定的歲月,且有兩度喪子之痛。其後離開外交部,擔任編目性的研究工作,但在巴黎首善之都找不到合適的棲身之所,於是南下到里昂大學覓得教職,一邊教書,一邊勤奮著述,終於 1913 年以 48 歲之壯年通過博士學位,從此成為國立里昂大學執牛耳的漢學教授。里昂中法大學開辦後,古恆出任協會秘書,襄助會長雷賓處理校務長達十五年之久。[27]這位對中法合作教育頗著勞績的幕後功臣,治事向來一

---

[26] 朱伯奇,〈回憶稚老在里昂中法大學校長任內瑣事〉,《勤工儉學運動》,頁 482; 蘇雪林,《浮生九四——雪林回憶錄》,頁 54。

[27] Daniel Boucher: *Maurice Courant (1865-1935)*, *Journal Asiatique*, 271(1983): pp.43-150.

絲不苟，有著法國人嚴肅、冷峻的一面，因此不大為第一批中國學生所喜，有的說他頭腦十分冬烘，有的批評他行事古板，甚至認為他是保皇黨。

里昂火車站與中法學院的距離並不甚遠，但一在平地，一在山上，要爬二十分鐘的山坡，也有登山纜車可以通達。迎接的人原準備讓學生步行上山，但也預備了一輛可坐二十人的大客車，供需要坐車的人坐。吳稚暉本可以坐車，但他堅持和大家一起爬山，使得古恆也只好捨命陪君子一起爬山，那輛車就只有數位女同學坐。[28]這件小事雖然表現出吳氏平民化的作風，與乎隨時與學生同甘共苦的一面，但看在古恆眼中，也許略顯矯情，頗有格格不入之感！

吳稚暉在里昂中法大學擔任校長，前後雖僅短短一年，但大體上，他與協會組織之間尚無重大衝突發生，主要有兩個原因：1、中法合作教育事業剛剛開始，雙方尚能相互尊重，凡事包容忍讓；2、吳氏本人的道德文章，不僅深得本國同胞的敬愛，即中法大學協會諸董事，對之亦肅然起敬，尤以會長雷賓，可說五體投地的佩服。據劉厚回憶，某日協會會長雷氏與其閒談中，言及彼所崇拜的中國友人，一為李煜瀛，一為吳稚暉，「前者品貌優秀，思想活躍，法國用字優雅，一聞而知其高貴。至於吳先生，則道貌岸然，魁梧奇偉，偶聞其妙論，即可知其為非常人物，並以博學者（Erudit）稱之。蓋雷君為醫學院長，為心理學大家，最善於察言觀色者，而彼之所謂妙論者，即於每次會議中，常聞吳先生幽默談話，口若懸河，極為折服。」[29]基於會長雷賓這種待吳氏如上賓的態度，古恆即使心存芥蒂，亦不便發作。

就校務運作而言，基本上吳稚暉是個無政府主義者，一向標榜校園自治，故不設規則，不立罰例，由學生自行組織自治會，並不愛多

---

[28] 李亮恭，〈稚暉先生與里昂中法學院的誕生〉，《勤工儉學運動》，頁411。

[29] 劉厚，〈里昂中法大學始末記〉，《勤工儉學運動》，頁400。

管事。他與學生之間的關係，如父子，如朋友，更重要的是生活打成一片，沒有校長（事實上他未就校長職，亦未領年俸）與學生之分。據學生之一的彭襄回憶，「在校時不見有校長辦公室，亦不見有校長公館，起居飲食，皆與學生同；又凡事多親自動手，不假手於人，自己寫佈告，貼佈告，甚至自己搖鈴，亦不見有任何校規，似乎彼之所在，即規則之所在。有時到教室為同學講線裝書，以增進同學對我國固有文化之認識，有時據校院中石墩上，為團團圍繞之學生談天說地、男盜女娼，口不擇言。如謂英國紳士多患花柳病，而法國人則否，蓋前者裝正經，講面子，寧忍痛而不欲丟醜；後者則恬不為怪，公開就醫，故花柳醫生招牌街頭巷尾到處可見。至貴族主僕間偷雞摸狗豔聞故事，尤如數家珍。猶憶學校置有一醫生，為當地醫師公會之秘書長，學生每日不適向之求診，結果多告以『汝無病，去找個女朋友好了』，『女朋友』意為藥方，應為一新發明。又一次學校請花柳皮膚病專家到校演講性病常識，此對二、三十歲血氣方剛之學生可謂對症下藥，而非誨淫，此在吳氏亦不過實事求是，不作調人而已！」[30]這是「校長兼敲鐘」的吳稚暉之詼諧本色！

吳氏平日生活因陋就簡，食事簡單粗糙，不重衛生，不事營養，而身體至健至碩。養生之道，不外清心寡慾，睡眠充足，有時日上三竿，猶見其蒙頭大睡，因為吳氏喜通宵工作，而白晝則埋頭酣睡。外出每安步當車，尤不坐人力車，雖曰出於人道同情，亦一健身之法。此外，吳氏有吃零食之習慣，據彭襄追述：「在校日，我常見其衣袋中藏有花生板栗等零食，隨時隨地取出享受，自亦補充營養之道。我妻范新瓊曾且一次見其齒間板栗內一鮮白肥大肉蟲掙扎跳躍，為之驚呼，而彼仍嚥下如故，且泰然笑謂：『此最營養。』」又其時住其鄰室一同學狄膺（福鼎、君武）最貪嘴好吃，常於夜深用酒精燈，

---

[30] 彭襄，〈至情至性的吳稚暉先生〉，《勤工儉學運動》，頁 473-474。

煮食消夜，必分敬吳師一碗，吳師必笑納不却，是皆可謂吳師之滋養補品！」[31]

吳氏基本上是個苦行僧，凡此喜吃零食，遲睡晏起，校長兼工友等不拘生活小節，在吳氏本人可能是率性而為，習慣成自然，不以為怪，然在嚴肅的法國教育家眼中，則顯然不合衛生，有失身份，甚至覺得影響正常校務之運作，這未嘗不是造成雙方摩擦的心結之所在。

在校務實際運作上，由於雙方辦學理念的差異，因為語言溝通上的不能完全暢達，吳稚暉雖身為一校之長，却頗有處處受制於協會秘書，「有志難伸」之慨。上任伊始，吳氏所遭遇的最大難題，一在於學生法語程度參差不齊所帶來的困擾，一是對經費處理上的歧見，茲分述如下：

1、 照吳氏想法，學生因法語能力不足，故到里昂後需在堡內（校內）先行修習兩年法文，修畢始能向國立里昂大學及各專門學校報名攻讀。所以預定聘定五、六位法國教師，在校內開班教授法文，班級則視其程度而定。這個做法本來極好，如果照此做去，學生的法文底子必定好的多，可惜只讀得一年，即因經費不繼而告中輟。此事雖小，但關係極大。[32]

2、 吳氏一向十分重視翻譯工作，他認為翻譯必要翻得可靠，翻得確切（信），翻出來讀者可以一目了然，不致如墜五里霧中（達），而其文又不至詰屈聱牙，味同嚼蠟（雅）。必要如此，然後西方的學術思想，方能灌輸入來。不然，隨便亂翻，只有阻塞學問之路，其罪非小。[33]所以早在民國四年八月，便與蔡元培、李石曾、汪精衛等人，發起組織編譯館，編譯書籍。[34]他

[31] 同前註，頁 474。
[32] 黃尊生，〈吳稚暉先生與里昂中法大學之今昔〉，《勤工儉學運動》，頁 425-426。
[33] 同前註，頁 426。
[34] 〈與蔡元培等四人發起組織編譯館條例〉，《吳稚暉先生全集》（中國國民黨黨史委員會，民國 58 年 3 月），卷二，頁 163-166。

到里大後，曾提出一套翻譯計畫，約同十個人，想分工翻譯「法國之科學」（La Science Francaise）一書。可惜沒有結果，只留得他的理想，成為陽春白雪而已。[35]

此外，吳氏在任內，曾設立繙譯秘書，為學生爭取助學金並主張法方所提供的七萬五千法郎津貼應全數用之於教學諸事，而與協會頗生齟齬，這也是他到任一年便黯然離校的原因之一。

協會會長雷賓雖對吳氏甚為尊重，然協會秘書古恆與吳氏之間，相處却不甚融洽，古恆也多半不為第一批的中國學生所喜，據這些學生的回憶，對古恆的共同看法是此人好攬權，作威作福。此種性格實與吳氏的不拘小節背道而馳，吳氏平常雖隱忍不發，然亦伺機予以惡作劇式的反擊，茲舉二例以為證：

1、 古恆常利用一「漢奸」學生做內線，向之打小報告，故校內事無大小，彼輒知曉，自謂精明。時學校男女宿舍各別，不相往還，只吳稚暉親戚馬太太稚齡么女偶到男生宿舍覓其鄉親玩耍。此所謂宿舍亦即自修室，每四生佔一間，或因此女幼不更事，獨不與該鄉親親近而招怨，遂成為其小報告之資料。古恆不察，據以函告校長吳稚暉，謂事關風紀，應嚴男女之防云云。一日，古恆到學校食堂會餐，同席者有吳氏、褚民誼副校長（秘書）及彭襄四人，吳氏忽令工友覓此幼女至，立桌前，食堂用膳同學皆莫名其妙，至此吳氏指謂古恆：「先生日前指之有關風紀女生即彼，先生認其能發生男女關係之風氣問題乎？」古恆搪口結舌，不知所對，尷尬萬分，全堂學生無不喜形於色，甚至有噴飯者。

2、 一次，吳氏在會議時，因古恆誣報里大男女之事，最為光火，突向坐在旁邊擔任翻譯的劉厚說了一句：「他又在放屁！」不知如何，被古恆聽到，便問劉厚：「何謂放屁？」劉說：

---

[35] 同註33。

「Peter，……此字發音為白塔，其意為放屁或放炮！」大家聞此，轟堂而笑！[36]

除了上述與協會秘書之間的一些不愉快之外，吳稚暉也要面對中國學生在校內的一些抗爭。原來中法大學雖說由中法合辦，但法方僅提供校舍，經常費則由中國負擔，因為大部分的錢來自廣東政府籌設西南大學的經費，所以廣東學生較受優待，不惟旅費由公家代出，每年學膳費豁免，並且每月還給數百法郎的津貼。其他各省學生則每年須自籌膳費華幣六百元之譜。由於有這種不同的待遇，乃激起少數學生的不平，演出一次「二十八星宿大鬧天宮」的學潮，有若開庭審判吳稚暉。[37]他們提出平等待遇要求，抗不繳費，甚至公開指責吳校長植黨循私，結果不但氣走了校長，里大校園從此亦不再平靜。

（二）外患——里大事件始末

國人在海外設立大學，可以說是破天荒的創舉。吳稚暉、李石曾等這些服膺「互助論」，提倡勤工儉學的理想主義者當初所懸的目標頗高，他們大概已看清楚，經由儉學會與勤工儉學會西去的千餘學生，「只得普通知識之人才」、「充其量僅得為東麟西爪片紙隻字之垃圾推鼓錘摻錐之機械人」，[38]並不完全符合「今日中國第一要策，需多造就高等教育人才，培養大工程師」的理想，故欲另起爐灶，為華人謀永久固定之教育機關，想為中國培養各處大學裏的得力教授與高等學者。[39]因為這個大學如果辦成，必定可以溝通東西的文明，融合中外的學術，另創一種「新文明」，為人類開一新紀元。換言之，他們要藉里昂海外部那座很平凡的戲台，唱起很高等的曲子；「它強調不是創造人才，而要製造學者，不是製造資格的學者，要想製造真研究

---

[36] 參閱彭襄、劉厚前引文。

[37] 參閱蘇雪林，〈一個五四時代青年的自白〉，《勤工儉學運動》，頁462-470。

[38] 〈褚重行（民誼）君致蔡校長函〉，《赴法勤工儉學運動史料》，卷二，下，頁585；周恩來，《旅歐通信》（北京人民日報出版，1979年），頁44。

[39] 〈里昂中國大學海外部的經過、性質、狀況〉，《勤工儉學運動》，頁361-363。

的學者，也即決不是要製造把學問當敲門磚的學者，而要想製造拿學問消遣終身的學者。」[40]

　　由上述創校理念得知，這個大學當然並不專為勤工儉學生而設，不但不是專為勤工生而設，甚至正是刻意摒斥原來的勤工生而欲另起爐灶的一種安排。問題是當時在排山倒海的勤工儉學浪潮衝擊下，如何能與勤工儉學生完全劃清界限？尤其幾位主事者在募款籌備期間，為了藉勢使力，也經常打出各式各樣的「勤工儉學牌」，以為號召。例如民國八年十二月，當李石曾由法歸國，接受「旅歐週刊」記者訪問時，談到里昂中國大學即曾如此表示：

> 此行歸國最要之事，即里昂中國大學事。此事本係蔡孑民、吳稚暉兩先生來信提及，意謂現時到法留學者眾，應有一固定永久之組織，並使中國學術亦不荒廢，而得收中西學術溝通互證之功，故主擬用賠款之一部分，創設一中西大學，使學生同居共爨，以少數資斧，求高深學問，設立漢學科門，以應學生為國學的研究。至於西學方面，則仍在如法國大學高等專門聽講，能以有組織及簡單生活，較少費用，求得高深學問。……且創辦大學一事，雖非專為儉學及勤工儉學而設，然與二事前途亦大有關係，且勤工儉學同學等，對此事亦必懷有大希望。[41]

及李氏歸國時，曾宣言籌辦里昂中法大學，「即為勤工儉學生謀求學之地」，[42]又曾去電巴黎，主張將勤工儉學機關，併入里昂大學籌備處。即蔡元培到法，答里昂《進步報》（*Le Progrès*）記者，何以要在法辦

---

[40] 同前註，頁359-360。
[41] 〈李石曾先生談話〉，《旅歐週刊》，第9期（民國9年1月10日），第2頁。
[42] 曾琦，〈勤工儉學之兩大問題〉，陳正茂等編，《曾琦先生文集》（中央研究院近代史研究所，民國82年11月），中冊，頁884。

大學之問，亦謂到法學生已達千餘人，開辦大學已有刻不容緩之勢。[43]
而吳稚暉亦有「里昂大學是公開、普遍的、勞工神聖的」之談話。[44]

　　誠如李石曾所言，在法勤工儉學生對海外大學的設立所表現的關切和期望，更甚於任何人。在李石曾談話後，即有一位勤工生投書「旅歐週刊」，對海外中國大學的設立提出四點期望：

第一、希望大學成為模範的「平民大學」，因為國內的學校雖多，但大半都是仿照日、中式的教育，機械的而非自動的，貴族的而非平民的，不能適合二十世紀的民主潮流。今日在海外設立大學，不受本國政府的牽制，自然可依照理想，採取最新的制度，如男女同校、工人夜校應可一一照辦，尤應注意數事：

　1、校內一切事務都由學生自行處理，不假手於教職員，以養成自動和互助的精神。

　2、由學校自辦工廠或與里昂各工廠特別交涉，允學生入廠實習，實行半日讀書，半日作工的辦法，以收身體與精神雙方鍛鍊的實效。

　3、除附設工人夜校外，凡華工之儲有存款，略具程度而志願讀書者，皆可准其插班或旁聽。

　4、對於勤工的同志，須有自由插班的優待，如讀書一年後，要去作工，將來回校，仍須插入二年級。

第二、希望大學成為國際的「文化運動中樞」，因為凡是一種運動，必有其發源的運動中樞，然後可以影響各處，而收較大的效力。因為有了大學，我們的文化事業如出版物、講演會才易於著手，思想既有所承受，也易於傳布。如法人

---

[43] 〈克魯鄒工廠勤工儉學生爭回里比兩大運動團通告〉，《近代史資料》，1955 年第 2 期，頁 204。

[44] 同註 42。

之有志研究東方學術者，可為他們特開班次。如此東西學
術思想，方可溝通融合。

第三，希望大學成為國內的「學術供給場所」，因為我國近年以
　　　來學術之貧乏已達極點，但看國內各書店出版物之寥落如
　　　晨星，比之歐美日本有天淵之隔，並不是國人不需要學
　　　術，實在是從前出國之東西洋留學生，不能運輸學問回去
　　　供給國人。

第四，希望大學成為「人才製造場所」，因現在中國沒有專門學
　　　識，從事社會事業的人，要想有多數人才的出現，自然莫
　　　過於有一製造人才的教育機關。[45]

此文雖然提出四點期望，但不難看出重點在第一項，即主要在為
數以千計的廣大勤工生呼籲請命，希望即將設立的海外中國大學為已
經走上窮途末路的勤工生謀一出路。但觀其四點看法，仍不脫半工半
讀的勤工儉學的模式，這可以說與吳、李等人創校以培養高級人才、
學問家的旨趣相去甚遠。由於這項認知上的差別，因此後來引發許許
多多的紛爭。在吳、李等人的心目中，勤工儉學的政策已經到了必須
由「量變」到「質變」、非改弦更張不可的地步，因此必須一反過去
來者不拒的作法；而在勤工儉學生則認為，里大未開辦前，曾以救濟
勤工生的名義，收受各界捐款甚多，所以是吳、李等人背叛了他們，
遺棄了他們。在「求學無門」的絕望情況下，終於逼迫勤工生走上自
力救濟的道路，這就是里昂中法大學未正式開學前，大批勤工生先行
佔領里大事件的由來。而這一抗爭事件，自然也帶給新任校長吳稚暉
無比的困擾。

中法大學的設立，對於當時已經走投無路的勤工生而言，正可解
決他們的困境，所以人人無不寄以殷切的厚望。及至該校正式成立，

---

[45]〈對於里昂設立中國大學之希望〉，《旅歐週刊》，第 13 期（民國 9 年 2 月 7 日），
頁 1。

由於辦校旨趣的不同，因為有過「二八運動」的教訓和法人的堅持，再加經費的拮据與宿舍一時容量有限，並不能達到「謀得廣廈千萬間，盡庇天下寒士」的目的，而且所招的學生分別由國內北平、上海、廣州等地直接選送，在法者必須經過甄選始可入住，這種捨近求遠、過河拆橋的作法，自然一方面引起在法上千勤工生的不滿，直斥為「貴族子弟海外俱樂部」、「高等流氓養成所」，[46]一方面可說是希望的幻滅，更無異宣告勤工生求學問題的死刑。最後，勤工生在「勤工不得，求學無門」的兩條絕路下，不得不走上以行動佔領里大的自力救濟之路！

　　早在佔領行動之前，勤工生在法已成立不少的團體，發揮了某種程度的團結和領導作用。第一個團體的「工學世界社」，主要成員是在法國的新民學會會員如李維漢、蕭植藩等人，他們在蔡和森的影響下，於民國九年秋間確定了以信仰馬克斯主義和實行俄國式的社會革命為其宗旨。他們以蒙達集（Montargis）為主要活動範圍，故被稱為「蒙達集派」，會員多不工作，而依靠華法教育會的津貼入校讀書，所以當民國十年一月華法教育會宣布與勤工生脫離經濟關係時，此派反應最為激烈，力主要求維持，提出「生存權、求學權」的口號，曾領導巴黎勤工生於二月二十八日包圍我駐法使館請願，俗稱「二八運動」。

　　與此同時，另一派學生仍然擁護勤工儉學的理論，主張「找工」，反對請求維持。這派以趙世炎、李立三所領導的「勞動學會」為代表，在使館請願之後，為表示支持勤工儉學，動員會員及勤工生入廠工作，以行動支持理論，李立三並親自進入克魯鄒（Le Creusot）鋼鐵廠工作，作為榜樣。「勞動學會」的會員多在克魯鄒地區工作。

　　為了落實「求學權」的口號，五月三十日向警予、蔡暢等六位新民學會會員，聯絡李自新等其他女學生共十二人，組織「開放海外大

---

[46] 同註42。

學女子請願團」，發出致國內女界的公開信，要求女生有讀書的權利，要求即將成立的西南大學所屬的海外大學招收女生。[47]此可視為開放里大的先聲。

至民國十年八月廿八日，勤工生集會討論，除盛成外，均以為解決勤工儉學之方法，捨要求開放里、比兩大學外，別無良策。在維持費面臨斷絕，進入里大希望復告破滅之後，民國十年九月五日，在克魯鄒工廠工作的一百四十七名勤工儉學生，在聶榮臻等人領導下，首先發出了爭回里、比兩大學的宣言和通告。宣言甚長，對於里昂、中比兩大學創辦的歷史背景及與勤工生的種種關係和運動的根據，都有明白的說明，不啻是勤工生之最後通牒（ultimatum）。宣言強調，「里昂中法大學和中比大學，是中國平民教育的基礎，在歷史上乃因勤工儉學生而後有，所以要爭回」，並揭櫫「正常的爭攘，不是惡德」的口號。[48]

在致全體勤工儉學生的「通告」中，他們特別指出，要求開放里、比兩大學的三點理由如下：

第一、兩大學為勤工儉學而設已無疑義。今勤工儉學事業遭遇困難，已難於支持，乃放棄責任，舍置不顧，且有人主張遣送回國者，甚或誣毀勤工儉學生的「既無作工之能，又乏勤工之志」，致國人之信用全失，呼籲無門。

第二、現兩大學相繼成立，乃復在國內大登廣告，大招學生來法，是無異過河拆橋之行為。

第三、現代的教育，日趨於平民，貴族式之學校已無存在之餘地。里、比兩大創辦之初，頗合乎平民教育之旨，後為一般軍閥、官僚所破壞，因此為責任計，尤有爭回之必要。

為了爭攘的理論根據，他們進一步揭示了進行運動的具體步驟：

[47] 〈留法女生對海外大學之要求〉，《赴法勤工儉學運動史料》，卷二，下，頁519-524。
[48] 〈克魯鄒工廠勤工儉學生爭回里比兩大運動團宣言〉，同前書，頁529。

第一步：就各地同學組織團體，籌商辦法，舉出辦事人。

第二步：由各處團體，產生一全體爭回里比兩大運動同盟。

第三步：向法國方面及中國在法各要人運動，請為有力之幫助，並向里、法兩大學之當事人，作正式之談判，據理力爭，總期以和平達到爭回之目的。

「通告」最後以警告的口吻說：「若兩校當事人，視我等困難如無視，不肯容納我等之要求，則前途茫茫，危急萬狀，勢不得不鋌而走險，為最後之行動，以求一總解決。」[49]他們並於九月六日創辦了「求學運動」半週刊，作為爭回里比兩大運動團的言論機關。在該刊上有幾句痛切的話：「有錢的，公然有人從他們故鄉將他們招來入大學；受了大學專門的知識的，公然有人將他們招來當大學特待生，眼面前的一群窮而無告的人們，寧肯出五法郎一天將他們當殘廢者供養，再一面從數萬里外用三等艙恭迎一群闊綽的學生來，人們究竟對於里、比兩大這種態度作何感想？」[50]

為什麼這些在克魯鄒工廠做工、原先反對請願、主張勤工的學生，竟會改變態度發動爭回里、比兩大的運動？因為經過半年的實踐，他們的身體和技能都不能承受苦工的折磨，所以大多數棄工不作，領取那一日五法朗的維持費。至此，主張「勤工」者已放棄「勤工」的信念，轉而傾向要求「維持」。

同時，在蒙達集之勤工儉學生也發起，於九月六日在巴黎華僑協社開會，並請各處派代表參預。是日到會的代表連同住巴黎的學生共約二百多人。當日決議分兩種：

1、 解決目前的辦法：

（1）組織各省勤工儉學生臨時委員會，其職務有二：1、籌備組織各省勤工學生聯合會；2、執行目前事務。

---

[49] 〈克魯鄒工廠勤工儉學生爭回里比兩大運動通告〉，同前書，頁531-532。

[50] 周恩來，《旅歐通信》，頁42。

（2）要求旅法各界名人援助，設法維持。

（3）誓不回國。如有報名回國者，即認為破壞團體，群起攻之。但有特別事權者，不在此例。

（4）電南北兩政府及各省政府，速為接濟。

（5）要求使、領兩館設法十五（日）後繼續維持，並暑假後一律送入學校。

2、 根本解決的辦法：

（1）運動里昂、中比兩大學無條件開放，同學各捐一元為運動費。不捐者不與共權利；多捐者聽。

（2）運動退還庚子賠款之一部，作勤工儉學生基金，如運動無效，即佔領里昂大學。[51]

這個決議，與克魯鄒勤工生的作法，可以說大同小異，不謀而合，都是先組織團體，作和平方式的爭取，如若失敗，則不惜採取激烈手段。至此，我們可以說，以克魯鄒為主的「勞動學會」和以蒙達集為主的「工學世界社」合流起來，共同為爭取開放里比兩大學而奮鬥。

「宣言」和「通告」發出後，得到其他留法勤工儉學生的響應和支持，遂在蔡和森、趙世炎、王若飛等人的領導下，在巴黎發起成立了「留法勤工儉學生聯合會」，以統一領導爭回里比兩大學的運動。但克魯鄒工廠的勤工儉學生不贊成組織各省勤工儉學生聯合會，而置現在法國情狀下的各地聯合於不顧，於是十二日他們又發出爭回里比兩大學運動團的第二次宣言，揭了兩項目標：

1、 我們爭回里比兩大學的運動，是在使兩大學能合於全體勤工儉學生之需要，絕對不是使勤工儉學生遷就兩大學；

2、 我們爭回兩大學的運動，其目標是全體的，絕對非部分的。

他們根據了上列的主張，又訂定了幾條辦法：

---

[51] 小青，〈法國勤工儉學生之新運動〉，《赴法勤工儉學運動史料》，卷二，下，頁534-535。

入學問題　　凡勤工儉學生自願入兩大學，兩大學均無條件的
　　　　　　容納。

經濟問題　　由學生舉代表與當事人合組一「經濟籌計委員
　　　　　　會」商榷之。

課程管理及學校內部組織問題　課程須按入學學生情形而
　　　　　　　　　　　　　　　分別編制，管理當由學生自
　　　　　　　　　　　　　　　治，學校內部組織，在事前
　　　　　　　　　　　　　　　當許可學生舉代表參與核
　　　　　　　　　　　　　　　議之。[52]

　　爭回里大的消息傳出後，九月十二日里昂中法大學的校務管理機構即用「里昂中法大學協會」（Association Universitaire Franco-Chinoise）的名義，發出一份法文的「告留法中國學生書」，聲言「這個學校為一高級教育機關」，「我們學院所要養成的青年，在回中國的時候，定當做教授，從事於各種相當科學的研究，將他們在法蘭西所學研究的方法與知識傳播於各地」，並強調「里昂中法大學帶有師範學校的性質。」同時規定，「對於取錄與考試學生，應呈驗文憑或經過考試，由此可行甄別，以便適於高級教育的科目，而利於其鄉國」，最後並且特別指明，「若非官費或有支付款項的確實保證，不能收錄。」[53]這個通告，從宗旨、資格、財力三方面根本封殺，無異粉碎了大部分勤工生想無條件進入里昂中法大學的美夢！

　　同樣內容的一篇冗長通告，也在中國京滬各報上發表，把里昂中國大學海外部與勤工儉學的關係推得一乾二淨，而且特別強調，里昂中國大學海外部不是「棲留所」，不是「大蔽天下寒士的廣廈萬間」。[54]

---

[52] 周恩來，《旅歐通信》，頁 46。
[53] 同前註，頁 47。
[54] 同前註。

　　當里大通告尚未發出之前，克魯鄒勤工儉學同學一百五十一人還聯名給李石曾發出了一封信，對這位勤工儉學的發起人仍然懷抱著無窮的希望，函云：

> 里昂中比兩大學和我們的歷史有密切關係，先生很明白的，我們現在工不能做，學不可求，流離漂落被誘入籠的時候，倒反誣我們為流氓無賴，多在中國招一般有錢的貴子弟來，真合世上所謂「只有錦上添花，哪有雪中送炭」。
>
> 先生，我們的宣言，我們的通告，望先生加以詳察，先生既為勤工儉學的發起人，又為里比兩大的籌備者，責任所在，我們也很願和先生開誠相見。
>
> 至於里比兩大經濟一層，庚子賠款法國也已聲明退還，拿一部分津貼勤工儉學生，且各省也有款來，這件事也不成重要問題。
>
> 先生，勤工儉學生困難極了，社會上的笑罵都起來了，表同情的人也完了，先生感想及此，諒也傷心。[55]

當時李石曾在國內，不久即發生勤工生進佔里大事件，這封信也就如石沉大海，沒有任何回響了。

　　「留法勤工儉學生聯合會」得到里大協會通告，再加上公使館維持費的停發，立即通知各地勤工儉學生派代表到巴黎開會，共商對策。九月十七日，各地代表在蔡和森、趙世炎的主持下，一致通過「為謀勤工儉學生全體的根本解決，以開放里昂大學為唯一目標」，並提出下列三個信條：（1）誓死爭回里大；（2）絕對不承認部分解決；（3）絕對不承認考試。

---

[55] 同前註，頁48。

　　大目標既定，而且有了信條，但在行動方式方面，卻有三派不同的意見。第一派主張在巴黎請第三者作調人；第二派主張靜候里大考試消息；第三派主張先以一部分人遷入里大，再辦交涉。[56]正在爭議難決之際，很快傳來吳稚暉已從國內招收一百五十名學生，將於九月二十四日到達馬賽港，二十五日正式入校的消息，故引起大部分勤工儉學生的憤慨，由於時機緊迫，最後大家表示除了直接訴諸行動外，沒有別的道路。九月二十日清晨，「留法勤工儉學生聯合會」發出如下的緊急通告：

　　（1）本會今日移駐里昂中國大學，巴黎方面留駐巴代表五人。

　　（2）由本會於巴黎、聖日耳曼、楓丹白露、克魯鄒、沙多居里、墨蘭、蒙達集等處同學中，組織先發隊百人，隨同本會出發，佔據里大。

　　（3）各學校各工廠勤工同學接到這通知後，請即日組織援里隊，陸續向里昂出發，最遲於通告到後四十八小時內有代表三人以上赴里昂。

　　周恩來、王若飛、李維漢、蕭植蕃、徐特立等五人則留駐巴黎，負責聯絡，爭取聲援，並隨時與公使館進行交涉。

　　勤工儉學生除通告以上三事外，又以機會不可再，亟當善用機會，遂趁吳稚暉未到法之前，宣布佔據里大之後續行動如下：

　　（1）由各地勤工儉學生聯合委員會主持一切；

　　（2）用中法文宣言，向國內外宣布爭回里大的苦衷及今後建設的方法；

　　（3）通電中央政府、省政府及全國父老速匯款接濟；

　　（4）吳稚暉氏到法後與之正式談判；

　　（5）佔據里大後，根本解決全體，解決的詳細方法及分配等等，由全體勤工儉學生大會議決定之；

---

[56] 同前註，頁49-50。

（6）聯絡各省教育會及旅歐各界運動庚子賠款退還的團體，運動賠款提早退還，並請駐法海外政府幫助這種舉動。[57]

在先發隊赴里昂的前一天，學生代表王若飛等二人曾到使館會晤陳籙，明白告訴他先發隊將在吳稚暉和國內所招新生到來之前，先入里大以待解決，要求陳籙負責和法國政府交涉，並設法救濟在巴同學的生活問題。陳氏滿口答應，當時復向他借得臨時維持費二千法郎，加上在巴同學每人捐助的一法郎，共約二千七百多法郎。此數除分配給情形最困難的同學生活費外，僅能供三十人前往里昂的來回車資，因此巴黎方面只決定去三十八人，其餘按通告中所指定之地點分隊出發。聯合委員會為行動便利和自由起見，限定每人只能帶小皮包一個，並且出發後一切行動都須聽從委員會的指揮。

陳籙在此事件中的態度，頗堪玩味。從各種跡象影示，陳籙是鼓勵勤工生到里昂去的，他甚至允諾支付十萬法郎做為學生至里大的路費及生活費。陳籙（1877-1939），字任先，福建閩侯人，出身馬尾船政學堂，係一標準的北京官僚，他在駐法公使任內，對李、吳等人所發起的勤工儉學運動，大抵抱持一種「幸災樂禍」的態度。分析他何以鼓勵學生進軍里昂，主要有三個原因：（1）他樂於將風暴的中心由巴黎轉移到里昂，以減輕自己的壓力；（2）陳為安福系，與吳稚暉所屬的國民黨人在政治上並不融洽，吳對年輕人有影響力，或可藉此給他製造一點困擾，甚至屈辱；（3）陳籙自己已經吃過不少勤工生的苦頭，他可能有意製造勤工生與法國當局間的摩擦，以此洩憤，並做為報復。[58]此不失為一石兩鳥，借刀殺人的毒計。

先發隊分兩批於二十一日晨先後到達里昂，合共一百二十五人。他們到達中法大學時，校方早有準備，將所有教室、房間的大門都上

---

[57] 同前註，頁 50。

[58] Marilyn A. Levine, *The Found Generation: Chinese Communists in Europe during the Twenties* （Uni. of Washington Press, 1993），p.123、

了鎖。先發隊只好在校後草地上暫待，並指派蔡和森等人為代表與里大當事人之一的褚民誼和法籍協會秘書交涉。勤工生質問：中法大學的創辦費，是用勤工儉學的名義募集來的，為什麼不招收勤工儉學生？勤工儉學生反對禍國借款，是愛國行為，為什麼你們卻和國內的反動政府、駐外的反動官僚一起迫害勤工儉學生？褚民誼與法籍秘書反問他們，何故來此？被何人指使？何以各處的人同時均到里昂？既說無錢生活，何以有路費、事前何以不早通知？委員代表均一一答覆，但問的人終不能諒解他們的苦衷。最後談到居處問題，他們允許預備一間空屋，問軍營中借用幾副舖蓋，惟出入不能成群，並說：「要是你們不安分，便將你們送到馬賽去！」[59]其後，這些隊員被按上「無錢、無學、革命黨」的罪名，遭當地警廳派來警察監視，並將隊員隨身所帶的居留證與護照全行收去。

翌日（二十二日），全體先發隊員被警察強行送入蒙呂克（Montluc）兵營拘禁。消息傳到巴黎，駐巴代表當即往見陳籙，要他趕緊向法政府交涉，解除監視，恢復各人的自由。陳籙遂派副領事李駿（顯章）於二十三日晚上至里昂瞭解情形。李駿的到來，名義上是保釋先發隊的同志們，實際下卻負有陳籙暗授的相反的秘密使命。自李駿到里昂後，警察對學生們的監視日加嚴緊，原有的一些行動自由也被取消了。同時這一事件又由里昂地方移歸法外部處理，這就更增加了問題的複雜性。李駿見他的使命已經完成，遂於二十九日返回巴黎復命。

里昂輿論最初似乎同情抗議學生。九月廿四日，市議會開會討論此一棘手問題。里昂市民承認，募款支持需要幫助的學生實已超過他們的能力；而另一方面，他們又得到消息，有五百名更多的抗議者已經出發上路。法國「人道報」（L'Humanité）則稱此舉為「黃禍」，以

---

[59] 周恩來，《旅歐通信》，頁 51。

「中國人侵入里昂」為標題,不無厭惡恐怖之意。[60]更重要的是,里昂中法大學的法國當局,絲毫不同情抗議者,無論古恆或雷賓,都一再強調「里昂中法大學不是年輕無錢的中國學生的避難所或臨時旅館」,堅決的要與勤工儉學運動劃清界限。[61]

九月二十五日吳稚暉所率領的國內新招學生到達里昂,受到里昂輿論界的歡迎,里昂《進步報》(Le progrès)曾以「歡迎你,中國朋友」為標題,表示歡迎之意。[62]吳稚暉一則以喜,一則以憂,因為勤工生抗議的陰影仍揮之不去,故當天下午即由副領事李駿陪同到兵營探望被拘禁之學生。吳表示,這次拘禁同學,決不是中法大學方面的主張。他說中法大學無論如何腐敗,至少總有點反對軍閥官僚的空氣,豈有跑到外國還借外國武力壓制學生之理?二十七日下午被囚學生派代表十人加上來自克魯鄒的羅承鼎,在里大附近的協和飯店樓上會議,當時議定八條辦法如下:

(1) 由勤工儉學團體調查確實勤工儉學生人數;

(2) 以里大房屋能容限度為招收勤工學生人數之標準;

(3) 入學手續由勤工儉學生團體自定;

(4) 勤工儉學開辦費由里大開辦費內開支;

(5) 不入里大者得以相當之經濟額,入其他指定之學校;

(6) 自願作工者得受相當之補助;

(7) 經費籌集由中法政府、中法青年監護團、里大及與勤工儉學有關係之團體共同組織經濟籌備委員會籌集之;

(8) 所籌得之經費交由里大分配。

下午五點,代表們到里大與吳稚暉和李駿討論解決勤工生問題。吳一看學生所開的條件即道:「這種辦法,我極端贊成,但我有些做

---

[60] 曾琦,〈勤工儉學風潮之擴大〉,《曾琦先生文集》,中冊,頁890。

[61] Marilyn A. Levine, *The Found Generation: Chinese Communists in Europe during the Twenties*, pp.125-6.

[62] Ibid, p.126.

不到。」他表示,里昂中法大學絕對不能用以解決勤工儉學問題。「至於里、比兩大學容納人數,里大只能容納二十人,因為以里大的預算每人每年須三百元。里大本打算以六千元請兩位中文教員,現在不請了,以此款作你們二十人的費用。你們入校不用考試,由你們自己推選。比大可以容一百人,但須分作四年進去,今年只能去二十人。里大的房子雖多,卻沒有修理。這一棟修理好了的,從前估工只要十二萬佛郎,現在計算下來,用去八十九萬佛郎。那棟房子照樣修理,至少也要八、九十萬,這筆款子實在籌不出。若說不必修理,大家搬進來,那末里大又要變成華僑協社。你們今晚進來,我明早就走。里大的經費都在李石曾手裡,你們要這樣辦,可打電報問他要,我不敢負責。……我這次來,是替李石曾幫忙,恢復他的名譽。你們如果愛惜石曾,當然愛惜里大,你們要將里大弄糟,我不走,對不住李石曾。」

大家向吳要求,將里、比兩大名額稍為擴充,他於是又說:「這是我開腸破肚的話,沒留絲毫餘地等你們還價的。我素來說話是不折不扣的,我同李石曾兩人做事每每失敗,也是吃了說話不折不扣的虧。總而言之,里大無所謂開放不開放,只是一個經濟問題。」[63]而這個經濟問題,卻不是吳稚暉等人短期間內所能解決的。

留駐巴黎的幾位勤工生代表,如周恩來、聶榮臻、王若飛、徐特立等四處奔走,進行營救,並往見陳籙,要求三事:(1)拍電安慰被拘同學;(2)用電話請吳稚暉速來巴黎,商定根本解決的事;(3)嚴重向法政府交涉恢復學生自由,即不能立時全體釋放,亦請先放十代表,好與吳稚暉到巴黎磋商一切辦法。第三者方面有石瑛(蘅青、湖北人)、黃齊生(係貴州紳士)兩人出面調解,[64]但仍無結果。

---

[63] 羅承鼎,〈勤工儉學生爭取開放里大鬥爭的經過〉,《赴法勤工儉學運動史料》,卷二,下,頁557-559。
[64] 筱青,〈留法儉學生被迫回國之原因〉,同前書,頁545-546。

　　先發隊經二十餘天的拘禁後，終以四項罪名：（1）不得主權者許可，擅入人室；（2）侮辱市長；（3）發散傳單；（4）與共產黨的新聞記者接近，[65]而於十月十四日被押送至馬賽乘法輪寶勒加（Paul Lécat）號回國，結束了一場以武力強佔里大校舍事件，也結束了吳稚暉校長未到任即熱烘烘演出的一場外憂野台戲。外憂雖然暫告落幕，但從此里大校園風波不斷，吳稚暉不得不急流勇退，而於民國十年十二月赴英，翌年五月又至里昂居住，十月回國，結束了他與里昂中法大學間的一段緣。

五、結語

　　里昂中法大學的創辦，在中外文教合作史上，尤其中法教育史上，確屬一樁創舉；沒有吳稚暉、李石曾等人的崇高理想，沒有蔡元培、汪精衛等人的贊助以及法國友人，特別是里昂各界人士的熱心支持，將不可能實現。它的最大致命傷在於經費上「先天不足，後天失調」，[66]因此學校辦學始終在現實與理想中掙扎，在風雨飄搖中苦撐！

　　從以上的個性描述與行事風格分析，我們發現，吳稚暉空有理想與滿腔熱誠，但實在說不上是一個稱職適任的校長，更非一個優良的行政幹才。他毋寧是一個先知先覺型的理論家、提倡者，但絕非是一個能忍辱負重的執行者。

　　更重要的是，在面對勤工生強佔里大事件的危機處理上，我們看到他遇困難則退縮、推諉、逃避，沒有堅持到底的勇氣，更缺乏「萬千重擔一肩挑」的豪情，絲毫無復當初倡議海外中國大學，要「謀得

---

[65] 周恩來，〈勤工儉學生在法最後之運命〉，《旅歐通信》，頁55。
[66] 有關經費的問題，另請參閱拙著《勤工儉學的發展》（台北，東大公司，1988）一書，而吳、李等人之所以急切掛招牌，勿促開辦中法大學，主要在於爭取庚子賠款的補助，不料事與願違，這也是辦學理想無法落實的最大原因。

廣廈千萬間,盡庇天下寒士」的壯志。廉頗老矣!吳稚暉提倡勤工儉學,不意最後卻栽在勤工儉學生身上!

里昂中法大學因吳稚暉的倡議而得以創立,也因他個人的不按牌理出牌和與法方壞的合作開始,而遺留下一個難以收拾的爛攤子。對勤工生而言,固然「天上飛的雀兒肉,苦命娃兒是吃不到的」,但就中法大學本身而論,同樣也有一本十分難念的經,它的路程仍是崎嶇不平的!

(原載《郭廷以先生九秩誕辰紀念論文集》,上冊,頁 203-238)

第四輯

知識份子篇

晚清知識份子法國觀的考察

一、前言

　　近世以來，中國對於西方世界隔膜異常，甚至國名與方位亦混淆不清，遑論其他。自雍正禁教後，中西接觸中斷，偏偏這正是歐洲文明進步最神速、變化最大的時期，而中國在天朝意識下，過的仍是一種鎖國孤立、深閉固拒的虛驕狀態，對於外在世界的巨變幾乎懵然無知。及至西人以船堅砲利一再叩開中國的門戶，歷經鴉片戰爭到英法聯軍的連番挫敗，中國始猛然驚覺，而有李鴻章所說的「三千年來一大變局」，張之洞所體認的「自上古以迄於當代前所未有之變局」的醒悟，可見對中國衝擊之大。

　　於是，當一個半世紀之前的晚清中國，在面臨「三千年來一大變局」之際，知識份子開始自覺，研究如何「開眼看世界，走向世界」。雖然受時代的局限，中國在走向世界的過程中，充滿著屈辱和挫折，惟「失敗為成功之母」，從前人的經驗中吸取教訓，從歷史的長河裡尋找寶典做為借鏡，司馬遷所謂：「前事之不忘，後事之師也」，就是這個道理。這也是史家責無旁貸的使命。

　　知識份子是社會的良心，乃國家重大支柱。所謂知識份子即西方所沿用的 Intellectuals，傳統中國所指的「儒」、「士」、「士大夫」。根據王爾敏的說法，知識份子的四個重要指標是：（1）有開拓並延續民族文化的使命感，所謂「為往聖繼絕學、為萬世開太平」；（2）有擔負國家政治責任和關心政治的興趣，所謂「學而優則仕」；（3）有謀求全民幸福的抱負，所謂「窮則獨善其身，達則兼善天下」；（4）有悲天憫人

的情懷，淑世之熱腸，所謂「先天下之憂而憂，後天下之樂而樂」。具備這四個條件，有學識修養和思想能力的人，才配稱為知識份子。[1]

二、混沌初開——鴉片戰爭前後的法國觀

面對西力的衝擊，洋人挾船堅砲利來叩關，向以天朝自居的中國人不得不與之接觸，不得不應變求變，不得不學習外國的長處，以對付外國的侵略，即魏源所說的「師夷之長技以制夷」。所以說，中國之走向世界是被動的，應變也是不得已的行動，西化或近代化同樣是不得已的選擇。其間的過程曲折多變，更充滿著心酸。

（一）地理知識——從模糊到精確

17 世紀之前，中國人對法國幾乎一無所知。那時中國人往往把葡萄牙人、西班牙人，即偽「佛郎機」當作真法國人即「法蘭克」，兩者混淆不清。中國與法國的交往遠遠落在葡萄牙、西班牙、荷蘭、英國、義大利等國之後。1623 年，義大利傳教士艾儒略（Julias Aleni）在他所著的《職方外紀》一書中第一次向中國介紹了世界各國的人文地理，其中提到法國，把它稱為「弗蘭察（祭）」，[2]但國人對其地理位置，僅有模糊的概念，並不清楚。例如：《明史·外國傳》云：「佛郎機近滿剌加(今麻六甲，Malacca)」，[3]實則兩地相去豈止數萬哩。《澳門紀略》謂：「佛郎機在占城（Champa，越南本部）西南」，[4]所以國人一向錯把它當成南番。

---

[1] 王爾敏，〈清季知識份子的自覺〉，收入氏著，《中國近代思想史論》（台北：榮泰印書館承印，1977 年 4 月），頁 97。
[2] 樓均信主編，《中國法國史研究信息》（杭州：浙江大學出版社，1999 年 10 月），頁 4。
[3] 《明史》（涵芬樓影印線裝本），卷 325，列傳 213，外國 6，〈佛郎機〉，頁 19。
[4] 印光任、張汝霖，《澳門紀略》（台北：成文出版社，1968 年 8 月台一版），澳蕃篇，頁 6。

　　梁啟超說，中國士大夫之稍有世界地理知識者，實自魏源之《海國圖志》始。但魏氏之前，必須一提林則徐。林則徐（1785-1850），福建侯官人。在鴉片戰爭前，西方國家在中國人心目中漆黑一團，為了探求西洋的事務及明白世界情勢，林則徐曾下令搜集外國人在廣州、澳門用中文出版的各種刊物，並網羅通曉英文的翻譯人才入幕。首先翻譯出版了《四洲志》，這是譯自 1836 年倫敦出版的慕瑞（Hugh Murray）所著《世界地理大全》（Encyclopedia of Geography）一書，介紹了亞、非、歐、南北美主要國家的歷史地理，也扼要介紹了沙俄擴張的歷史。書中對法國的情況已有精實的描繪：「佛蘭西國古曰俄爾（高盧，Gaul），先屬意大里亞，始學文學，故尊加特力（天主）教，為歐羅巴州富強之國，惟與英吉利不睦，世尋兵戈，俗尚奢華，虛文鮮實，精技藝，勤貿易。」[5]短短數十字，對法國的地理、歷史、民情與風俗已有畫龍點睛式的介紹，頗符合實情。但總的來說，《四洲志》的內容比較簡略，林則徐對西方的認識仍屬有限。

　　魏源（1794-1857）字默深，湖南邵陽人。他以林則徐的《四洲志》為藍本，加上歷代史志及近日夷圖夷材，撰成《海國圖志》一書，分別將世界各國的地理歷史政教民情逐洲逐國的加以介紹。

　　中國人怎樣看世界，是魏源編寫《海國圖志》所注意的一個面相。《海國圖志》介紹說：「佛蘭西國北方與英吉利對峙，僅隔一港（海），並近荷蘭；東界耶瑪尼國（日耳曼）、瑞國（瑞士）、意大里國，南抵海，並比利里山（比利牛斯山），西抵大洋，四圍非山即海，形勢崎嶇。」[6]大體尚屬正確。

　　魏源由於不能親自閱讀西方原文著作，又得不到更多外國資料，所以在對形勢的估計上往往表現出一種盲目的樂觀甚至是錯誤，比如

5　林則徐譯，《四洲志》（小方壺齋輿地叢鈔再補編，台北：廣文書局據上海著易堂版本印行，1964 年 1 月），第 12 帙。
6　魏源編纂，《海國圖志》（台北：成文出版社據清道光版印行），第 4 冊，卷 27，頁 1。

他認為美國和法國可聯合攻英國則是不大可能之事，魏源作此假設，只因對西方資本主義的歷史缺乏了解。另外魏源還認為這是英國人探得美洲，耶穌教和伊斯蘭教都出自印度婆羅門教，則是明顯的錯誤了。但瑕不掩瑜，《海國圖志》仍是中國近代史上第一部介紹世界史地的大書，對於當時人認識西方有極大的影響。[7]

徐繼畬（1795-1873），山西五台人，進士出身。在他任職福建布政使、福建巡撫時，曾據美國傳教士雅裨理（David Abbel）之西洋地圖，並印証古籍，撰成《瀛環志略》一書，該書雖不如《海國圖志》繁富，但較為簡明，且更具系統。梁啟超於18歲時得讀《志略》，始知有五大洲各國。

《瀛環志略》對法國做了9頁的文字說明，介紹了法國的地形地貌和氣候特徵。就地理而言，書中主要述說兩點：（1）法國的地理位置：東北界比利時；西北與英吉利隔海港相對；東界日耳曼、瑞士；東南界意大里亞暨地中海；西抵大西洋海；西南界西班牙。完全正確。（2）國名用佛郎西，然後註明尚有其他六種譯名：佛蘭西、法蘭西、佛郎機、佛朗機、拂朗祭、荷蘭西，[8]從此與葡萄牙、西班牙劃清界限，佛郎機變成法蘭西的專用名詞了。

姚瑩（1785-1852），字石甫，安徽桐城人。1838年接任台灣兵備道，鴉片戰爭期間，英船犯台，因觸礁擱淺，姚氏將大批俘虜就地斬決，遭英方抗議，清廷派員查辦，為戰爭期間平添一段插曲。

姚瑩留心域外史志，晚年致力尤勤，舉凡國人古今著述均加瀏覽並研考比較，註其異同。1842年據所獲英國地圖及英俘口供，而成《英吉利地圖說》，舉凡英國衣冠、風俗、民情、物產、國勢等，在圖說中亦略有記載，尤其對英國海外殖民通商碼頭，考察甚詳。另撰《康

---

[7] 安宇、劉旭著，《魏源傳》（北京：團結出版社，1998年8月），頁173。

[8] 白清才、劉貫文主編，《徐繼畬集》，第1冊（山西高校聯合出版社，1995年7月），頁194。

輶紀行》16卷，雖係奉使乍雅及考察木多撫諭番僧時作，但也論及佛、英等外夷。該書引《皇清四裔考》、《職方外紀》、《澳門每月統計傳》、《海防餘論》、《海島逸誌》等書，對法國亦有所論列，稱佛蘭西「地廣人多」、「國大人眾，英圭黎（英吉利）所畏懼也」，[9]大抵不出前書窠臼，並無新意。

　　要之，道咸二朝（1821-1861），國人所撰著之域外地理圖書，至少超過二十種之多，前列四種乃一般讀者比較耳熟能詳者，其共同特色有四：（1）無論撰者或譯者都沒有出過國門親身考察；（2）資料大多取材自西書，靠間接采輯而來，並且輾轉雜抄，重複或雷同隨處可見；（3）尚停留在紙上考察階段，難免有敘事不周或張冠李戴之錯誤；（4）混沌初開，對國人的地理知識富有啟發作用，並成為新派人物瞭解西方必備與必讀之書。

（二）人的看法──從偏頗到客觀

　　廣東大埔人，曾就讀格致書院的楊史彬曾轉述道：「泰西為蠻貊戎狄之國，中國實聲明文物之邦。」[10]從這個現象可知，自16世紀中葉到19世紀中葉，國人對西洋人與西方文化的看法，有頗多偏頗之處。

　　首先，我們來看明代人對發現新航路首航東來的葡萄牙人的印象：《明史·外國傳》云：「其人長身、高鼻、貓睛、鷹嘴、拳髮、赤鬚」。以貓、鷹等低等動物形容泰西之人，不無隱含貶輕之意。

　　在當時地方官員的報告中，且語多帶負面的評價，如「夷性難測」、「絞陰」、「兇絞」、「桀悍」、「桀驁如初」、「恃強陵轢」。對他們「剽劫行旅」、「掠買良民」、「烹食嬰兒」的野蠻行為則表示不齒。這

9　姚瑩撰，《康輶紀行》，收入《筆記小說大觀》（台北：新興書局，1960年），三十編，卷12，頁21。

10　中央研究院近代史研究所編，《近代中國對西方列強認識資料彙編》（1986年8月），第3輯，第2分冊，頁830。

些橫渡大洋而來的歐洲客不為中國人所喜歡的理由,尚有「不知禮」、「不恭順」和「蔑視官吏」等等片面之詞。

　　至鴉片戰爭發生時,在朝野上下和一般士大夫的心目中,西方似乎仍然是一個未開化或半開化的蠻荒世界,其文化程度至堪懷疑。例如直隸總督琦善在一開始與英人接觸時,便曾說英國是個「蠻夷之國,犬羊之性,初未知禮義廉恥,又安知君臣上下。」署兩江總督裕謙也同樣認為「西洋諸國,惟利是視,但知貿易,無他技能」,更談不上什麼「禮樂刑政」之類。

　　英人是夷,所以在文武百官的奏摺中,充斥著「英夷」、「夷船」、「馭夷」、「禦夷」、「制夷」等字眼。有趣的是汪仲洋有一首詩,形容英人「鷹嘴貓眼鬚髮赤,錦纏花腿到腰身」,小注云:「英夷之腿極長,青布裹纏,直立,不能超越騰跑。睛色碧,畏日光,卓午不敢睜視。」[11]除了看到明代人的影子外,國人對洋人的認識歷經一、二世紀似乎並無長進。

　　但取材自西文資料的《瀛環志略》,對西洋人的描繪已逐漸擺脫一些帶有輕視與偏見的字眼,而回歸到正常用語,例如:「歐羅巴之人,長大白晰、隆準、深眶黃睛(亦有黑睛者),鬚多連鬢,或繞頰,有條直似中土者,有拳曲如虬髯者,……鬚與髮多黃赤色,間亦有黑色者,女子髮與睛亦然!」

　　該書形容英、法兩國民族性則說:「英吉利之人……心計精密,作事堅忍,氣豪膽壯,為歐羅巴諸國之冠!」;「歐羅巴用武之國,以佛(法)國為最。爭先處強,不居人下,偶有凌侮,必思報復。其民俗慷慨喜戰,……有小戎鐵駟之風。其用兵也,仗義執言,不似諸國之專於牟利,故千餘年中,侮亂迭生,而虎視泰西,國勢未嘗替削。」[12]

---

[11] 王爾敏,〈十九世紀中國士大夫對中西關係之理解及衍生之新觀念〉,前引書,頁5及註4。
[12] 《徐繼畬集》(一),頁203。

　　《萬國地理全圖集》（作者闕名）對法國人則褒貶參半，不乏平實客觀的剖析：「（法國）國民最精神好禮，厚待遠客，男女會集歌舞，惟樂目前，不慮久遠。危時敢作敢為，寧死不居人下。其女巧言如簧，甚悅人意，但不甚守禮；其民輕諾寡信，豪興喜武，是以常與各國肇釁，效死言戰。」[13]鄒弢在所著《風俗考》則謂：「法蘭西人聰明桀驁，為歐洲難治之國。……天性好鬥，且豪爽自喜，終日歌舞無戚容。……國人文教在歐洲上中之間，而思慮精明，工於製造。」[14]

　　恭親王對法國人亦有獨特的批評：「英與法同為強國，而法人情性較之英人尤為恣睢暴戾！」[15]

　　從以上所引的零星片段資料可知，在道咸時代，國人對法國人的印象，大致可綜合歸納成以下幾點：

　　1、法國為歐洲強國之一；
　　2、法人思慮精明，精技藝，工於製造；
　　3、俗尚奢華，笙歌艷舞，及時行樂；
　　4、天性喜武好鬥，常與各國尋釁動干戈。

三、奇技淫巧──大觀園式的法國觀

　　在林則徐、魏源、徐繼畬之後，中國才開始有讀書人踏出國門，到歐美、日本去學習、游歷和出使，真正開眼看世界，走向世界。

　　19世紀中葉的歐洲，已經建立起以蒸氣機為主要標誌的工業文明。輪船、火車、電報、電話和各種製造機器，已經在廣泛使用。所有這一切，對於初出國門的中國人來說，不僅是見所未見，而且也是聞所未聞，所以樣樣充滿新奇，大表讚嘆，有如劉姥姥初進大觀園。在嘖嘖稱奇之下，自然留下豐富的紀錄，供我們玩味欣賞。

---

[13] 《萬國地理全圖集》，收入《小方壺齋輿地叢鈔》，同註5。
[14] 《近代中國對西方列強認識資料彙編》，第3輯，第2分冊，頁967。
[15] 《近代中國對西方及列強認識資料彙編》，第2輯，第1分冊，頁461。

（一）都市景觀

當時國人出洋，都係乘船，一般多從馬賽（Marseille）登岸（蘇伊士運河開通以後），再轉乘火車經里昂（Lyon）抵達巴黎（Paris）。所以馬賽、里昂、巴黎三地自然成為旅遊者刻意著墨的城市，它可以相互比較，也可與倫敦和美洲城市比較，而益顯其多采多姿的都市景觀。

1、馬賽

馬賽是從地中海踏入法國的第一站。我們先看斌椿的第一個印象。斌椿（1804-?），漢軍正白旗人，經總稅務司赫德（Robert Hart）延請辦理文案。1866 年率同文館學生德明等赴歐洲游歷，著有《乘槎筆記》及詩集《海國勝游草》、《天外歸帆草》。

斌椿在踏上法國土地的第一天，便以中國士人所習用的詩歌形式來表達他對馬賽的觀感：「到處光如畫，真同不夜城；珠燈千盞合，火樹萬株明；畫檻雲中列，香車鏡裡行；夜游須達旦，何必問朝更。」[16]《乘槎筆記》則進一步介紹馬賽，「但見街市繁盛，樓宇皆六、七層，雕欄畫檻，高列雲霄。至夜以煤溢燃燈，光明如畫，夜游無須秉燭。聞居民五十萬人，街巷燈火，密如繁星，他處元夕，無此盛且多也。」[17]整齊的高樓，繁盛的街市，夜晚燈光如畫，在在留給斌椿深刻的印象。

王韜（1828-1897），江蘇長州人，同治六年（1867）應理雅各（James Legge）之請赴歐洲，撰有《漫游隨錄》。他對馬賽的評價，極盡讚美之能事：「馬塞里，法國海口大市集也。至此始知海外圜圚之盛，屋宇之華。格局堂皇，樓台金碧，皆七、八層。畫檻雕欄，疑在霄漢；

---

[16] 斌椿，《海國勝游草》，收入鍾叔河主編，《走向世界叢書》（長沙：岳麓書社，1985 年 5 月），第 1 輯，第 1 冊，頁 164。

[17] 斌椿，《乘槎筆記》，上引叢書，第 1 輯，第 1 冊，頁 107。

齊雲落星，無足炫耀。街衢寬廣，車流水，馬游龍，往來如織。燈火密於星辰，無異焰摩天上。寓舍供奉之奓，陳設之麗，殆所未有。」[18]

2、里昂

里昂是從馬賽到巴黎乘坐火車的必經中途站。不過兩大之間難為小，它自然不如馬賽令人第一印象深刻，亦不及巴黎之富麗堂皇，故受到青睞程度較小。

德明（張德彝，1847-1918）係同文館學生，漢軍鑲黃旗人，1866年隨赫德、斌椿遊歷歐洲，歸國後留下一部《航海述奇》。他對里昂（Lyon）有簡短的描述：「比至呂陽（里昂），見兩岸樓房，明燈棋布，因城傍類恩河（Rhône）也。」[19]斌椿從馬賽乘火輪車，行847里至里昂，他對該地的印象有詩為證：「半日飛車疾，行成八百遙；樓台插銀漢，燈火出林梢；紫陌塵全洗，清泉珠亂跳。館人勞款接，引客上層霄。」[20]斌椿甚至稱讚過里昂「繁盛倍於馬賽。」[21]

王韜夜半從馬賽乘火車經過里昂，只看到里昂的夜景，「從車牖中望之，火若繁星，光明不夜。車不及停輪，其去若駛。午正至巴黎斯，即法國都城也。其氣象之繁華，規模之宏遠，雷昂（里昂）所弗逮也。」[22]

3、巴黎

巴黎乃法國京城，獨領歐洲風騷二、三百年，是國人遊歐不可不訪之景點，且看大家如何從不同的角度，謳歌巴黎，讚美巴黎！

最早踏上巴黎的是德明，他對巴黎的觀察十分細緻而且講究現實性。「法國京都巴黎斯，……居民百萬，閭巷齊整，樓房一律，白石

---

[18] 王韜，《漫游隨錄》，前引叢書，第1輯，第6冊，頁82。
[19] 張德彝，《航海述奇》，上引叢書，第1輯，第1冊，頁484。
[20] 斌椿，《海國游勝草》，上引叢書，頁164。
[21] 斌椿，《乘槎筆記》，上引叢書，頁108。
[22] 王韜，《漫游隨錄》，上引叢書，頁82。

為墻，巨鐵為柱，花園戲館，茶樓酒肆最多，四圍火輪車道，遙望如蛛網。甬路胥以小方石墁平，專行車馬，寬若三丈許。兩邊石砌高起半尺，寬約丈五，皆煤油與白沙抹平。數武植樹一株，如桐如楊，以便行人游憩。每兩三樹後，置一綠油長凳。又兩樹間立一路燈，高約八尺，鐵柱內空，暗通城外煤氣廠。其上玻璃罩四方，上大下小，狀如僧帽。每隔半里，有一銅眼機關，通於水道。每晨每午，有人以皮筒插於銅眼，轉則水出，遍滌街道，後皆順石砌流歸於海。隨時有車撮取糞土，以及舖戶泔水等。樓上樓下皆有銅筒通於地道，若溝洫然。又每十數間，有圓房周約二圍，以便行人便溺者。其路途之整潔，可想見也。而途中無肩挑貿易者。」[23]一個現代化城市所應具備的諸項公共設施，如行道樹、路燈、下水道、公廁、污水糞便處理等無一遺漏，令人印象深刻。

兩年後，德明重遊巴黎，他所見的巴黎街道，「較倫敦廣三、四倍，其整齊潔淨，在泰西諸國為第一。街市繁華，樓台峻麗，氣局闊大。晝夜車聲粼粼，行人如蟻，衣履修整，安靜無嘩，醉人亦鮮有歌唱者。」[24]

旗人志剛，曾任總理各國事務衙門章京，於1868-1870年期間參加蒲安臣（Anson Burlingame）使團出使歐美各國，遺有《初使泰西記》。他對巴黎街道的平坦乾淨，頗有好感：「在法國都邑巴里司（黎）租寓。偶往通衢一遊，則道途平坦，中為車路，旁走行人。夾路植樹，樹間列煤氣燈，徹夜以照行人。道旁水管，下通溝渠。每日，司途者以牛喉吸水灑路，淨無塵埃。」[25]

王韜在《漫游隨錄》中除稱道法京巴黎，「其氣象之繁華，規模之宏遠，雷昂（里昂）所弗逮」外。並指出此一歐洲大都會，「其人

[23]　張德彝，《航海述奇》，前引叢書，頁490-491。
[24]　張德彝，《歐美環遊記》，上引叢書，頁727。
[25]　志剛，《初使泰西記》，上引叢書，頁305。

物之殷闐，宮室之壯麗，居處之繁華，園林之美勝，甲於一時，殆無與儷。」[26]

郭嵩燾（1818-1891）於 1876 年奉派出使英國欽差大臣（後兼使法國）。這是「天朝帝國」派出了同「地上的世界」接觸的第一位正式代表。他對巴黎與倫敦有簡單的比較：「巴黎街道更較倫敦為寬，或街心種樹兩行，或左右各種一行，樹外開流水溝。房屋整齊，不似倫敦之高，而一望鱗次櫛比，其富庶之來遠矣！」[27]

李圭（1842-1903），江蘇江寧人，受寧波海關稅務司好博遜（B. Hobson）聘司文牘事，1876 年代表中國參加美國費城萬國博覽會，作《環遊地球新錄》。他先到美國，然後走倫敦到巴黎，對巴黎的城市景觀做了一番比較：「巴里（黎）法國京城也。……其實無城也。城內區為二十邑，設官分治，總轄於府尹。……塞納河由東南入城，形若弓背，流至西南而出，深廣清澈，可行輪舟。居人約二百萬。街衢闊大潔淨，兩旁多植樹木，綠蔭蔽道。列肆若蜂房，整齊華麗。屋皆六、七層，每層戶洞護以鏤花鐵欄，塗金彩，異常美觀，英、美皆不及也。無晝無夜，車馬往來不絕。居人素游宴，衣尚鮮華。他國之人來此，亦游玩居多，無不艷羨之，甚有樂而忘返者。與英京倫敦並論之，倫敦為天下財貨薈萃之區，巴里為泰西第一名勝之所。」[28]

德明筆下的倫敦與巴黎景觀幾乎大同小異，只是空氣清濁有所差別而已。他記載：「倫敦周可百里，居民二百萬，道路平坦，園林茂盛，街巷整齊，市廛繁盛。樓高皆六、七層，其色紅白各異。法國燒木，其煙清輕而上騰；英國燒煤，其煙重濁而下注，故樓房易於黑暗。」[29]

---

[26] 王韜，《漫游隨錄》，前引叢書，頁 83。
[27] 郭嵩燾，《倫敦與巴黎日記》，上引叢書，第 1 輯，第 4 冊，頁 554-555。
[28] 李圭，《環游地球新錄》，上引叢書，頁 295。
[29] 張德彝，《航海述奇》，前引叢書，頁 501。

（二）對現代科技的讚賞

1、火輪車（火車）

火車的發明和使用是 19 世紀西歐工業革命重要的一環。我們先來看斌椿初次乘坐火車的感覺：「雲馳電掣疾于梭，十日郵程一剎那；回望遠峰如退鷁，近看村舍似流波；千重山嶺穿腰去，百里川原瞥眼過；共說使星天上至，乘槎真欲泛銀河。」[30]再看看他的觀察：「前車（火車頭）為火輪器具，燒石炭，貯水激輪。後車以巨鉤銜其尾，蟬聯三、四十輛，中坐男婦多寡不等。每輛如住屋一所，分為三間，間各有門。……搖鈴三次，始開行，初猶緩緩，數武後即如奔馬不可遏。車外屋舍、樹木、山岡、阡陌皆疾馳而過，不可逼視。」[31]

德明的《航海述奇》是國人最早到歐洲遊歷所寫的遊記。他對火車的觀察，尤其車廂內的裝設佈置、分等，鐵路上的鐵橋、隧道，沿途候車室的情況都有十分細緻的描寫，但仍然比較偏重實用面，最後他下結論說：「此舉洵乃一勞永逸，不但無害於商農，且裨益於國家。西國之富強日盛，良有以也。」[32]新事物啟發新思想，在這寥寥數語中表露無遺！

王韜初乘火車的感覺是：「始行猶緩，繼則如迅鳥之投林，狂飆之過隙，林樹廬舍，瞥眼即逝，不能注睛細辨也。」他形容「火輪車之迅捷，真如飆飛電邁矣！」[33]

其後國人出洋者漸多，對於火車奔馳的速度，都異口同聲讚嘆不已！

袁祖志（1827-?），浙江錢塘人，係袁枚後代，1883 年曾隨唐廷樞遊歐，作《談瀛錄》6 卷，內云：「機車既行，眾車隨之。其迅速如

---

[30] 斌椿，《海國游勝草》，上引叢書，頁 163。
[31] 斌椿，《乘槎筆記》，上引叢書，頁 104。
[32] 張德彝，《航海述奇》，上引叢書，頁 484。
[33] 王韜，《漫游隨錄》，上引叢書，頁 79、83。

箭之離弦，鳥之展翼，耳中但聞風聲而已！」「較之輪舟，既無風濤之險，遂無眩暈之憂。且同一不翼而飛，不脛而馳，人則逸而不勞，期則速而不淹。雖起古人於九泉，亦當驚為奇絕。」[34]

曾任駐英公使的劉錫鴻，特別稱道火車是「古今之奇觀，絕世之巧術。」他這樣說：「行不致顛簸，亦不暈眩，雖崇山峻嶺，巨壑深澤，穴以通車，則悉成平地，而無攀躋跋涉之苦，此實古今之奇觀，絕世之巧術。」[35]

以隨員身分與福州船廠學生於 1887 年一同出洋學習，曾在法國肄習國際公法與外交的馬建忠（眉叔，1845-1899），對火車的快速和鐵路運輸的功用也大表欣賞。他說：「蓋其飆馳電掣，任重致遠，行萬里若戶庭。昔之郵傳，遠若數十日，今則計時而待。」[36]

2、自行屋（電梯）

德明第一次見識到電梯，是初到馬賽之時。他住進一樓高七層的旅館，發現 480 餘步的石梯旁一門，「內有自行屋一間，可容四、五人。內有消息，按則此屋自上，抬則自下，欲上第幾層樓時，自能止住。」他曉得若人懶上石梯，便可乘坐上下自如的自行屋代步。[37]

德明第二次見識自行屋是在倫敦。1868 年他隨志剛出國遊歷，留下《再述奇（歐美環游記）》。這一次他在倫敦住旅館，「樓高十二層，廣宇千廈，有自行屋，可以升降高樓，毫不費力。」[38]

[34] 《近代中國對西方列強認識資料彙編》，第 3 輯，第 2 分冊，頁 931-932。
[35] 劉錫鴻，〈縷陳中西情形種種不同火車鐵路勢不可行書〉，同前書，第 1 分冊，頁 404。
[36] 《近代中國對西方列強認識資料彙編》，第 3 輯，第 2 分冊，頁 664。
[37] 張德彝，《航海述奇》，前引叢書，頁 480。
[38] 張德彝，《歐美環游記》，前引叢書，頁 697。

3、自行車

自行車，西人名 Velocipede 或 Bicycle，約於 1861 年由法人所發明。在發明改進過程中，有各種不同的形狀，斌椿和德明都注意到了這個疾奔的「鐵馬」。斌椿的《乘槎筆記》觀察到「巴黎街衢游人，有只用兩輪，貫以短軸，人坐軸上，足踏機關，輪自轉以當車。又有只輪貫軸，兩足跨軸端，踏動其機，馳行疾於奔馬。」[39]

德明所見略同，他描述道：「見游人有騎兩輪自行車者，西名威類希北達，造以鋼鐵，前輪大後輪小，上橫一梁。大輪上放橫舵，軸藏關鍵，人坐梁上，兩手扶舵，足踏軸端，機動馳行，急於奔馬。梁尾有放小箱以盛行李者。」[40]

（三）對奇風異俗的觀察

初履國外的中國人，除了驚奇於巴黎、馬賽、里昂等城市的「道路平坦，園林茂盛，街巷整齊，市廛繁盛」外，最喜歡獵奇式的觀光，到處尋花問柳，戲園、賽馬場、遊樂場變成經常出入之所，對西洋人的奇風異俗也特別感到興趣，且津津樂道，並鉅細靡遺的記錄下來。

1、腎衣（避孕套、保險套）

那時避孕套剛發明不久，德明這位剛滿 20 歲尚未結婚的青年，對這種新玩意兒特別好奇，道聽塗說似乎也搜集不少資料，成為中國關於西洋避孕法的最早介紹者。

他輯錄了兩則相關傳聞，其一純為避孕：「聞外國人有恐生子女為累者，乃買一種皮套或綢套，貫於陽具之上，雖極倒鳳顛鸞而一雛不卵。」但德明對它的感想是：「其法固妙」，但孟子有云：「不孝有

---

[39] 斌椿，《乘槎筆記》，前引叢書，頁 108。
[40] 張德彝，《歐美環游記》，前引叢書，頁 728。

三，無後為大」，倡興此法，使人斬嗣，其人也罪不容誅矣。[41]自然流露出中西不同的封建宗法思想。

其二為防止性病：「又聞英法國有售腎衣者，不知何物所造。據云，宿妓時將是物冠於龍陽之首。」此物法國名曰「英國衣」，英國稱為「法國信」。德明的感想是，「牝牡相合，不容一間，雖云卻病，總不如赤身之為快也。」[42]看來他也比較喜歡真劍實槍的肉搏快樂。

2、義乳、假臀

從《航海述奇》、《再述奇（歐美環游記）》到《三述奇》，德明對西洋女人的三圍頗感興趣，因此留下不少有助談興的資料，這是其他游歷者所不便或沒有觸及的一面。

據德明觀察，「西俗，女子皆喜高乳細腰，小足大臀。」「以乳大腰細為美，然腰可束之使小，乳則不能從之使大。」[43]所以必須使用配件，讓三圍凹凸有致，曲線玲瓏。首先，「肆中出售一種腰圍，係以銅絲麻布所造，貼身服之，腰自細而乳亦高矣！」其次，「有一種假乳，造以粗布，如中土之護膝。」「又有一種假臀，係以馬尾細布所造，形似倭瓜，佩於臀後，立即凸出，坐亦棉軟。」這些幫助女性身材美觀的腰圍、胸罩、假臀等配件，在德明看來，雖係「矯揉造作」，但「可謂盡態極妍矣！」[44]

3、奶瓶

有假乳，便有人造假乳頭。德明發現，「泰西有乳壺者，造以樹膠；上一細項，連以假乳頭。凡婦之無乳者，以之哺嬰，隨手運動，自能上下。」[45]打從中世紀末文藝復興時期起，法國上流社會的女人

---

[41] 同上書，頁 744。
[42] 同上書，頁 498。
[43] 張德彝，《隨使法國記（三述奇）》，前引叢書，頁 202。
[44] 張德彝，《歐美環游記》，前引叢書，頁 766。
[45] 張德彝，《隨使法國記》，前引叢書，頁 198。

為了防止乳房變形，便流行雇用奶媽哺育嬰兒。以今人眼光視之，用奶瓶代替母親哺乳，同樣有保持女性身材美挺之作用。

4、同性戀

同性戀是舶來品的現代詞。古代中國則以男寵、變童、斷袖之癖稱之。據德明聽聞所得，「變童亦莫盛於法國。近十數年來，始經國家嚴禁。如查有二男一室而共榻者，例當監禁示罰。」[46]

四、知識大開——天朝本位的法國觀

同光以後，這是一個以行動走向世界的時期，隨著留學、遊歷、考察、訪問、遣使的結果，擴大了國人與外界的接觸面，深化了瞭解外國的程度，也出現了不少先驅性的人物，他們對泰西的介紹不再停留於直覺膚面的考察，不限於奇技淫巧，也跳脫了大觀園式的讚賞，而逐漸從遊記進到專書的著作，深入彼邦歷史文化的核心，對法國社會有更進一步的剖析。這一階段的先驅性人物可以王韜、梁啟超、康有為、孫中山為代表。

（一）王韜的法國觀——從《法國志略》到《普法戰記》

戊戌變法運動的思想先驅王韜曾兩次游歷法國。他根據日本岡千仞的《法蘭西志》、岡本監輔的《萬國史記》等書編寫了《法國志略》，根據英文材料編寫了《普法戰記》。《法國志略》不僅開啟中國人自己編寫法國歷史的先河，記載了上自美羅萬（Mérovée 墨洛溫）氏下至首領麥馬韓（Mac-Mahon，麥克馬洪）上下一千六（四）百年來歷代治亂興廢之跡，而且還第一次粗略介紹了法國大革命的始末。另外，《普法戰記》不僅是我國最早記述普法戰爭的著述，也可以說是我國

---

[46] 同上書，頁196。

第一篇巴黎公社史。[47]這兩部他自稱必傳之作的書,從政治、經濟、軍事、文化等方面全面地介紹了法國。尤其值得注意的是王韜對法國政治制度的評述。王韜雖然沒有把法國大革命獨立成卷,但在卷五〈波旁王世記〉中直接記載大革命達八節之多。卷六還專門記述了拿破崙自執政到流放聖赫勒拿島的有關歷史。對法國大革命,王韜所表達的看法是抑君重民和君主立憲思想,同時也表露了他對大革命恐懼的心態。更具體來說,他以鮮明的態度,抨擊了法國大革命前波旁王朝的專制統治,認為路易十六所以被法國人民推上斷頭台,是由於他平日「不能和眾而得民心,自恃居民之上而好惡不與民同,怨之所結,足以亡身」,是咎由自取。而且還加上了一句很有意味的話:「然則為人君者可逞欲而妄為哉!」[48]

儘管王韜在書中指責了法國大革命致使「冠履倒置,紀綱紊亂」,但同時也讚揚革命前後建立的「民自為政」的共和制度「極得民心」,遠比革命的專制制度先進。王韜對共和、專制採褒貶分明的春秋筆法,反映了當時中國人對法國所實行的政治制度的讚羨,在 1870 年代後的中國人眼裡,法國是一個擁有物質文明和先進政治制度,值得效法的國家。[49]

另王韜在《普法戰記》一書中首先指出,普法之戰,普勝法敗,普強法弱,實為歐洲變局一大關鍵。因為過去英法普俄四強並峙,可以維持歐洲均勢,互相牽制而幸無事,今四強弱其一,必不能成鼎足之勢,歐洲將成為多事之秋。王韜分析法國敗戰緣由,他認為:「法國,天下莫強焉,其疆宇之廣斥,人民之眾庶,財務之富饒,兵力之猛鷙,器械之精利,防守之嚴固,歐洲中幾無與埒。乃與普一戰而蹶,敗不旋踵,其故何哉?以法之作不順,施不恕也。」何以說「作不順,

---

[47] 陳崇武,〈中國的法國史研究〉,收入樓均信主編《中國法國史研究信息》,頁 4。

[48] 江林茂,〈中國人對法國的認識和瞭解〉,收入樓均信等主編,《中法關係史論》(杭州:杭州大學出版社,1996 年 8 月),頁 88。

[49] 同上註。

施不恕」？因為「法在歐洲恃桀驁，肆併吞，以陰狠濟其雄猜，以窺
矙行其貪毒，兼土拓疆，未饜谿壑。諸國幾視之若無道虎狼秦，故其
敗於普也，幸之者多，惜之者少。」[50]

在中法越南紛爭期間，王韜又發揮歐洲對法國心存「幸災樂禍」
的看法，在〈法越交兵紀序〉中重申：「法，歐洲虎狼之國也，素為
列邦之所憎嫉」，而提出法國不宜與中國開戰的五個理由：（1）後顧
之憂，「兵釁一開，強鄰亂黨，必有起而乘之者，而西方之圖，勢難
兼顧。」（2）法人通商之局未宏，「一旦兵事突興，必非列國之所甚
願，則使袖手為壁上觀，而通商利害所在，當必也公法爭之、正理折
之，通商各埠必不任法人任意驛騷，居間調停，勢所必然，法於此能
勿從乎？」（3）法國傳教為重，「兵端既起，民憤尤深，此時教士、
教眾當必有罹其毒者。」（4）法艦捷駛而東，勢亦紆遠，費必不貲，
資糧扉履非一時所易集。而我與法戰，理直氣壯，名正言順，同仇敵
愾，民盡為兵。能久持之，彼必沮喪。（5）「法雖得逞志於越南，割
地攻城，所向必克。然其全軍勢難久駐留，兵多則費無從出，少則既
虞劉永福乘其後，而復慮我國之出師報復也。法人雖狡，其必疲於奔
命矣！」[51]

（二）康有為的法國大革命觀

法國大革命是具有世界歷史意義的重大事件，它的歷史並非專屬
法國，而且也屬於整個世界。[52]雖然法國大革命的信息在英國使節馬
戛爾尼（Lord Macartney）抵達北京時（1793 年 8 月）已傳到清廷，
但是並未引起任何的反應。[53]真正透過雜誌報紙的宣傳和報導，對中

---

[50] 王韜，〈普法戰紀前序〉，參閱《近代中國對西方及列強認識資料彙編》，第 3 輯，
第 2 分冊，頁 894-895。

[51] 王韜，〈法越交兵紀序〉，同上書，頁 907-908。

[52] 章開沅，〈法國大革命與辛亥革命〉，收入劉宗緒主編，《法國大革命二百周年紀
念論文集》（北京：生活、讀書、新知三聯書店出版，1990 年 12 月），頁 79-80。

[53] 張芝聯，〈近百年來中國的法國革命史學（1889-1989）〉，同前書，頁 118。

國有日益增長的影響，則已到 20 世紀初同盟會成立之前。先後受到保皇派的康有為和革命派的孫中山的注意。

康有為（1858-1927），廣東南海人，為戊戌變法運動思想上的領袖。戊戌政變後流亡海外進行政治活動。1904 年往游歐洲，有《歐洲十一國游記》，實際上只出版《意大利游記》和《法蘭西游記》兩種。《法蘭西游記》初版於 1907 年，全書共分為四個部分：（1）法蘭西游記；（2）法國之形勢；（3）法國創興沿革；（4）法國大革命記。

康有為除在上海、香港遍讀各種譯本西書外，復有機會於 1905 年到法國游歷，親自考察過法國革命的遺跡，參觀了路易十六之墳、斷頭台、山岳黨人殺人故事像等，對法國革命有一定的感性認識。早在 1898 年 6 月，康有為向光緒帝進呈《法國革命記》，比較詳細地介紹了法國大革命的歷史。但是，他主張以俄、日為榜樣，卻以法國為鑒戒，即以法國大革命之酷烈來恫赫清廷，敦促皇帝趕快變法。在康有為的筆下，法國大革命是一幅慘絕人寰的恐怖畫卷。[54]他為《法蘭西革命記》所寫的序言如此描述：「臣讀各國史，至法國革命之際，君民爭禍之劇，未嘗不掩卷而流涕也。流血遍全國，巴黎百日而伏屍百二十九萬。變革三次，君王再復，而綿禍八十年。十萬之貴族、百萬之富家、千萬之中人，暴骨如莽，奔走流離，散逃異國，城市為墟，而變革頻仍，迄無安息，旋入洄淵，不知所極。至夫路易十六，君后同囚，並上斷頭之台，空灑國民之淚，悽惻千古，感痛全球。自是萬國驚心，君民交戰，革命之禍遍於全歐，波及大地矣！」[55]這是他痛恨革命思想的至情流露。

在其後出版的《法國大革命記》中詳敘了從 1789 年 7 月 14 日到恐怖時期血流成河的情況，統計了被刑人數。在《法蘭西游記》中，

---

[54] 同註 53，頁 66。
[55] 康有為，〈進呈法國革命紀序〉，《近代中國對西方及列強認識資料彙編》，第 4 輯，第 1 分冊，頁 318。

「卻憐八十年，革命頻血薄」[56]之類的感嘆時有所發。革命之慘，連外國人都害怕，不再舉行革命，而求漸進，「英國鑒之，故寧遲馳變法，而力戒革命民主之說，果得累進之益」。中國比法國地大人多數倍，法國一倡革命亂 80 年，中國如發生革命必亂數百年。用革命這個非吉祥物嚇唬人民，正是康有為用心之所在。[57]

（三）梁啓超關於法國大革命的見解

梁啟超（1873-1929），廣東新會人，係康有為學生和主要助手，戊戌政變後流亡日本，1903 年往游北美，著有《新大陸游記》，但遲至歐戰後，始有機會訪問歐洲，後來著有《歐遊心影錄》，此是後話。

梁啟超關於法國大革命的見解，大部分發表在辛亥革命前十餘年間，也即他亡命日本期間，有機會接觸了日本人翻譯和撰寫的有關法國大革命的書籍，同時基於和革命論戰的需要所發表的大量文章。梁啟超的法國大革命觀不僅僅從法國歷史的角度，而且從歐洲乃至世界歷史的角度來評論法國大革命。

翻閱梁啟超寫於 1902 年前後的文章就不難發現，他對法國大革命的評價甚高。他將法國 1789 年革命與美國 1776 年革命、英國 1688 年革命對比後指出，法國大革命具有更深遠的意義更廣泛的影響，因而法國大革命是「新舊兩世界之關鍵……十九世紀之母」。他認為，大革命前的法國是歐洲最典型的專制主義國家，政治之腐敗，人民之痛苦，都甚於英國和歐洲其它國家，革命的激烈程度也遠非這些國家所能比擬。談到法國大革命的結果時，他不無誇張地寫道，法國大革命「結數千年專制之局，開百年來自由之路。」[58]

---

[56] 康有為，《歐洲十一國游記》，收入《走向世界叢書》，第 1 輯，第 10 冊，頁 211。
[57] 李永清，〈康有為、梁啟超對法國大革命認識比較論〉，《史學月刊》，1991 年第 2 期，頁 83。
[58] 許明龍，〈梁啟超的法國大革命觀〉，《歷史研究》，1989 年第 2 期，頁 183。

　　梁啟超十分重視法國大革命對歐洲乃至世界的深遠和廣泛的影響。他對法國大革命給予充分的肯定和熱情的頌揚。他認為，法國大革命是民族主義潮流的代表。所謂民族主義，就是對內保障公民個人的自由和獨立，對外維護國家的自由和獨立。法國大革命後，「此一大主義，以萬丈之氣焰，磅礡激衝於全世界人人之腦中，順之者興，逆之者亡。」之後，「歐洲列國之革命，紛紛繼起，卒成今日之民權世界。」他把希臘獨立戰爭，比利時從荷蘭的分離，德意志、意大利的統一，匈牙利、羅馬尼亞等國的 1848 年革命，均視為法國大革命的連鎖反應。豈止歐洲，百年之後，亞洲的菲律賓之敢於同西班牙抗爭，非洲的德蘭士瓦（Transvaal）之敢於同英國抗衡，無一不是以法國大革命肇始的世界民族主義潮流的餘波。[59]

　　梁啟超認為，法國的啟蒙思想家對法國大革命的醞釀和爆發，發揮十分重要的作用；若沒有他們，這場革命便不會發生。談到盧梭（Jean Jacques Rousseau, 1712-1778）的《民約論》（Le Contrat Social）時，梁啟超寫道：「自此說一行，歐洲學界，如旱地起一霹靂，如暗界放一光明，風馳雲捲，僅十餘年，遂有法國大革命之事。」他熱情地讚頌盧梭的天賦人權和主權在民思想，尤其對人生而有平等之權，坐而當享自由之福等論斷最為傾心，稱之為「精義入神，盛水不漏。」他尊盧梭為「近世醫國之國手」，稱盧氏之說為最佳救國醫方，不僅醫好了法國，還「施之於歐洲全洲而效，……施之於日本有效。」[60]

　　孟德斯鳩（Montesquieu, Charles Louis de Secondat, 1689-1755）是另一位被梁啟超視為孕育了法國大革命的思想家。早在 1899 年，梁啟超就寫了〈蒙的斯鳩之學說〉高度評價了他的《法意》（L'Esprit des Lois）對啟迪法國人民革命思想的功績，「此書一出，全國之思想為之丕變，真有黃河一瀉千里之勢。」1902 年，他又寫了〈法理學大家孟

---

[59] 同前註，頁 183-184。
[60] 同前註，頁 185。

德斯鳩之學說〉，全面介紹了孟氏的政體論和三權分立說及其對國家乃至西方的影響。在梁啟超看來，盧梭的功績在於闡明了國家乃是人民為自保其生命財產而合群節約的產物，非帝王貴族所專有，從而解放了人們的思想，開啟了民智，為革命做了輿論準備。孟德斯鳩則從針砭法國的現狀入手，指出了君主專制的暴戾，進而提出了他心目中理想的政體，為法國的政治改革提供了可行的方案。關於伏爾泰（Voltaire, François-Marie-Arouet, 1694-1778），梁啟超也有較高的評價：「福祿特爾當路易第十四全盛之時，怒然憂法國前途，乃以其極流麗之筆，寫極偉大之思，寓諸詩歌院本小說等，引英國之政治，以譏諷時政；⋯⋯卒乃為法國革新之先鋒，與孟德斯鳩、盧梭齊名。蓋其有造於法國民者，功不在兩人下也。」根據梁啟超的看法，「盧氏之說以銳利勝，福氏之說以委婉勝，而孟氏之說以緻密勝」，他們都為法國大革命做了必要的思想準備，並且孕育了歐洲乃至全世界的新時代。[61]

（四）孫中山對法國大革命的認識

長期在香港、夏威夷受西方教育的孫中山（1866-1825）對法國大革命自是不陌生。1887年孫中山從廣州博濟醫校轉入香港西醫書院肄業時，日間研習科學與醫學，夜間則攻讀中文或其他書籍，法國革命史與達爾文（Charles R. Darwin, 1809-1882）進化論等名著，尤所愛讀。[62]法國革命是以啟蒙思想家盧梭等人的鼓吹民權思想為前導的。像王韜、嚴復、梁啟超等中國近代思想家一樣，孫中山對幾位啟蒙大師大致持肯定和讚賞態度，其中論列較多、最加推崇的是孟德斯鳩。孫中山說：「立法、司法、行政三權鼎立，倡自法儒孟德斯鳩，君主

---

[61] 同前註，頁185-186。
[62] 羅香林，《國父之大學時代》（台北：商務印書館，1971年），頁31-32。

民主立憲國奉為金科玉律。」[63]其後他演講三民主義談五權憲法，進一步探索孟氏思想的來源及其影響，並且批評三權分立還有很多缺點，並不能滿足人民的欲望，人民還是不能享圓滿的幸福。[64]

　　孫中山說過，「歐美研究民權問題的人，沒有那一個不是崇拜盧梭為民權中的聖人。」[65]儘管孫中山對盧梭的天賦人權有一些質疑，但還是肯定盧梭的歷史作用，推崇他的提倡民權，「更是政治上千古的大功勞。」[66]孫中山對另一位啟蒙大師伏爾泰便著墨較少。在1903年發表的〈駁保皇報〉中，孫中山對保皇派雖提到「經盧梭、達爾文、福祿特爾諸大哲提倡建設」，但對他們諸大哲實有誤解之處，曾提出了批評，認為「書中所載，語無倫次，義相矛盾，可知作者於論理學一無所知，於政治學更懵然罔覺。所言事實，多有不符，所引西事，牽強附會」，特別是對《隆記報》主筆陳儀侃大書特書曰：「達爾文有與提倡法國三次革命之功」，提出反駁，指出「不知達爾文乃英人，當法國第一次革命之時，彼尚未出世；當第二次革命之時，彼尚未成學；當第三次革命之時，彼尚未聞名於世。」[67]

五、結語

　　重讀徐志摩〈巴黎的鱗爪〉，文章一開頭，他這樣寫道：「咳巴黎，到過巴黎的一定不會再希罕天堂，老實說，連地獄都不想去了。」其實巴黎也好，法國也罷，既非天堂，亦非地獄。在大多數的中國人眼裡，究竟法國是一個什麼樣的國家呢？答案很簡單，關鍵是看對什麼人而言。從19世紀上半葉起，中國就有人「打開眼界，走向世界」，

---

[63] 孫中山，〈監察、考試兩權為中國歷史所獨有〉，《國父全集》（台北：近代中國出版社，1989年11月），第2冊，頁417。
[64] 孫中山，〈民權主義第六講〉，《國父全集》，第1冊，頁118。
[65] 孫中山，〈民生主義第一講〉，《國父全集》，第1冊，頁132。
[66] 陳三井，〈孫中山與近代法國〉，《近代史研究》，1997年第2期，頁66。
[67] 孫中山，〈駁保皇報〉，《國父全集》，第2冊，頁242-243。

試圖了解和認識法國，在為時超過一個半世紀的漫漫歲月中，已有許許多多的中國人表達了他們各式各樣的法國觀。

近代以前，中國人對國幾乎一無所知，從史籍最早出現的「佛郎機」開始，它往往是和葡萄牙、西班牙混為一談的綜合體，對於它的方位更是模糊不清，當時中國人的視線很少超越南洋，所以一度把它錯當成南番。

鴉片戰爭前後，國人為了「以夷制夷」，尋求富強之道，不得不從瞭解西方國家入手，從林則徐的《四洲志》，魏源的《海國圖志》，徐繼畬的《瀛環志略》到姚瑩的《英吉利地圖說》等，因為大多取材自西書，終於走出混沌，脫離蒙昧，對包括法國在內的世界地理知識有較為初步而精確的認知，對最早以船堅砲利敲開中國門戶的英、法的民族性也逐漸有比較客觀的瞭解。

隨之而來同光年間的遣使、游歷和訪問學習，更拓寬了國人的視界。這些「肄西文、履西域、接西士」的中國知識份子，像劉姥姥初進大觀園，首先對巴黎、馬賽等都市景觀讚賞不已，誠如王韜稱道的，「其氣象之繁華，規模之宏遠」，「其人物之殷闐，宮室之壯麗，居處之繁華，園林之美勝，甲於一時，殆無與儔。」其次，對代表現代科技的火車、輪船、電報、電話、電梯、自行車等新發明，自然也是羨慕取經的對象。大家對火車風馳電掣的速度，那種「千重山嶺穿腰去，百里川原瞥眼過」的奇觀，印象尤其深刻。同樣的，初出國門的人對西方的奇風異俗，從義乳、假臀、奶瓶到腎衣（保險套）、同性戀等特感興趣，是張德彝所最津津樂道的，在他的《航海述奇》中，留下不少飯後談助。

至光緒末年，知識份子的法國觀，大抵可以國會制度以及普法戰爭和法國大革命為焦點。國會之設，因篇幅所限，在此不談。康有為對法國大革命「慘酷」的認知，一方面嚇唬光緒，敦促他早日立憲，免蹈路易十六之覆轍，一方面恐嚇那些不知法國大革命實情的中國

人，力圖阻止他們以暴力革命推翻清朝的專制統治。[68]梁啟超並不大肆渲染法國革命的慘酷，他一再肯定啟蒙三哲士的思想，「如旱地起一霹靂，如暗界放一光明」，對大革命的孕育與爆發有重大的貢獻。孫中山跨越清末民初兩個階段，與梁啟超抽象式的謳歌，筆端充滿感情式的禮讚相比，他對法國大革命的認識便顯得冷靜務實多了。法國大革命雖在思想號召、綱領、策略方面對孫中山所領導的辛亥革命有所影響，但孫中山並未全盤接受法國大革命的經驗。[69]

（原載《二十世紀的中國與世界論文選集》，下冊，台北：中央研究院近代史研究所，2001 年 3 月出版，頁 737-762。）

---

[68] 許明龍，〈梁啟超的法國大革命觀〉，前引雜誌，頁 191。
[69] 章開沅，〈法國大革命與辛亥革命〉，前引書，頁 73。

民初知識份子的勤儉觀及其實踐

一、前言

　　中國自古以農立國，民族崇儉黜奢，勤儉是國人立身持家處世的根本，也可以說是傳統中國文化的一項特質。先民《擊壤歌》中的「日出而作、日入而息，鑿井而飲，耕田而食，帝力於我何有哉？」固然表現出古人「樂天知命」、「循規蹈矩」、「與世無爭」的生活模式，[1]但何嘗不也是勤儉精神的最佳寫照。俗云：「人一能之，我十之」、「勤能補拙」，這是最能鼓勵才智平庸者「愛拼才會贏」的話。在農業社會中，儉更是一種美德，「由儉入奢易，由奢入儉難」，古有明訓。民國以來，知識份子處於國事蜩螗，內憂外患之際，對於勤儉德性同樣重視並有所論列，惟遍查《民國經世文編》[2]所選一百數十人的鴻文鉅著，並未特別著錄，以致資料散佚，精神不彰。筆者近年從事勤工儉學運動的研究，對這方面的材料稍有涉獵，故略加整理，以見其概，藉此拋磚引玉，這是撰寫本文的動機之一。

　　蔣中正總統曾謂：「勤儉是我們民族固有的美德」。他解釋說：「勤就是勤勞，儉就是儉樸；勤勞的反面是懶惰懈怠，儉樸的反面，就是奢侈浪費」。又說：「勤儉兩字是一切事業成功的基礎」、「凡一個民族的勃興，一個國家的建立，一個軍隊的強大，乃至於家庭個人的成功，

1　鄔昆如、黎建球編著，《人生哲學》（國立空中大學印行，1987 年 1 月出版），頁64。

2　《民國經世文編》是倣照清代賀長齡《皇朝經世文編》和盛康《皇朝經世續編》的體例，分政治、法律、內政、外交、財政、軍政、教育、實業、交通、宗教、道德十一類，採輯民國元二年間國內各方人士對各種問題所提示的見解和主張而編成，原書於 1914 年由上海經世文社印行，1962 年文星書店影印，分訂為 4 冊。

都是由克勤克儉作起，天下未有不勤而能成功立業的！」並強調：「凡百弊病，皆從懶生；一切敗德惡行，都從奢侈起頭。我們要戒除百病，要修養品德，就要拿勤字來醫奢侈。勤勞者必不驕傲，節儉者必不淫佚。」[3]以上都是對勤儉二字最明白透徹的詮釋。

台灣近年來在締造「經濟奇蹟」之後，由於「台灣錢淹腳目」的結果，社會趨向浮華，投機淫佚蔚為風氣，年輕一代幾不識勤儉為何物？亟思不勞而獲，不勤而富，有識之士莫不深引以為憂！勤儉貴乎實踐力行，透過民初知識份子對勤儉的實踐作法的探索，或能對當前的奢侈風氣產生若干震聾啟瞶作用，這是筆者撰寫本文的動機之二。

二、民初知識份子的勤儉觀

民初之際，由於辛亥革命劇變的影響和新思想輸入的衝擊，可以說是一個思想奔放，百家爭鳴的時代。此時知識份子對於勤儉的看法，約可以分為下列幾派加以論述：

（一）進德會派

民國元年二月，蔡元培、李煜瀛、吳敬恆、張繼、張人傑、汪兆銘等人發起進德會，其會員分為四種，所守戒約最多者有八項，以「不狎邪、不賭博、不置妾、不作官吏、不作議員、不吸煙、不飲酒、不食肉」相勗勉，故又稱「八不會」。[4]

蔡元培（1868-1940），字子民，浙江紹興人，是進德會的要角，他除了主張「勞工神聖」，倡導以美育代替宗教外，對勤儉也有精到的看法。蔡氏首先從兩方面出發，分析勤的必要：一就求知的角度看，認為「吾生有涯，而知也無涯」，所以必須勤學；一是從工作收入的

---

[3] 秦孝儀主編，《先總統 蔣公嘉言總輯》（中國國民黨黨史委員會，1981年出版），冊2，頁329-332。

[4] 〈進德會約〉，《民立報》，1912年2月26日，頁2。

觀點看，因為「吾工之所得，易一切之需要，常惴惴然恐其不足焉，吾人於是濟之以勤。勤焉者，冀吾工之所得，倍蓰於普通，而始有餘力以求學也」。[5]可見勤工只是一種手段，其最終目的還是為了多攢積經濟基礎以求學也。

蔡氏接著闡釋儉的必要。他說：「顧勤之度終有際限，而學之需要，或相引而日增，則其道又窮，吾人於是濟之以儉」。[6]由此明白，據蔡元培的看法，儉與勤同樣又是追求「無涯之知」的一種必要手段。從這個觀點出發，他又指出儉可經由兩方面來實踐：一是從吾人之日常費用，「撙節其不甚要者，使有以應用於學而無匱」；一是在做學問方面，「用其費省而事舉者」。[7]蔡氏在這裡之所以強調節省日用，勤於工作，乃基於一個大前提，那就是為了求學、好學。他特別指出，「不儉之學者，易馳心於外務，以耗其學力；律之以儉，而學益專」。[8]

蔡元培基本上是崇儉黜奢的，他在《華工學校講義》的〈文明與奢侈〉篇中，除了界說奢侈的定義為「一人之費，逾于普通人所費之均數，而又不生何等之善果，或轉以發生惡影響」外[9]，並強調：「儉者之心理，樂與人同，奢之心理，則務與人異」[10]，復引《呂氏春秋》的例證[11]，從生理上、倫理上大談儉勝於奢，奢之為害甚大。他也反駁譚嗣同在〈仁學〉中認為西洋文明之發達，歸功於侈靡的說法。[12]他

---

[5] 〈勤工儉學傳〉序，高平叔編，《蔡元培全集》（北京中華書局，1984年9月出版），第2卷，頁397。
[6] 同前註。
[7] 同前註。
[8] 〈北京留法儉學會預備學校開學式演說詞〉，《蔡元培全集》，第3卷，頁53。
[9] 〈華工學校講義〉，《蔡元培全集》，第2卷，頁433。
[10] 〈說儉學會〉，《蔡元培全集》，第3卷，頁63。
[11] 蔡氏先後在〈華工學校講義〉及〈說儉學會〉中引用過《呂氏春秋》的話，其原文是：「出則以車，入則以輦，務以自佚，命之曰招蹶之機；肥酒厚肉，務以自強，命之曰爛腸之食；靡曼皓齒，鄭衛之音，務以自樂，命之曰伐性之斧。」
[12] 譚嗣同基於其「萬事萬物均在發展的變化日新論」，堅決地認為「奢」可以刺激社會生產力的快速發展，故主張以「動」和「奢」來代替「靜」和「儉」，極力鼓吹推行西方資本主義國家所盛行的「主動」和「尚奢」的風氣。參閱：蔡尚思編，《譚

同樣不贊同法國人是世界上最侈靡的民族的說法,因為據蔡氏的觀察,法國侈靡之習不過巴黎,除巴黎以外各省之法人而觀之,實為世界最善儲蓄的民族,可知法人之尚儉。[13]蔡氏曾遊學德法兩國,對於多數法人尚儉的看法,與一般的皮相之見,的確有所不同。

汪兆銘(1883-1944),號精衛,廣東番禺人,也是進德會的一員,民初曾與蔡、李、吳等人共同發起「留法儉學會」。在〈說儉學〉一文中,汪氏開宗明義即說:「古今學者之論儉德者眾矣!」與蔡元培一樣,他也不贊成所謂奢侈之習足以助文明開化進步的說法。他認為,天下之難移,莫甚於習慣,「習於逸者不可與言勞;習於樂者,不可與言苦。」因此,「習於侈者,必習於惰」;反之,「習於儉者,必習於勞。」所以他強調:「非澹泊無以明志,非寧靜無以致遠。」[14]

汪氏說儉,主要從「人溺己溺,人飢己飢」,為社會造幸福的觀點出發,所以儉有二種:「一由惻隱之心而甘於儉,一是甘於儉以保其惻隱之心,故儉者為自約其所需之儉,非為將自擴其所需而儉也。」[15]

李煜瀛(1881-1973),字石曾,河北高陽人,同為進德會的發起人之一,在法時曾取前人勤工儉學事蹟,輯為一編,名曰《勤工儉學傳》,以作為後人倣效之榜樣。李氏直接討論勤儉的文字不多,不過他在〈釋德〉一文中曾指出:「世間有若干時力,有若干物質,有若干幸福。若支配正常,則各得其所,即人人得應享之幸福,此即德之所求也。若支配不當,則時力物質偏集於一部分,不但不能供之於他部分,而非份過度之時力物質,更化為無意識之舉動,或有損於偏得之者,而成為痛苦。」所以他把進德會的條件分為兩類,一是物理生

嗣同全集》(三聯書局,1954年)及邱榮舉撰,〈譚嗣同的治政思想〉(台大政治學研究所碩士論文,1979年8月)。
[13] 同註10,頁64。
[14] 《旅歐教育運動》(1916年秋旅歐雜誌社發行),頁35。
[15] 同前註。

理的，一是心理社會的。物理生理所列的勿耗時、勿耗力、勿耗財三大項[16]，便隱然含有勤（勿耗時）與儉（勿耗財）的意義在內。

（二）少年中國學會派

少年中國學會是五四時期出現的一個社團。於民國 8 年 7 月 1 日正式成立，當時會員共有 42 人，比較著名的有王光祈、曾琦、余家菊、李璜、左舜生、周太玄、李大釗、毛澤東、惲代英等人。少年中國學會除揭舉「本科學的精神，為社會的活動，以創造少年中國」的宗旨外，並特別標出四個信條，那就是「奮鬥、實踐、堅忍、儉樸」。[17]可見他們在「創造適合於二十世紀思潮之少年中國」外，也注意到儉樸德行的培養。

王光祈（1892-1936），字潤璵，四川溫江縣人，是少年中國學會初期的靈魂人物。他首先肯定中華民族是個「又勤又儉的民族」，也是很有改造世界能力的「勤儉智慧的民族」。[18]他素來反對寄人籬下、不勤不勞的生活態度，把勤當成是一種信仰和主張，「覺得世界上無論什麼地方，都是我們的舞台，只要有兩隻手、兩隻足，不是聾子，不是瞎子，必不會發生生活問題。其所以發生生活問題，都是自己懶惰，其所以不敢到世界各處奔走，都是自己膽怯。」[19]有了這種積極進取的人生觀，在王光祈的眼裡，根本不知懶惰為何物！

李璜（1895-1991），字幼椿，四川成都人，也是少年中國學會的健將。他在〈留學平議〉一文中特別指出：「勤與儉是人生最要的德性，工與讀是為人不可少的要件。」[20]李氏曾遊學法國多年，對歐洲

[16] 《李石曾先生文集》（中國國民黨黨史委員會編，1980 年 5 月出版），上冊，頁 202。
[17] 郭正昭、林瑞明合著，《王光祈的一生與少年中國學會》（環宇出版社，1974 年 5 月出版），頁 25。
[18] 〈會員通訊〉，王光祈致惲代英，《少年中國》，第 2 卷第 11 期（1921 年 5 月 15 日），頁 61。
[19] 同前註，頁 63。
[20] 李璜，〈留學平議〉，《少年中國》，第 2 卷第 6 期（1920 年 12 月 15 日），頁 5。

民情風俗瞭解較多，與蔡元培看法大致相同，他認為「歐洲人習慣大抵勤謹，舉止皆緊嚴，做事有一定的程度，小心埋頭做去。……中國人現在求學做事，多是『手揮五絃目顧飛鴻』，不安其業，不喜埋頭苦做。」弄到最後「精神麻木，肢體麻木，皆是疏懶二字之過。」[21]

惲代英（1895-1931），湖北武昌人，武漢中華大學畢業，也是少中會員之一。他認為一個真正有志的人，在知識能力方面，須注意圓滿切實，力求其大；修養方面須注意勤儉、和平、縝密。因此他主張，在個人慾望方面儘量減少，力求生活上的知足。他很贊成古人「安貧樂道」的說法，因為「只有安貧的人，才能做樂道的人，不願安貧必不能樂道，不容自己安貧，更無從樂道。」他感慨系之的說：「在現在國民經濟瀕於破產的時期，而奢侈浮誇的風氣又復盛行，我們怎樣能使自己甘願安貧，亦復可以安貧，這是於我們品行的維持大有關係的事。」[22]

（三）平民教育派

平民教育派可以陶行知、晏陽初兩人為代表。

陶行知（1891-1946），一名知行，安徽歙縣人，畢業金陵大學，1914年赴美留學，先入伊利諾大學研究市政，繼入哥倫比亞大學師範學院專攻教育，受教授杜威（John Dewey, 1859-1952）器重，1917年學成回國，應聘南京高等師範，任教務長兼教育專修科主任。1923年，與晏陽初、朱其慧、朱經農等發起成立中華平民教育促進會，積極推動平民教育工作。

在《陶行知全集》中，雖未發現有專文直接探討勤儉的課題，但在〈因循篇〉卻論及勤與惰的關係。陶行知認為，惰是因循的五大原因之一，他分析說：「存諸念者，謂之惰；惰之見于事實者，謂之因

[21]〈會員通訊〉，李璜致左舜生，《少年中國》，第2卷第3期（1920年9月15日），頁65。
[22]惲代英，〈怎樣創造少年中國（下）〉，《少年中國》，第2卷第3期，頁13。

循。『今日不學，曰有明日；今年不學，曰有明年』，因循自誤，實惰為之原動力也。」陶氏進一步指出，因循會造成（1）失機宜；（2）長惰；（3）傷名譽；（4）妨他人之進步；（5）引他人之因循等結果，而特別強調，「人能習於勤，亦能習於惰。人之有惰念，不難芟除之。所可懼者，既由惰而因循，復由因循而長惰，習與性成，斯惰之根，牢不可拔矣！」[23]其結論則是勉人去惰念，易惰為勤，努力前進，勇行其是。

晏陽初部份，因資料不足，暫且不論。

三、民初知識份子對勤儉的實踐

先總統蔣中正先生曾謂：「要能為眾服務，先要勤勞儉樸，因為必須勤勞儉樸，才有餘力可以服務人群」。[24]茲就這個觀點，論述民初三派知識份子自我實踐以及引導他人實踐勤儉的情形。

（一）進德會派

吳敬恆早在 1903 年即由滬赴英，與同學一、二人實行苦學之生活。1907 年吳敬恆抵巴黎，從事印刷事業，與李煜瀛、褚民誼兩人同處住宿，試驗節儉之生活。同年，蔡元培與自費同學數人留學於德國柏林，亦實行儉學。[25]再如張繼因信仰無政府主義，曾於 1908 年 6 月親至法國東北部沙列威耳（Charle-Ville）附近之䗪山共產村（Colonie d'Aiglemont），與七、八國同志實驗「各盡所能，各取所需」的勤儉生活，敝衣裸脛，每朝隨一俄人，以馬運菜到附近鄉間，鳴喇叭求售，

[23] 陶行知，〈因循篇〉，《陶行知全集》（湖南教育出版社，1984 年 1 月出版），第 1 卷，頁 13-15。
[24] 《先總統　蔣公嘉言總輯》，冊 2，頁 330。
[25] 《旅歐教育運動》，頁 49。

如是者三月。[26]吳敬恆於民國 10 年率里昂中法大學學生一百多名搭船赴法時，同樣乘坐沒有床位的四等艙（統艙），與學生同甘共苦。

　　進德會派於民國元年發起「留法儉學會」，鼓吹學生留法，其宗旨乃在「納最儉之費用，求達留學之目的」，其所附設的北京法文預備學校，除專攻法文外，並標榜「尚勞動樸素，養成勤學之習慣」，「故校中同學皆輪班值日，自操工作，除苞人外，別無傭工。」[27]民國 4 年，李煜瀛等人在巴黎發起「勤工儉學會」，以「勤於作工，儉以求學，以進勞動者之知識」為宗旨，先後送至法國勤工儉學者近二千人，[28]這都是號召影響他人實踐勤儉的最佳例證。

（二）少年中國學會派

　　王光祈是個遺腹子，孤兒寡母依賴薄產維生，自幼體驗過三餐不得溫飽的清苦生活。他在北京時，儘管每月得薪三十元，但「早晚兩餐均在市上極便宜之飯攤上吃飯，與一般洋車夫為伍。一個銅元的窩窩頭，半個銅元的小米粥，半個銅元的小菜，每日吃得甚飽，如是者兩月」。[29]

　　民國 8 年 12 月，王光祈與蔡元培、陳獨秀、李大釗、胡適等人在北京共同發起「工讀互助團」，其宗旨為「本互助的精神，實行半工半讀」，規定「團員每日每人必須工作四小時。若生活費用不能支持，得臨時由團員公議加增作工鐘點。廚中事務及打掃院宇，由團員輪流擔任。」[30]其目的在為「新社會築一個基礎」，在為「苦學生開一個生活途徑」，但未嘗不是提倡「團體生活與勞勤習慣」，實踐勤儉主張的一種試驗！

---

[26] 徐文珊撰，《張溥泉先生年譜》，收於《張溥泉先生全集續編》（中國國民黨黨史委員會，1982 年 12 月 31 日出版），頁 522。

[27] 《旅歐教育運動》，頁 55。

[28] 陳三井，《勤工儉學的發展》（東大圖書公司，1988 年 4 月初版），頁 9。

[29] 〈會員通訊〉，《少年中國》，第 2 卷第 11 期，頁 63。

[30] 《少年中國》，第 1 卷第 7 期（1920 年 1 月 15 日），頁 45-46。

（三）平民教育派

晏陽初是中國「苦力」的褓母、平民教育的先驅、農村建設的巨
人，[31]他與陶行知等人所組織的中華平民教育促進會，由於是私人組
成的團體，又儘量避免和任何黨派、勢力發生關係，所以沒有固定的
經費來源，[32]早期開銷多由熊希齡夫人朱其慧捐贈。辦事處是借用熊
寓二間小房，最初沒有預算，寄發各省市分會大批郵件和文具紙張，
都由晏陽初隨時向熊夫人說明支領。第一年只支用銀元 3600 元，包括
晏陽初本人全年薪金及一名兼任書記和一名兼任工友薪餉以及郵費文
具紙張等。[33]可見經費之節省。

陶行知早年在美國也是靠半工半讀、勤工儉學而學有所成的。為
了推動平民教育運動，他廢寢忘食，成年累月地在外奔跑，連過年也
不回家。他用「請羅漢」的辦法，請到梁啟超、胡適、蔣夢麟、熊希
齡等名流，擔任平民讀書處處長。梁啟超在松坡圖書館設立平民讀書
處，親自訓練助教，要附近的工友來讀千字課。胡適家的平民讀書處
由胡氏的長子祖望及車夫吳二做教員，廚子老媽子等來識字。蔣夢麟
家也是長子仁裕和門房李白華做教員，其他男女僕人讀千字課。陶行
知家也設立笑山平民讀書處，陶自己先教長女讀千字課，再由她教妹
妹，然後兩個孫女教她們的祖母。[34]充分做到用最儉省的經費，使文
盲受最多教育的目的。

---

[31] 吳相湘，〈晏陽初為全球鄉村改造而奮鬥〉，收入氏著，《民國人物列傳》（傳記
文學出版社，1986 年 6 月），上冊，頁 47。

[32] 李孝悌，〈「平教會」與河北定縣的鄉村建設運動〉，《史原》，第 9 期（1979
年 12 月），頁 170。

[33] 吳相湘，《晏陽初傳》（時報文化出版公司，1981 年 8 月），頁 70。

[34] 同前註，頁 72。

四、結語

　　以上分別敘述了進德會、少年中國學會、平教會等三派知識份子的勤儉觀及其實踐的大概情形。其他尚可討論者有國民黨人和馬克思主義派，因資料與篇幅所限，在此從略。

　　就德行的闡揚言，進德會諸君子對勤儉有較多而且完整的論述，尤以蔡元培為最。整體來看，民初雖是一個新舊思想雜揉相互激盪的時代，但這時的知識份子對於勤儉的看法，基本上仍然是傳統的，不脫儒家「崇儉黜奢」的本色，肯定勤儉的價值，並且絕對揚棄懶惰因循的習性。

　　在實踐方面，三派人物多能維持儉樸生活，而無論進德會所發起的「留法儉學」、「勤工儉學」，少年中國學會所發起的「工讀互助團」以及平教會推動的平民教育運動，都有一個共同的特色，即是透過勤儉的方式，達到「識字」、「讀」與「學」的教育目標。由此可見，民初知識份子對於知識、學問和教育的注重。

　　民初知識份子鑒於中國自清末以來，內憂外患紛至沓來，國事蜩螗，實業不振，經濟發展落後，民生困苦，乃以為中國之弱，在於國民「愚陋怯弱、渙散混濁」，故提出「新民」為今日中國第一急務。[35]而若欲開啟民智，恢弘器識，進而改良社會，甚至改造中國與世界，便非注重一般平民與勞動大眾，先從教育著手不可。這是民初三派知識份子以工人、農民暨一般平民為對象，先後發起留法勤工儉學運動、工讀互助團與平民教育運動的深意！

　　　　　　　（原載《中華文化與現代生活國際學術研討會論文集》，
　　　　　　　　　　　　　輔仁大學，1989 年，頁 361-370）

---

[35] 梁啟超，〈論新民為今日中國第一急務〉，見《飲冰室合集》，專集，第 3 冊。

知識份子與抗戰變局

一、前言

「國家興亡，匹夫有責」，這是中國知識份子繼承儒家傳統所懷抱的一種特有氣質。「疾風知勁草」、「板蕩識忠臣」、「時窮節乃見」，更是知識份子用以自勉自勵的一種高貴情操！

七七抗戰是近代中國歷經鴉片戰爭、辛亥革命之後的又一大變局。徐復觀曾說：「對日抗戰，這是以『弱』抗『強』的救亡聖戰。這是民族非常艱苦的時代，也正是民族亙古未有的偉大而輝煌的時代。」[1]面對日本侵華戰爭所帶來的全國性震盪、全民族苦難，中國知識份子感時憂國，「以天下為己任」，如何因應？在民族主義昂揚下，書生何以報國？如何從空議論到奮起而行、共赴國難、共體時艱？這是本文所要探討的旨趣所在。

二、知識份子的抗戰觀

知識份子對時局最敏感，也最關心。例如陳寅恪父親散原老人（陳三立）亦甚以時局為憂，每日閱讀航空滬報，「讀竟則愀然若有深憂，一夕忽夢中狂呼殺日本人，全家驚醒。」[2]

從《獨立評論》的胡適、傅斯年、丁文江等一群名流學者開始，到「廬山談話會」的袞袞教育界精英，乃至大學中弦歌不輟的教授或

---

[1]　徐復觀，〈在非常變局下中國知識份子的悲劇命運〉，收入周陽山編《知識份子與中國》（時報出版公司，1980 年 7 月），頁 79。

[2]　汪榮祖，《史家陳寅恪傳》（聯經出版公司，1984 年），頁 77。

學生，或文化新聞界的重要領導人，他們對日本侵華的認識如何？對和戰的看法和態度怎樣？對抗戰前途的信心又如何？這都是有趣而值得探討的問題，或許這些問題直接或間接也影響到中國抗戰的整體士氣和最後成敗！

（一）對日本侵華的認識

《獨立評論》週刊創刊於 1932 年 5 月 22 日，至 1937 年 7 月 25 日停刊，共發行了 244 期。《獨立評論》可以說是「九一八事變」的產物，標榜「不依傍任何黨派，不迷信任何成見」。根據陳儀深的統計，中日關係與挽救國難是《獨立評論》最關心密集的焦點，在合計 1317 篇文章中，共佔 153 篇[3]，約為 11.6%。

面對日本軍閥得寸進尺，跡近瘋狂似的侵略，胡適（1891-1962）希望「狂醉了的日本民族」能夠清醒一點。他曾經說過：「今日的日本決不是我們的朋友；我們在日本侵害與侮辱之下，也無法可以和日本做朋友。」他強調所謂「東亞全局的和平」不是中國破壞的，是日本軍閥破壞的。日本的軍人在中日兩國之間建立了一道感情上的壕溝，把平時愛好日本文明和敬重日本民族的中國人都逼上了仇視日本的道路。」在日本方面企圖以和平的面目掩飾侵略的行為下，他除了懇求日本國民不要再高談「中日親善」、「中日提攜」等毫無意義的口號外，並認為中日關係的調整，還有一個最重要的先決條件，那就是必須取消偽「滿州國」。[4]

傅斯年（1896-1949）具有強烈的民族意識和國家觀念，報紙上曾說他是狂熱的愛國者，[5]甚至研究他的外國學者即以「好戰的民族

[3] 陳儀深，《獨立評論的民主思想》（聯經出版公司，1989 年 5 月），頁 14-15。
[4] 張忠棟，〈從主張和平到主張抗戰〉，收入氏著《胡適五論》（允晨文化公司，1987年 5 月），頁 68-77。
[5] 傅樂成，〈傅孟真先生的民族思想〉（上），《傳記文學》，卷 2 期 5，頁 17。

主義者」（bellicose nationalist）稱之。[6]傅斯年曾與方壯猷、徐中舒、蕭一山、蔣廷黻合撰《東北史綱》第 1 卷，從民族學、語言學的角度，結合古代文獻記載，證明東北自古以來就是中國領土不可分割的一部分，以反駁日本學者矢野仁一「滿蒙在歷史上非支那領土」的說法。該書出版後並由李濟節譯成英文，送交國聯李頓調查團參考。[7]

　　身居北平的傅斯年，目睹國土大片淪喪，憂心如焚，抗日的決心更加堅定。他沉痛的說過：「九一八是我們有生以來最嚴重的國難」，[8]又說：「目前局面下，危脅我國家生存的，只是日本，並非其他歐洲國家。」[9]他對日本侵華何以要採取一條弧形曲線，有精闢的看法，他說：「日本人有巨大的陸海空軍，……既有此巨大精能的陸海空軍，何不即來吞併中國？何以還有耐性走一條弧形的兼併之路？……當然不是不忍不肯，還是有些不敢不能。若世界上只有中日兩國，日本必然毫無猶疑的立刻派他的陸海空軍前來吞滅。若華北問題不比東北在國際上的意義更複雜，日本必然毫無猶疑的佔領」，[10]所以他的結論是：「我們此日不立即為日本人吞滅者，既不是由於自己的努力，也不由於日本人的『仁慈』，乃是由於中國之國際均勢，雖動搖卻並未掃地，雖在變化中卻並未壽終正寢。」[11]

---

[6]　Alan G. Moller, *Bellicose Nationalist of Republic China: An Intellectual Biography of Fu Ssu-nien.* 參閱王汎森，〈讀傅斯年檔案札記〉，《當代》，期 116（1995 年 12 月 1 日），頁 17。

[7]　張禮恆，〈從九一八到七七事變〉，收入聊城師範師院歷史系等編，《傅斯年》（山東人民出版社，1991 年 8 月），頁 150-151。

[8]　傅斯年，〈「九一八」一年了！〉，《獨立評論》，第 18 號（1932 年 9 月 18 日），頁 2。

[9]　傅斯年，〈政府與對日外交〉，《大公報》星期論文（1934 年 6 月 10 日），收入《傅斯年全集》（聯經出版公司，1980 年），第 5 冊，頁 136。

[10]　傅斯年，〈「不懂得日本的情形」！？〉，《獨立評論》，第 88 號（1934 年 2 月 4 日），頁 3。

[11]　傅斯年，〈「中日親善」？？！！〉（續），《獨立評論》，第 141 號（1935 年 3 月 10 日），頁 2。

丁文江（1887-1936）很早就很注意研究日本的國情，他看得很清楚，日本軍人的法西斯主義運動不久一定要成功的，政黨與議會是無力阻止這個趨勢的。他曾預言：「中國存亡安危的關鍵在於日本」，而抵抗日本的侵略是中國圖生存的唯一途徑，所以他對日本的認識是：(1) 日本是得步進步（得寸進尺）的，我們越不抵抗，日本的侵略吞併越容易實現；(2) 日本的實力不是沒有限制的，我們不能保全國土，至少應該盡力抵抗，使敵人付出最高的代價，如此方能使敵人反省。[12]

當時的北大校長蔣夢麟（1886-1964）以其對當地日軍司令官的印象以及他們的保守見解來判斷，認為盧溝橋事變，「似乎仍舊是地方性事件。日本的計劃似乎還是蠶食中國，一時恐怕尚無鯨吞的準備」。[13]

歷任北大教授、中法大學校長，當時主持北平研究院的李書華（1890-1979）素來主張堅決抗日，抗日即是反抗日本軍閥。他認為，日本軍閥的侵略無止境，欲吞併全中國，所以「非全國起而反抗，別無他法」。[14]

政府為了凝聚抗戰共識，於 1937 年 7 月下旬之後，召開了「盧山談話會」，地點在牯嶺圖書館大禮堂。茶話會的來賓有各黨派與無黨派人士。無黨派以大學校長和教授為主要。各黨派有青年黨、國社黨（戰後才改為民社黨）、農民黨、村治派、職教派、救國會的領導人士在內。中國共產黨有周恩來、林祖涵與秦邦憲（博古）三個代表在牯嶺，卻未曾出席茶話會。[15]

「盧山談話會」分二期召開，時間已在盧溝橋事變發生之後，故與會者發言的焦點，頗多圍繞著日本侵華的問題。

---

[12] 胡適，《丁文江傳記》（遠流出版公司，1986 年 3 月），頁 146。
[13] 蔣夢麟，《西潮》（中華日報印行，1959 年 12 月），頁 159。
[14] 李書華，《碣廬集》（傳記文學出版社，1967 年 1 月），頁 134。
[15] 陶希聖，《潮流與點滴》（傳記文學出版社，1970 年 9 月），頁 149。

　　上海復旦大學法學院長兼法律系主任張志讓認為，敵人在華北的軍事行動已經開始，國事危急萬分，所以討論的問題也應當隨時局為轉移。他又指出敵軍近日源源開向平津，顯然是大舉軍事侵略的開始。[16]

　　胡適也是談話會的「座上客」，他認為「盧溝橋事件已不是局部的問題，而是整個國家的存亡所繫」。他相信，日本這次的挑釁是有計劃，想不戰而屈我，我如心存僥倖，又以為是局部問題，可以和平方法解決，一定會失敗到底。失敗的結果，不僅是盧溝橋一個小地方的失守，而且使北平和整個華北危在旦夕。所以盧溝橋的失與守，乃是整個華北存亡的關鍵。[17]

　　中國青年黨黨魁曾琦（慕韓，1892-1951）在茶話會上，雖未針對日本問題發言，但從所發表的幾篇政論，可以看出他對日本侵華的認識。他認為「列強壓迫我們最兇惡最猛的，莫如日本。日本是有征服世界的野心，決不僅以得著東北四省為已足，由東北四省而內蒙古而華北而全國，都是不能滿足他的慾望的。我們退讓終必至退無可退之地，讓無可讓之時，故我認為抗日才是我們的唯一生路。」[18]

（二）對和戰的看法和態度

　　自從「國難」發生之後，中國國內大致分為主和主戰兩派，主和者以為中國的海陸空軍都不及日本，物質交通條件也不如，沒有與日本作戰的條件。在知識份子中以胡適、丁文江為馬首是瞻；主戰派則可以傅斯年為代表。

[16] 劉維開選編，〈盧山談話會會議紀錄選輯〉，《近代中國》，期90（1992年9月1日），頁24。
[17] 同前註，頁33。
[18] 曾琦，〈抗日必勝〉，收入陳正茂等編，《曾琦先生文集》（中央研究院近代史研究所，史料叢刊16，1993年），頁197-198。

　　胡適一向反對不負責任地倡議戰爭。在熱河長城相繼失守,平津受到嚴重威脅,各方群起主戰的時候,他不顧激昂慷慨的「清議」,斷然表示「我不能昧著我的良心出來主張作戰」,「我自己的理智和訓練都不許我主張作戰」,「政府應該謀局部的華北停戰,先保全華北,減輕國家的損失」。隨後,他發表〈保全華北的重要〉,力主停戰談判,使「塘沽協定」獲得極大的支持。胡適之所以主張外交談判,反對孤注一擲的作戰,和他早年的和平思想有關。[19]

　　丁文江自承:「我個人向來極端唱『低調』的:我向來主張中國遇有機會,應該在不喪失領土主權範圍之內與日本妥協;並且應該利用一切國際的關係來和緩我們的危急,來牽制日本使他與我們有妥協的可能。」[20]這與胡適只要「繼續維持交涉,多爭取一些時間,國際情勢會作有利的轉變,日本也可能在國際形勢的轉變中知所醒悟,進而改變其侵略中國的政策」的想法,是很接近的。

　　丁文江所以極端唱「低調」,主要考慮到當時中國的國力實在不堪一戰。他在燕京大學與協和醫學校的一次講演,談到中國目前的情況是:「重砲、坦克、毒氣和飛機可算等於沒有。所以就武器而論,我們的二百萬兵抵不上日本的十萬。……海上和空間完全在日本武力支配之下。沿江沿海的砲台都是四十年以前的建築,絲毫沒有防止日本海軍的能力。吳淞的砲台不到五分鐘就毀於日本砲火之下」。[21]所以中國不但沒有向日本宣戰的可能,甚至還不到能有戰勝日本力量的那一天。

　　七七事變初起,胡適和若干北方教授南下,先到牯嶺,再到南京,參加和戰大計的商討。當時南京在汪精衛周圍有所謂「低調俱樂部」

---

[19] 張忠棟,前引書,頁69-70。
[20] 丁文江,〈假如我是蔣介石〉,《獨立評論》,第35號(1933年1月15日),頁2。
[21] 丁文江,〈抗日的效能與青年的責任〉,《獨立評論》,第37號(1933年2月12日),頁2。

的組織，經常在周佛海家中聚會，成員包括高宗武、陶希聖等人，他們希望再做一點和平努力，甚至以為「戰必大敗，和未必大亂」。經過八一三淞滬大戰，胡適目睹中國軍隊的英勇作戰，思想上有了很大的轉變，終於放棄和平，走上抗戰的道路。[22]

　　對於和戰問題，傅斯年的看法與胡適是南轅北轍的。他堅決反對「華北自治」和「塘沽協定」。當胡適在《獨立評論》發表〈保全華北的重要〉一文，認為政府暫時無力收復失地，贊成華北停戰時，傅斯年大怒，嚴正表現出「愛真理甚於愛吾師」的精神，要求退出獨立評論社，弄得胡適非常傷感。[23]他在〈日寇與熱河平津〉一文中認為，中日問題決無和平解決之望，故提出了持久抗戰的思想。理由是「中國雖不能打勝日本，卻可以長久支持，支持愈久於我們越有利」。「中國人之力量，在三、四萬萬農民的潛力，而不在城市的統治者及領袖。」[24]在〈「九一八」一年了！〉一文中又說：「中華民族自有其潛藏的大力量，三千年的歷史告訴我們，中華民族是滅不了」。[25]總之，傅斯年是個極重氣節的人，他念茲在茲的是，只要「國人不盡無恥之人，中國即非必亡之國」。

（三）對抗戰前途的信心

　　日軍侵華，採「速戰速決」策略，有「三月亡華」的說法。就中國而言，全民抗戰始於八一三淞滬之役。對這場民族聖戰，中國能支持多久？大家對抗戰前途究竟有多大信心，是樂觀抑悲觀？這也是有趣而值得探討的問題。

---

[22] 張忠棟，前引書，頁 84-91。

[23] 同註 5，頁 18。

[24] 傅斯年，〈日寇與熱河平津〉，《獨立評論》，第 13 號（1932 年 8 月 14 日），頁 10。

[25] 傅斯年，〈「九一八」一年了！〉，《獨立評論》，第 18 號（1932 年 9 月 18 日），頁 5。

　　1937 年 7 月 31 日，蔣委員長約胡適午飯，在座有蔣夫人、梅貽琦、張伯苓、陳布雷、陶希聖等人。蔣介石宣言決定作戰，表示可以支持六個月，張伯苓隨聲附和。[26]胡適雖然覺得很難說話，卻在八一三淞滬戰後表示：「這一個月打仗，證明了我們當日未免過慮，至少對外表示我們能打，對內表示我們肯打。」所以勸汪精衛不要太性急，不要太悲觀。[27]胡適出使美國後，羅斯福總統因關心戰局，曾問我軍能否支持過冬，胡適答以定能支持。[28]

　　中日戰爭是中華民族為了自救、免於亡國的一場戰爭。這當然也是一場國力的競爭。中國既處於劣勢的應戰地位，在國軍節節敗退之際，只有「苦撐待變」，並喊出「持久戰略」、「長期抗戰」、「抗戰到底」等配合抗戰國策、振奮人心的口號。

　　丁文江沉痛的對青年人說：「抗日救國不是幾天的事，並且不是幾年的事，是要有長期的決心和努力，才能夠有成效的。」[29]蔣廷黻主張「我們現在根本要放棄短期內解決的希望，而咬住牙根作長期——五年或十年——抵抗的計劃。」[30]胡適認為總得下決心作三年或四年的混戰、苦戰、失地、毀滅，[31]甚至主張作更長遠的打算：「我們可以等候五十年」。[32]大公報總主筆張季鸞以他的如椽之筆，寫出：「中國屈無可屈，和無可和，只有陷於長期的頑強鬥爭，而積極經營西北，則長期鬥爭必要之條件也。」[33]

---

[26] 張忠棟，前引書，頁 85。
[27] 吳相湘，《民國百人傳》（傳記文學出版社，1971 年 1 月），第 1 冊，頁 175
[28] 中華民國外交問題研究會編，《盧溝橋事變前後的中日關係》（中國國民黨中央委員會黨史委員會，1995 年 8 月），頁 362。
[29] 胡適，《丁文江的傳記》，頁 143。
[30] 蔣廷黻，〈中俄復交〉，《獨立評論》，第 32 號（1932 年 12 月 25 日），頁 7。
[31] 〈胡適與雪艇書（三）〉，胡頌平編著，《胡適之先生年譜長編初稿》（聯經出版社，1984 年），第 4 冊，頁 1387。
[32] 胡適，〈我們可以等候五十年〉，《獨立評論》，第 44 號（1933 年 4 月 2 日），頁 4-5。
[33] 吳相湘，《民國百人傳》，第 1 冊，頁 440。

　　毛澤東於 1938 年 5 月發表〈論持久戰〉一文指出：「日本戰爭力量雖強，但它是一個小國，軍力、財力都感缺乏，經不起長期的戰爭；而中國是一個大國，地大人多，能夠支持長期的戰爭。日本的侵略行為損害並威脅其他國家的利益，因此得不到國際的同情與援助；而中國的反侵略戰爭能獲得世界上廣泛的支持與同情。」他並預言，最後勝利將屬於中國而不屬於日本。[34]

　　隨著「長期抗戰」、「抗戰到底」的決心，逐漸產生「抗戰必勝」、「抗日必勝」的樂觀論。

　　軍事思想家蔣百里（方震，1882-1938）曾指出「未來的戰爭，不是軍隊打仗，而是國民拼命，不是一定短時間內的彼此衝突，而是長時間永久的彼此競爭」，暗示今後中日戰爭的趨勢，取決於長期持久的總體性戰爭。他憑藉軍事的豐富知識、對敵情的深刻判斷，肯定了抗戰必勝的信念。[35]

　　七七事變後，中國青年黨進入與國民黨精誠合作時期，曾琦參加了「國防參議會」，並前往川滇黔，視察抗戰動員實施情況，並鼓吹西南地方實力派參加抗戰。[36]1937 年 10 月，曾琦在成都廣播台播講「抗日必勝論」，強調不論從財政、糧食、封鎖、武器、戰鬥經驗、指揮人才、動員各方面去分析，日本必敗；另就民族意識、國家觀念、國際情勢、精神方面去看，日本亦無成功之理由。故曾琦樂觀的預估：「抗戰一年，有六成勝利把握；二年有八成把握；三年有十成把握。我們且把握此千載難得的機會，爭取必能獲得的最後勝利！」[37]到了翌年 2 月，曾琦在雲南簡舊各界歡迎會上演講，以抗戰軍興以來，我們（1）軍事上主力並未消失；（2）財政上金融並未紊亂；（3）外交

[34] 《毛澤東選集》（人民出版社，1991 年 6 月），第 2 卷，頁 442-443。
[35] 薛光前，〈蔣百里先生的軍事思想〉，《傳記文學》，卷 15 期 3（1969 年 9 月），頁 65-66。
[36] 陳正茂，〈曾琦與民國政治〉，《近代中國歷史人物論文集》（中央研究院近代史研究所，1993 年 6 月），頁 107。
[37] 陳正茂編著，《曾琦先生年譜》（國史館，1996 年 5 月），頁 139。

上軍實來源並未斷絕。三點證明抗戰前途絕對樂觀，並以告慰後方居民。[38]

經過兩年抗戰之後，傅斯年也指出幾個重要而可喜的現象，即（1）愈戰愈疲的倭國，愈戰愈強的我國；（2）我們的軍事力量，實有驚人的偉大；（3）新教育之表現其力量；（4）政治上也有好的開端。相較之下，「我們是一天一天的上升，日本是一天一天的下降」。所以傅斯年的結論是「這兩年中，我們的同胞雖然飽受艱苦，大量死亡，但我們的民族充分表現其偉大的力量，不屈的精神。在這個表現中，看定了最後的勝利，光明的前途。」[39]

以上無非是少數決策者與協力人士鼓舞民心、激勵士氣的樂觀想法。事實上，那時的大多數教授和一般人一樣，殆如清華大學教授聞一多所反應的，「只有著戰爭剛爆發時的緊張和憤慨，沒有人想到戰爭是否可以勝利。既然我們被迫得不能不打，只好打了再說。」[40]「打了再說」，並不意味百分之百的消極悲觀和無奈，對前程雖難免不無「悠悠來日難」的感嘆，但何嘗不也是另一種「苦撐待變」的心境！

三、抗戰中的知識份子

（一）共赴國難的抉擇

七七抗戰軍興，國家尚無充分準備，文化教育機構更談不上有若何準備。當時情勢緊迫，瞬息萬變，即想作準備，亦有不盡可能之苦，於匆促之際，能撤出少數教職員，運出少數圖書儀器，已屬萬幸。[41]

---

[38] 陳正茂等編，《曾琦先生文集》（上），頁 438-439。
[39] 傅斯年，〈抗戰兩年之回顧〉，《今日評論》，卷 2 期 3（1939 年 7 月），《傅斯年全集》，第 5 冊，頁 224-228。
[40] 王康著，《聞一多傳》（三聯書店香港分店出版，1979 年 12 月），頁 180。
[41] 徐家璧，〈袁守和先生在抗戰期間之貢獻〉，《傳記文學》，卷 8 期 2（1966 年 2 月），頁 40。

　　盧溝橋的砲聲一響，華北整個變色！董仲舒可以「下帷講授，三年不窺園」，而校園裡的教授們卻無法在敵人砲火聲中再「痛飲酒，讀離騷」，和從前一樣的繼續作真名士了。[42]事變一起，在大學執教的知識份子馬上面臨痛苦的抉擇，是追隨學校播遷抑留在「危城」繼續講學？有辦法的可以舉家避居租界或出國；有的投筆從戎；有的投奔延安。其間涉及忠奸問題，亦與個人家庭、思想信仰和生活等種種複雜問題有關，每個人情況不同，所作出的抉擇，不管自己願意不願意，也就不同，這是大時代的悲劇！

　　在華北局勢日益惡化之際，身為北大文學院長的胡適，除了自己堅守教育學術崗位外，稍早曾鼓勵北大師長堅守教育學術崗位。遠在1935年11月，他即表示：「北大不搬走一本圖書，不移動一架機器。如果北平淪陷在日本軍閥之手，同人們南下，無論何地，只須搭一座茅棚，就可以講學」。當時有左翼教授尚仲衣者，在教授集會中主張講習抗日課程，胡適立即斥為「曲學阿世」，並謂「我們今天要鎮定，要在敵人的威脅之下，照常讀書，不能假冒抗日教育來宣傳馬克斯主義」，[43]可是真正的炮火一起，客觀的環境便不許胡適鎮定了。

　　傅斯年自「九一八」以後，即表現異常積極的抗日態度。有北大教授馬衡等企圖劃北平為中立的「文化城」以苟且偷安，傅聞訊曾加勸阻，並引為「中國讀書人之慚愧！」1935年「一二九」學生示威運動，北大教授更在慷慨激昂氣氛中數度舉行集會，共同宣誓：「不南遷，不屈服！」只要在北平一天，仍作二十年的打算，堅持到最後一分鐘。[44]

　　相較之下，南開大學的負責人張伯苓便務實多了。日本侵略者已經注意到張氏過去的抗日愛國言行，把南開看做「反日機關的總部」，

---

[42] 梁實秋，《談聞一多》（傳記文學出版社，1967年1月），頁104。
[43] 張忠棟，《胡適五論》，頁83-84。
[44] 吳相湘，〈傅斯年學行並茂〉，《民國百人傳》，第1冊，頁224。

必欲去之而後快。[45]當時日本兵營鄰近南開，張更有切身憂慮，深知如有變亂，校舍必難保全（7月29、30日日本飛機轟炸天津，南開大學圖書館、教室、辦公樓果然全部被炸毀），乃決定作遷校準備。[46]先派其弟張彭春赴各省勘查適宜地址，數月後張氏回校報告各地情形，認為重慶地方適宜；繼之張伯苓又親自去重慶、選定重慶近郊沙坪壩。張校長回津後，即派華午晴、喻傳鑑兩人去重慶沙坪壩購地，開始動工興建校舍。1936年校舍落成，命名南渝中學。[47]其後張伯苓帶領師生艱苦南遷，暫駐足衡山湘水，繼遷昆明，與北大、清華合組西南聯大。

事實上，「七七」烽火乍起，戰況雖然激烈，但可能就像早先的「長城之役」一樣，不久就會停火議和，所以一般知識份子大都心存觀望，大致和政府態度一般，並沒有全面南遷的計劃。大家卻沒有想到這場戰爭，一打就是八年。[48]可見南遷是事起匆促的一種應變措施和選擇。

在南遷的雄壯行列之外，也不乏一些特立獨行之士。

清華大學的同人多半已經先後南行，只有少數，因為不同的原故，決定暫時或長期留在北平。例如俞平伯，因為他的父親年高多病，只好留下照料。[49]

又如北京大學的繆金源，在同人紛紛南下時，他因體弱累重，無法離開北平。而且自北平淪陷後，始終抱定「寧餓死不失節」的氣骨，整年隱居拒聘，食貧自守。[50]

[45] 梁吉生，《張伯苓與南大學》（山西教育出版社，1995年7月），頁47。
[46] 吳相湘，〈張伯苓彭春兄倡弟隨〉，《民國百人傳》，第1冊，頁306。
[47] 王文田，〈張伯苓先生與南開〉，《傳記文學》，卷13期1，頁19。
[48] 張朋園等訪問，潘光哲紀錄，《任以都先生訪問紀錄》（中央研究近代史研究所，1993年12月），頁26。
[49] 蕭公權，《問學諫往錄》（傳記文學出版社，1972年1月），頁111。
[50] 羅常培，〈七七事變後北大殘局〉，《傳記文學》，卷17期6，頁93。

　　校園裡有人願意追隨原服務單位南遷，不與敵人接觸或妥協，共赴國難，將個人的命運與國家的前途緊繫在一起，在當時似乎是道德上合乎忠貞行為的一種表現！事實上，為了某種原因，願意靦顏事敵，與敵人合作，也是個人的一種選擇。

　　清華教授錢稻蓀因久居日本，精通日文，深信日本人「大有辦法」，不但自己不走，還苦口勸人不要走。[51]北大教授容庚在戰後於報端發表致傅斯年的公開信，信中說他本人所以留在北平的原因是：「日寇必敗，無勞跋涉，一也；喜整理而拙玄想，捨書本不能寫作，二也；二十年來搜集之書籍彝器，世所希有，未忍舍棄，三也；『不曰堅乎，磨而不磷；不曰白夫，涅而不緇。』素性倔強，將以一試余之堅白，是也。」又辯稱做偽教員的理由則是：「淪陷區之人民，勢不能盡室以內遷；政府軍隊，倉皇撤退，亦未與人民以內遷之機會。荼毒蹂躪，被日寇之害為獨深；大旱雲霓，望政府之來尤為獨切。我有子女，待教於人；人有子女，亦待教於我；則出而任教，余之責也。策日寇之必敗，鼓勵學生以最後勝利終屬於我者，亦余之責也。」[52]

　　北平是北方漢奸的淵藪。偽北大校長鮑鑑清附敵有據，而河北高等法院卻判決其無罪，以致輿論譁然。傅斯年乃於 1946 年 7 月向河北高等法院提出控告，指陳鮑在偽職任內，勾結日寇，在校內遍佈日本顧問及特務，以實行奴化政策四項罪行證據。若「無罪」判例一開，後患不堪設想，更留學術界莫大之隱患，並呈請司法行政部長謝冠生，「依據成例，提來首都覆審，以正是非，而申國紀。」[53]

　　知識份子留在淪陷區，可能有通敵，變成漢奸之嫌；若參與地下工作，則於國家有功。「七七」以後，北平的高等學府除了教會辦的燕京大學、協和醫學院、輔仁大學外，都被日本當局所接收。中學也

[51] 蕭公權，《問學諫往錄》，頁 111。
[52] 傅樂成，《傅孟真先生的民族思想》，《傳記文學》，卷 2 期 6，頁 28。
[53] 同前註，頁 28-29。

是一樣。在各校執教的沈兼士、英千里、張懷、董洗繁等人，基於救
國熱忱，成立了抗日秘密組織——「炎武學會」，後改名「華北文教
協會」，由沈兼士任主席，英千里任書記長。協會與中央方面取得聯
繫，接受中央的指示和津貼，中央方面經常派來連絡的人，有賀翊新、
吳延環、王任遠、馬慶瑞等。協會主要的工作是：經常送優秀學生去
大後方，亦經常派人到天津、濟南、青島、開封、太原等地講學，在
旅行演講的掩護下與各地同志連絡。英千里曾經為此被捕兩次，飽嘗
鐵窗之苦。[54]法國年鑑學派創辦人之一的布洛克（Marc Bloch,
1886-1944）在法國淪陷期間，自己也加入了地下抗德工作，還擔任
里昂一個地下組織的區域代表，後來被納粹捕獲，經過一連串的審
問、酷刑（灼燒、鞭打、冰浴、拔指甲），雖然苟活下來，最後仍難
逃被槍決的命運。[55]顯然他沒有英千里幸運！

　　國家有難，匹夫有責，凡是知識份子，尤其是大學的教授和學生，
更應當做社會的表率。在青年從軍報國熱潮下，居浩然（居正之子）
於清華大學畢業後，投筆從戎，棄文從武，復考入中央陸軍軍官學校，
畢業後歷任排、連、營、副團長。[56]1944年冬，蔣委員長號召知識青
年從軍，「一寸山河一寸血，十萬青年十萬軍」，全國青年熱烈響應，
甄選合格者達十二萬五千五百人。[57]西南聯大四年級學生，除身體不
合格和女同學外，全部從軍。後來這些同學有的在美國十四航空隊，
有的隨軍入緬，直接獻身於抗戰大業。[58]

　　在武漢大學執教的李先聞，因痛恨日本的步步進逼，曾與一群年
輕同仁，每天到洪山練習打靶，預備去當游擊隊，報國殺敵。[59]在延

[54] 英千里，〈鐵窗回憶〉，《傳記文學》，卷2期4（1963年4月），頁14-15。
[55] 賴建誠譯著，《年鑑學派管窺》（作者發行，1996年），上冊，頁279-285。
[56] 居浩然，〈八千里路雲和月〉，《傳記文學》，卷1期4（1962年9月），頁35-41。
[57] 郭紹儀編著，《青年遠征軍志略》（幼獅文化公司，1987年7月），頁19。
[58] 李鍾湘，〈國立西南聯合大學始末記〉（下），《傳記文學》，卷39期4（1981年10月），頁84。
[59] 李先聞，《李先聞自傳》（台灣商務印書館，1970年7月），頁106。

安有個「中國人民抗日軍政大學」，簡稱「抗大」，到陝北去，也是激進青年學生嚮往的一條路。抗戰八年中，「抗大」先後辦了八期，總校和分校共培養出二十多萬軍事政治幹部。[60]

（二）轉徙西南天地之間

抗日戰爭一起，北平及上海首遭敵人攻擊，此兩城市素稱文化區域，學校最多。日人以教育機關為培養抗日份子的基地，對學校之破壞，尤屬肆無忌憚。政府及學校當局為保存國家文化命脈，乃盡力於學校之遷徙。[61]而各大學內遷過程之艱苦，令人難以想像；教職員個人轉徙於西南天地之間，流浪、漂泊，更無異構成一部悲涼的新「流亡三部曲」。

在大學遷徙中，可能以北大、清華、南開三校合組的長沙臨大──西南聯大最稱壯觀。據蕭公權回憶，1937 年春間，清華當局已準備於必要時遷徙到安全地方，繼續開學。適湖南省教育廳廳長朱經農表示，如清華遷到長沙，他願盡力協助一切。學校於是決定遷湘，與北京、南開兩大學合辦臨時大學。[62]三校內遷工作進展順利，當時適逢暑假，籌備委員會採取報紙廣告、電報、個人信件等方式，通知各地師生到長沙上課。接到通知師生，都千方百計奔赴學校。10 月 25 日，長沙臨大正式開學，到校學生 1459 人（包括清華 638 人、北大 342 人、

---

[60] 金冲及主編，《毛澤東傳，1893-1949》（中央文獻出版社，1996 年 8 月），頁 525。

[61] 宋晞，〈略論抗日戰爭時期的高等教育〉，《近代中國》，期 60（1987 年 8 月 31 日），頁 165。

事實上，內遷與否，曾在教師與學生中，引起激烈辯論。反對者認為，內遷不當默認繼續維持戰前高等教育，比捍衛國家，更為優先。

參閱查良錚，〈抗戰以來的西南聯大〉，《教育雜誌》，卷 31 號 1（1941 年 1 月 10 日），頁 1。

[62] 蕭公權，《問學諫往錄》，頁 108。

南開 147 人、新生 114 人，借讀 218 人），到校教師 148 人（清華 73 人，北大 55 人，南開 20 人）。[63]

　　臨大在長沙，只進行了一個學期的教學工作，因南京淪陷，又奉命決定遷往雲南昆明。從長沙到昆明，分兩批進行。一批由身體強壯的教師和男生組成「湘粵黔滇旅行團」，由黃子堅教授任團長，教授有聞一多、許駿齊、李嘉言、袁復禮、王鍾山、曾昭掄、毛應斗、郭海峰、吳徵鎰等十一人參加；同學 244 人，分成二大隊、三中隊。湖南主席張治中特派費時嶽中將領隊，三位教官以毛鴻為首輔之，於 1938 年 2 月 19 日出發，徒步從長沙經湘西穿越貴州，翻山越嶺，夜宿曉行，全程 1663 公里（號稱 3500 餘里），耗時兩月零八天，於 4 月 26 日到達昆明。另外一批由校本部、女生及年老體弱的師生約八百餘人組成，由長沙乘粵漢、廣九鐵路到香港，再乘船到海防，由海防乘滇越鐵路到昆明，全程約十至十四天，視候車候船的時日長短而有不同。另有三百五十名以上的學生則留在長沙，參加了各種戰時機構。[64]

　　而以中央大學的西遷過程最為感人。由於缺少運輸工具，中大校長羅家倫在離開南京前，特意給農學院牧場的職工發放了安置費，並表示：若敵軍逼近南京，這些牲畜能遷則遷，遷不出就算了，學校決不責怪。然而牧場工人不忍心這批良種牲畜落入敵手，他們在技師王酉亭的組織下，冒著敵人的砲火，將這批來自歐美的珍禽良種，以及教學必不可少的實驗動物運出南京，途經蘇、皖、豫、鄂四省。有時雇不到運輸工具，他們就自行設法將雞、鴨、兔類小動物裝進籠子，馱在荷蘭牛、澳洲羊、美國豬的身上，猶如沙漠中的駱駝隊一樣，有

---

[63] 楊振聲，〈北大在長沙〉，《北京大學 50 週年紀念特刊》（傳記文學出版社，1971 年 10 月影印），頁 34；李鍾湘，〈國立西南聯合大學始末記〉（上），《傳記文學》，卷 39 期 2（1962 年 6 月），頁 73。

[64] 蔣夢麟，《西潮》，頁 170；李鍾湘，〈國立西南聯合大學始末記〉（上），頁 73；金以林，〈戰時大學的內遷、恢復和發展〉，「紀念七七抗戰六十週年國際學術研討會」論文（台北中華軍史學會，1997 年 7 月 8-9 日），頁 9。

時一天只能走十餘里。牲畜隊歷時整整一年，於 1938 年 11 月在宜昌乘船抵重慶。當中大師生在新校址再次見到這群從南京輾轉萬里來到重慶的牲畜時，就像異地見到了久別重逢的親人一樣激動萬分，忍不住要向前去和牠擁抱。[65]

其他各大學的遷校，也都各自留下一段可歌可泣、艱苦備嘗的故事，限於篇幅，無法在此一一詳述。而遷徙次數最多的國立大學殆非浙江大學莫屬。浙江大學循鐵路公路線而逐步西遷，由杭州先到浙東的建德，只有兩個月，續遷江西吉安（二個月）、泰和（八個月）。又因九江陷落，再遷廣西宜山，安頓未久，即遭日機轟炸，其後南寧失守，宜山天天在警報中，乃遷貴州的遵義與湄潭。[66]

有趣的是，在暫別親人，匆忙踏上漫長艱苦的逃亡道路之時，除了隨身行李和夏日數件衣物外，個人最想攜帶的是什麼東西？最聰明的是蕭公權，他把在清華任教時所編的參考資料和歷年授課所用的教材，全部帶到成都四川大學。[67]楊步偉（趙元任太太）所要緊的是三十一年的日記和四千多張富有歷史紀念的照片[68]，吳大猷沒有忘記的是數張政府攤購的公債券[69]，而喜歡運動的李抱忱則帶了一隻網球拍。[70]

[65] 羅家倫，〈抗戰時期中央大學的遷校〉，收入《羅家倫先生文存》（國史館、中國國民黨黨史委員會出版，1989 年 4 月），第 8 冊，頁 455-456。

[66] 張其昀，〈教授生活的一段〉，《傳記文學》，卷 5 期 4（1963 年 4 月），頁 9；宋晞，〈略論抗日戰爭時期的高等教育〉，《近代中國》，期 60，頁 165。

[67] 蕭公權，《問學諫往錄》，頁 127。

[68] 楊步偉，《雜記趙家》（傳記文學出版社，1972 年 5 月），頁 98。

[69] 吳大猷，〈抗戰期之回憶〉，《傳記文學》，卷 5 期 3（1964 年 9 月），頁 4。

[70] 李抱忱，〈抗戰期間從事音樂的回憶〉，《傳記文學》，卷 9 期 2（1966 年 8 月），頁 17。

（三）淒苦的戰時教學生活

　　由於遷校關係，一切因陋就簡，所以不但物質條件艱辛困苦，研究環境也不佳，雖然勉強做到弦歌不輟，但事實上必然影響高等教育的正常發展。

　　知識份子在大後方的教學生活，除少數外，大部分可以說生活窮苦，精神苦悶。

　　就教學與研究條件而言，誠如蕭公權所言，當時「各校藏書無多，國外近年刊行的書籍尤其難得」，教師們也沒有時間去搜尋新教材，因此新教材的來源幾乎枯竭。所以講課只能利用過去的舊材料，偶然間「溫故而知新」。[71]吳大猷針對抗戰期間西南聯大的物理系的情形，也有一番描述。他說：「物理系的參考圖書及研究實驗設備，實可謂『零』。教學實驗儀器，則至為簡陋，勉強應付，蓋昆明對外交通的滇越鐵路於 1940 年日入侵越即已斷絕，即有錢亦無從購置儀器。……在書籍期刊與實驗設備均缺的情形下，很自然的，從事實驗研究者無法工作，只有從事理論工作的還可以做些研究。」[72]

　　在「知其不可為而為之」的努力精神下，蕭公權完成了《中國政治思想史》（重慶商務印書館 1945 年出版）[73]一書，羅常培藉辛勤工作來排遣愁煩，寫成《臨川音系》專著[74]。吳大猷也寫了一本《多原份子的振動光譜和結構》專書，作了一些原子能態、自游離化理論等的研究。[75]

　　有不少文學作品與回憶錄描寫戰時教授和學生的窮苦生活，令人聞之鼻酸。做為抗戰司令台的重慶，有三多，即蚊子、臭蟲和耗子（老

---

[71]　蕭公權，《問學諫往錄》，頁 130。
[72]　吳大猷，〈抗戰期中的西南聯合大學物理系〉，《傳記文學》，卷 49 期 2（1986年 8 月），頁 10。
[73]　蕭公權，《問學諫往錄》，頁 127。
[74]　羅常培，〈七七事變後北大的殘局〉，《傳記文學》，卷 17 期 6，頁 93。
[75]　同註 71。

鼠）多，重慶大老鼠之多之肥，甲於天下。米飯中混合著數不清的稗子和細砂粒，俗稱「八寶飯」，這是大家所熟知的事。所用筆記簿的紙張，遠不及今天商店包東西用的最壞紙張。餐廳無椅可坐而站著吃飯，每個碗盤都是殘缺不堪；還未開始吃，便已流羹滿桌。聯大學生宿舍簡陋到外面落雨，學生打傘睡覺的地步。「有一頓沒一頓，清水加白飯」，由於營養不良，所以人人面有菜色，[76]這些就是抗戰生活的寫照。

抗戰期間，教員的薪給不豐，尤其到了後期物價不斷高漲，單靠一個學校的一份薪金，並不能夠維持合理的生活水準。所以為了仰事俯蓄，必須從事兼職兼差搞生產，以增加收入。兼職兼差的項目五花八門，林林總總，不外下列數種：

1、惡性兼課——此種情況殆最為普遍。例如蕭公權除在四川大學任專職外，同時在燕京大學、華西大學、光華大學三校兼課，每星期上課十八小時，奔走於光華村（西）、華西壩（南）、望江樓（東）之間，造成了「惡性兼課」的局面。[77]

2、掛牌鬻印——例如聞一多一家八口（連老女傭），光包飯就得要全部月薪的兩倍，所以除在昆華中學兼教國文外，正式掛牌在油燈下，埋頭為人刻治印章，收取潤例。[78]

3、擺地攤——許多外省人為了籌措復員旅費，都在街上擺地攤賣東西，吳大猷自稱可能是教授中最先擺地攤的。[79]

4、種菜養豬——例如李先聞之種菜，吳大猷之養豬，都是增加生產，減少開銷的一種做法。

---

[76] 魏煜孫，〈張貴永師與我〉，《傳記文學》，卷 17 期 6（1970 年 12 月）；趙效沂，〈抗戰年代故事拾零〉，《傳記文學》，卷 22 期 2（1973 年 2 月）；梅貽寶，〈燕京大學成都復校始末記〉，《傳記文學》，卷 44 期 2（1984 年 2 月）；李先聞，《李先聞自傳》。

[77] 蕭公權，《問學諫往錄》，頁 130。

[78] 梁實秋，《談聞一多》，頁 110。

[79] 吳大猷，〈抗戰期中之回憶〉，《傳記文學》，卷 5 期 3，頁 9。

5、 影院翻譯。

此外，一些教授夫人也不得不從事如繡圍巾、做帽子等手工活計，甚至連梅貽琦的太太也要自製些「定勝糕」（取抗戰勝利之意），到小店寄賣，以補貼家用。[80]

就學生來說，他們可以教家館，或當臨時記者，為報館採訪新聞。[81]

戰時躲避空襲，也是每天生活上一大課題。因為躲警報，西南聯大把所有的課多排在早上七時至十時，下午四至七時。趙元任曾對蔣夢麟說：「不要把所有知識階級放在一個地窟裡。」[82]陳寅恪對空襲警報最為注意，他的口號是：「聞機（飛機）而坐（帶椅子），入土（防空洞）為安」。[83]至於每逢週末定期玩玩橋牌或偶而打打麻將，趁生活在西南鄉間大自然的環境中，充分領略田園生活的樂趣，則不失為苦中作樂的一種恢意排遣！

在這一段流浪、漂泊，生活流離失所的艱苦日子裡，對知識份子而言，在生活上可謂一大劫難，在精神上可謂是一大折磨，在身體上可謂是一大考驗，在學術生涯上可謂一場噩夢。我們看到的是：

1、 戰事艱苦，物價飛漲，傷貧日甚。教師們只能「消耗早先的儲蓄，典賣衣服以及書籍，賣稿賣文」。[84]

2、 營養不良、衰弱、疾病、兒女夭亡。例如陳寅恪長期在燈光昏暗下工作，而有喪目失明之痛。[85]有的情緒低落，胃潰瘍發作。

---

[80] 梅貽寶，〈五月十九念五哥〉，《傳記文學》，卷 6 期 5（1965 年 5 月），頁 12；金以林，前引文，頁 30。

[81] 梅貽寶，〈燕京大學成都復校始末記〉，《傳記文學》，卷 44 期 2，頁　。

[82] 楊步偉，《雜記趙家》，頁 108。

[83] 那廉君，〈傅孟真先生軼事〉，《傳記文學》，卷 15 期 6（1969 年 12 月），頁 62。

[84] 楊西孟，〈九年來昆明大學教授的薪津及薪津實值〉，《觀察》，卷 1 期 3（1946 年 9 月 14 日），頁 7。

[85] 汪榮祖，《史家陳寅恪傳》，頁 90。

[86]有人脊背彎了，手指破了，內心悶積一股怨氣，再加上各種環境因素，以至於成了「千古文章未盡才」。[87]

3、 書稿遺失，或遭竊遭火，致令著作之業中斷或毀棄，這是知識份子最心痛無比的損失！

四、結語

抗戰是近代中國史上，耗時最久，戰區綿延最廣，犧牲最為慘重、最為悲壯的一場生死搏鬥。

傅寶石（Poshek Fu）以日軍佔領時期的「孤島」上海為例，舉出作家王統照、李健吾和古今雜誌，做為知識份子「消極隱退」（passivity）、「反抗」（resistance）與「合作」（colloboration）三種選擇典型的代表。[88]本文論述的範圍並不限於淪陷區，而亦包括更為廣大的後方，然就文中提及的北京而言，北大教授繆金源代表的是消極隱退的典型，沈兼士、英千里等人則屬於反抗的典型，另錢稻蓀、容庚、鮑鑑清等人則明顯可歸類為合作的典型。至於那些追隨政府和原機構南遷西徙的大多數知識份子，在歷盡折磨中並不與敵人「合作」，其「共赴國難」的立場，實極為明顯。

本文的目的，在探討知識份子面對這一場大變局的若干想法和實際遭遇。知識份子是社會的良心，更是國家的主要支柱。大體而言，事變之初，以《獨立評論》社諸人為重心，胡適為馬首是瞻的知識份子，對日本侵華是有一定的認識，對和戰問題有深入的分析，並對抗戰前途抱持堅定無比的信心。

---

[86] 同註77，頁6。
[87] 梁實秋，《談聞一多》，頁111。
[88] Poshek Fu, *Passivity, Resistance, and Collaboration: Intellectual Choices in Occupied Shanghai, 1937-1945*, （Stanford University Press, Stanford, California, 1993）.

　　及至全面抗戰開始，知識份子秉持「國家興亡，匹夫有責」的古訓，團結一致，共赴國難，轉徙於西南天地之間，在戰事艱苦、物價飛漲、敵機隨時來襲的情況下，過著一段流浪、漂泊、流離失所的日子，雖然物質條件相當困苦，但他們的精神因砲火的洗禮而變得更為堅定，這或許正是張其昀所謂的「四川精神」[89]，周開慶所談的「重慶精神」[90]的表現，兩者合而為一，即是「抗戰精神」[91]的總體表現。有此「抗戰精神」的高度發揮，大家始能咬緊牙根，「苦撐待變」，期待抗戰勝利的到來！

---

[89] 張其昀，〈四川精神〉，收入《張其昀先生文集》（中國文化大學等機構印行，1988年6月），第6冊，頁2908-2915。張其昀認為，諸葛孔明一生大部分之精力皆在四川，其出師表所云：「鞠躬盡瘁，死而後已」，可視為四川精神之最高代表。

[90] 周開慶，〈談重慶精神〉，《川康渝文物館年刊》，期2（1984年1月），頁6-12；周開慶，〈重慶精神與台北精神〉，《蜀事續談》（川康渝文物館出版，1984年5月），頁2-5。

[91] 袁守成，〈四川的抗戰精神〉，《川康渝文物館年刊》，期3（1984年12月），頁1-3。

抗戰前後國民政府的知識份子政策

一、前言

　　大體而言，抗戰前知識份子對日本侵華有一定的認識，對和戰問題有深入的分析，並對抗戰前途抱持無比的信心。及至全面抗戰爆發，他們多能共體時艱，共赴國難，雖然轉徙於西南天地之間，在物質上過著一段流浪、漂泊、流離失所的艱苦日子，但卻因炮火的洗禮在精神上變得更為堅強。[1]

　　本文所要探討的抗戰前後國民政府的知識份子政策，在資料上將以國史館所藏的「蔣中正總統檔案」為主，輔以其他相關著作，首先研究蔣中正的人才觀，再就「救亡圖存」政策下，國民政府對知識份子正面的倚重、攏絡和運用，以及在「團結第一，不容分離」的考量下，對知識份子反面的猜疑、偵防，及至對學生運動的壓制、打擊等工作，必要時並與中國共產黨和汪偽政府對知識份子的統戰策略進行分析比較，從而檢討其利弊得失，以為政府任用並網羅知識份子，或促進雙方良性互動關係之參考。

---

[1] 參閱陳三井，〈知識份子與抗戰變局〉，收入衛藤瀋吉編，《共生から敵對へ――第4回日中關係史國際シンポジウム論文集》（日本東方書店，2000年8月），頁409-426。

二、蔣中正的人才觀

蔣中正十分重視人才，他說過：「自古興亡成敗，實決定於人才的得失和盛衰。尚書說：『不惟其官，惟其人』；孟子說：『不用賢則亡』，都是一針見血之論」。[2]

蔣中正自民國17年北伐統一完成以迄抗戰勝利為止，歷任黨（中國國民黨總裁、中央政治委員會主席）、政（國府主席、行政院長）、軍（軍事委員會委員長）各要職，堪稱集大權於一身，其人才觀不僅代表中國國民黨執政的國民政府用人政策的主要方向，也是製定和執行知識份子政策的重要理論依據。若欲瞭解國民政府對知識份子和學校青年的政策，首先必須探討蔣氏個人的人才觀。

（一）人才與革命的關係

蔣中正是位飽讀史書的革命家，所以他對歷史上人才與開國、復國和革命的深切關係，都有精到的論列。

> 從歷代歷史來看，不論是開國成業或者中興再造，必定有其無數傑出的、領導的人才，出而互相輔翼，互相夾持。革命事業，尤其是一切在於「得人」，一切「必以人才為本」。[3]
> 我們今天一方面既要興復國之師旅，一方面又要竟建國之全功，此即非有無數踵武承烈，具備堅強的意志、高尚的品性和遠見卓識的領導人才，乘時繼起，自動的負責盡職，蔚為黨的新血輪、新生力，不易為功。[4]
> 人才消長，直接關係本黨革命的成敗。
> 為政之要，首在得人。

---

[2] 秦孝儀主編，《革命學》（中國國民黨黨史委員會出版，民國76年6月出版），頁726。
[3] 《革命學》，頁718。
[4] 同前書，頁719。

革命建國事業，經緯萬端，一定要有許多具有領袖條件的人才。[5]

復國建國以人才為第一，我們一定要有新的人才—也就是要有堅強的意志、高尚的節操和健全的精神魄力的人才，只有新的人才踵武相接，才可以更加充實革命的生機和活力，使國家民族的生命，光輝無極。[6]

在革命的成敗中，就尤其將以人才的賢、愚、公、偏、勇、怯、虛、實為其決定的準據。所以我常說，沒有人才的繼起，就不可能有黨的新生再造。[7]

（二）人才的羅致

要羅致人才，就必須取人以身，如果我們有精神，有道德，我們的才具見識，的確能高人一等，那我們就可以吸收優良的人才。[8]

天下無全才，無廢才，貴能取其長，去其短。

對於人才，不好有私心、有偏見，更不好有本位主義與個人本義，造成「疏遠者怨，近愛者驕」的現象。[9]

由考核所發現的真正人才，必須予以擢升；如果有特出的人才，更應予以破格提拔。打破「關係」主義，務使人盡其才。

吸收人才要有步驟：第一步要發現，第二步要認識，第三步要聯絡，第四步要爭取。[10]

對於人才的發掘，大家一定要注意到基層幹部。千萬不要以為

---

[5] 同前書，頁 720。
[6] 同前書，頁 721。
[7] 同前書，頁 723。
[8] 同前書，頁 722。
[9] 同前書，頁 723。
[10] 同前書，頁 726。

一般下級官長和戰士，不曾受過高等教育，就沒有出類拔萃的人才，事實上只要我們肯以客觀的態度，公平的方法，去勤慎考察，耐心發現，盡力培育，真不知可以提拔多少人才出來。[11]「知人」是第一步工夫，「知人」之後，必須加意裁成，才能真正為天下得人。而且非常之才，往往是不肯自荐的，往往是不肯俯就的。

得人之道，不僅在部屬之健全與運用得法，尤必本「十室之邑，必有忠信」之古訓，而就地取材，相助為理。故所至必與民眾親近，而拔其賢能，用其中正，加以獎藉，示之誠心，然後指臂之效既收，分身之功乃見。我們取人，如果他是才德並茂，當然是最理想的人才；否則寧願拔擢德高於才、剛毅木訥的人選。[12]

發現人才的方法很多，但最重要的有二：一為調查，就是展開廣泛的調查工作。……其次為選拔，在各式各樣的選拔運動中，例如在團體裏選拔模範人物，在學校裏獎助優秀學生，在社會上選舉公正人才，在在都可以選人才。

發現了人才之後，進一步就要設法與他認識。發現是根據客觀的事實，認識要根據主觀的判斷。所以一定要與他接觸，從他的生活行動、言論思想、學識才能、生活品性各方面去認識他。那怕是談天散步，都可以增進認識。[13]

（三）人才的培育和考核

蔣中正除了注意人才的羅致外，更重視人才的培育、訓練和考核。

---

[11] 同前書，頁727。
[12] 同前書，頁728。
[13] 同前書，頁730。

人才究竟如何造就？其根本在培育，其關鍵在考核，而其成
敗則在使用。三者之中，考核一事，實為中心環節。因為有
培育而無考核，則必失於泛，有使用而無考核，則必失於濫。
故如何才可以使「賢者在位，能者在職」，任用適宜，舍考
核之外，實無他途可循。[14]

培育人才，乃是要從多方面、多目標來進行的，……至於培
育的方法，同樣亦是要從其事業的、物望的、社會的關係上，
多目標的去扶持發展，特別是要在其才性、學識、能力、品
德上，去為之指引、啟發、鼓舞訓練。[15]

今天選拔人才、培植人才的範圍，就不可再局限於求士大夫
的黨政之通才為已足，而是要能從社會基層──各階層、各學
校、各行業中去發掘其領導人才。[16]訓練幹部，必先端正其
革命服務的意志，更要能從內心祛除其私心偏見，而使之很
自然的吸入光明磊落、剛健公正之意念，發揮其想像力、創
造力、觀察力、決斷力，加強其領導群眾、統御組織的能力，
和生活、工作中有生龍活虎的動力和熱情，且須以顧大局、
做大事、挑重擔、負重責，具有一副革命黨人的傲骨朝氣，
卓立自強，重義好俠，不為一己的利害計較，而以天下國家
為己任。[17]

我常說「訓練就是考核」，因為在訓練中的考核，才是最切
實的考核。訓練的目的，雖在培養人才，而亦在考核人才、
發現人才，所以教育訓練和人事考核，必使相需並進，然
後乃能從教育中，擴大考核的範圍，亦從人事考核中擴大
教育訓練的功能。[18]

用人一定要使被用的人能盡其才，要達到這個目的，一定要

[14] 同前書，頁 735。
[15] 同前書，頁 730-31。
[16] 同前書，頁 735。
[17] 同前書，頁 733。
[18] 同前書，頁 735-36。

　　注意教導他；教導還不夠，一定要隨時注意考驗他，以別賢
愚，定功過，嚴其賞罰，明其黜陟，如此，好的人才可以漸
漸甄別出來，次一等的也就可以慢慢的訓練出來。人才考核
的要領，除九項考核要項（合作、主動、負責、熱情、實踐、
領導、思維、均衡、信心）之外，更應著重思考力、創造力、
組織力，以及實學實用的實踐能力之發揮。[19]
考核必須重視內容、方法和態度，尤其要明賞罰，定功過，分公
私，辨是非，才是公正持平的考核，也才能樹立考核之制度。[20]

綜觀上述，蔣中正雖有跳脫本位主義、個人主義，從各階層、各學校
去羅致人才的胸襟和想法，但囿於客觀環境的關係，他心目中的人才
仍以黨、團（青年團）為主，以革命為先。他說過：「要使全國的人
才，都為本黨而用，都為革命而努力。」民國 27 年 7 月 18 日，他出
席青年團總理紀念週演講〈青年團員辦事的精神和方法〉時，特別指
出，「青年團應以革命道德作基礎，虛懷若谷去吸收人才，誠心誠意
去求人才。對於社會上一切的人士，只要他有能力，有才學，有品德，
有節操，不論他出身如何，地位如何，不管他過去屬於何黨何派，我
們必敬重他，延攬他，使他能和我們結為同志，共為革命努力。」換
言之，「要使全國所有的人才，無論軍事、政治、經濟、財政、教育、
工程、技術以及社會事業方面各種人才，凡是我們直接間接認識的，
都要本公平坦直的精神，廣徵博引，吸收到本團來，使他們共負革命
的責任，擔當革命事業」。[21]這種虛懷若谷的精神，敬重和延攬人才的
作法，正是抗戰時期蔣中正所領導下的國民政府對知識份子和各黨各
派的一種表現。

---

[19] 同前書，頁 736。
[20] 同前書，頁 737。
[21] 蔣中正，〈青年黨員辦事的精神和方法〉，秦孝儀主編，《總統蔣公思想言論總集》
　　（中國國民黨黨史委員會編印，民國 73 年 10 月），卷 15，演講，頁 376-377。

三、「救亡圖存」政策下對知識份子的倚重

從北伐到抗戰，隨著日本軍閥得寸進尺，幾近瘋狂似的侵略，國民政府為了凝聚抗戰共識，而展開一連串倚重知識份子的行動號召。主要可分以下幾項說明：

（一）團結知識份子的先聲──盧山談話會

民國 26 年 7 月 12 日至 29 日，由中國國民黨中央政治會議主席汪兆銘、國民政府軍事委員會委員長兼行政院長蔣中正聯名召開的「盧山談話會」，是繼「九一八」、「一二八」事變後，中央邀請全國各專家學者、社會名流、實業鉅子及各黨派人士所舉行的「國難會議」（21 年 4 月）、「專家會議」之後的又一次國是會議。[22]

盧山談話會的召集，具有「集思廣益、共濟時艱」的意義，為了溝通朝野的共識，因此與會者分為兩大部分，一為負政治實務的黨政人員，一為名流學者。盧山談話會在牯嶺圖書館大禮堂分二期召開，時間已在盧溝橋事變發生之後，故是在炮聲隆隆的情況下進行的。

第一、二期應邀出席的學者、名流共 132 人。大體上第一期與會者以平津人士及各黨各派為多，第二期是以上海教育界及工商界人士為主。根據呂芳上的統計，兩期出席者中，就職業別而言，教育界（包括大學校長、教授、教育機構負責人及中學校長）共 104 人，占出席來賓的百分之八十，人數最多。他們之中有 23 人是大學校長，72 位教授，其中又以北大占 14 人最多，其次是清華、中央、武漢、中山大學各 7 人，中央政治學校 5 人，其他依次為北師大、南開、燕京、復旦及中央研究院的學者。大體上北方的學人多於南方。除上述這些社會上的「意見領袖」外，與此相關的是報界和出版界執牛耳的人物，例如張季鸞、馬蔭良、胡健中、王芸生、王雲五、陸費逵等。為了討

---

[22] 呂芳上，〈凝聚抗戰共識──盧山談話會的召開〉，《紀念七七抗戰六十週年學術研討會論文集》（國史館，民國 87 年 12 月），上冊，頁 25-26。

論財經問題，籌備單位邀請了財經學者以及民間企業家和銀行界的要人，如趙蘭坪、張壽鏞、劉大鈞、穆湘玥、潘序倫、林康侯等是。

在應邀的來賓中，特別引人注意的，除了自由主義者、無黨無派的學者，如胡適、張伯苓、蔣夢麟、梅貽琦、任鴻雋、曾昭倫等人外，還有非國民黨籍的政黨人物也應邀參加，例如隸屬於中華職教社的黃炎培、江問漁，救國會的杜重遠，國社黨的張君勱、青年黨的曾琦、左舜生、李璜等。值得注意的是，共產黨人士雖未列名參與談話會，實際上就在開會的同時，周恩來、林祖涵和秦邦憲三人，也正在牯嶺與國民黨高層會商參與抗戰相關事宜。談話會的與會人員甚至曾個別私下與他們有所往來。[23]

第三期談話會，原定自 8 月 4 日起至 12 日舉行，列名受邀的學者有一百人，其中大學校長及獨立學院院長 22 人，大學教授及研究機關人員有 43 人，包括報人在內的其他各界人士有 35 人。其中如梁漱溟、馮友蘭、沈雁冰、胡霖、羅隆基、胡愈之、潘光旦、梅光迪、顧頡剛、鄭振鐸、褚民誼等，不乏知名之士。[24]第三期談話會後因戰局緊迫，卒未舉行。

從以上三期受邀參加廬山談話會的 232 位學者名流看來，大致可以肯定，國民政府對以大學院校教授及文化界領袖為主的知識份子的倚重以及對各黨派人士暨社會賢達禮遇的誠意。

廬山談話會是「對國內具有真實學問與愛國情操熱忱之知識份子與大學教授，虛心諮訪，極意尊重」的一次盛會。與會人士抱持著知無不言、言無不盡的態度，表現了訓政時期言論自由難得的一面；而政府當局「虛心若谷，集思廣益」的胸懷，也給與會者深刻的印象。總之，這次談話會有不同學問、不同黨派的人士齊聚一堂，發出不同立場的聲音，相當程度的反映了朝野對時局、國事的觀察和意見，說

---

[23] 呂芳上，前引文，頁 44-45。
[24] 呂芳上，前引文，頁 45。

它是同一年間組成的「國防參議會」的胚胎可以，說它是抗戰期間最高民意機構「國民參政會」的前導，也未嘗不可。[25]

（二）黨派合作的開端——國防參議會

民國 26 年 8 月 11 日，中國國民黨中央政治委員會為因應戰爭的需要，設立國防最高會議為全國國防最高決定機關，並在國防最高會議之下設置國防參議會，邀請在野各黨派領導人士及社會賢達參加，以集中意志，團結禦侮。國防參議會於民國 26 年 8 月 17 日舉行第一次會議，8 月 20 日正式成立，至 27 年 6 月 17 日舉行第 64 次會議後結束，前後存在雖然僅十個月，但是它卻被視為抗戰時期各黨各派合作的開始，是後來國民參政會的胚胎；亦有學者稱此為「國民黨『開放政權』的表示」，「開創了國民黨執政以來邀集各黨各派各方共商國是之先河」。[26]

國防參議會前後共聘任二十四位參議員，其名單是：張伯苓、胡適、張君勱、蔣夢麟、馬君武、曾琦、李璜、黃炎培、沈鈞儒、張耀曾、毛澤東、晏陽初、傅斯年、梁漱溟、蔣方震、陶希聖、羅文幹、顏惠慶、施肇基、徐謙、左舜生、甘介侯、張東蓀、楊賡陶。這二十四位參議員，雖是以個人身分聘請，但基本上容納了中國國民黨之外的各黨派主要負責人以及學術、外交、司法、軍事等方面的代表人物。在黨派負責人方面，張君勱、張東蓀為國家社會黨的領導人；曾琦、李璜、左舜生為中國青年黨的創始人；毛澤東為中國共產黨中央革命軍事委員會主席；[27]黃炎培為職教派領導人；梁漱溟為村治派的領導

---

[25] 呂芳上，前引文，頁 83。

[26] 劉維開，〈戰時黨派合作的開端——國防參議會研究〉，《紀念七七抗戰六十週年學術研討會論文集》，上冊，頁 119-120。

[27] 毛始終沒有到會，一直由周恩來代表。參閱《胡適的日記》（遠流出版社，民國 78 年 5 月），手稿本，第 13 冊，26 年 8 月 17 日條；另閱梁漱溟，〈國民參政會的前身——國防最高參議會〉，收入《國民參政會紀實》（重慶出版社，1987 年 6 月），續編，頁 410。

人；沈鈞儒為救國會的主要人物，「七君子」之一；楊賡陶為中國社會民主黨代表。此外，晏陽初為平民教育運動的領導人；徐謙曾為中國國民黨左派的主要人物；甘介侯則以其與桂系，特別是李宗仁的密切關係，代表了桂系方面。在學術界方面，張伯苓為南開大學校長，蔣夢麟為北京大學校長，胡適、陶希聖為北大教授，馬君武曾任廣西大學校長，傅斯年為中央研究院歷史語言研究所所長。在外交界方面，顏惠慶曾任北京政府國務總理、外交總長、國民政府駐蘇聯大使；施肇基曾任北京政府外交總長、國民政府外交部長、駐美大使。羅文幹除曾任國民政府司法行政部長外，亦曾任外交部長。其他，張耀曾為上海執業律師，曾任北京政府司法總長；蔣方震為國民政府軍事委員會高等顧問，軍事學家。[28]

在二十四位參議員中，除代表中共的毛澤東及先後曾任北京政府與國民政府的高級官員，如顏惠慶、施肇基、徐謙、羅文幹、張耀曾、蔣方震等外，胡適、傅斯年、蔣夢麟、張伯苓、張君勱、曾琦、李璜、左舜生、黃炎培、沈鈞儒、梁漱溟、陶希聖、馬君武、晏陽初、張東蓀、楊賡陶等亦均屬知識份子，約佔全體參議員中的 66%，由此可見國民政府對大知識份子的重視。

中共自建黨以來的實踐，證明了它一刻也不能沒有知識份子。知識份子是黨的靈魂、黨的心臟、黨的骨架。離開了知識份子，中共只不過是一團扶不起來的血和肉。在抗戰期間，以毛澤東的「對於知識份子的正確政策」為理論基礎，中共與國民黨、日本帝國主義展開爭奪知識份子的政策，積極吸收知識份子入黨。[29]不過，中共對知識份子的類型卻是有區別的。他們把國統區的抗日知識份子，依其社會地位與政治態度，大致分為以下三種類型：

---

[28] 劉維開，前引文，頁 124-125。

[29] 翟志成，〈中共與黨內知識份子關係之四變，1921-1949〉，《中央研究院近代史研究所集刊》，第 23 期，下冊（民國 83 年 6 月），頁 223。

　　第一種類型，是由胡適、丁文江、傅斯年、蔣廷黻和翁文灝等代表的資產階級右翼知識份子所構成，是國統區抗日知識份子的一個組成部分。

　　第二種類型，是由沈鈞儒、鄒韜奮、陶行知、章乃器、王造時等代表的資產階級左翼知識份子和由青年學生代表的小資產階級知識份子所構成，是國統區抗日知識份子的主體部分。

　　第三種類型，是由魯迅、郭沫若和茅盾等代表的無產階級知識份子所構成，是國統區抗日知識份子的重要組成部分。[30]

　　毛澤東是講究「唯成份論」的，個人的階級出身或家庭成份，對他的政治立場及其表現，有著極其重要的影響。對知識份子而言，這是他們與生俱來的「原罪」。[31]所以毛澤東對於國民黨邀請所謂「資產階級右翼知識份子」為主體所組成的國防參議會，其表現態度冷淡，是可以理解的。

　　國民政府在全面抗戰後，為「集中意見、團結禦侮」，特設置國防參議會。國防參議會的功能，雖僅限於聽取政府關於軍事、外交、財政等報告的報告權，以及對國防最高會議提出意見書的建議權，同時負有擴大全國國民之宣傳，以期一德一心的責任。但由於政府對黨派領袖暨知識精英表現出「集思廣益，開誠佈公」的態度，使參議員對於大局勢能有所了解，進而減少了政府與社會間的隔閡，同時政府對於參議員所提出的各項建議或意見書，多能予以充分的重視，所以獲得參議員高度的評價，進而加強了對政府領導抗戰的信心。[32]

　　在參議員中，對抗戰前途充滿信心，一再鼓吹「抗日必勝論」的是中國青年黨的曾琦（慕韓），他除了分析敵我形勢和力量的消長外，

---

[30] 魏繼昆，《國統區抗日知識份子研究》（天津人民出版社，1998年5月），頁7。
[31] 瞿志成，前引文，頁224。
[32] 劉維開，前引文，頁151。

最重視的就是從盧山談話會到國防參議會,政府對知識份子與各黨各派開誠佈公此一賢明政策的結果,他認為:

> 我們自抗戰以來,全國團結,集中所有人力、財力、物力,以從事外抗強權,平日政見不同的各黨各派,現在都協力合作,聽從政府的命令。政府這種光明公正的態度,自然令人欽佩。[33]

曾琦既參加了盧山談話會,又是國防參議會的成員,他現身說法,說出自己的感想:

> 中央當局在抗戰未爆發以前,鑒於形勢的險惡,特邀請各黨各派領袖及在野各名流在盧山會議,蔣委員長當場宣佈四原則,認為盧溝橋事件已屬最後關頭,我們實在忍無可忍,其言誠懇而堅決。……可見我們中央政府事前行動非常慎重,先做到朝野意志統一,與舉國一致,而後實行抗戰。等到戰爭爆發以後,中央又成立國防參議會,網羅在野人物,供最高當局的諮詢,兄弟也是其中一員,凡關軍事外交的重要消息,政府都隨時有人出席報告,參議員也隨時將其意見貢獻給政府,大家對政府這種「集思廣益,開誠佈公」的態度,表示欽佩。九個月來,國內所以風平浪靜,集中所有人力、財力,擁護政府,一致對外,當然都由於中央政府的賢明有以致之。[34]

青年黨的另兩位代表李璜與左舜生,對國防參議會亦都表示肯定,認為大家所發表的意見,甚少空論與泛論。沈雲龍則從友黨的立場指

---

[33] 曾琦,〈婦女對於抗戰應負的責任〉,收入陳正茂編,《曾琦先生文集》(中央研究院近代史研究所史料叢刊 16,民國 82 年),上冊,頁 449。
[34] 曾琦,〈抗日必勝之新證例及黔省今後之重要性〉,同上引書,頁 452。

出，在日寇大侵略促成下，若干黨外人士都經由此一過程（指從廬山談話會經國防參議會到國民參政會）而參與全民抗戰的行列，並為中國民主政府帶來一線曙光，可說是一黨訓政時期極為難得的特殊現象。[35]

（三）「戰時國會」──國民參政會

　　民國 27 年 3 月 29 日，中國國民黨臨全大會舉行於武昌，會期四日，重要決議之一是：「決定將國防參議會結束，另設國民參政會，為戰時最高民意機關。」依據大會所製定的「抗戰建國綱領」規定：「組織國民參政機關，團結全國力量，集中全國之思慮與識見，以利國策之決定與推行。」3 月 31 日大會通過胡代表健中等 37 人所提：「組織非常時期國民參政會，以統一國民意志，增加抗戰力量案」。其理由是：「自抗戰發動以來，全國國民在本黨領導之下，齊心協力，抗敵禦侮，以企求國家之獨立，民族之解放，事蹟昭然，堪垂千古。唯是民族國家，在此危急之千鈞一髮之際，欲求國事萬幾，算無遺策，允宜遍集天下英才，民眾領袖，共襄大計，以竟事功。」[36]

　　國民參政會第一屆第一次會於 27 年 7 月 6 日在漢口舉行了歷史性的揭幕典禮。這一屆參政員共 200 人，男 190 人，女 10 人；平均年齡為 50 歲；職業以教育界之 59 人、政界之 54 人及黨務之 37 人為最多。參政會到 37 年 3 月 28 日結束為止，歷時 9 年 8 個月又 23 日，總共 4 屆，舉行了 13 次大會，其中十一次是在重慶召開的。第一屆參政員均由遴選產生，第二屆至第四屆兼採選舉與遴選兩種方式。惟無論以何種方式產生，都力求網羅各黨各派、無黨無派或社會賢達（即現在所謂的精英 elites），力求其具有代表性，以便集中意志，共赴國難。以第一屆參政員來說，中國國民黨籍的只有五分之二，其他五分

---

[35] 沈雲龍，《民國史事與人物論叢》（傳記文學出版社，民國 70 年 9 月），頁 374。
[36] 馬起華，《抗戰時期的政治建設》（近代中國出版社，民國 75 年 6 月），頁 158。

之三為非國民黨人，都是在社會上、學術上、經濟上有地位有力量的人士和各黨派的領袖。自第二屆起，各省市參政員人數愈來愈多，各團體參政員人數在第三及第四屆時大為減少。由於中國國民黨在各省市較其他黨派有群眾基礎，因而當選的人數較多，從而其他黨派的人數也就相對減少了。自第二屆起，總名額雖然增加了，但非國民黨籍的參政員人數反而減少，因而引起黨外人士的不滿，於是醞釀成立「統一建國會」，到了民國 31 年正式定名為「中國民主政團同盟」。[37]

　　國民參政會是抗戰的產物。它的成立，使全國人民為之一振，熱切盼望它能成為一個戰時的真正民意機關。在國民參政員與輿論界中，有的認為國民參政會是民意機關，有的認為是準民意機關，有的認為是個反映民意機關，有的說它不是民意機關。就國民參政會的產生、性質、職權和作用分析，它還不是一個真正的民意機關，只是一個最高的諮詢機關。首先，國民參政員的產生，不是經過選舉，也不是通過協商，而是國民黨中央執行委員會聘請。就是議長、副議長，也是由國民黨中央執行委員會指定的。在參政員中多數是國民黨員，比例一屆比一屆增加，到四屆三次會議召開時，國民黨員占到百分之八十以上；其次，論國民參政會的性質，根據〈國民參政會組織條例〉第一條規定：「國民政府在抗戰期間，為集思廣益，團結全國力量起見，特設國民參政會」。[38]這就是說，國民參政會是由國民政府設置，並附屬於國民政府的。其三，論職權與作用，它的職權是由國民黨中央執行委員會授予的。按照〈國民參政會組織條例〉第五條、第六條、第七條規定，它具有決議政府施政方針之權，提出建議於政府之權，聽取政府施政報告暨向政府提出詢問案之權，嗣後又增加了調查權和初審國家預算權。似乎職權不少，權力不小；但都是虛的，沒有一項

---

[37] 馬起華，前引書，頁 169。
[38] 〈國民參政會組織條例〉，收入《國民參政會紀實》（重慶出版社，1985 年 8 月），上卷，頁 46。

是實的。而且不僅沒有立法權，也沒有對政府的監督權。〈條例〉中雖然規定政府之施政方針於實施前，應提交國民參政會決議，但同時又規定，這些決議要經過國防最高會議通過才有效。國民參政會決議權對政府並沒有任何約束力，提出的建議案，也只不過是建議、建議而已。至於後來增加的調查權和初審預算權，只是調查政府交辦事項，調查結果辦與不辦權在政府，初審預算權更是從來沒有行使過。[39]

　　嚴格而言，國民參政會當然稱不上是個現代西方式的民意機構。惟誠如徐乃力所指出，它的成立與召開，「反映了國民黨開明政策的高潮」。促成此一趨向的主要原因是當時的軍事及國際形勢。[40]參政員之一的鄒韜奮曾戲說，國防參議會是國民政府小規模的「請客」，而國民參政會則是國民政府大規模的請客。[41]參政員之一代表中共的吳玉章在大敵當前之下，對參政會則有比較同情的認同和實是求是的看法。他認為：（1）參政會是民眾渴望多時的統一戰線之萌芽，將來可發展為民意機關，但現在還不是，因為政府給它的權有限；（2）參政會有團結各黨派的作用，是大家辛苦得來的，它的任務以團結抗戰為第一，不能和政府取對立態度。[42]

　　隨著抗戰的需要，國民政府拉攏知識份子和團結各黨派的作法，一次比一次進步；而中共的回應，在「聯合抗日」的大纛之下，似乎也一次比一次積極。

　　回憶民國 26 年 7 月的廬山談話會時，周恩來、林伯渠、秦邦憲（博古）三人也正在牯嶺與國民黨高層會商與抗戰相關事宜，但周恩來說，這個談話會「不是大家坐下來開圓桌會議，一道商量，而是以

---

[39] 孟廣涵，〈總結歷史經驗，促進祖國統一為《國民參政會紀實》出版而作〉，《國民參政會紀實》，續編，頁 3。
[40] 徐乃力，〈中國的戰時國會：國民參政會〉，《國民參政會紀實》，續編，頁 621。
[41] 鄒韜奮，〈第一屆國民參政會親歷記〉，上引書，頁 412。
[42] 吳玉章，〈國民參政會上的一個重要插曲〉，上引書，頁 471。

國民黨作主人，請大家談話一番」，[43]共產黨要的是做主人的平等身份，而不要做「來賓」，所以沒有參加。

及至國防參議會時代，毛澤東代表共產黨被邀參加，但他始終沒有到會，一直由周恩來代表參加。翻閱《周恩來年譜》，周恩來本身亦忙於與國民黨磋商紅軍擴編等問題，很少到會。

到國民參政會時期，中共受邀的有毛澤東、陳紹禹（王明）、秦邦憲、林祖涵、吳玉章、董必武、鄧穎超七位參政員。會前，王明、周恩來、吳玉章等曾致電毛澤東，建議以中共七位參政員名義提出對國民參政會的意見。這份意見書有毛澤東的簽名。書中指出，「雖然在其產生的方法上，在其職權的規定上，國民參政會還不是盡如人意的全權的人民的代表機關；但是，並不因此而失掉國民參政會在今天的作用和意義—進一步團結全國各種力量為抗戰救國而努力的作用，企圖使全國政府生活走向真正民主化的初步開端的意義。所以，我們共產黨人……將以最積極、最熱忱、最誠摯的態度去參加國民參政會的工作。[44]接著，毛澤東單獨致電國民參政會正副議長，以齒病及瑣務羈身為由，表示不能與會。[45]

國民參政會雖然是訓政時期，國民黨一次比一次開明的表現；但在設計上仍有所顧慮，一方面擔心汪精衛主控參政會，一方面擔心國民參政會的決議與國民黨中央執行委員會的決議發生衝突，所以規定參政會組成委員的遴選由總裁決定，這樣可以保證黨的忠實同志可以超過半數，其他如汪派及各黨派合起來僅佔百分之四十幾，萬一需要表決議案時，便可以掌握有力的多數。[46]

[43] 金沖及主編，《周恩來傳》（中央文獻出版社，1989年2月），頁364。
[44] 毛澤東等，〈我們對於國民參政會的意見〉，《國民參政會紀實》，上卷，頁76。
[45] 〈毛澤東致國民參政會電〉，上引書，頁80。
[46] 陳立夫，《成敗之鑑》（正中書局，民國83年），頁222-223。

　　無論如何，國民參政會在抗戰初期提供給各黨派和無黨派人士一個發表意見的機會和場所，振奮了全國人民的抗戰精神，在團結全國，支持政府抗戰到底的政策方面仍有積極的貢獻。

四、「團結為先」政策下對知識份子的態度

（一）對知識份子的期盼

　　蔣中正平時雖然與知識份子頗有來往，並相當禮遇胡適、傅斯年、蔣廷黻、蔣夢麟等少數知名學者，但在抗戰時期「團結為先」政策下他似乎對在教育界服務的教育家，有更高更大的期盼。民國 28 年 3 月 4 日他在第三次全國教育會議上的演講，除了指出「教育是一切事業的基本」，與經濟、武力同樣是構成國家生命力的三要素外，並特別強調在抗戰建國時期，教育家「應該自認為衝堅拆銳的前線戰士，應該自認為移風易俗的社會導師，應該自認為篳路藍縷的開國先驅，應該自認為繼絕存亡的聖賢英傑」，教育者不應再附和「教育獨立」的口號，「自居於國家法令之外，以不受任命為清高，以尊重法令為卑損人格」，否則所教出來的學生，就只有散漫凌亂，放縱自私。他所期望於教育人員的是「嚴守國法，尊重紀律，視國家尊嚴重於個人的尊嚴」。最後，他向知識份子和教育界鄭重喊話，希望全國有志救國的賢智之士，以及全國先知先覺的各大學校長教授，「以實現三民主義引為自身的責任」，加入本黨，共同為抗戰救國家於危亡的目標而奮鬥。[47]

　　蔣氏對教育界應負的救國責任，苦口婆心，一再誥戒。早在民國 25 年 1 月 16 日，蔣中正在勵志社講「政府與人民共同救國之道」，有各校校長及學生代表三百餘人到場聽講。蔣氏當場便大聲疾呼：「知

---

[47] 蔣中止，〈今後教育的基本方針〉，《先總統蔣公思想言論總集》，卷 16，演講，頁 127-134。

識份子，尤其國民中堅的教育界和青年學生，必須普遍的宣傳三民主義，喚醒全國民眾，一致起來救國。同時大家必須在中央政府領導之下，集中力量，以從事於安內攘外的種種工作，達到救亡復興的目的。此外，如剷除漢奸，防制敵探，組織民眾，改良社會，推行新運等等，都是我們救國的緊要工作，希望我們教育界負起責任，設法進行。」[48]

一般而言，知識份子與大學教授常是人才的寶庫。王作榮曾說：「老總統能求才、識才、用才、宥才」，但不知道如何養才。[49]蔣氏雖隨時注意人才之考察與延攬，然可能受限於接觸面，亦不禁有「大才大賢殊不易得，當退而求其次，眼界不可太高」[50]之嘆！清夜自省，亦難免不無「智力不足，用人失當」的愧怍！

蔣氏最大的遺憾，在於所部無大才，嫡系不爭氣。

民國21年12月15日，他曾檢討黨內缺乏賢才，因嘆曰：「自北伐告成以來，武功雖見而文治則否，以文治之無進步，影響於武功，今因是而遭失敗，可勝浩嘆！」又曰：「凡老黨員之屬文人派者，皆不能革命，反而害我革命，目擊心傷，不禁為我總理哀痛！」[51]

同年9月1日，論及人才之難求，蔣有感而發曰：「嗚呼！舊黨員皆腐敗無能，新黨員多幼稚浮囂，而非黨員之群則接近不易，考察更難，……而津滬租界之間，則多墮落無賴之人……。留學生中而求其富於愛國心者，大學教授中而求其有幹才者，職業團體中而求其有遠大眼光者，舊日官僚中而求其有清高風格者，見一人而考察之，遇一人而接近之，與之詳談，悉其底蘊，試之小事，觀其效能，剖石取玉，汰沙揀金，如此求才或有得乎？」[52]

48　《蔣總統事略稿》，民國25年1月16日。
49　王作榮，《壯志未酬──王作榮自傳》（天下遠見公司出版，民國88年3月），頁459。
50　《蔣總統事略稿》，民國21年4月4日。
51　《蔣總統事略稿》，民國21年12月15日。
52　《蔣總統事略稿》，民國21年9月1日。

人才入黨，便於接近，容易考察，亦有機會試用磨練，這或許是蔣中正鼓勵知識份子和學校青年入黨的用意。為此約略談談入黨問題。

蔣中正早年追隨孫中山，以革命起家，在他的心目中，黨是志士仁人依於三民主義、依於革命目標、志同道合的道義結合。革命事業要想成功，一切「必以才為本」，而「人才歸於全黨」，就是「要使全國的人才，都為本黨而用，都為革命而努力」。[53]

「人才歸於全黨」最可靠保證的方法，便是吸收人才入黨，這就涉及知識份子或學校青年入黨（團）的根本問題。

蔣氏之所以有此想法，是有其思想依據的。在大敵當前，必須雪恥圖強、復興民族的大前提下，蔣氏所希望於全國青年的，便是「在一個統帥、一個命令之下，統一指揮，齊一步驟，才能夠獲得最後最大的勝利。」民國26年2月22日，他在接見北平學生獻旗獻劍典禮上演講時，特別勉勵在場有救國大志的青年學生，「能夠在我的計劃策動之下，服從我的命令，來作自強不息，始終不懈的奮鬥」；「我一定帶了你們同生死，共患難，共同擔負雪恥復興的責任，決不辜負各位同志熱烈的期望。但他更有求於青年的是，本著『救國不忘讀書，讀書不忘救國』的道理，嚴守紀律，服從命令，一方面依據政府所定一貫的國策，努力宣傳，以喚醒民眾，一方面要埋頭求學，充實自身，努力做實際的準備功夫，普遍的養成全國國民重團體，守秩序，負責任，守紀律，知廉恥的革命人格，將來才可以臨難不苟，從容沉著，以忠勇壯烈的犧牲，來挽救不絕如縷的國運。」[54]

中國國民黨曾透過教育部，有計劃的吸收中小學教員入黨，這有部長陳立夫在民國33年的一件手諭可以為證。諭曰：「去年曾令發展

---

[53] 蔣中正，〈青年團員辦事的精神和方法〉，《總統蔣公思想言論總集》，卷15，頁376。
[54] 蔣中正，〈青年學生雪恥救國之道〉，上引書，卷14，頁489。

中心小學教職員組織與吸收中小學教員入黨一案，希望其實施成績與入黨人數於一個月內查報。今後對於此案仍繼續推進，並於每年 3 月、9 月作兩次綜合調查考核與統計，將其辦理結果，列報為要。」[55]

直至民國 34 年 5 月，中國國民黨第六次全國代表大會時，還一再決議，「吸收富於革命性之知識份子」，「大量吸收社會、教育、文化各界優秀份子入黨」。[56]

但國民黨這種在各學校吸收知識青年入黨的政策，仍受到有心人士的指摘，特別認為徵收學生入黨有誤學業。國民黨則提出解釋說：「學校黨務在吸收十八歲以上優秀的青年學生參加本黨，使之信仰三民主義，從事本黨革命工作，這是增進本黨革命力量必要的工作。總裁在國民參政會閉會時的講演中曾經明白指示，無可非議。」[57]

根據資料統計，從民國 16 年至 34 年間，國內專科以上學校共畢業學生 142,973 人。統計同時顯示，民國 34 年國內計有 141 所專科以上學校，教員總數 11,183 人，在校學生 83,498 人；計有中等學校 5,073 所，教員總計 124,622 人，在校學生 1,566,392 人。意即在國民黨統治時期，中國新式知識份子隊伍增長速度較前加快，他們構成了國統區政治界、教育界、科技界的上層民主主義知識份子。應當指出的是，國民政府和民主主義者的關係，大部分時間是不和諧的，國民黨政權始終與民族民主意識緊張地對峙著。在此可舉二例以證明。

其一是民國 22 年 12 月，中國民權保障同盟的成立，顯示了國民黨政權與知識份子民主意義的尖銳矛盾。同盟所進行的營救政治犯、抗議非法拘捕所謂「進步人士」等活動，深為國民黨所忌恨，結果便拿同盟總幹事楊杏佛開刀。

---

[55] 《蔣總統事略稿》，民國 33 年 3 月 22 日。
[56] 榮孟源主編，《中國國民黨歷次代表大會和中央全會資料》，頁 930。轉引自王金鋙，《抗戰時期的中國知識份子》（北京，中國社會出版社，1996 年 5 月），頁 177。
[57] 《中國國民黨黨務發展史料──中央常務委員會黨務報告》（中國國民黨黨史委員會出版，民國 84 年 12 月），頁 540。

其二是國民黨對知識份子的救亡要求採取了堅決壓制的方針。國民黨中央執行委員會曾密函政府，通令各機關，要求對救國會，「注意防範，以遏亂萌」。民國 25 年 10 月 16 日行政院密令：「查係偽綱領（指救國會綱領）所定各項任務策略工作口號等，內容諸多悖謬，且該會係屬非法組織，亟應遵照嚴密取締，以杜亂源。」[58]

（二）對學生運動的看法和處理態度

學生加入政黨，學運政黨化，以致「教育為宣傳之工具，學校成結黨場所，學生充戰地之先鋒」，實非教育之福，亦非社會的好現象。而政局不安，政治鬥爭隨時波及學運，學生組織也難逃噩運。[59]

國難時期，學潮澎湃，社會動盪不安，行政院為此曾於民國 25 年 1 月 28 日發表「國難時期教育宗旨」，剴切說明政府對學生運動的立場和處理方針，內云：「多難興邦，古有明訓。值國難嚴重，教育界人士自應指導青年守紀律，負責任，一德一心，依統一之步驟，為有秩序之努力，匡救時艱。本院長最近會見各校校長與學生代表之際，曾鄭重聲明此旨，關於政府方針，亦經懇切說明。此次各地學生運動，本為愛國熱誠所驅使，未幾，則不免逾越常軌，一部分學生，竟至紀律全墮，教學停頓，自應嚴訂辦法，以資矯正。現寒假將滿，各省市公私立學校應即按期開課，回復常態，各校校長教職員應一致負責誘導學生，納入正軌。嗣後，凡不照常受課受考學生，各校概不得給予學績。凡以任何方式妨害學校課業之學生，應立即嚴令離校。校內校外，尤不得容許任何團體為煽動罷課，或干涉學校行政或妨礙社會秩序之舉。地方軍政機關，查有從事此種煽動行為之團體，應予以制裁。凡斯指示，均所以維護教育之生命，亦即所以增厚國家之力量，教育部應督促教育廳局各校校長教職員，各省市政府應督飭所

---

[58] 李良玉，《動盪時代的知識份子》（台北南天書局出版，1996 年 8 月），頁 266-269。
[59] 呂芳上，《從學生運動到運動學生》（中央研究院近代史研究所專刊 71，民國 83 年 8 月），頁 435。

屬軍政機關，各依其職責，嚴格執行，勿稍依違。至為適應國難時期之需要起見，教育方案應如何酌加釐訂，著由教育部迅速妥慎辦理。」[60]

　　翌日（1月29日），教育部即據以發表命令如下：「國勢阽危，青年鬱悶，近來各省市學校，群作愛國表示，其動機已為政府社會所共諒，惜有一部分學校學生行為越軌，以致校紀不克維持，全國教育均感動搖，最近來京各校校長，懍於責任之重，曾共同發表宣言，除表示擁護國家領土主權之完整，及盡力實施切合國難時期需要之教育外，並一致以制裁罷課與破壞紀律之舉動為言，語重心長，可發深省。蔣院長重視教育工作，關懷青年訓練，其本月28日訓令對於此種制裁，業有剴切詳明之指示，本部職責所在，自必嚴遵院令，竭全力以維護教育工作，不稍寬懈。教育之生命，即民族之生命，一經停頓紊亂，救亡圖存，均無可言。故毀校決非愛國，其理至明。……所望全國各校校長及教職員，各秉堅定不拔之精神，恪遵院令，執行校紀，務使學校秩序完全恢復，不致再有課業中斷等情事，尤望全國青年群納感情於理智，勿受少數缺乏理智者之煽動，須知當前之國難，青年仍受重視，民族之前途，尤繫於今日青年之肩頭，及時磨練，至為緊要。」[61]

　　基於「重團體、守秩序、負責任、守紀律、知廉恥」的原則，蔣中正對學潮的處理，大致採取嚴厲辦理的態度。茲就《蔣總統事略稿》舉數例如下：

　　民國19年12月，廣東中山大學因校長更迭（金曾澄接替朱家驊），引發學生罷課風潮。[62]蔣氏即於同月22日致電廣東省主席陳銘樞，嚴斥曰：「教育如此，何以建國？務希限於年內負責解決。如復

---

[60]　《蔣總統事略稿》，民國25年1月28日。
[61]　《蔣總統事略稿》，民國25年1月29日。
[62]　黃福慶，《近代中國高等教育研究──國立中山大學（1924-1937）》，中央研究院近代史研究所專刊56，頁104。

有反抗之學生，應嚴厲處辦為要！」[63]中山大學「拒金迎戴（季陶）」的風波，在校方強硬措施下終告落幕！

九一八事變後，學生運動蓬勃的興起，各校開始成立抗日救國會，各地學生且絡繹不絕地湧入南京，向國民政府請願。面對這個局面，蔣氏在日記中有兩段自省的話：

20年12月6日：「發電令飭阻止學生來京後，又恐各地軍警過用武力，對付血氣純潔青年，心不能安，乃再電張學良、韓復榘，告以政府對學生方針，係於愛護之中，盡管束教導之責，使其感悟免入歧途，學生有不可理喻者，軍警仍應極端忍耐，如學生有蠻暴舉動，軍警亦只能用警察憲兵所使用之方法加以制止，絕對不可開槍擊人。希通飭所屬，遵照辦理為要。」[64]

20年12月9日：因一般書生之委員，仍主放任，不事制裁，蔣氏因嘆曰：「余豈不愛護青年哉，雖以愛之適以害之為可痛耳。書生謀國貽誤必多，是何異以婦人之仁，而縱容不屑之子也。余乃有良策，不能通過，坐視民亂國敗，可不悲乎？」[65]

抗戰期間，學潮在共產黨的煽動和操縱下，更是如火如荼的展開。民國27年8月，國民政府不得不頒布〈民眾團體戰時行動規約〉，限制抗日團體集會、結社的自由。民國28年1月，中國國民黨五屆五中全會確定了「容共、防共、限共、反共」的政策，通過了「限制異黨活動辦法」、「異黨問題處理辦法」等秘密文件，陸續解散了全國學聯、民族解放先鋒隊、廣東青年抗日先鋒隊、青年救國團等青年團體，並以積極發展三青團與之對抗。民國30年10月，教育部又通令「整頓學風」，喊出「凡有越軌，執法以繩」，在恐怖氣氛籠罩下，民主活動最活躍的西南聯大也轉入了沉寂時期。[66]

---

[63] 《蔣總統事略稿》，民國19年12月22日。
[64] 《蔣總統事略稿》，民國20年12月6日。
[65] 《蔣總統事略稿》，民國20年12月9日。
[66] 崔作君、蔣志彥，《中國學生運動史》（上海學林出版社，1996年5月），頁283。

民國 30 年 12 月，太平洋戰爭爆發後，日軍進攻香港，行政院長孔祥熙在香港失陷前，據聞不去搶救在港的知名人士，而是用飛機搶運私產，甚至連他的幾隻洋狗也用飛機運到重慶。這一情況激起了聯大學生極大的憤慨。民國 31 年 1 月 6 日，聯大學生自發地結成 1,000 多人的隊伍上街遊行，高呼「打倒囤積居奇的孔祥熙」、「打倒發國難財的孔祥熙」等口號，並沿街用粉筆在牆上書寫標語。遊行後，各校聯合召開全市學生大會，向市民揭露孔、宋等家族搜刮民脂民膏，大發國難財的罪行，通過了要求政府取締特務統治、制裁孔祥熙等項決議。重慶當局對此一事件十分震驚，蔣氏一再密令雲南省主席龍雲「負責取締，嚴予禁止」。行政院、教育部也接連密電聯大當局，立即「制止出軌行動」。[67]

民國 33 年 11 月 9 日，聞成都華西大學及市立中學罷課，蔣氏嘆曰：「此乃共匪與反動派破壞我青年從軍運動之奸計也。一般大學教授皆為反動派所誘惑，民族道德與愛國觀念幾乎喪失殆盡，而猶自名為人師表也，可痛！」[68]

五、結語

知識份子乃國家的瑰寶，是社會改革進步的動力，他們更是國難中無可取代之精神上的中流砥柱。在近代中國歷次變局中，知識份子的一言一行，多有舉足輕重的影響力，他們的動向和抉擇，無形中象徵著民心的重大向背，並具有決定政權興衰隆替的作用。為此，歷來政府無不重視知識份子的政策。蔣中正一身肩負黨政軍重要責任，然對知識份子與名流學者，大抵仍表現出禮賢下士，納諫如流的姿態，藉以攏絡人心。

---

[67] 同上註，頁 287。
[68] 《蔣總統事略稿》，民國 33 年 11 月 9 日。

　　抗戰一起，國民政府為凝聚抗戰共識，團結抗戰力量，宣布了堅決抵抗的方針，實踐了國共合作的諾言，釋放了救國會「七君子」，從廬山談話會的召開到國防參議會，乃至國民參政會的成立，採取一系列透過知識份子共商國是以集思廣益的漸進開明措施，從而獲得了全國人民包括知識份子的諒解和擁護，特別是所謂代表「資產階級右翼知識份子」，如胡適、傅斯年、蔣廷黻、張伯苓等人的支持。而對青年知識份子和大中學生，國民黨則調整了過去主要鎮壓的手段，改為在鎮壓的同時，力圖控制學生運動，與共產黨爭奪青年。[69] 所以大致可以說，抗戰初期國民政府與知識份子的關係是相對緩和的，雙方都能克制自己，以國事為重，共赴國難。即使歷來反對政府的在野黨派，也均能放棄成見，擁護抗戰的政府。

　　但到了抗戰後期，隨著軍事上的節節失利，政治上的貪污腐敗層出不窮；由於法幣貶值所帶來的重重經濟危機，再加上物資缺乏所造成的生活貧困化，使大後方代表無產階級以及新崛起的知識份子和大中學青年對國民政府的不滿與日俱增。他們在國難中覺醒，他們不再滿足於國民黨略示小惠的有限民主，他們尋求社會改革的新路，特別是在中國民主同盟的帶頭衝鋒下，加上中國共產黨的推波助瀾，他們前仆後繼的投身於一波接一波的民主運動，甚至吶喊出「民主者興，不民主者亡」的口號，與洶湧澎湃的學潮相互激盪，真是「前山後山雨浪浪」，讓國民政府窮於應付。

　　面對這個新形勢，國民政府與知識份子間呈現緊繃的關係。國民黨為了鞏固政權，不得不又恢復對知識份子和青年學生的高壓政策，而使雙方的對立關係更形尖銳。若說「抗戰」是初期賴以團結知識份子的有力口號，則「民主」無疑是後期「無數青山水拍天」的主流價

---

[69] 王金鋙，《抗戰時期的中國知識份子》，頁 179。

值，國民黨政府未能充分掌握順應這一股社會力的脈動，遠離了知識份子，乖違了民心，終於自食大陸政權淪陷的惡果。

（原載《中華軍史學會會刊》，第6期，民國90年8月，頁241-264。）

1949 年變局與知識份子的抉擇

　　就國共兩黨長期鬥爭的歷史而言，1949 年是一個最具關鍵性的年代。這一年，對國民黨所領導的國民政府來說，稱得上是最黯淡的一年，無論軍事、政治、財政或外交皆瀕臨絕境，真正面臨一個「危急存亡之秋」。尤其自蔣介石於 1 月 21 日宣告下野後，雖有李宗仁代行總統職務，但中樞群龍無首，內閣更迭頻繁，和戰難定，經濟加速崩潰，農村凋敝，學潮方興未艾。10 月 1 日中華人民共和國在北京宣告成立，成王敗寇，形勢底定。

　　就在此一大變局下，知識份子面臨史無前例的痛苦抉擇，也不得不做出個人一生自我認定的最佳選擇。本文針對知識份子的去與留，嘗試分成四個類型，每個類型先以兩個人為代表，加以說明。這四個類型是：

（1）迎接解放，共輔新朝篇
　　　馮友蘭、徐悲鴻
（2）心存觀望，根留中國篇
　　　陳寅恪、傅雷
（3）堅決反共，義不帝秦篇
　　　傅斯年、朱家驊
（4）乘桴浮於海，花果飄零篇
　　　胡適、錢穆

一、引論

　　就國共兩黨長期鬥爭的歷史而言，1949 年是一個最具關鍵性的年代。這一年，對國民黨所領導的國民政府來說，稱得上是最黯淡的一年，尤其到了下半年更面臨一個真正的「危急存亡之秋」，無論軍事、政治、財政或外交皆瀕臨絕境。就軍事方面來說，在共軍連續發動所謂「遼瀋、平津、淮海」三大戰役之後，國軍節節敗退，南京、上海次第落入共軍之手，西南不久亦不保。計自 4 月起，11 個月內解放軍席捲了整個中國大陸。就內政方面而言，自蔣介石於 1 月 21 日宣告下野後，雖有李宗仁代行總統職務，但中樞群龍無首，內閣更迭頻繁，形成一個「南京只有一個代總統而沒有行政機構；廣州只有一個行政機關而沒有政府首腦；浙江溪口只有一個宣布引退的總統而黨政機構均在廣州」的分裂局面。[1]10 月 1 日中華人民共和國在北京宣告成立，成王敗寇，形勢底定。就外交方面而言，國民政府一遷廣州，再遷重慶，終遷台北，外交部則隨行政院落腳廣州辦公，各國使領觀望不前，美援遲遲不來，美國國務院更於 8 月初發表《中美關係白皮書》，說明美國對華政策，指責國民政府腐敗無能，其剿共失利絕非由於美援不足，而在於軍事調度失當，將領的變節和軍隊缺乏鬥志。

　　就在此一大變局下，許多人面臨史無前例的痛苦抉擇，也不得不做出個人一生自我認定的最佳選擇。當時的情形，可謂「舉世滔滔，如喪家之犬」，我們看到，在軍事戰場上不斷傳出將帥變節，不費一兵一卒，投奔敵營的故事。有道是「三十萬人齊解甲，寧無一個是男兒」。在學界或文化界，知識份子處沸騰紛擾之世，其心情的淒苦難決，更可想見。有的因信仰和理想問題，力求表現，熱情迎接解放，共輔新朝；有的面對改朝換代，心存觀望，但不願浪跡天涯，「不去父母之邦」，堅持根留中國；有的則反共立場堅定，於陸沉之後追隨

---

[1]　陳虎：《解放日記──1949 年的故事》，北京當代中國出版社，2004 年，頁 23。

蔣介石來台，義不帝秦，另起爐灶；有的乘桴浮於海，或避難香港，或遠颺美國，任其花果飄零。這一幕幕攸關個人生與死、榮與辱的抉擇，無不摻雜了個人情感、家庭因素、師生情誼、承諾與職責等考量，甚至與經濟問題密切相關，更不排除個體對大我的責任和使命感，極其錯綜複雜，並非單一因素所能闡釋清楚。這是本文所要嘗試建構和探討的課題。

二、推力與拉力──國共雙方對知識份子的爭奪戰

　　面對即將到來的變局，國共雙方無不全力以赴，積極爭取知識份子。國民政府除了把國庫的黃金儲備和故宮博物院、中央研究院、北京圖書館的文物圖書運往台灣之外，同時一再下令大專院校遷校，更重要的是在兵荒馬亂中並沒有放棄對高級知識份子的搶救工作。朱家驊在教育部長任內曾訂定「搶救大陸學人」計劃，並任命史語所所長傅斯年兼台灣大學校長，擬以台大為基地，以便安排內地遷往台灣的教授和學者。

　　1948 年底北平被圍時，國民政府把計劃南撤的北平文教界人士分為 4 類，分批搶救：

　　（1）各校、院、會負責首長；

　　（2）中央研究院院士；

　　（3）與官方有關之文教人士；

　　（4）學術界有貢獻者。

　　以上統計為數不過三、四百人。[2]

　　負責「搶救大陸學人」計劃的兩位關鍵性人物，一是朱家驊，二是傅斯年。其具體執行者為陳雪屏、蔣經國和傅斯年組成的三人小

2　〈圍困中的故都：市府決定不過新年，文教人士將南撤〉，天津《大公報》，1948
　年 12 月 28 日。轉引自張仁善：《1949 中國社會》，北京社會科學文獻出版社，2005
　年，頁 203。

組,協助者為教育部長、國防部長以及華北剿總。[3]惟筆者在中央研究院近代史研究所庋藏的「朱家驊檔」中,迄未見過有這樣一份完整的名單,猜想只有原則性的規劃,尚缺詳細名單。又從歷史語言研究所的「傅斯年檔」可以印證,直到 1949 年初名單並未完全敲定。且看鄭天挺於 1949 年 1 月 6 日致傅斯年的信上說:

> 連奉　賜電,仰見吾兄從火坑救人之熱誠,愛國家、愛學校、愛學術、愛朋友,讀之泫然;苑峰(張政烺)更為之憔悴不寐。弟等所以遲遲,並非觀望,實緣職務耳。日內若有飛機,子水(毛)、思亮(錢)、千里(英)、百齡、壽民(劉崇鋐)、鳴岐(趙鳳喈?)、驥塵、世維必可先行。孟實(朱光潛)、友松(崔之蘭)、苑峰、恭三(鄧廣銘)或再等一班。[4]

據報載,當時「北京大學五十週年」校慶照舊舉行(原來預備擴大慶祝,因局勢急轉直下,終於草草了事),北大從 12 月 16 日至 20 日放假,為了加強應變工作,該校由秘書長、訓導長、教授會、講助會、職工會組織五人委員會,隨時集會,協助校內應變。[5]事實上,教育部對平市國立院校教授之搶救,也早於 12 月 15 日開始。胡適校長偕夫人、陳寅恪、張佛泉、張伯謹、王聿修、王冀懷、劉崇鋐、黃金鰲、毛子水、錢思亮、侯璠、張起鈞[6]等人乘空運大隊專機於下午六時三刻飛抵南京。據胡適日記 15 日載,飛機共二架,每架可乘 25 人,從南苑機場直飛南京。至 21 日又派出兩架飛機,將清華大學梅貽琦校

---

[3] 蕭超然等編:《北京大學校史(1898-1949)》,上海,教育出版社,1981 年,頁 302。
[4] 傅斯年檔 III,頁 307。
[5] 《大公報》,1948 年 12 月 13 日,第一版。
[6] 部分名單參見上開《大公報》。

長夫婦、北平研究院副院長李書華、北平圖書館館長袁同禮、北大哲學系教授前四川大學校長張其如以及英千里、趙梅伯等人接出。[7]

　　當此走與不走，事關個人禍福抉擇之際，想見諸行動，談何容易？據燕京大學的梅貽寶教授回憶，第一要放棄家業，另作別圖。第二得略有積蓄，拿得出這一筆離平旅費。更重要的是，大學校園裏已然籠罩了一層濃霧，行動有人監視，人人自保，人人緘默，只有見了密友，才敢私相耳語。他們擔心的是，想走又走不成的後果。[8]

　　據《北京大學校史》云：「當時，北大黨的力量有了相當大的發展，解放時，黨員已……發展為 4 百餘人……，在黨總支的領導下，各系學生成立了聯防小組，拒絕南遷。同時，通過秘密印刷廠印製有關的城市政策、知識份子政策和工商業政策等文件，廣為散發，以安定全校師生員工的情緒。」[9]可見當時北大正為中共完全滲透和大部控制。至於有「解放區」號稱的清華大學，中共的力量當然又要比號稱中共「租界」的北大更為強大。[10]

　　在此人心惶惶，資訊不完全公開的情況下，搶救學人工作也可能變了調，沒有發揮最大的功用。有說：「南京派飛機接取若干大學教授，搶救到南方，是開了一個名單的，大概各校都有。北大接到這名單（是傅斯年等所擬），秘書長鄭天挺覺得不太好辦，決定公開，便要離平者登記。結果是名單上有的，不想南行，有些講師助教們本來有家在南方因故要南行的，搶得此機會。飛機到了南京，若干文化要人到機場去接，以為有許多名教授忠於黨國毅然飛回了，竟大失所望，下來了許多不相識的不相干的人。據說飛機上有不少空位，袁同

[7]　《大公報》，1948 年 12 月 22 日，第一版；曹伯言整理：《胡適全集》，安徽教育出版社，2003 年，第 33 冊，頁 702。

[8]　梅貽寶：《大學教育五十年——八十自傳》，台北聯經公司，1982 年，頁 97。

[9]　蕭超然等編：《北京大學校史》，第 301 頁。

[10]　翟志成：〈馮友蘭的抉擇及其轉變〉，《中國文哲研究集刊》，第 20 期，頁 466 註 58。

禮的老媽子也上了飛機,成為一大悲喜劇。後來,傅斯年急了,通知停派飛機。」[11]結果,北平各大學的許多知名教授,大都留了下來。

在爭取高級知識份子的過程中,國共雙方甚至動員了最高層領導人。以南開校長張伯苓為例,1949 年 10 月,蔣介石在撤離大陸之前,曾兩次親赴張伯苓在重慶沙坪壩寓所,請張氏一同赴台,並稱:「乘飛機如有顧慮,可在機艙設臥舖」,只要張氏肯走,什麼條件都答應。據張伯苓之子張錫祚回憶,當時他父親只是重複說了幾次,「你太愛我了」,而未及其他。此後蔣氏又囑蔣經國勸駕,並表示「給先生留下一架飛機,幾時想走就幾時走」。張氏仍以「不願離開南開」為詞,謝絕了蔣氏最後的約請。[12]事實上,張伯苓之所以不願意離開大陸,除了健康因素和對南開的感情外,與周恩來的親自遊說不無關係。周恩來透過在香港的南開校友王恩東,以無名氏捎信給張伯苓,信云:「老同學飛飛(周筆名)不讓老校長動」,因而堅定不去台灣,在重慶迎接解放的決心。[13]

至於中央研究院的搬遷和 81 位院士的去留,不僅攸關當時人心的向背,更直接影響早期台灣與大陸科研工作的發展。在中共秘密黨員許杰、趙金科、施雅風等研究人員的策動反對,以及陶孟和(社會學所長)、李四光(地質所所長)等人的附和堅持下,中央研究院只完成了總辦事處、數學所和歷史語言研究所的搬遷,占 14 個單位中的 14%。就遷台人員來說,一共 130 人占總人數 506 人的 25、6%。第一屆 81 位院士中,追隨國民政府去台灣者僅 9 人,占院士總數的

---

[11] 馬嘶:《百年冷暖──廿世紀中國知識份子生活狀況》,北京圖書館出版社,2003 年,頁 312。
[12] 張錫祚,〈張伯苓先生傳略〉,《天津文史資料選輯》,第 8 輯,轉引自金以林:《近代中國大學研究》,北京中央文獻出版社,2000 年,頁 322;另參閱戴晨京編:《學者的悲哀:從政文人的最後結局》,華文出版社,2006 年,頁 43。
[13] 梁吉生:《張伯苓與南開大學》,山西教育出版社,1995 年,頁 260。

11、9％；去美國工作的 12 人，占 15％，留在大陸迎接解放的 60 人，占院士總數的 74％。[14]

三、去與留──知識份子的個別抉擇

（一）迎接解放，共輔新朝篇

1、馮友蘭

馮友蘭（1895-1990），字蘭生，河南省唐河縣人。1915 年夏，自上海中國公學預科畢業，考入北京大學法科，因喜好邏輯而轉文科學門。1918 年北大畢業，1920 年初留學美國，入哥倫比亞大學研究院哲學系，1924 年獲哲學博士學位。回國後歷任開封中州大學、廣州中山大學、北平燕京大學教授。1928 年秋，應羅家倫之邀，至清華大學任哲學系教授、哲學系主任、文學院院長，直至 1949 年。1948 年當選中央研究院院士。[15]

馮友蘭在抗戰期間，雖與其他知識份子過著同樣艱難困苦的生活，但他曾受過蔣介石的邀請，赴渝為蔣氏本人專門開講過中國哲學。他每次路過重慶，蔣介石大都會送來請帖，邀其到官邸便餐。他主持的中國哲學研究會，其經費的主要來源便是由侍從室直接資助。不過，和屢次犯顏強諫、面折廷爭之後，仍然被蔣介石籠信不衰的傅斯年相比，馮友蘭身受的禮遇，離「國士」還頗有一段距離。與胡適相比，馮友蘭更談不上受過蔣氏任何「特達之知」。更重要的是，馮友蘭從來沒有在國民政府中擔任過任何公職，因此按照中國傳統道德最高標準，馮友蘭確無責任和義務離平南下，和國府共存亡。馮友蘭和當時的一些知識份子一樣，對國府也深懷著不滿與絕望。在他看

---

[14] 李揚：〈解放前夕南京科技界反搬遷鬥爭〉，《炎黃春秋》，1999 年，第 3 期，頁 20-22。
[15] 蔡仲德：《馮友蘭先生評傳》，香港三聯書店，2005 年，頁 3-4。

來，國府的覆亡已成定局，既然整個中國遲早不免被中共解放，任何人除非準備以身殉「國」(國民黨)，離平南下只不過是毫無意義的「多此一舉」。根據翟志成的研究，馮友蘭之所以決定留下，有自己合理化的幾個考慮：[16]

（1）為了保存清華。

（2）解放軍也是中國人。

　　馮友蘭曾說：「我是中國人，不管那一黨執政，只要能把中國搞好，我都擁護。」又說：「中國好比有兩個兒子，大的是國民黨，二的是共產黨。大的把中國搞糟了，應該讓二的試一試。」

（3）知識份子還是有用的。

　　馮友蘭曾對因去留問題難決的胞弟馮景蘭（清大地質系教授）說過：「何必走呢？共產黨當了權，也是要建設中國的，知識份子還是有用的，你搞自然科學，那就更沒有問題了。」

（4）花落春猶在。

　　「花落」意指時代的巨變，「春」指所研究的中國傳統文化。

（5）自我感覺良好。

　　馮友蘭自認不是地主，不是國民黨，而且思想左傾，與中共無仇怨。

2、徐悲鴻

　　徐悲鴻（1895-1953），原名壽康，1895年生於江蘇省宜興縣。自幼隨父學畫，1912年任宜興初級女子師範學校教員。1915年隻身到上海，被哈同花園聘為美術指導，後赴日本留學。1917年回國後任北京大學畫法研究會導師。1919年在蔡元培幫助下，以公費留法，入巴

---

[16] 翟志成：〈馮友蘭的抉擇及其轉變〉，前引集刊，頁460-472。

黎高等美術學校學習，1927 年回國後，先後擔任上海南國藝術學院美術系主任、國立中央大學藝術科主任、北平藝術學院院長。抗戰勝利後，接任北平藝術專科學校校長。[17]

1948、1949 年之交，北平已被圍困，南京國民政府曾多次直接間接動員藝專和徐悲鴻本人南遷，但為他堅決拒絕。早在 1948 年底，南京政府發出應變費，要他將學校遷往南京，他却將應變費發給師生員工，作為生活費用。其後教育部派飛機至北平，要他和一批文化人離開北平，他以自己有心臟病不能乘飛機為由，婉言謝絕。[18]

1949 年 1 月中旬，華北剿總司令傅作義邀請北平名流，徵詢對時局的意見，會場設在中南海。剛開始，會場上一片沉寂，無人敢首先發言，因為在這種情勢下，說話是要擔風險的。經過長時間的冷場後，當此緊張而沉悶的關頭，忽見徐悲鴻昂然起立，第一個直言不諱地說：

> 我想向傅將軍進一言：北平是一座聞名中外的文化古城，它的故宮、天壇、頤和園等等名勝，在世界建築藝術寶庫中實屬罕見。為了保護我國優秀的古代文化免遭戰禍破壞，也為了保護二百多萬人民的生命和財產免受損傷，我希望傅將軍顧全大局，順應民心，使北平免受炮火之災！……時至今日，傅將軍還有什麼值得對蔣先生抱幻想的呢？

在徐悲鴻的帶動下，著名歷史學家楊人鞭、著名生物學家胡先驌、故宮博物院院長馬衡等相繼發言，附和他「和平解放北平」的建議。[19]

---

[17] 有關徐悲鴻資料，請參閱任甫孟著：《一代畫聖徐悲鴻傳》，台北天工書局，1998 年。徐伯陽、金山合編：《徐悲鴻年譜》，台北藝術家出版社，1991 年。陳傳席著：《畫壇點將錄：評現代名家與大家》，北京三聯書店，2005 年。張憲文主編：《民國南京學術人物傳》，南京大學出版社，2005 年。

[18] 任甫孟：《一代畫聖徐悲鴻傳》，頁 469。

[19] 同上註，頁 470。

4 月 25 日解放軍占領了南京。這一天，正在布拉格（捷克首府）參加「世界擁護和平大會」的徐悲鴻聽到消息後欣喜若狂，與郭沫若、馬寅初等人不禁淚如泉湧。[20]

（二）心存觀望，根留中國篇

1、陳寅恪

陳寅恪（1890-1969），江西義寧人。父陳三立，光緒進士。幼承家學，廣泛閱讀典籍。1909 年畢業於上海復旦公學。翌年赴歐洲留學，先後在柏林大學、蘇黎世大學和巴黎高等政治學院、哈佛大學學習，並研究梵文、巴利文和比較語言學，具有英、德、拉丁、希臘、阿拉伯、波斯等十多種文字的閱讀能力。1925 年回國，應聘為北京清華學校國學研究院導師。1929 年任清華大學歷史、中文、哲學三系教授，兼任中央研究院歷史語言研究所研究員及第一組（歷史）主任。1939 年，被牛津大學聘為漢學教授，因道路阻隔未就，旋任香港大學教授兼中文系主任。1942 年 7 月離港抵桂林，任教廣西大學、中山大學，不久抵成都，任教燕京大學。1949 年任教廣州嶺南大學。[21]

按蔣介石的想法，不能把大科學家、大學者都留給共產黨，陳寅恪是最顯著的目標之一。1948 年 12 月，陳寅恪在清華園，北京城內的胡適曾打電話給他說，一、二日內有飛機飛南京，可以給寅恪一家保留座位，要他們一家立即進城等待。離開北平，陳寅恪在南京、上海小住幾天後，就應陳序經之邀，到廣州嶺南大學任教。[22]杭立武時任教育部次長，是「搶運學人計劃」與「搶運兩院古物」最有力的倡議者。在這段風雨飄搖、人人何去何從的日子裡，杭立武一直未遺忘

---

[20] 王文英、劉軼著：《郭沫若：浦江潮起聽風鳴》，上海教育出版社，1995 年，頁 183。

[21] 陳旭麓、李華興主編：《中華民國史辭典》，上海人民出版社，1991 年，頁 291。

[22] 張杰、楊燕麗選編：《追憶陳寅恪》，北京社會科學文獻出版社，1999 年，頁 229。

在嶺南大學的二陳。他曾多次派人勸說陳序經動員陳寅恪離開大陸。陳序經一直沒有答應。在解放軍的砲聲已震撼南粵大地的 9 月某日，杭立武拉著財政部長徐堪最後一次趕到嶺南大學，親自向陳序經攤牌，要陳序經一同前往勸說陳寅恪和姜立夫一同到香港。杭立武甚至對陳序經說，如果陳寅恪答應去香港，他馬上給陳寅恪十萬港幣及新洋房。[23]與陳寅恪一生交情深厚的傅斯年，不但「屢電催赴台」，更為陳寅恪準備好數名助手。[24]

　　但陳寅恪堅決不出國是有其深刻原因的。除了香港是英帝國主義殖民地，為陳氏所鄙視所以不去之外，其間不免涉及陳寅恪的政治態度問題。陳寅恪基本上是位不曲學阿世，不隨政治波浪起伏，想保持治學應有「自由思想」和「獨立之精神」的純粹學者，但這種性格對政黨和政治人物還是有好惡的。茲舉數例做為說明：

　　1930 年，清華學校易名清華大學，羅家倫出任校長，去看陳寅恪，送去所編《科學與玄學》一書。是書記丁文江、張君勱科學論戰事。陳氏隨手翻了一翻便說：「志希，我送你一聯如何？」當即誦出：「不通家法科學玄學，語無倫次中文西文」，又說橫幅為「儒將風流」。羅曾在北伐軍中官拜少將，娶了一個漂亮妻子，所以說「儒將風流」。上下聯中又將「家」、「倫」二字嵌入，精妙之極。[25]雖說陳寅恪才思敏捷，詼諧風趣，但不無藉機調侃當紅政治人物之深意。

　　1940 年，陳寅恪在〈庚辰暮春重慶夜宴歸作〉這一首詩中寫道：「食餄那知天下事，看花愁近最高樓」。吳宓對此詩作註說：「寅恪赴渝，出席中央研究院會議，寓俞大維妹丈宅。已而蔣公宴請中央研究院到會諸先生。寅恪於座中初次見蔣公，深覺其人不足為，有負厥職，

---

[23] 陳鍵東：《陳寅恪的最後 20 年》，北京三聯書店，1996 年，頁 26。
[24] 同上註，頁 35。
[25] 《追憶陳寅恪》，頁 277。

故有此詩第六句[26]，「最高樓」暗指蔣介石，這也代表陳寅恪對蔣的一種觀感。

陳寅恪認為，作學問不能完全脫離政治，但如果作學問是為去迎合政治，那不是真正在作學問。據王鍾翰透露，蔣介石喜以唐太宗李世民自比，耳聞陳為當代海內外隋唐史名家，曾託人以重金請陳寫一部唐太宗傳。當時陳氏患病，生活十分艱辛，但對奉命寫書之事，仍毅然拒之。[27]

國民黨的三民主義是他心目中的「桎梏」。抗戰期間，國民黨大力推行「黨化教育」，又發起向蔣介石「獻九鼎」，陳寅恪對這兩件事都有批評。[28]

據陳寅恪說，他在瑞士聽過列寧講演，也讀過《資本論》。又告訴浦江清，他不喜歡俄國式共產主義。陳又說：「其實我並不怕共產主義，也不怕共產黨，我只是怕俄國人。」[29]周一良認為，陳寅恪「看清了國民黨的腐敗，所以堅決不去台灣；對中國共產黨不了解，持觀望態度，所以留在廣州」，[30]雖覺過份簡單化解釋陳寅恪的去留問題，但陳沒有出國，不去台灣，解放後也不北上就歷史所第二所所長，情願「棲身嶺表」，不肯去「父母之邦」，留在廣州前後達 20 年之久，這應該符合他畢生所追求的「處身於不夷不惠之間」的文化定位。[31]

余英時對陳寅恪的去留問題，有比較人性化和客觀的看法。他認為不應特別強調政治問題。總括一句，陳寅恪對國民黨已完全失望，對共產黨則看作一種未知數，而看不出再流離到台灣或香港還有任何前途，這是當時與政治無直接關係的大部分知識份子所抱的態度。何

26　同上註，頁 129。
27　王鍾翰：〈陳寅恪先生雜憶〉，《追憶陳寅恪》，頁 253。
28　余英時：《陳寅恪晚年詩文釋證》，台北東大公司，2004 年，頁 317-318。
29　浦江清：《清華園日記‧西行日記》，引自劉以煥著：《國學大師陳寅恪》，重慶出版社，1996 年，第 231 頁；《追憶陳寅恪》，頁 263。
30　周一良：〈從《陳寅恪詩集》看陳寅恪先生〉，《追憶陳寅恪》，頁 172。
31　劉夢溪：〈陳寅恪為何不就歷史第二所所長〉，同前書，頁 390。

況，陳寅恪衰年病目，一家五口，他是走不動了。[32]從北京南下，既不出國，也不去台灣，而棲身廣州，陳寅恪可謂充分發揮對時局「停、看、聽」的作用。

2、傅雷

傅雷（1908-1966），原名傅怒安，1908 年生於上海市南滙縣。他熱情早熟，十餘歲便投身學潮、街頭運動。1927 年冬離滬赴法，專攻美術理論、藝術評論。1931 年 9 月回國後，即被聘在上海美術專科學校任教。

傅雷的思想性格，向以孤傲倔強，剛烈秉直出名，藝術家的生活深居簡出，也並非兩耳不聞政治，完全脫離時代的風雲變幻。抗戰勝利後，一心想對建國大業有所貢獻的傅雷，將視野轉向廣潤的現實社會，除了批評國際國內外受降日軍姑息養奸之外，也投入了反飢餓、反壓迫、反內戰、爭民主、爭自由的鬥爭。面對「蔣政府之腐敗，接收時之黑暗」，傅雷曾是「中國民主促進會」的發起者之一，他先後在《新語》、《民主》、《文滙報》等報刊上，發表了一系列文章，對當局某些具體政策予以抨擊。

1948 年底，上海處於人民解放軍的包圍之中，正在這時候，「孤傲如人間鶴」的傅雷，「以上海情形混亂」，無法坐下來繼續搞他的文學，受友人之託前去昆明籌備進出口公司，想從那中間另找一條人生道路。

到 1949 年 6 月，當時共產黨已經占領了北平、南京、上海等大城市，一個新政權即將成立。傅雷離開昆明去香港，沒有直接回到上海，這反映了他對共產主義存有疑慮。原因還在他是一個只依據客觀事實判斷是非的理性主義者。他對共產黨、社會主義不是不相信，而是要看今後實踐的檢驗；他在抗戰後了解了不少三十年代蘇聯肅反清

---

[32] 余英時：《陳寅恪晚年詩文釋證》，頁 83。

黨的內幕,蘇聯紅軍在中國東北的一些作法,也增加了他對共產黨的某些懷疑。

傅雷在香港住了半年,受不了殖民地的生活,至 1949 年 12 月始由海路經天津到了北京。他準備在北京逗留數天後再回上海。儘管對共產黨、新政權抱有疑慮,但傅雷說:「我是中國人,我的根在中國,我死也要死在自己的國土上。」[33]

除了陳寅恪、傅雷外,值得論述的尚有吳宓(1894-1978)、錢鍾書(1910-1998)等,因篇幅所限,暫予割愛。

(三)堅決反共、義不帝秦篇

1、傅斯年

傅斯年(1896-1950),山東聊城人,字孟真。1913 年考入北京大學預科,1917 年升入本科中文系,1919 年初與羅家倫籌組新潮社,刊行《新潮》月刊,提倡新思潮,並參加五四愛國運動。年底獲公費留學英國。1923 年轉入德國柏林大學研究哲學。1926 年冬回國,任中山大學教授及國文和歷史系主任、文學院院長。1928 年起長期擔任中央研究院歷史語言研究所所長,並兼任北大教授、國立中央博物院籌備主任。1932 年參與組織獨立評論社,出版《獨立評論》週刊。華北事變後,主張抗日救亡。1937 年兼任中央研究院代總幹事。1938 年被聘為國民參政會參政員。1940 年兼任中央研究院總幹事。1945 年 7 月曾作為國民參政會代表訪問延安。抗戰勝利後,任北大代理校長,反對學生愛國民主運動。1946 年參加制憲團,復當選為立法委員。1949 年冬到台灣,並出任台灣大學校長。[34]

傅斯年議政但從不從政,他嫉惡如仇,對國民政府的腐敗非常痛恨,敢以一介書生的身份公開向孔祥熙、宋子文等權貴挑戰,曾發表

---

[33] 金梅著:《譯壇巨匠——傅雷傳》,台北業強出版社,1992 年,頁 256-257。
[34] 陳旭麓等主編:《中華民國史辭典》,頁 465。

〈這個樣子的宋子文非走開不可〉一文,舉國矚目。但在反共的問題上,傅斯年是堅決的,他多次在公開場合罵共產黨是「流寇」,是「戰爭黨」,所以會毀滅文化遺產、會斷送文化學術研究前途,身為學校和學術研究機構的主要負責人,他的首要職責就是將一批珍貴圖書和文物運出北平,同時設法勸誘學者離開北平赴台灣。[35]傅斯年基於民族主義與人道主義的理由,所以反共反蘇。1945 年 7 月,他訪問延安歸來,曾向人透露,「當時延安的作風純粹是專制愚民的作風,也就是反自由、反民主的作風。」1948 年 8 月,傅從美國養病歸國,曾自嘆說:「余絕不託庇異國,亦不作共黨順民。將來萬一不幸,首都為共黨所乘……則亦不辭更適他省;又不得已則退居窮鄉;最後窮鄉亦不保,則蹈海而死已矣。」[36]1950 年 12 月,因反共而追隨蔣介石來台,出任台大校長的傅斯年,以腦溢血猝逝於台灣省參議會,真正「歸骨於田橫之島。」[37]

2、朱家驊

朱家驊(1893-1963),浙江吳興人。字騮先,早年參加辛亥革命。1914 年留學德國,專攻地質學,獲柏林大學博士學位。1924 年回國,任北京大學地質系教授。1926 年起任廣州中山大學校務委員、代理校務委員長、廣東省政府委員兼民政廳長、教育廳長。1927 年底回浙江,任省政府委員兼民政廳長。1930 年離浙,先後任中山大學、中央大學校長。1931 年任國民政府教育部長,次年調任交通部長。1936 年任中央研究院總幹事、浙江省政府主席。抗戰爆發後,歷任軍委會參事室主任、國民黨中執委秘書長、中央調查統計局局長、三青團幹事會

[35] 焦潤明著:《傅斯年傳》,北京人民出版社,2002 年,頁 313。
[36] 《傅斯年全集》,台北聯經公司,1980 年,第 7 冊,頁 306、322。
[37] 這是傅斯年為台大黃得時教授所書知幅,參見王汎森、杜正勝編:《傅斯年文物資料選輯》,中央研究院歷史語言研究所,1995 年,頁 238。

常務幹事、國民黨中央組織部長。1944 年 5 月，復任教育部長。1948
年 12 月調任行政院政務委員，次年夏任行政院副院長。[38]

　　朱家驊係學者從政辦黨，黨性堅強，1948 年 11 月，他以教育部
長暨故宮、中央兩博物院理事身分，提請行政院撥款，將中央研究院、
故宮博物院、中央博物院、中央圖書館的古物及善本圖書，用兵艦搶
運來台。至 12 月，中共已兵臨北平近郊，朱又呈請蔣介石指派專機
接運北平教育文化界的重要人士，如胡適、梅貽琦等到南京。

　　朱家驊是不贊成蔣介石引退下野的，更反對與中共進行和平談
判。1949 年 4 月 18 日，在接到共方所提「國內和平協定」方案之後，
行政院在院長何應欽主持下，於南京國防部開了一次最高會議。經黃
少谷剖析和平方案內容之後，張群沉痛說明其最嚴重意義，希望到會
的每一個人都表示意見，作歷史性的交代。首先發言的便是朱家驊。
他認為：「這樣一個方案，沒有一個字，當然更沒有任何一條，可以
承諾。……照這樣的和平條件，本身上沒有一點和平意義。而是更促
成紛亂，更大的流血，顯然的更使國家民族陷於萬劫不復的局面。同
時未來共匪的普遍的軍事管制，必然的陷全國人民於水深火熱的奴
役。……對於這種殘暴軍管政策的來臨，以及殺人放火暴政的到來，
如果我們簽字，不僅開門揖盜，而且等於自己放火。所以我們只有再
接再厲繼續奮鬥一途。」[39]

（四）乘桴浮於海，花果飄零篇

1、胡適

　　胡適（1891-1962），安徽績溪人，原名洪骍，後改名適，字適之。
早年入上海中國公學。1910 年入美國康奈爾大學，先學農，後於 1915

---

[38]　《中華民國史辭典》，頁 174-175。
[39]　羅敦偉：〈大義凜然的朱騮先夫子〉，《朱家驊先生逝世紀念冊》，治喪委員會印
　　　行，1963 年，頁 282-283。

年轉哥倫比亞大學，師從杜威，獲哲學博士學位。1917 年回國後，任北京大學教授。先後主編《新青年》、《每周評論》、《國學季刊》，並參與創辦《努力》、《現代評論》、《獨立評論》等刊物。1928 年任中國公學校長，並參加籌組中央研究院。抗戰期間，任駐美國大使。抗戰勝利後，任北京大學校長，國大主席團成員，並當選中央研究院院士。[40]

　　胡適是中國現代自由主義者的標誌，面對 1949 年的變局，自由主義者陷入兩難之境。當時流行在自由派學人中的一句話是：「國民黨可恨，共產黨可怕」；另一句話是：「在國民黨下面自由是多少的問題，在共產黨下面自由是有無的問題」。一方面他自承「與中共成勢不兩立之勢，自玄學至人生觀，自理想至現實，無一同者。他們得勢，中國必亡於蘇聯」，他又說過：「共產黨來了，決無自由」，所以要抵抗中共，使「政府不倒而改進」，另一方面又對國民黨政府極其不滿，所以堅決不參加政府，以保持在野的獨立地位，並不斷地批評政府。[41]胡適最後暫時選擇了「可恨」但「多少」有點自由的國民黨。

　　在胡適還沒有決定離開北平時，共產黨廣播已經明確宣布，只要胡適不跟蔣介石走，保證北平解放後仍讓擔任北京大學校長或北京圖書館長。北大同仁與下屬也有勸胡適留下的，但胡適只是搖搖頭，還是決定走，並留下三句話：「在蘇俄有麵包沒有自由；在美國又有麵包又有自由；他們（指共黨）來了，沒有麵包也沒有自由。」這種珍愛自由的心態，和以須有政府為基礎來作漸進改良的想法，在最終決定追隨國民黨的自由份子，如傅斯年、毛子水、張佛泉等人中，應該是具有代表性的。[42]

[40] 《中華民國史辭典》，頁 352。
[41] 余英時：《重尋胡適歷程——胡適生平與思想再認識》，台北聯經公司，2004 年，頁 106-107。
[42] 唐德剛：《胡適雜憶》，台北傳記文學出版社，1979 年，夏志清先生序。

　　胡適到南京之後，自我感覺是「作逃兵」、「作難民」，甚至有意無意之間預感自己將成為中華民國的「遺民」。不久，胡適受政府　的託付，以私人身分到美國爭取援助，用道義支持蔣介石，也符合「在美國又有麵包又有自由」的選擇。但他在寓美的九年期間，精神上是苦悶的，一方面美國對國民政府的態度已發生了一百八十度的改變，使他感覺「一籌莫展」，一方面他在蟄居紐約期間，生活清苦，堪稱「遊手好閑」，少了一份配合他身份的工作。[43]花果飄零，固是時代造成的悲劇，但何嘗不是知識份子兩難之中充滿無奈的一種抉擇！

2、錢穆

　　錢穆（1895-1990），字賓四，江蘇無錫人，家世貧苦，幼時喪父，中學未畢業即無力求學，以自學名家。他自 1912 年開始，在鄉村任小學教師，自 1922 年始，在廈門、無錫、蘇州等地任中學教師。1930年，由顧頡剛推介，入北平燕京大學執教，從此躋身學術界。抗戰之前，歷任燕京大學、北京大學、清華大學、北平師範大學教授，講授先秦及近三百年來學術思想史。抗戰軍興，隨北大南渡，潛心著《國史大綱》，出版之後風行全國，成為各大學通用的歷史教科書，激發青年學子抗日救亡的熱誠。抗戰八年，先後在西南聯大、成都齊魯大學、嘉定武漢大學、遵義浙江大學、華西大學、四川大學等校主講文史課程。勝利後，曾執教於昆明五華書院、雲南大學、無錫江南大學、廣州華僑大學。1949 年移居香港，與謝幼偉、崔書琴等人在艱危困苦中創辦亞洲文商夜學院，後改為日校，並更名為新亞書院，自任院長。[44]

---

[43] 胡明：《胡適傳論》，北京人民文學出版社，1996 年，頁 931-934。

[44] 有關錢穆資料，主要請參閱：李木妙編撰：《國史大師——錢穆教授傳略》，台北揚智文化公司，1995 年；郭齊勇、汪學群著：《錢穆評傳》，百花洲文藝出版社，1995 年；陳勇著：《錢穆傳》，北京人民出版社，2001 年；印永清著：《百年家族——錢穆》，台北立緒文化公司，2002 年。

　　錢穆南走香港，具有一定的必然性，同時又有偶然性。抗戰之前，錢穆雖已名播學界，但他只是一個潛心學問的知識份子，與國民黨政權沒有多少關聯。抗戰時，轉徙西南天地之間，他在態度上與國民黨政權趨近，曾多次受到蔣介石的接見和同餐，親瞻蔣介石顏色，感覺「如對師長，如晤老友」，對蔣留下了極深刻的印象，也使他對蔣有一種終身的好感。[45] 蔣介石提倡宋明理學，與他的意見相合。國立編譯館編宋元明清四朝學案，即是在蔣的授意下編寫的，其中《清儒學案》即由錢穆承擔。

　　然而，錢穆對中國共產黨卻頗有意見，特別是對共產黨宣傳馬克思主義，主張階級鬥爭、唯物史觀，並不認同。三大戰役結束後，百萬共軍屯兵江北，飲馬長江，大局急轉直下。此時的錢穆卻鼓吹「知識份子教育界可以人自為戰，深入民間，當轉為第一綫」，認為「中共無絲毫開國氣象」，對共產黨政權存在抗拒之心。1949 年 8 月間，毛澤東針對《中美關係白皮書》發表了 6 篇評論，其中在〈丟掉幻想，準備鬥爭〉（1949 年 8 月 4 日）一文中點了胡適、傅斯年、錢穆三人之名，把他們歸類為帝國主義及其走狗所能控制的舊式文人或士大夫的新式的大小知識份子，更堅定了錢穆避居香港的決心。[46] 這是錢穆南走香港的必然性。

　　錢穆到香港，而未立即赴台定居，甚至一度前往馬來亞大學講學，他的心態與大部分居港人士如李璜、左舜生等人的心態，應無二致。那就是先避禍香港，兩邊觀望，再伺機轉進。錢穆到香港後，看到失業失學青年多，就萌想辦學，為青年提供就學機會。一天，他在廣州遇見張其昀，張預備到香港創辦一所私立學校，已請了謝幼偉、崔書琴，也希望錢穆能到香港一同辦這個學校。從前在大陸，張氏屢次請錢穆到浙江大學任教，都未成，錢對張總是感到抱歉，因此義不

---

[45] 印永清：《百年家族錢穆》，頁 192。
[46] 陳勇：《錢穆傳》，頁 226-227。

容辭的答應下來。[47]這是新亞書院前身──亞洲文商學院創辦的由來，也是錢穆居港的偶然性。辦學之初，條件極為艱苦，全校只一職員，一切打掃雜務全由學生分任。教師睡在地板上，唐君毅則把床板搭在澡盆上睡覺。錢穆有次犯嚴重的胃潰瘍，米食不進，一個人孤零零地躺在一間空教室的地板上養病。[48]這種苦況，比之胡適蟄居紐約的情形有過之無不及，多少印證了「大難來時自分飛」，知識份子花果飄零的亂世悲劇。

[47] 印永清：《百年家族──錢穆》，頁 251。
[48] 同上註，頁 255-256。

第五輯

華僑革命篇

法國華文報刊的發展與演變

一、前言

　　有人曾說：「有海水的地方就有華僑，有華僑的地方就有中國文化」，而華文報刊就是中國文化最具體的表徵之一。十九世紀的英國人曾誇稱：「英國國旗無落日」，從廿世紀到今天，華文報刊遍布全世界，中國人也可以誇稱：「華文報刊無落日」。[1]

　　法國是華工參加歐戰與勤工儉學的根據地，僑居法國人士，無論留學生、華工或華僑均有其愛國傳統，除關心國事、熱心國政的愛國精神與各地僑胞同樣濃烈外，最大的特色在於組成份子複雜（地緣）[2]、黨派林立、團體眾多。論黨派色彩，巴黎則是「中國共產黨旅歐支部」[3]、「中國青年黨」[4]、「中國國民黨旅歐支部」[5]、「中國社會民主黨」[6]等中國四大政黨的誕生發源地，它們彼此之間有意識型態上的對抗和鬥爭，而最重要的宣傳工具便是透過各自所辦的報刊和雜誌。這種藉報刊雜誌進行黨派論爭的戰火，從清末民初一直延燒至勤工儉

---

[1]　馮愛群編著，《華僑報業史》（台灣學生書局，1967年3月），頁1。
[2]　就地緣而論，清末民初抵法者，有賣石品的青田人與賣紙花的湖北天門人。李石曾招攬而去的豆腐公司工人，多為河北高陽人。歐戰華工，十之八九係山東、直隸人。留法勤工儉學生則以湖南、四川兩省人居多數。而浙江青田、溫州兩地人士在餐飲與皮包兩業，勢力頗大。
[3]　「中國共產黨旅歐支部」成立於1922年冬，周恩來為負責人之一，下設法國、德國、比利時三小組。
[4]　曾琦、李璜等人於1923年12月2日在巴黎成立了中國青年黨，是即國家主義派。
[5]　「中國國民黨旅歐支部」由王京岐於1923年11月25日設立，支部機關暫設里昂。
[6]　由「健社」銳變而成，1924年7月14日成立於巴黎西北郊的哥倫布（Colombes）。其理論與宣傳活動請參閱許文堂，〈中國社會民主黨的創建與沒落（1924-1930）〉，中央研究院近代史研究所集刊，21期（1992年6月），頁473-490。

學後期的 1930 年代，甚至到了 1964 年中法斷交前後，仍然方興未艾。到了 1970 年代中期，由於印支戰爭的關係，數以萬計的越、高、寮華人華僑逃亡到了法國，並定居下來，因為需要，地域性學會式社區型的華文報刊如雨後春筍般蓬勃發展起來。到了 1980 年代後期，隨著兩岸關係的逐漸解凍，加上華人經濟勢力的抬頭，遂有企業化經營型的《歐洲日報》、《歐洲時報》的相繼創刊，走出了狹隘的唐人街，邁向廣闊的華人世界，為華文報刊的歷史開啟了嶄新的一頁。

二、華文報刊的嚆矢——《新世紀》週刊

　　《新世紀》（*La Novaj Tempoj; Le Siécle Nouveau*），1907 年 6 月 22 日在巴黎創刊，為法國出版的首份華文報刊，也是辛亥革命前在歐洲最具代表性的華文期刊。由清廷首批派往法國留學的李石曾（李煜瀛，1882-1973）、張人傑（張靜江，1877-1950）與吳稚暉（吳朓、吳敬恒，1865-1953）發起，並由張人傑出資先創辦法文名為《解放者》（*La Libératrice*），華文稱《中華印字局》的華文印刷所，續創辦《新世紀》期刊，由吳稚暉、褚民誼負責主編。初為報紙型周刊，每期 16 頁，第 53 期起改為 16 開雜誌型，1909 年 9 月以後改為月刊。首期印行 1 萬冊；第 2 期還增刊《近代世界六十名人》，隨報發送。該刊是當時躊躇在西方的中國知識界的一批有識之士，面對外患內亂、民不聊生的中國，想借助西方的民主與科學知識救國拯民思想的產物。當時滯留在巴黎的中國知識青年中，無政府主義思想頗為流行，李石曾、吳稚暉、張人傑是其中的活躍人物，曾發起組織過一個無政府主義團體，積極從事宣傳無政府主義，反對宗教主義、家庭主義、私有主義、祖國主義、軍備主義等「五大主義」，以建立「無政府共產主義」為目標。該刊的許多文章把政府當作最大的仇敵，認為不論是君主制或民主共和制，皆同出一轍，「為民主之蠹之蛇蝎之虎狼」，都是

保護富人的權利而侵奪貧者的生計，裨助強者的憑肆而剝奪弱者的自由的工具。因此　，如同李石曾為該刊第 4 期撰寫的社評中宣稱的：「所有政府毫無例外地都是自由與平等的敵人」，必須消滅一切政府，實現無政府共產主義社會。該刊把人類歷史上的革命劃分為三個階段，即舊世紀革命、新舊過渡時期和新時期革命，並從進化論出發，把資產階級共和國作為實現無政府理想社會的橋樑，主張與資產階級革命民主派合作推翻清朝政府，建立資產階級共和國，然後實行無政府革命。該刊強調「教育感化」的作用，即「以書報而傳送、以演說而鼓吹」，努力去教育感化社會各階層，喚醒人們的互助心，以便進化到無政府共產主義社會。該刊還提出了「尊今薄古」的口號，反對專制主義，反對三綱五常，反對一切舊道德，對舊學持否定態度，並發表大量驚世駭俗的言論，作為解放思想的手段。設有「萬國革命之風潮」、「本周世界之紀念日」等欄目，經常介紹世界各國無政府的言行，譯載和評介克魯泡特金（П. А. Кропоткин, 1842-1921）、巴枯寧（М. А. Вакунин, 1814-1876）、埃利·雷格呂（Reclus）等人的論著，尤其是李石曾節譯克魯泡特金的《互助論》，對中國思想界產生過廣泛影響。對於當時國內政治問題，由於李、張思想上與孫中山的同盟會有某些共同之處，因而與同盟會建立暫時的聯盟，在一些問題上站在同盟會的一邊。如在陶成章（煥卿，1878-1912）、章炳麟（太炎，1869-1936）攻擊孫中山時，《新世紀》駁斥他們的言論，維護孫中山的領導地位。該刊後期刊載的《二十世紀者，軍人革命之世紀也》一文，表示贊同孫中山同盟會武裝起義的策略。《新世紀》在當時的留法知識份子中有一定影響，少數期次還流傳回國內。共出版 121 期，由於經費原因，於 1910 年 5 月 1 日（一說 5 月 2 日）停刊。1947 年 5 月上海世界出版社重印。[7]

---

[7] 唐宏鈞，〈新世紀〉，周南京主編，《華僑華人百科全書》，「新聞出版卷」（中國華僑出版社，1999 年 5 月），頁 432-433。另請參閱安嘉芳，〈新世紀週刊之始

三、民初「百家爭鳴」時期

五四運動前後，中國旅歐的一些社會名流、青年學生以及華工，特別是在法國，組織了不少社團，如留法儉學會、勤工儉學會、華法教育會等，從事華工教育與留學活動，並出版了許多華文刊物，進行宣傳與報導此項活動。茲分期說明如下：

（一）勤工儉學前期

1、旅歐雜誌（*La Revue des Chinois d' Europe*）

《旅歐雜誌》是在法國中部名城都爾（Tours）出版的，為宣傳勤工儉學的早期刊物之一。該刊創刊於民國 5 年（1916）8 月 15 日，係半月刊，三十二開本，每月 1 日與 15 日出版，共發行 27 期，至民國 7 年（1918）3 月 1 日為止。

《旅歐雜誌》可視為華法教育會的機關刊物，因為該會的主要負責人，如蔡元培、李石曾、汪精衛（汪於民國 6 年 1 月間回國後，由褚民誼代理其編輯工作）等也是這個刊物的主編，該刊大部分文章也是他們撰寫的。

《旅歐雜誌》是「以交換旅歐同人之知識，及傳佈西方文化於國內為宗旨」。它的內容分圖畫、論說、紀事（有世界大事、國內要聞、旅歐華人近況）、通訊、叢錄雜組等欄。該刊特別注意報導勤工儉學會的活動，以及旅法華工的情況，我們可以從這個刊物上找到有關五四以前中國青年學生在法國進行勤工儉學的重要材料。

為了宣傳與配合勤工儉學的進行，《旅歐雜誌》亦譯載歐美各國早期苦學出身的著名人物之傳記，作為勤工儉學者的表率，文章大部

末及言論分析〉，《中國歷史學會學集刊》，11 期（1979 年 5 月），頁 97-127。
Peter G. Zarrow, *Anarchism and Chinese Political Culture*, New York: Columbia University Press, 1990. Arif Dirlik, *Anarchism in the Chinese Revolution*, University of California Press, 1991.

分由李石曾執筆，介紹的人物有富蘭克林（Benjamin Franklin, 1706-1790）、盧梭（J. J. Rousseau, 1712-1778）、傅利葉（Charles Fourier, 1772-1837）等人。蔡元培為華工學校所編寫的講義，也每期在《旅歐雜誌》上發表。[8]

民國 17 年（1928）曾復刊，卷期另起（大陸圖書館存有 1-2 期），通信處暫設於里昂，內容較前輕薄。最後停刊日期不詳。

2、華工雜誌（*Revue des Travailleurs Chinois*）

《華工雜誌》在巴黎出版，為旅法勤工儉學會所編輯，可說是《旅歐雜誌》的姊妹刊物。該刊創刊於民國 6 年（1917）1 月 10 日，先為半月刊，每月 10 日與 25 日出版。後改成月刊，亦三十二開本，每期約三十頁左右。《華工雜誌》共發行了 49 期，至民國 9 年（1920）12 月 25 日為止。

歐戰期間，法英兩國聯合在中國招募華工約 15 萬人，在做為主戰場的法國領土上從事有關戰事的後勤勞務工作，在這批華工中，除有 400 名受過高等教育的青年充當譯員外，只有 2 萬 8 千人接受過少許文化教育。刊物創辦者的意圖是對旅法華工進行文化知識教育，使他們回國後能對國家和社會進步有所貢獻。

《華工雜誌》以提倡勤、儉、學三者為宗旨，它的內容具有三項特色：第一，它的文章通俗易懂，即使是刊登了一、二篇文言文，也都另附白話。同時為便利不識字的工人閱讀，該刊還附有拼音字母。第二，在這個刊物上，國內外新聞報導佔了很大篇幅，重要的新聞如第一次世界大戰的情況，參戰各國工人的罷工等都有詳細的報導，於增進工人的時事知識與啟發工人的覺悟都產生相當的影響。第三，為了便利工人在工餘時間學習外國語，該刊每期都附載有英、法、中文

---

[8] 唐宏鈞，〈旅歐雜誌〉，《華僑華人百科全書》，頁 199-200；陳三井，《勤工儉學的發展》（台北：東大圖書公司，1988 年 4 月），頁 157-158。

會話對照。總之,它既是一份掃盲課本,亦是一份新聞簡報,因而受
到華工們的歡迎。《華工雜誌》因受經費影響,後期出版較不正常,
在出版第 49 期後,鑒於旅法華工總會(Association des Travailleurs
Chinois en France)創辦的《華工旬刊》已出版,遂停刊。[9]

3、旅歐周刊(*Journal Chinois Hébdomadaire*)

《旅歐周刊》創刊於民國 8 年(1919)11 月 15 日,為華法教育
會下的旅歐勤工儉學協會主辦,乃該會繼《旅歐雜誌》之後所辦的又
一刊物。編輯部設在大巴黎葛爾雷思・哥倫布的波安街 39 號(39, Rue
de la Pointe, La Garenne-Colombes),周太玄是這個刊物的主編,大部
分文章都是他寫的,李石曾、王光祈、曾琦、華林等人也經常撰文,
可見這是旅歐知識份子所創辦的一個刊物。該刊每期四版一張,逢星
期六出刊一次,16 開本,老五號宋體豎排印刷,每期售價 20 生丁
(Centime),共發行 93 期,至民國 10 年(1921)8 月 20 日為止。

《旅歐周刊》在發刊詞中為自己揭示了以下三個任務:第一,對
於旅歐方面,除記述工學各界事體以外,對於教育的發展,團體的組
織,生活習慣的改良,痛苦和不平事件的伸解,都是竭誠盡力的討論
記載;既不願為激烈過當的批評,又決不取悅一時,依違兩可。第二,
對於國內,除報告旅歐新聞外,還要常常登載西方學者在本報發表的
論文,或是本報記者與他們為學術的談話;並特設學術新聞一欄,蒐
集學術上的新發現,以供讀者的研究;遇有重大問題,也要請專家批
評解釋。第三,該刊雖以旅歐為名,但並不以此自己限制,將作為旅
歐以及美洲、南洋以及其他各處的華僑意志的交通,事實的聯絡。

《旅歐周刊》大致包含論說、新聞(世界新聞、國內新聞、學術
新聞、旅歐新聞)、通信、隨感錄、讀者論壇等欄。這個刊物的最大
價值,在於它的旅歐新聞欄報導和介紹了中國人旅歐各團體的組織、

---

[9] 唐宏鈞,〈華工雜誌〉,《華僑華人百科全書》,頁 113。陳三井,前引書,頁 158。

活動與勤工儉學的情況，這對吾人研究五四時期中國青年旅法勤工儉學活動提供了第一手的材料。此外，它的論說與讀者論壇，也有助於我們瞭解部份留歐中國學生的思想傾向。[10]

4、華工旬刊

《華工旬刊》的法文刊頭為 Le Travailleur Chinois，亦在巴黎西郊的 La Garenne-Colombes 發行，由旅法華工會（Association des Travailleurs Chinois en France）所出版。該刊創刊於民國 9 年（1920）10 月 15 日，每期逢五出版，亦 16 開本，四版一張，老五號，宋體竪排印刷，每張定價二十五生丁。因經費拮据，從 1921 年 3 月 15 日出版的第 14 期起，改為月刊，同年 7 月被迫停刊。

由於第一次世界大戰結束，絕大多數的華工被遣回，決定留法者只有三千餘人，《華工旬刊》不像《旅歐雜誌》、《華工雜誌》那樣以對華工進行文化知識教育為宗旨，而改為號召散居法國各地的華工聯合起來，加強團結與互助。

《華工旬刊》在其發刊詞中首先指出，「凡有人類的地方，就有華工的足跡」，但由於華工既沒有受過相當教育，又沒有團結力，所以無論在南洋或美洲，到處受人排斥虐待，因此有組織華工教育的必要。《華工旬刊》的出版，除在歐洲「聯絡華工個人的感情，消滅相互間的隔膜」外，並願代表華工，「以求國人的同情，輔助團體，以謀華工的教育」。

《華工旬刊》的內容，大致包括雜評、世界工人消息、國內大事述要、旅法華工新聞、啟事等欄，尤其旅法華工新聞一欄，載有各地華工消息，哀樂甘苦盡在其中，為研究歐戰期間華工最直接之史料。[11]

---

[10] 陳三井，前引書，頁 159；唐宏鈞，〈旅歐周刊〉，《華僑華人百科全書》，頁 200。
[11] 唐宏鈞，〈華工旬刊〉，《華僑華人百科全書》，頁 113；陳三井，前引書，頁 160。

5、工人旬報

巴黎旅法華工總會編輯兼發行。1922 年 10 月在巴黎創刊。為 16 開油印本。主要內容為報導當時留在法國的 2,300 華工的工作、學習、生活情況。其中 1923 年出版的第 20、21 期為「五一」節紀念專號。[12]

6、少年（La Jeunesse）

1922 年 8 月，旅歐中國共產主義青年團（後改為中國共產黨旅歐支部）在巴黎創辦。其宗旨是：向「不甚能讀外國文主義書報之勤工生和華工」傳播共產主義學理，闡揚第三國際和中國共產黨的戰略，宣傳馬克思主義和唯物史觀，以抵禦當時在中國留法學子中廣為流行的無政府主義思潮。在周恩來的領導下，編輯部由趙世炎和陳延年負責，鄧小平參與了刻印工作。初始為月刊，16 開本，手刻油印，紅色封面，正中繪有麥穗和鐮刀、斧頭圖案，每期 30-50 頁不等；第 7 期起改為 24 開本；自第 8 期以後，改為雙月刊。1923 年 4 月前，編輯部設在巴黎 13 區的戈德弗洛瓦街（Rue Godefroy）一間公寓型的小旅館內，與中共旅歐支部在一起；其後，遷至巴黎郊區葛爾雷恩——哥倫布市的波安特街 39 號（39, Rue de la Pointe, La Garennes-Colombes）。

《少年》的主要內容在宣傳共產主義，論證中國走共產主義道路的必要性和必然性，但也用許多篇幅與無政府主義作理論鬥爭。《少年》作為理論性刊物，經常選登馬克思、恩格斯、列寧的著名論斷，介紹他們的生平與學說，刊登共產國際和中國共產黨的綱領、文件、通告，報導各國革命運動、勞工運動等。由於旗幟鮮明，富有朝氣和戰鬥性，頗受旅歐中國青年學子和華工的歡迎，並運銷中國和美洲等地。因受當地警察當局的干擾，於 1923 年 12 月 10 日出版第 13 期之

---

[12] 舒菊故，〈工人旬報〉，《華僑華人百科全書》，頁 76。

後宣布停刊。與此同時，周恩來等籌組了赤光社，並決定出版《赤光》半月刊以代替《少年》雜誌。[13]

7、工餘（*La Laboro*）

1922 年 1 月 15 日在巴黎創刊。是由李石曾（李煜瀛）、吳稚暉（敬恒）、張繼等組織的留法勤工儉學（後稱工餘社）的機關刊物。「工餘社」是旅法華工和勤工儉學生中的無政府主義者在巴黎組織的小團體，成立年月不詳，其主要成員有華林（李合林）、陳延年、陳喬年、陳澤孚、畢修勺、朱洗、孟稜崖、李卓等人。民國 11 年（1922）1 月 15 日，該社出版了一種油印月刊──《工餘》，由李卓編輯，前後共出 23 期，歷時三年半，至民國 14 年 10 月，始與另一無政府主義刊物《自由人》合併。

《工餘》以「無政府黨」自居，主張無政府，倡導「打倒一切」。對各國無政府主義者的組織和活動情況時加記述，並時常介紹國際無政府主義組織的會議內容、文件、決議。除宣揚無政府主義的一般學說外，還以大量篇幅詆毀馬克思主義革命理論，攻擊共產主義者的革命的方針策略。該刊不分欄目，刊載論文、消息、雜評、詩歌等。自第 13 號起徵集「勤工儉學同學個人經過實況」，為該刊增加一項新的內容。1924 年僅出版 2 期即停刊（最後一期在上海印行），前後共出版 23 期。主要編者是工餘社負責人之一李卓。[14]

---

[13] 唐宏鈞，〈少年〉，《華僑華人百科全書》，頁 316；陳三井，前引書，頁 114。
[14] 方積根、蘭瓊，〈工餘〉，《華僑華人百科全書》，頁 79；陳三井，前引書，頁 113。

（二）勤工儉學後期

1、赤光（*La Lumière Rouge*）

《赤光》為中國共產黨人繼《少年》之後在歐洲出版的華文月刊。1924 年 2 月 1 日在巴黎創刊。第 1 期《赤光》申明：「我們是要以科學的方法，綜合而條理出各種事實來證明我們的主張無誤。本此，便是我們改理論的《少年》與實際的《赤光》的始意，同時也就是《赤光》的新使命了。」該刊給自己規定的任務是，通過「評論中國時事」，指出中國「亂源所在」和「解脫之方」；通過「評論國際情勢」，指出帝國主義列強對中國的共管是中國國難的「萬惡之源」，唯有十月革命的道路才是「拯救中國的方法」。循此編輯方針，該刊大量報導國際國內發生的重大政治事件，並幫助讀者理解事件的起因、背景、沿革和趨向。對旅歐中國青年黨喉舌《先聲》周報上鼓吹的國家主義派觀點，《赤光》幾乎每期都有駁斥文章。在編輯方法上，每期除有一兩篇較長的討論外，大都是一事一議，長不過數百字的精悍短文，說理透徹，文字通俗。該刊還十分注意同讀者的聯繫，闢有「讀者論壇」、「讀者之聲」、「讀者信函摘要」等欄目，對讀者信函不論其觀點如何，「只要持之有故，言之成理，俱一律登出」。周恩來親自主編了該刊前 10 期，並發表了近 40 篇立論精闢、筆鋒犀利的時評。1924 年 10 月周恩來回國後，《赤光》的編務曾交由李富春負責。對於 1925 年 5 月 30 日上海發生的「五卅」慘案，《赤光》將提前於 6 月 7 日出版的第 33 期作為特刊，報導事件真相，批駁帝國主義傳媒的歪曲和造謠，號召旅歐華僑積極參加反帝鬥爭，引起法國當局的注意。由於當時把持華法教育會的青年黨人何魯之的告密，巴黎警察局逮捕了該刊編輯部成員和撰稿人共 20 餘人，《赤光》被迫暫時停刊。直到 1928 年成仿吾（1897-1984）受中共派遣抵法，《赤光》才恢復出版。

　　1929 年赤光社及《赤光》雜誌遷至德國，受德國共產黨領導的「中國語言支部」負責，成仿吾任赤光社社長兼《赤光》雜誌總編輯，參與編輯工作的有謝惟俊（中國語言支部負責人）、廖承志（1908-1983）、章文晉、張鍔（張瀾之子）等。由半月刊改為月刊，續巴黎出版期次。初仍為刻寫油印，16 開 16 頁；後改為大 32 開 26 頁，打字油印。在德國出版的該刊，以報導國內外動向性消息為主，但保持了信息量大、內容充實、文字簡潔、編排精緻等特色。通過秘密散發和郵寄，每期發行百餘份，「但許多國家都有（看到）」。1931 年成仿吾回國後，由謝惟俊接辦，王炳南參與了編輯工作。停刊日期不詳。[15]

2、先聲（*Sine Shing*）

　　1923 年 5 月由信奉國家主義的中國青年黨人曾琦、李璜等人在巴黎創辦。同年 12 月 2 日中國青年黨旅歐支部在巴黎郊區（Fontenay-aux-Roses Seine）宣布成立後，成為青年黨的機關報。周刊，A3 紙，手刻油印。法文報頭下印有《歐洲華文周報》（Journal Hébdomadaire Chinois en Europe）字樣。以宣揚國家主義理念為宗旨，對內鼓吹「國家至上」，對外宣傳「民族優越論」，報導的基調是極力詆毀共產黨與國民黨結成聯合陣線實行國民革命，攻擊國共合作是共產黨借助國民黨力量進行革命，「大功告成後，就要鵲巢鳩居，殺孫中山來祭紅旗」；既指責共產黨聽命於共產國際，也批評蔣介石為了個人利益而在中國重新集結政治力量；聲稱「事實證明國家主義為中國之中心思想，解救中國於危難者只有國家主義」，中國青年黨是「救（中）國的唯一革命黨」。該刊的上述言論受到以周恩來為領導的中國共產黨旅歐支部同期在巴黎創辦的《赤光》雜誌的嚴厲批判，在 1924、1925 年間，兩刊為此展開了激烈的論戰。

---

[15] 唐宏鈞，〈赤光〉，《華僑華人百科全書》，頁 21。

從 1927 年起,該報刊頭名題《巴黎先聲報》,每周出對開紙一張四版,設有社論、特載、簡要新聞、論壇、祖國要聞、旅歐要聞、最後消息、電訊等欄目。其言論傾向一如既往,即既反對南京蔣氏政權對日本侵略者採取的不抵抗主義,又反對中國共產黨的政治路線。該報發表的《中國青年黨為日兵進寇榆關宣言》,主張由該黨「與全國民眾共同建立國防政府,對日宣戰」,同時聲稱,該黨必須「貫徹進行肅清赤化工作,防止俄國侵略陰謀」。

據巴黎警察局 1929 年的檔案材料記載:該刊每期除向青年黨在法國的 200 餘名成員寄發外,在巴黎拉丁區的一些中餐館和巴黎大學所在地的聖米歇爾大街的一些報亭出售。每期發行量千份左右。該刊的讀者「大部分是巴黎大學的那些極右的中國民族主義份子,在巴黎的中國移民中,這是一個具有法西斯傾向的組織」。據現有資料,該刊出至 1934 年,總共出刊逾 400 期。確切停刊日期不詳。[16]

3、奮鬥(Le Combat)

《奮鬥》創刊於 1923 年 10 月 15 日,刊頭有法文標題 La Revue de la Lutte Gigantesque,後來改作 Le Combat。該刊起初在上海及巴黎兩地編輯,國內由孫倬章主編,巴黎由徐特立、陳師二人主編,為不定期刊物,交上海太平洋印刷公司印刷,由泰東書局代為發行。其後之編輯、印刷完全在巴黎進行,通訊處設於 n 10 Boite Postale Bois-Colombes。在巴黎之發行人由法國人 G. A. Bernard 擔任,至於他與該黨之實際關係則不清楚。

該刊之宗旨雖說在於「討論社會主義」。事實上,作為黨之機關,它主要在宣揚社會民主理論。《奮鬥》亦刊載大量批判青年黨的文章。停刊時間不詳。[17]

---

[16] 唐宏鈞、祝均宙,〈先聲〉,《華僑華人百科全書》,頁 380。
[17] 許文堂,〈中國社會民主黨的創建與沒落〉,前引集刊,頁 479。

4、國民（*Kuo Ming*）（一）

　　係中國國民黨駐法總支部籌備處機關報，1925 年在里昂創刊。與 1925 年在巴黎創刊的《三民周報》和 1927 年在巴黎創刊的另一《國民》為國民黨駐法總支部機關報的「三胞胎」。通訊處為里昂市聖‧于斯特第 3 號郵政信箱（Boite Postale NO.3, Saint Just, Lyon）。半月刊，大 16 開本，手刻油印，零售每份 50 生丁（半法郎）。主要報導國民黨的黨務活動，也刊登一些關於中國時局的評論。1927 年國共分裂，國民黨內部也隨之分成左中右不同派別。受此影響，旅居法國的國民黨成員分別組成「中國國民黨駐歐執行委員會」（Le Comité Exécutif du Kuomintang en Europe）和「中國國民黨駐歐聯合會」（La Confédération du Kuomintang en Europe）。前者以擁護孫中山的革命理想為旗幟，後者則支持蔣介石，並互爭國民黨在歐洲的代表地位。《國民》由此亦分裂成兩份同名的刊物，但以不同漢字書寫筆體、漢語拼音不同排列和加與不加同義法文相區別。相比之下，「聯合會」這一派力量較大，並控制由「籌備處」在里昂創辦的《國民》，使之成為該派的喉舌。在 1927 年 5 月 15 日仍以「籌備處機關報」名義出版的第 2 卷第 14 號這一期上，刊登以「中國國民黨駐法總支部籌備處」名義支持蔣介石的《宣言》，「國民黨中央監察委員會護黨救國通電」，「國民政府定都南京宣言」等；同時在「黨務特載」欄發表「巴黎支部否認違法總支部職權宣言」、「巴黎支部開除叛徒柳哺青等 20 人黨籍」、「里昂支部開除叛徒謝清等黨籍」的公告，以及「要聞：南京國民政府成立盛典」等，表明對蔣介石的支持。該刊隨後由里昂遷至巴黎第 5 區學院路 41 號（41, Rue des Ecoles, Paris 5e），並用「中國國民黨駐法總支部機關報」名義出版，卷號期次續前。內容則加重對時政和反共的份量。如第 2 卷第 18 號卷首「時事述評」欄載有：《徐州會議決定了兩個偽政府的命運》、《紅色恐怖回到第三國際自身上來了》，以及討論文章《馬克思主義與民主主義之異同》等。在以後的

期次中，還公開要求驅逐國民黨中的共產黨人，以反對國際帝國主義
為名反對蘇俄革命等。每期發行千份左右，主要免費派發給國民黨該
派成員。停刊時間不詳。[18]

5、國民（*Kuoming*）（二）

1927 年國共分裂後由代表國民黨旅歐左翼的「中國國民黨駐歐執
行委員會」（Le Comité Exécutif du Kuomintang en Europe）於 1927 年
夏在巴黎創辦。報頭下註有「國民黨旅歐組織周報」（*Organe
Hébdomadaire du Kuomintang en Europe*），後改為「國民黨旅歐組織正
式機關報」（*Organe Officiel du Kuomintang en Europe*）字樣。同 1925
年在法國里昂創刊的另一《國民》及 1925 年在巴黎創刊的《三民周
報》並稱為中國國民黨駐法總支部機關報「三胞胎」。負責人為夏丁
（Xia Ding）。註冊人為普魯內弗（Pronneveux）。報址設在巴黎 5 區
聖‧雅克街 330 號（330, Rue Saint Jacques, Paris 5e）。初為周刊，大
16 開本，手刻油印，刊名用隸體書寫。刊物卷期接續 1925 年在里昂
創辦的同刊名，以示這個派別代表國民黨駐法機構的合法地位。以夏
丁為代表的這批國民黨旅歐左翼人士，以擁護孫中山的革命理想為號
召，並在每期封頁上將「總理遺囑」刊於「本期目次」之前，通過該
刊公開譴責以蔣介石為首的國民黨南京政府的政策，稱策劃 1927 年
國共分裂、屠殺共產黨人的蔣介石為「可恥叛徒」，斥責蔣介石與外
國帝國主義及國內大資產階級結盟，背叛孫中山開創的革命事業等
等，因而為國民黨政府駐法代表機構所不容。在後者的要求下，法國
當局於 1927 年 9 月以夏丁在法「從事政治活動和在（法共）《人道報》
上發表文章」為由，將夏驅逐出境（後死在吉布地），這個派別因而
解散，刊物隨即停刊。1928 年，繼續留在法國的這個派別的人士又將
此刊改為半月刊恢復出版，刊名改由「汪精衛題」寫，仍為大 16 開

---

[18] 唐宏鈞，〈國民〉（一），《華僑華人百科全書》，頁 94。

本，手刻油印，版式如前，註冊登記人則為于松（Husson）。報址設在巴黎 5 區卡爾姆街 26 號（26, Rue des Carmes, Paris 5e）。從汪精衛在該刊於 1928 年 10 月 15 日出版的第 3 卷第 21 號上發表的文章《關於第三黨的問答》及其親筆題寫刊名看，該刊可能受到汪的支持。最後停刊日期不詳。[19]

6、三民周報

與 1925 年在里昂創刊的《國民》（Kuo Ming）和 1927 年在巴黎創刊的另一《國民》（Kuoming）一起都自稱是中國國民黨旅歐總支部機關報。1923 年國民黨在里昂成立總支部，1924-1927 年國共合作期間，國民黨內部意見分歧，旅居法國的國民黨人鬧出機關報「三胞胎」案，《三民周報》是其中之一，於 1925 年 12 月由右翼勢力在巴黎創辦。報址設在巴黎第 5 區杜安街 3 號（3, Rue Thouin, Paris 5e）。該刊言論主要反映這個派別的觀點，如公開申稱他們是國民黨在法國的唯一代表，「完全獨立自主地在中國進行反對帝國主義和共產黨的鬥爭」，強烈批評國民黨左翼人士同共產黨的合作等。該刊也刊載當地僑界新聞和國內消息。名為周報，但出版日期很不正常。每期印行 700份，主要向分布在巴黎、里昂、馬賽的這個派別的成員寄發，部分交巴黎拉丁區報亭經銷。停刊日期不詳。[20]

7、留歐通訊（*La Correspondance Chinoise en Europe*）

1928 年在巴黎創刊，半月刊。為旅歐華僑所辦。北京大學圖書館存見第 11 期（1928），16 開本油印，共 16 頁，載文 3 篇：〈建設〉（汪精衛）、〈英帝國主義臨終的前夜〉及〈關於共產黨命運的診斷〉。[21]

---

[19] 唐宏鈞，〈國民〉（二），《華僑華人百科全書》，頁 94-95。
[20] 唐宏鈞，〈三民周報〉，《華僑華人百科全書》，頁 309。
[21] 史復洋，〈留歐通訊〉，《華僑華人百科全書》，頁 195。

8、旅歐黨聲（*La Voix du Kuomintang en Europe*）

1930 年 4 月 1 日創刊於巴黎，由中國國民黨駐法總支部黨務指導委員會印行，大 16 開影印本，月刊。該刊聲稱：「闡揚三民主義，並以此立場來觀察、敘述、評論當代國際國內的政治、經濟、社會諸種問題，並討論建設的方案」，推行國民黨反蘇反共的海外工作方針。闢有專論、國內大事述評、黨務報告、專載等欄目。創刊號載有發刊詞、該指導委員會負責人鄭彥棻（1902-1990）撰寫的論文，題為《中俄問題的國際輿論及其給與我們的教訓》。駐法總支部黨委指導委員會黨務匯要中，載有該會及其各支部指委會成員名單（含所任職務）、宣傳科和訓練科的工作報告。「專載」中介紹「國民政府建都南京後各項革新與建設」情況。刊末還附有國民黨中央黨部寄到法國黨支部的印刷品目錄。只出版 2 期即告停刊。[22]

9、三民導報（*Le moniteur de Triple Demisme*）

發刊於民國 22 年（1933）2 月，國民黨法國總支部主辦，蔣雲岩主持，新聞報導性質，鼓吹愛國思想，報導祖國新聞。半月出版一次，石印八開 2 張。第二次世界大戰爆發後，側重報導國際形勢和國內抗日戰爭要聞。如第 5 期刊登的文章依次有：〈對於國際反侵略大會的認識與期望〉（赫禮歐）、〈白崇禧三突重圍記〉（陳孝威）、〈近兩周國際形勢鳥瞰〉（愁風）等；也報導國民黨黨務消息和旅歐僑社新聞。大 16 開本，手刻油印，視內容多少決定每期頁數。此後若干年，時斷時續。如 1949 年 4 月即因經費困難暫時停刊至 8 月 10 日。至 1964 年 1 月 27 日中法建交，同年 3 月 29 日又出復刊第 1 期，因其「反共甚力」（台北版《中國新聞史》語），經常大量刊登反共漫畫，公開呼籲反攻大陸等，法國政府為免「破壞法國與北京的關係」，遂於 1966

---

[22] 蘭瓊，〈旅歐黨聲〉，《華僑華人百科全書》，頁 199。

年 3 月 11 日將其封閉。封閉前的負責人是中國國民黨黨員陳楚本。從
創刊到停刊，該刊前後延續 33 年。[23]

四、抗戰「民族統一戰線」時期

1、救國時報（*Au Sécours de la Patrie*）

　　救國時報為中國共產黨在法國巴黎創辦的海外喉舌報紙。1935
年 5 月 15 日創刊時名《救國報》，1935 年 12 月 9 日改現名。其宗旨
是：「不分黨派，不問信仰，團結全民，抗日救國」。專門從事抗日救
國的宣傳，無情地揭露了日本侵華暴行，並大張旗鼓地宣傳抗日民族
統一戰線，廣泛聯絡歐洲各地的華僑報導他們愛國活動的消息。

　　1934 年底，在莫斯科的中共駐共產國際代表團根據中共中央指
示，由代表團秘書廖煥星負責籌備出版《救國報》。考慮到法國的反
法西斯人民陣線已初步形成，有較好條件與基礎，遂決定由張仲皋、
雷子聲以中國留法學生名義在巴黎申請註冊。首任主編兼發行人為吳
玉章（1878-1966）。翌年吳離法去莫斯科後，由吳克堅（1900-1986）
接替。編輯部設在莫斯科，由中共駐共產國際代表團領導。先後擔任
主編的還有廖煥星、李立三（1899-1967）、陳潭秋（1896-1943）；擔
任副主編的有張報（莫國史，1903-1996）、周翼、王揖（趙毅敏）；
從事編輯工作的有李克、王德、歐陽新、龍毅、何天智、于辛超、邱
靜山等。報紙在莫斯科組稿、編輯、排版、制成版型，然後航寄巴黎
印刷、發行。在巴黎負責該報工作的，先後有吳克堅、饒漱石。

　　由於該報反日立場鮮明，因而成為日本帝國主義和國民黨當局的
眼中釘。當年 9 月，全文發表蔣經國寫給他母親、痛斥蔣介石為假革
命、真叛變的公開信，觸怒了蔣介石。在國民黨政府通過其駐法使館

---

[23] 馮愛群，《華僑報業史》，頁 133；唐宏鈞，〈三民導報〉，《華僑華人百科全書》，
　　頁 308。

要求下，法國政府於 1935 年 11 月強令《救國報》停刊。此時受中共
駐共產國際代表團派遣的吳玉章正好到達巴黎，遂立即決定利用法政
府標榜的言論出版自由，把報名改為《救國時報》重新申請註冊，獲
得批准。《救國時報》的首期內容和版式就是早已編好而未能出版的
《救國報》第 16 期，所有工作人員也是原班人馬。1937 年夏，從上
海購買一套銅模，同年秋起改為設在莫斯科的編輯部只負責組稿與編
輯，其他工序在巴黎完成。

　　《救國時報》初始為半月刊，繼改為周刊，再改為 5 日刊。每期
出對開紙 1 張 4 版，闢有社論、要訊、祖國消息、國際消息、僑胞生
活、讀者通訊以及專門論壇（如「民族出路問題論壇」、「救國陣地」
等）。每有大事、重要紀念日，則增出半張或 1 大張紙。

　　該報創刊以來形成兩個顯著特點：一是每期在頭版以社論形式闡
述該期宣傳主題思想，其餘各版以相關的消息、資料、插圖等相配合，
內容豐富，論述精當。二是消息涉及面廣，編排印刷精美，版面活潑，
插圖每期多在 10 幅以上。其發行工作開展很快，在一年多時間內銷
行量即超過 2 萬份，其中歐、美、亞 3 個洲的 43 個國家和地區有訂
戶 9,600 份；在中國國內的北平、上海、天津、廣州、重慶、西安以
至邊遠的西康、新疆等地的一些小縣城，都有它的讀者群。該報當時
在國內外產生廣泛的影響。東北抗日聯軍總指揮楊靖宇（馬尚德，
1905-1940）將軍曾親筆致函該報：「你們關於東北義勇軍抗日的消息
登載獨多，使我們全體士兵看到，抗日殺賊的意志益堅決興奮。」新
加坡一位讀者給該報來信說：「我們──馬來亞的華僑對於貴報的態度
表示很歡迎，凡是讀過貴報的人，都憤恨日本帝國主義和一切賣國賊
漢奸。」

　　1937 年抗日戰爭爆發後，報社人員陸續回國參加抗戰。擔任該報
主編的李立三在蘇聯的肅反中被投入監獄，工作人員廖煥星、張報、
周翼、邱靜山等十餘人也受到牽連被關押。中共中央鑒於當時國內外

形勢的變化，決定將該報遷往美國出版。1938 年 2 月 10 日，該報在第 152 期上發表《本報暫時停刊宣言》。同年 8 月遷至美國紐約，與當地的《先鋒報》合併，繼續出版。[24]

2、大道

中國留法學生於 1935 年在巴黎創刊，巴黎大道報社出版。大 32 開油印本，政論性季刊。據第 4 期《我們是誰》一文宣布的宗旨說，「《大道》的目的是為正義而辯護」，「為中國百分之八十以上的勞苦群眾而吶喊」，並提出：「對外我們需要一個獨立而強健的民族；對內需要一個社會主義的國家」。主要內容為對中國革命和民族抗日問題發表評論，抨擊國民黨的不抵抗政策，主張建立革命聯合陣線，國民共同抗戰。[25]

3、聯合戰線

為全歐華僑抗日救國聯合會華文會刊。1936 年 11 月 15 日創刊於巴黎。內容廣泛，不局限於宣傳抗日戰爭的題材。如創刊號就有「急待解決之旅法華工問題」等討論華僑切身問題的文章。每月印行 1 期，第一年出版 13 期。[26]

4、全民月刊（*Ĺ Opinion-Cyan Min*）

由巴黎華僑全民月刊社編輯、發行。1936 年 1 月底，由巴黎一些自稱「俱屬寒素學生」所創辦，同年 3 月 15 日創刊，16 開豎排鉛印。該刊為旅法、歐華僑和留學生交流思想、研究學術、切磋問題的共同論壇。闢有全民論壇、時事論著、學術專著、社會寫真、華僑論壇、

---

[24] 任貴祥，《華夏向心力——華僑對祖國抗戰的支援》（廣西師大出版社，1993 年 4 月），頁 141；吳玉章，《吳玉章回憶錄》（北京中國青年出版社，1978 年 11 月），頁 179；唐宏鈞，〈救國時報〉，《華僑華人百科全書》，頁 174-175。

[25] 史復洋，〈大道〉，《華僑華人百科全書》，頁 25。

[26] 方積根，〈聯合戰線〉，《華僑華人百科全書》，頁 190-191。

文藝、專載、時事紀要等欄目。介紹世界政治、經濟和文化情況,評論中國學生救國運動,討論全民抗日救亡的具體方案,研究歷史、文學等人文科學,探討青年、學生、家庭、職業等社會問題。刊登有論著、譯著和文學作品,如列寧的〈馬克思主義與民族戰爭問題〉,季米特洛夫的〈為和平而鬥爭的統一戰線〉,陳紹禹(王明)的〈抗日救國與全民統一戰線〉,胡秋原的〈最後關頭與唯一出路〉,陶行知的〈上海文化界救國會國難教育方案〉,章乃器的〈闢一套亡國理論〉,蕭三的〈談國防文藝〉,羅曼·羅蘭的〈繞室之游〉等。還登載救國文獻、國內外大事記、圖畫及攝影等。多次撰稿者有胡秋原、蕭岩、蕭三、廖煥星、王禮錫、未明、衍文、余杰、韓清、廉臣等。內容豐富,海內外均有不少訂戶。原定每月出版 1 期,但因印刷稽延,屢次脫期。後因財力不濟,僅維持幾個月即停刊。[27]

5、祖國抗日情報

為全歐華僑抗日救國聯合會華文會刊。1938 年 9 月創刊於巴黎。為繼《救國時報》之後最受矚目的歐洲華僑報刊。每周出版 6 期,每期出 8 開 1 張,後期則擴大篇幅為 4 開 1 張。發行量雖不及《救國時報》大,刊行時間也不長,但卻起了鼓舞華僑支援祖國抗日戰爭的作用。1940 年 6 月德國法西斯占領巴黎前停刊。[28]

6、華僑時報 (*Houa Kiao Che Pao*)

旅法華僑友誼會刊行。1944 年 11 月在巴黎創辦,是法國第一份以「華僑」冠名的華文刊物。創辦人方鏞(Fong Yong),20 年代中國首批赴法勤工儉學者之一。總編輯劉國平(Liu Guo-Ping)。周刊,16 開本,豎行手刻油印。通訊處最初設在巴黎第 3 區朗布多街 14 號(14,

---

[27] 方積根、蘭瓊,〈全民月刊〉,《華僑華人百科全書》,頁 298。
[28] 方積根,〈祖國抗日情報〉,《華僑華人百科全書》,頁 543。

Rue Rambuteau, Paris 3e），後遷至格拉維利埃街 42 號（42, Rue des Gravillier, Paris 3e）。最初的宗旨是：呼籲海內外所有的中國人團結起來，共同反對日本軍國主義，恢復中國國家主權獨立。因此主要刊載時局、國內外抗擊德意日法西斯的有關消息和評論；對國內政局，以抗日為前提，對國共兩方不偏不倚。1948 年 6 月報社進行改組，仍由劉國平任總編輯，內容則側重報導中國人民解放軍在內戰中的勝利。1949 年 3 月曾一度停刊。1950 年以後，轉為報導中國大陸在社會及經濟建設方面取得的進步。每期發行 600 份左右。停刊日期不詳。[29]

7、和平呼聲（*Appel à la Paix*）

半月刊，1947 年（一說 1946 年）在巴黎創刊，出版了 9 期。具體停刊日期不詳。[30]

五、戰後轉型時期──從地域性學會式社區型刊物到企業型大報

（一）地域性學會式社區型刊物雨後春筍般出現

1、簡訊

係旅法華僑俱樂部（Association des Chinois Résident en France）會刊。1975 年 9 月在巴黎創辦。雙周刊，16 開本，打字油印，每期 16-20 頁。內容包括言論、時事（祖國進步情況）、國際新聞、法國消息、散文游記以及該俱樂部活動等。自稱是「一份綜合性的刊物，以介紹祖國的建設成就為主，兼顧國際形勢的發展，尤其著重於法國消息的報導，同時增闢副刊、開設生活服務欄」。有關中國的報導多採用中國新聞社電訊。在該會擔任領導工作的華人學者宋守信、錢志豪

---

[29] 唐宏鈞，〈華僑時報〉，《華僑華人百科全書》，頁 124。
[30] 唐宏鈞，〈和平呼聲〉，《華僑華人百科全書》，頁 106。

等幾位教授的關心支持下，所有編輯、出版、發行事務全部由熱心的
華僑華人知識青年用業餘時間義務完成，經常參加工作的有 10 餘人。
由於它是當時法國唯一用華文出版的刊物，「報導既簡而精」，有助於
不諳法語的僑胞「了解法國的政治、經濟和法律」，因而頗受讀者歡
迎，每期發行量由最初的 300 份增加到 900 份，除法國本土外，在鄰
近的意、荷、比、德、西班牙等浙江籍華僑集聚的國家，也擁有不少
讀者。由於 80 年代以後當地陸續出現多家日報，該刊於 1987 年夏停
刊，前後持續 12 年，共出版 240 期。[31]

2、歐華學報（*Journal of ACSE*）

係歐洲華文學術期刊。為歐洲華人學會（Association of Chinese
Scholars in Europe）會刊。於 1981 年 8 月在法國里昂正式成立的歐洲
華人學會，作為歐洲國家華人學者唯一的學術性組織，在首屆大會上
議決創辦此刊，編輯部設在德國漢堡。宗旨是：為旅歐華人和海峽兩
岸學者發表學術研究成果、開展學術交流，「為中國文化的宣揚發出
一點光和熱」創造一個陣地。旅法學人李治華（Li Tche-Houa,
1916- ）、德國漢堡大學教授關愚謙（Kuan Yu-Chien, 1931- ）、荷蘭萊
頓大學漢學研究院主任梁兆兵（James Liang）任副主編。雖「由於財
源短缺」，只在 1983 年 5 月和 1987 年 1 月出版過兩期，仍受到海內
外華人文化學術界的關注。大 32 開本，由香港三聯書店印行。第 1
期 163 頁，內容以人文社會科學論文為主，也有一些自然科學專題。
第 2 期 214 頁，涉獵學科較廣，28 篇稿件中有當代文學、藝術、史
地、法律、語言和哲學等學術論文，也有自然科學論文和人物紀念
文章。

1990 年 8 月第五屆理事會決定將不定期出版的《歐華學報》改名
為《歐華》半年刊，由李治華、關愚謙分任正副主編，宣稱仍然是一

[31] 唐宏鈞，〈簡訊〉，《華僑華人百科全書》，頁 158。

份「嚴肅的獨立刊物」。編輯部設於漢堡。宗旨是「溝通中西文化和交流研究心得方面發揮橋樑作用」。以全歐華人為讀者對象，力求改變《歐華學報》過於專門化、嚴肅、曲高和寡等不足。首期《歐華》設：歐洲小說、歐洲經濟共同體、歐洲尖端科技、歐洲的藝術、華人作家在歐洲、旅歐華僑華人工商界人物介紹、歐洲名勝古蹟、歐洲各小公國、歐洲各大學及科研機構等 11 個專門欄目，行文力求活潑、趣味和通俗化。經費來源除學會會員自由捐獻外，靠徵集廣告、向旅歐華人工商界人士募捐及舉辦繪畫及書法表演、義賣、展覽等來籌集。受經費影響，該刊出版仍不正常。[32]

3、交流

　　法亞文化友愛會華文會刊。該會創建於 1981 年，主要由原住越棉寮的華裔青年和法國熱心人士創辦，會員包括教授、醫生、工程師和工人等。該刊以青年為對象，內容生動活潑，受到會內外人士贊揚。因無穩定經費來源，出版不定期，1986 年以後自行消失。[33]

4、龍報（*Long Pao*）

　　1981 年 8 月 18 日由前「歐洲僑選立法委員」、「法籍華人苑國恩（K. E. Yuan）」在巴黎創辦，是一份由「旅法河北省同鄉會」創辦發行的中文刊物，初期版面 16 開，印刷 500 份，分別寄送會員、會友以及海內外僑團。內容計分：國際要聞、國內大事、僑胞動態、學人近況、法律問題解答、醫藥保健、散文小品、旅遊雜感等，可以說是一份綜合性的華僑刊物，為旅法僑胞提供精神食糧。[34]

　　作為發行人，苑國恩在該刊創刊號上宣稱：它「是一份獨立自主的純華僑刊物」，「園地公開，言論公開」，並以「提倡人倫道德，傳

---

[32] 唐宏鈞，〈歐華〉，《華僑華人百科全書》，頁 271。
[33] 方積根，〈交流〉，《華僑華人百科全書》，頁 160。
[34] 《龍報》創刊號，頁 7。

播中華文化，研究社會，認識人生，尋找和適應幸福生活之道，解脫
在異地生活中之困擾為宗旨」。對於海峽兩岸事務，苑國恩在該報出
版 7 周年時公開表示：「主張中國自由民主和平統一，但不參與政治
之爭。」1991 年苑國恩之子苑慷迪（Candy Yuan）接任社長兼總編輯。
初為月刊，以「民國」紀年；1982 年 12 月 1 日改為半月刊，每月逢
1、15 日出版，並改用公元紀年；1988 年 2 月 17 日改為周報，並附
《龍德一周》專輯隨報贈送。創刊時，為手抄油印，雜誌型 16 開本，
24 頁，內容著重報導法歐新聞、僑社消息和法華學人動態，次為國際
要聞、中國大陸和台灣時事及副刊。1982 年 1 月 1 日起，改用打字影
印制版，膠版印刷，每期出對開紙 1 張 4 版，擴充中國新聞、家庭生
活、與華人工作生活有關的法國法規等 8 個大板塊。1984 年後多次增
版。1985 年 9 月 15 日，「為便於中法文化的交流與溝通」，改為華、
法雙語出版。1988 年 2 月 17 日改為周報後出對開紙 5 張 20 版，分為
兩部分。第一部分對開紙 2 張 8 版，內容主要有：法國新聞、國際要
聞、綜合版、鄉情版（主要報導和評論海峽兩岸情事）、台灣近事、
世界新聞分析以及行行業業、觀察台等欄目。第二部分《龍德一周》
為 4 開紙 6 張 24 版，主要版面有：僑園、旅游、名勝風光、生活、
家庭、影視介紹、工商服務、綜合副刊等。服務專版每期介紹一項華
僑華人日常工作生活中亟需的知識主題，如怎樣辦居留手續，如何租
賃房屋，如何申請開店，怎樣報稅，家被盜了怎麼辦，出了車禍怎麼
辦等等，因而深受讀者歡迎。《龍德一周》每期還包括 3 個法文版面，
主要向法國讀者介紹中國歷史、文化、風土人情、名勝古跡等。該報
初創時每期約銷 500 份；1988 年後達到 1 萬多份，其發行量在巴黎華
文報紙中居第二位。苑國恩氏 1991 年退休前，一直親主編務、撰寫
主要言論；獨子苑慷迪負責電腦打字、排版制作，甚至向零售點派送
報紙；長女苑黛曼（Diamond Yuan）曾長期負責採訪、公關、攬廣告；

每逢出報日，幾乎全家出動配報。[35]1991 年步入十週年報慶，出版《龍寶全書》特刊，都四百餘頁，為旅歐居法最新實用指南。1995 年停刊。

5、泉源

為不定期刊物。由華裔青年在 1982 年組織的法國嶺南文娛體育會自費創辦於巴黎。每期 16 開紙，印數百冊，免費贈閱。[36]

6、法國潮訊（Lettres d'Amicale des Teochew en France）

為法國潮州同鄉會（1990 年起改稱「法國潮州會館」）華文會刊。1987 年 5 月 5 日該會成立一周年之際創刊。報紙型，4 開紙 1 張 4 版，5 號字豎排彩印。主要目的是「向會友們及關心我會的社會人士」有系統地、完整地報告同鄉會的活動。創刊號第 1 版載有《創建潮州同鄉會經過》；第 2 版有《春節聯歡》、《法文教學》、《第一屆理事會名單》等；第 3、4 版分別載有《參加象棋比賽》、《慶祝三八婦女節》及《供奉佛祖》等內容，圖文並茂。只在當年印行兩期即停刊。[37]

7、留法通訊（Lion Réveille）

法國華文期刊。1987 年初在巴黎創刊，是「全法中國留學人員聯合會」出版的刊物之一。該學聯成立於 1986 年底，初名「巴黎中國留學生聯誼會」，為中國在全法國留學生（含公費生和自費生）的最高組織。首任正副主編為李培林、張建華。1995 年時主編張磊夫。該刊宗旨是「團結廣大同學」，「促進中國留學人員之間的學習、思想及感情交流，促進中國各留學生學術團體之間的信息交流與經驗交流」。初為季刊，16 開本 120 頁；後改為半月刊，每期約 70 頁。設有：專題報導、科學縱橫、經緯論壇、理論沙龍、學子剪影、廣角鏡、文

---

[35] 唐宏鈞，〈龍報〉，《華僑華人百科全書》，頁 196。
[36] 方積根，〈泉源〉，《華僑華人百科全書》，頁 299。
[37] 唐宏鈞，〈法國潮訊〉，《華僑華人百科全書》，頁 49。

苑、學聯活動花絮、短訊等欄目,內容豐富,文字清新。該刊的出版,填補了此前中國留學人員以手抄復印形式先後出版的《巴黎論壇》、《塔與牆》、《采石》、《全方位》、《人》、《橋》等刊物的遺缺。每期發行 3,000 份左右,除法國外,也有部分供與中國留學歐美各國的學生組織交流。[38]

8、旅法華聲(*Lü Fa Hua Sheng*)

為旅法華僑俱樂部(Association des Chinois Résident en France)會刊。繼《簡訊》停刊之後於 1988 年 5 月在巴黎創辦。月刊,報紙型,A2 紙 1 張 4 版,豎排,6 號宋體照排印刷。趙樸初題寫報名。該俱樂部執委林錦春為編輯部主要負責人。創刊號〈致《旅法華聲》讀者和僑胞〉文稱,其宗旨是弘揚中華文化,增進法中友誼,溝通僑社信息,有益僑胞生存與發展。內容包括:中國消息、法國要聞、僑社新聞以及與華僑華人生活、事業有關的服務性消息。免費發行:由於經費來源及辦報人才短缺,斷斷續續出版 3 期,同年底停刊。[39]

9、華人報(*L' Echo d' Asie*)

1988 年 7 月 7 日在巴黎創刊。發行人是原越南華裔邱明(Khuu Veng)。主要工作人員多為原柬埔寨華文報人。其宗旨是:「希望成為歐洲華人的喉舌,……成為歐洲華人的學校,……成為歐洲華人觀察社會的窗口,……還將作為歐洲華人之間一根紐帶,使華人緊密地團結在一起,為光耀民族、發展歐洲經濟作出貢獻。」其所以「選擇 7 月 7 日創刊,……是因為這個日子是中華民族歷史上一個值得永遠紀念的日子。」月刊,報紙型,3 開紙(32×45)7 張 28 版,彩色印刷。內容以反映旅歐華人生活為主,設有法國消息、國際消息、歐洲要聞、

---

[38] 唐宏鈞,〈留法通訊〉,《華僑華人百科全書》,頁 194。
[39] 唐宏鈞,〈旅法華聲〉,《華僑華人百科全書》,頁 198。

神州大地、港台消息、東南亞消息、華人世界、歐華動態、經濟專輯、
科技工業、影視新聞、法律餐飲醫藥保健服務、副刊等專版。每期有
社論或「本報評論員」文章。消息來源，主要譯摘自法國、港台報紙，
也採用中國新聞社和香港中國通訊社電訊。本地僑社信息及對僑界人
士專訪主要由記者負責，在瑞士、荷蘭等國聘有特約記者提供當地消
息。副刊、文藝創作等專版刊載不少當地僑界文化人士撰寫的特色稿
件。巴黎華社一些知名人士如老新聞工作者周慶陶（Chow Ching-tao,
1912-1995）、著名微雕藝術家戴頑君（Tai Wan-Kiun, 1913-　）等被聘
為顧問。除在法國發行外，英、荷、德、瑞士等國也建有代銷點。經
費來源初始主要是主地華商資助和廣告收入，出版 4 期後，終因難以
為繼，於當年 12 月停刊。[40]

10、東西報（*Le Candard Lagué*）

為華、法雙語月刊。1990 年 11 月由中國新聞有限公司（Sinopress
SARL de Presse）在巴黎創辦。負責人為一吳姓女士（Mme Wu）。報
紙型，A2 紙 3 張 12 版，電腦打字膠印。內容側重於論述法國社會的
一些熱點問題，有關中國的報導主要摘自中國報刊文章，以社會生活
方面的內容居多。所有文章包括廣告在內，均用法、華兩種文字對照
發表，且都文字流暢，有一定文采。商業發行，全年訂費 100 法郎。
到 1995 年 4 月，已出版 53 期。[41]

11、富善（*Fu Shan / Fu Shan Magazine Bilingual*）

1994 年由法國番禺富善社創刊於巴黎。由何成昌等 6 人組成出版
委員會，《富善》雜誌社發行。總編輯為來自柬埔寨的華裔文化人士
黎振寰（筆名犁炎）。主要編輯有法國華人女藝術家、歐洲華人學會

---

[40] 唐宏鈞，〈華人報〉，《華僑華人百科全書》，頁 131。
[41] 唐宏鈞，〈東西報〉，《華僑華人百科全書》，頁 42。

（ACSE）會員張明行及雷丹宇、伍首平等。該刊為不定期出版的綜合性雜誌，闢有社務動態版、藝文田園版、資料訊息版、生活之窗版、法文版等。法文版主要譯載該期發表的若干篇華文文章。除報導該社活動簡況外，每期均刊登幾篇具有較高可讀性的文章。如第 3 期顯著刊載香港知名人士霍英東在歐洲華人學會第 8 屆國際學術研討會上關於〈中國的現代化與香港「九七」〉的重要演講；獨家全文發表法國國際電台〈霍英東專訪〉特稿（有關香港「九七」前景問題）。另刊載犁炎的〈柬埔寨華人報業史補志〉一文。該刊也注意報導華人社會近況並輔導華人了解居住在國內華人頒布的有關社會福利權益等問題的條規；介紹中國傳統醫學及發表詩歌、散文等。[42]

12、歐中經貿（*Europe-Chine, Revue Economique et Commerciale*）

1994 年 2 月由法國歐中經貿出版社在巴黎創辦。社長兼總編輯王海曦，總顧問諸有鈞、郭瑞、劉北憲，督印人王瑾希。編輯部分設在巴黎和北京，在香港印刷，先後由香港中國新聞出版社有限公司和法國中新有限公司負責總經銷。該刊宗旨是：「為歐洲與中國的經濟貿易交往提供實用性、參考性和指導性兼顧的信息，促進歐中雙邊相互了解，推動歐中經貿合作與科技交流。」月刊，大 16 開 100 頁，彩色精印，商業發行。闢有：經貿動態、經貿信息、市場點評、消費點評、觀察與思考、焦點訪談（透視）、投資指南、名優企業介紹、名人訪談、名城巡禮、統計資料、編譯文摘等欄目。每期介紹中國方面的文章約占整個篇幅的一半以上，歐洲方面的以法國的為多，德國、瑞士等國的間或也有所介紹。創刊時法國總理愛德華・巴拉爾（Edouard Ballrad）曾致函祝賀。[43]

---

[42] 傅曦，〈富善〉，《華僑華人百科全書》，頁 73。
[43] 唐宏鈞，〈歐中貿易〉，《華僑華人百科全書》，頁 271。

13、歐華僑志

由旅法華人葉星球、葉駿創辦。1995 年 9 月 1 日出版試刊號，後不定期出版，每期出 8 開紙 1 張 4 版。旨在搜集、整理和發表法國及歐洲華僑先賢、當代華人精英及後起之秀在創業、發展、融入僑居各領域、報效歐洲華人歷史、傳說、社團、組織等。許多內容均由當事人撰寫或根據他們的口述整理，具有一定的參考價值。設有「人物專訪」、「華人天地」、「社會春秋」、「長青樹下」等欄目。[44]

14、法華報（*France-Chine Journal*）

法國華、法報紙。1996 年 7 月 6 日在巴黎創刊。總編輯為文學博士黃育順（Ng Yok Soon, 1939-　）。他說，該報希望所負起的使命是：客觀地反映中國大陸與台灣的現實，培養海峽兩岸的共識，完成統一大業，促進海外華人的團結，形成一股力量，加深法華人民的相互尊重，相互了解，激勵華人融入法國社會並作出貢獻。該報為周二刊，每逢星期三、六出版對開紙 2 張 8 版。其中 6 個華文版面為：焦點新聞、中外要聞、香港要聞、影視娛樂、法華世界、世華動態；2 個法文版面，以報導中國大陸信息為主。[45]

除上述 14 種華文報刊外，尚應提到台灣中華民國政府派駐巴黎機關代表所發行的兩種刊物。

一是《巴黎通訊》（*Correspondance de Paris*），於民國 77 年（1988）3 月 29 日創刊，由海外通訊社巴黎分社發行，社址設於 82, Bd Massena, Appt. 167, 75013 Paris。刊頭為中國國民黨海工會主任鄭心雄題字。由青年日報駐歐特派員梁立凱主編，國民黨駐法支部秘書馮國樑襄助，免費贈送黨員同志閱讀。闢有僑團活動、僑社零縑、交流頻道、文化

---

[44] 楊保筠，〈歐華僑志〉，《華僑華人百科全書》，頁 271。
[45] 谷言，〈法華報〉，《華僑華人百科全書》，頁 51。

走廊等欄,對於僑胞和留學生動態報導甚詳。筆者手上擁有 31 期,何時停刊不詳。

一是《巴黎僑訊》(*Correspondance de Paris*),係巴黎華僑文教服務中心於 1994 年 2 月 15 日創刊,社址設於 78, Rue Dunois, 75013 Paris,每月 15 日出刊一大張,刊頭有僑務委員會委員長章孝嚴題字,主要報導僑社動態。

(二)企業型大報

1、星島日報(歐航版)

星島日報係星系報紙之一,由著名華僑企業家胡文虎(1882-1954)於 1938 年 8 月 1 日在香港創辦。星島日報亦發行澳洲版、美東版、美西版、加東版、加西版與歐洲版。

星島日報(歐航版)於 1975 年 8 月 20 日在倫敦出刊。初由香港編排航寄到倫敦印發,後在當地招攬廣告和採編當地新聞,並將要聞版改為衛星傳版,成為歐洲第一家大型現代化華文日報。1984 年發行擴大至西歐各主要華人聚居區。90 年代日出對開紙 4 張 16 版,由星島(英國)有限公司(Sing Tao 〈U. K.〉 Ltd.)發行。在巴黎設辦事處,負責人陳威信。[46]

星島日報(歐航版)雖在倫敦發行,但每天用飛機航運到巴黎,分發到特約報販出售。最初只有十來個分銷點,現在已經遍及全法國。這份香港報紙能夠在法國站得住腳,是因為使用了先進的科學技術,以及充分利用法國現成的完善發行網。但限於時差,當報紙到達讀者手中,看到的已是三、四天前的舊聞。至於長期訂戶更糟,因為法國郵費高昂,報紙由倫敦以海郵寄出,往往要一週至十天才能到達

---

[46] 谷言,〈星島日報(歐航版)〉,《華僑華人百科全書》,頁 447。

訂戶手中。該報的另一個弱點是本地新聞不多,看起來不夠親切,[47]與居住國多數僑民無法產生共鳴。

2、歐洲日報（*Europe Journal*）

1982 年 12 月 16 日在巴黎正式出刊,是台灣聯合報系所屬報紙之一。發行人王效蘭,社長為出生越南、有華裔血統的法籍人士杜怡之（Nicolas Druz）。每周出刊 5 天,平日出對開紙 3 張 12 版,周末出對開紙 5 張 20 版。從創刊起即用電腦植字,是歐洲第一家完全用電腦打字排版的華文報紙。新 5 號字直排,柯式印刷。每期廣告 4-5 版。大部分新聞和副刊版面採用台北《聯合報》和美國《世界日報》的稿件。該報設在巴黎的「總社」,只負責採輯當地重大新聞和法華社區消息及承攬廣告、負責印刷發行事務。其操作方式是:巴黎和歐洲其他地區採訪、譯摘的所有的稿件和承接的廣告,均用電話傳真機傳到台北,由設在台北的「辦事處」負責編輯、排版和廣告制作,然後再通過衛星傳真將版面傳到巴黎印刷。由於傳真線路途經美國,因而自稱是「世界上以傳真方式出版距離最遠的報紙」。創辦初期,台北《聯合報》曾派去陳祖華負責籌備,並擔任總編輯。目前發行人為王效蘭,社長杜怡之,副社長夏禮鏘,副社長兼總編輯陳祖華。

由於以台北《聯合報》為大本營,充分利用聯合報系擁有的信息資源、技術裝備條件和辦報經驗,因而保持較高的專業水準,編排和文字都較講究。在內容上,初始較重視國際大事、體育、娛樂、金融等方面的新聞,以後陸續增闢一些專題性版面和副刊。台灣新聞主要刊登在遠東新聞版,有時甚至是整版。1986 年上半年以前,大陸新聞多選自西方電訊和「香港電」,散登在遠東新聞、香港新聞、要聞等版;隨著兩岸民間往來增多,以後開始選用或改編新華社、中國新聞社和香港中國通訊的電訊。持有自己的言論,常對有關兩岸關係、華

---

[47] 劉志俠,〈法國中文報紙的興起〉,《百姓》,47 期（1983 年 5 月）,頁 26。

僑華人事務甚至法國的某些社會問題進行評論。在英國倫敦設有分社，在荷蘭阿姆斯特丹設有總代理，在德、奧、比、瑞士等設有經銷點，其報紙銷量據稱由創刊時的 5,000 份上升到 90 年代初的 1.5 萬份左右，自稱其發行網已「遍及整個歐洲及法國海外屬地」以及北美、澳洲和亞洲地區，其中法國的訂戶約占全部訂戶之半。[48]

《歐洲日報》創刊十餘年來最大的貢獻，是為歐洲的華僑華人讀者提供了迅速、豐富而親切的資訊服務，為中華文化在歐洲的傳播奠下了深厚的根基，為中法兩國的經貿與文化交流建立了順暢的管道，也使流亡在歐洲的大陸民運人士感受到無比的溫暖與友誼。更進一步說，該報以專業而誠摯的服務，權威而精彩的內容，客觀而中肯的立場，為自己贏得了歐洲諸國朝野一致的敬重，樹立了中文報業在歐洲的好形象、好口碑。[49]

《歐洲日報》曾出版叢書三種，分別是陳揚琳、楊年熙、郭乃雄等著《歐洲華人訪談錄》（1992 年 10 月）、祖慰著《西行的黃魔笛——異域華人人物譜》（1992 年 10 月）、陳祖華主編《歐洲日報十年》（1992 年 11 月）。

3、歐洲時報（Nouvelles d' Europe）

1983 年 1 月 1 日由旅法印支華裔人士在巴黎創辦。1984 年 5 月前，立案發行人為邱廣南，其後改為楊詠桔（Yuang Yong-ju, 1945-　）。首任社長盧家蕃（Lu Gia Phan），總編輯黎振環（Lai Jean Paul），總經理邱明（Khun Veng）。續任社長楊詠桔，總編輯梁源法（Francois Leung, 1946-　），副社長兼總經理黃榮（Huyuh Vinh）。先後擔任過總編輯和副總編輯的有潘諾（Phan Nhay）、雷竟旋、趙松和。在創刊號中宣稱，它以全歐各界華僑華人為服務對象，促進華僑華人

---

[48] 唐宏鈞，〈歐洲日報〉，《華僑華人百科全書》，頁 272-273。
[49] 王惕吾，〈海內存知己，天涯若比鄰——歐洲日報創刊十週年的共勉〉，陳祖華主編，《歐洲日報十年》（歐洲日報社出版，聯經總經銷，1992 年 11 月），頁 5。

適應、融合於歐洲社會，從而達到立足扎根、安居樂業，並以弘揚中華民族文化與優良傳統，維護華僑華人正當權益，促進歐洲各國與中國發展友好關係為宗旨。創刊後第一個月為周二刊、周三刊，以後改為每周 5 天出版，周六、周日和周一合刊，出對開紙 2 張 8 版；1988年 1 月 1 日起，改出對開紙 3 張 12 版，周三和周六出版，周日至周二為會刊；以後又改為周一至周五出對開紙 3 張 12 版，周六、周日會刊，出對開紙 5 張 20 版。1989 年以前，用老 5 號宋體直行打印影印，其後改為電腦直行植字，平版膠印。

　　該報的報導內容，前 5 年以歐洲新聞為重，其次是含中國大陸、香港、台灣在內的遠東新聞、海外各地華人動態、法華社區消息和副刊等。1988 年元旦擴版後，版面調整為：要聞、法歐新聞、中國消息、國際新聞（含遠東新聞）、法華和海外華人消息、生活內務、華人市場信息、娛樂消息、法國電視精選、《花都》副刊、專題副刊、圖片新聞、報刊文摘、體育簡報，以及一些知識性和消閒性副刊等專版或欄目，尤以有關中國大陸消息多、準確及時見長。還經常發表社論或「本報評論員」文章。當地僑社新聞由報社記者採寫，鄰近各國華僑華人社區消息由特約記者提供；法歐及國際新聞主要譯自法新社、美聯社、路透社電訊及當地報刊的報導和文章；有關中國大陸、香港、台灣及遠東新聞，主要採用新華社、中國新聞社、香港中國通訊社電訊及港台報刊文章；知識性、消閒性副刊文章多剪自中國大陸及香港報刊。除在法國發行外，在荷蘭、西班牙、意大利、德國、比利時、奧地利、葡萄牙等國設有代理處，「基本上覆蓋整個歐洲」。[50]

　　《歐洲時報》檯面上的出版人是文化協會，實際的後台老板是中資（中共駐法使館），雖然標榜走中間路線，但看得出是比較偏向中國大陸的。報紙的水平還不能說令人十分滿意；不過，它所發表的一

---

[50] 唐宏鈞，〈歐洲時報〉，《華僑華人百科全書》，頁 273。

連串特稿，專談法國的某一個社會政治問題，卻有很出色的表現，對華人深入瞭解法國現況有一定的幫助。[51]

《歐洲時報》社為紀念創刊 5 周年及慶祝 1988 年春節特編輯《耕耘者——「法國華人社會剪影」》一書，由光華報業公司於 1988 年 2 月出版發行。記錄法國華僑華人的奮鬥歷程和法國華人社會的現狀。中國駐法大使周覺題寫書名，並撰寫賀詞。全書分為四個部分：「法國僑團簡介」，分別概述法國各華人社團；「耕耘者的腳印」，反映法國華僑華人的奮鬥歷史和思鄉之情；「耕耘者的汗水」，介紹一些著名華商在法國取得的成就；「中法文化交流」，記述旅法華人學者、藝術家、運動員、留學人員對中法兩國和人民之間的文化、藝術、體育交流方面作出的貢獻。還選登上些法國華人畫家、書法家和攝影家的佳作。該書內容主要由曾刊登在《歐洲時報》的專訪、特寫及報導等選編匯集而成。[52]

六、結論

根據史料，華人在法蘭西國土上僑居始於 1702 年。在法國的華人，是由多種語系的圈子組成的，他們彼此間甚至無法交談溝通。這些不同語系的華人可分為如下：

(1) 北方人（以河北、山東人為主）；

(2) 浙江溫州青田人；

(3) 廣東人；

(4) 上海人；

(5) 潮州人；

(6) 客家人；

---

[51] 劉志俠，〈法國中文報紙的興起〉，《百姓》，47 期，頁 27。
[52] 楊保筠，〈耕耘者〉，《華僑華人百科全書》，頁 76。

（7）海南人。

論早期華人人口，由於調查技術不精確以及華人工作的流動性，故未能提供準確的數據。根據 1926 年人口普查，華人人數是 2,863 人，1931 年為 3,660 人，1936 年為 2,794 人。但這個數字是被低估的。根據法國內政部的估計，1936 年應有 4,029 名華人，而據中國僑務單位的報告，1935 年法國有華人 17,000 名。總之，在 1975 年印支難民潮之前，華人在法國只能被估計有 20,000 人。而從 1975 年至 1987 年，法國總共收容了大約 16 至 17 萬印支難民，其中華裔約佔 50%至 60%，也就是近 10 萬人，加上原先旅法的 2 萬人，及後來從中國、香港、澳門、台灣和其他地方而來的華人，總數估計約有 15 萬人。[53]

百年來法國華文報刊的發展，固與僑居地人口的量與質有密切相關，更與國內政治情勢的發展聲息相通。《新世紀》雖是無政府主義者在歐洲的喉舌，卻是革命排滿的支持者。民國建立後，巴黎有如中國的縮影，那是一個百家思潮爭鳴的世界。由於勤工儉學運動的激化，這更是一個藉著報刊進行意識型態鬥爭的激烈舞台。國共和青年黨是這時期的主角，《少年》、《赤光》、《先聲》、《三民》等刊物都扮演著歷史性的角色。

及至抗戰發生，在民族統一戰線的號召下，旅歐華僑以巴黎為中心，成立「全歐華僑抗日救國聯合會」，為歐洲華僑有史以來最大的整合。從《救國時報》、《聯合戰線》到《祖國抗日情報》，對動員和組織當地僑界支持祖國的抗日鬥爭，都發揮了相當良好的作用。

華文報刊在經歷了第二次大戰結束後的一段沉寂之後，從八十年代起，又進入一個百花爭妍、盛況空前的時期。但與 20 年代相比，由於時代不同，讀者對象不同，兩個時期的華文報刊的辦報方針、經營方式，也大相迴異。簡言之，20 世紀 20 年代前後在法出版的華文報刊，創辦者以血氣方剛、充滿革命激情的青年留學生為主體，他們

---

[53] 廖遇常著，《法國華人一百年》（法國共憶協會出版，1994 年 12 月），頁 17。

以報刊為陣地，誓要使祖國從災難深淵中解放出來，因而思想活躍，語言潑辣，富有戰鬥性。而 80 年代以來出版的華文報刊，儘管仍有政治傾向的差別，但主要是面向當地僑社，為當地華僑華人的長期生存與發展提供多方面的訊息，並為促進當地僑社成員間的團結、合作與互助，維護華僑華人的正當權益，以及增強華僑華人對祖國、故土的了解與聯繫為目的。從 1981 年至 1996 年，法國先後出版的華文報刊不下 20 種之多，不單有期刊、期報、會刊，還有真正的日報；創辦者不單有華僑，還有華人，而且多為新聞專業人員；在經營方式上，也由以往的接受捐款贊助，以免費贈閱為主，改為商業發行，其發行量為 1,000 份至 5,000 份不等，個別的曾達到近萬份。[54]

《歐洲日報》、《歐洲時報》、《星島日報》（歐航版）三份由新聞專業人才編採，屬於企業化經營的大報，各具一定的特色。儘管歐洲華僑為數不多，而且分散各地，華文報紙的經營相當不易，但它們已逐漸揚棄政治的包袱，超越族群社團和地域的藩籬，走出保守髒亂的中國城，以全新的現代化資訊設備，為廣大的華人世界（不分兩岸三地）而服務。這種視野和新思維，不但開啟了 21 世紀華人報刊史的新頁，更可在僑居地的報業史上爭得一席之地。

---

[54] 唐宏鈞，〈法國華文報刊〉，《華僑華人百科全書》，頁 49-50。

法國華僑與對日抗戰

一、前言

　　歐洲華僑人數雖不如南洋、美洲眾多，但因遣使、留學、經商與派遣華工參加第一次大戰的結果，法國亦漸成為中國人聚居之地。自清末民初以來，法國華僑大致顯現出幾點特色，其一為愛國傳統持續不變，這可從留學生之響應孫中山革命和巴黎中國留學生與華工之包圍出席巴黎和會全權委員陸徵祥住所，反對對德和約簽字等事件看出來。其二是民族意識相當濃烈，特別是歐戰華工由於在國外飽受白眼與歧視，方始瞭解國家強盛之重要，亦漸關心國家社會之興革，希望中國早日統一強盛，由此激發出強烈的民族意識。[1]有此愛國心與民族意識，故法國華僑關心國事，熱心國事，遇祖國有難，必定振臂而起，絕不袖手旁觀。

　　法國華僑的另一特色是組成份子複雜、黨派林立、團體眾多，因此整合頗為不易。論地緣關係，早期移民法國華僑係以賣石品之浙江青田人與賣紙花之湖北天門人以及來自河北高陽的豆腐公司工人為主。論團體，自民初開始先後有留法儉學、歐戰華工與勤工儉學的派遣，總人數超過十五萬人，除華工外，一般知識水準都比較整齊。他們在法國先後成立了「新民學會」、「工學勵進會」、「工學世界社」、「工餘社」、「旅法華工會」、「旅法參戰華工總會」等學社和團體，參與了各種政治性的活動，表現出一定的組織力量。論黨派色彩，巴黎是「中

---

[1]　陳三井，《華工與歐戰》（中央研究院近代史研究所專刊五十二，1986年6月），頁185。

國共產黨旅歐支部」、「中國青年黨」、「中國國民黨旅歐支部」、「中國
社會民主黨」四大黨派的誕生發源地,他們彼此之間不僅有思想上的
對抗和鬥爭,同樣亦激發行動上短兵相接式的衝突,為法國華僑史留
下最扣人心弦的樂章。

二、法國華僑對抗戰的認識

　　七七抗戰是近代中國史上歷經鴉片戰爭、辛亥革命暨北伐等重大
轉折之後的又一大變局。徐復觀曾說:「對日抗戰,這是以『弱』抗
『強』的救亡聖戰。這是民族非常艱苦的時代,也正是民族亙古未有
的偉大而輝煌的時代。」[2]面對日本侵華戰爭所帶來的全國性震盪、
全民族苦難,海外華僑在昂揚的民族主義大纛之下,感時憂國,踴躍
捐輸,共赴國難,絕不後人。

　　面對日本軍閥得寸進尺,自九一八事變以來幾近瘋狂似的侵略,
法國華僑已感受到亡國滅種的重大威脅。於民國廿四年十二月九日在
巴黎創刊的《救國時報》(Au Secours de la patrie)[3]在同日以〈中華民
族一致對外〉的社論中,對抗戰提出了一些基本認識,內云:「從日
寇最近對我各方面的言論和行動看來,中華民族危機又進入了一個新
的更嚴重的階段——亡國滅種之禍,已迫在目前了。」[4]

　　同月十四日在〈組織華僑救亡大會〉的社論中,該報又特別強
調,「目前國命之危急,更非前此國難所可比擬,現今不是簡單喪失

---

[2]　徐復觀,〈在非常變局下中國知識份子的悲劇命運〉,收入周陽山編《知識份子與
中國》(時報出版公司,1980年7月),頁79。

[3]　1935年12月,中國共產黨派吳玉章等人在法國巴黎創辦《救國時報》,做為中共
在海外的喉舌,專門從事抗日救國的宣傳,無情地揭露了日本侵華暴行和國民黨妥
協退讓的政策,並大張旗鼓地宣傳抗日民族統一戰線,廣泛聯絡歐洲各地的華僑報
導他們愛國活動的消息。參閱任貴祥《華夏向心力——華僑對祖國抗戰的支援》(廣
西師大出版,1993年4月),頁141。《救國時報》從1935年12月9日創刊到1938
年2月10日終刊,歷時二年餘,共出版了152期。吳玉章,《吳玉章回憶錄》(北
京中國青年出版社,1978年11月),頁179。

[4]　《救國時報》,1935年12月9日,第一版。

國權的問題，而是我大中華民族是否在地球上有繼續生存餘地的問題。」[5]

　　情辭悲切，溢於言中。兩篇社論所要傳達的信息是：日本侵華，國難當頭，中華民族已到了亡國滅種的重要關頭，而且此次國難之危急，更甚於以往。基於此一認識，誠如後來成立的「全歐華僑抗日救國聯合會」宣言所揭示的，「中華民族，非抗日無以圖存；非全國上下團結一致，無以抗日。」[6]這不僅是法國華僑的體認，更是海內外同胞共同的體認。

　　至於華僑應如何行動？怎樣抗日救國？《救國時報》也提出一些基本的呼籲：

> 現在的確已經不是簡單空喊抗日救國的時候了，現在的確已經是全中國同胞和全中國軍隊一致對外行動起來的時候了。誰不參加抗日救國事業，誰就不配再做中國人，誰就是甘心替日寇當亡國奴！四萬萬中國人團結起來，是世界上任何勢力不能戰勝的威力！[7]

談到僑胞的責任，該報的看法是「不單在對國內抗日運動施以援助，而在於立即奮起，為國內倡，不分黨派、幫口、地域、同鄉以及職業界限，以抗日救國為依歸，謀一致的團結，以為國內同胞的模範。」[8]

　　對於甚囂一時的和戰問題，法國「中華民族革命大同盟」表達了堅定的態度，指出「中國決不能再有一日依違於和戰之歧途。中國依

---

[5]　《救國時報》，1935 年 12 月 14 日，第一版。
[6]　〈全歐華僑抗日聯合會成立大會宣言〉，《救國時報》，1936 年 10 月 8 日，第一版。
[7]　同註 4。
[8]　同註 5。

違一日，日本即明或暗的前進一步。中國多猶豫一日，日本即多破壞一分中國準備的可能。」其結論是：「中國救亡的唯一途徑，為武裝全民，立即抗戰。」[9]

成立於九一八事變之後的「巴黎中國書報社」，也堅決主張：「今日之中國非抗日不足以圖存，非聯合各方面則抗日不能收功。」[10]

及盧溝橋事變一起，《救國時報》立即致電國民政府及全國同胞，鄭重表示：「日寇在盧溝橋挑釁，絕非地方事件，顯係侵略北方，滅我全國之毒謀，民族危亡迫於眉睫，僑胞聞訊憤慨萬分！」該報並發表〈全國奮起抵禦日寇之新進攻〉的社論，除強調「盧溝橋事件為民族生死存亡的嚴重關頭」之外，同時指出兩點：

1、 日寇在盧溝橋的挑釁行動，決非偶然的事件，而是奪我北方亡我全國的侵略政策中一個有計劃有準備的步驟；

2、 盧溝橋的衝突絕非地方事件，我全體同胞應一致奮起，抱寧為玉碎勿為瓦全之決心，實行全國之總動員，準備全國之總抵抗，才能保衛國土，熄滅日寇的兇焰，並進而收復失地，爭取中華民族的完全獨立與自由。[11]

七月廿三日，巴黎華僑以我國北方危急，特由全歐華僑抗日救國聯合會聯合巴黎中國書報社、巴黎中華民國國民抗日救國會、旅法參戰華工總會、旅法華工總會、巴黎中國國聯同志會各團體派代表八人至大使館請願，當由郭參事有守接見，華僑代表呈遞請願書，除要求

---

[9] 《救國時報》，1937 年 1 月 8 日，第三版。按「中華民族革命大同盟」是 1935 年 7 月至 1937 年 10 月，由十九路軍的主要將領陳銘樞、蔡廷楷、蔣光鼐聯合其他國民黨民主派所建立起來的一個政治組織，以香港為基地，其政治主張主要有三：（一）提出抗日反蔣是中華民族的唯一出路；（二）為實現「爭取民族獨立」的目標，必須建立反日聯合戰線，實行武裝抗日；（三）要實現「民主國家」，必須召開有黨派參加的救國會議，成立國防政府，開放民主，建設民主政治。參閱朱建華主編，《中國黨派百年風雲錄》（北京華文出版社，1996 年 8 月），頁 600-607。

[10] 《救國時報》，1937 年 1 月 8 日，第三版。

[11] 《救國時報》，1937 年 7 月 10 日，第一版。

大使館轉達政府，請求迅速抗戰、保護國土並收復失地外，並提出幾點攸關抗戰前途的看法和主張，可歸納如下：

1、自日軍侵華以來，塘沽協定、何梅協定前後泡製，而「我國當局退讓之策，養成敵人無饜之慾，歷史教訓，至為痛心！

2、政府若決定「使盧溝橋衝突地方化，並循由外交途徑解決，不僅怯於折衝，實屬有辱國命！」

3、請政府迅速實行國共合作及其他黨派之合作，動員全國兵民，一致抗戰。

4、恢復張學良自由和軍職，恢復十九路軍及一切抗日部隊，釋放救國領袖及一切政治犯，給予人民集會、結社、言論、出版、救國的自由，發展民族力量，保障抗戰勝利。

5、就國家民族而言，生死存亡，在此一舉；就政府當局諸公而言，為功為罪，亦在此一舉。[12]

措辭嚴峻，在支持中寓含對政府當局的責難之切，這是在抗日總動員的號召下，海外僑胞的基調，也可能是全國多數同胞，無分內外，彼此遙相呼應的共同心聲！

三、七七事變前的抗日活動

（一）抗日團體的組織

法國華僑約一萬七千人，居歐洲華僑總數六萬二千七百三十八人[13]中的近三分之一，愛國活動一向十分活躍，尤以巴黎帶領風騷，是歐洲華僑抗日救國運動的中心。

法國傳統性的團體甚多，因血緣、地緣、業緣或政治派系的結合，早就組織林立，其中至抗戰前夕仍然活躍的有巴黎中國書報社、旅法

[12] 《救國時報》，1937 年 8 月 5 日，第四版。
[13] 任貴祥，《華夏向心力——華僑對祖國抗戰的支援》，頁 11。

華工總會、旅法參戰華工總會、亞西華工同盟會、巴黎中國國聯同志會、巴黎中國學生會、旅法浙江僑商會等團體。

及至九一八事變後，基於民族主義的昂揚，在政治的運作下，這些舊有團體產生若干分合。前後出現兩個比較重要的全國性抗日團體，茲依序說明如下：

1、「巴黎中華民眾抗日救國會」

一九三五年十二月卅一日，巴黎各界僑胞代表召開除夕餐會，到會代表認為：「原有各種團體結社，應不分黨派，在共同目標之下，謀一協力互助開誠相與之結合」。於是，由到會代表發起成立「巴黎中華民眾抗日救國籌備會」。翌年一月廿八日適為「一二八」淞滬抗戰四週年紀念日，巴黎和近郊華僑代表四百餘人集會，正式成立了「巴黎中華民眾抗日救國會」。這是全國性的華僑抗日社團，其主要任務是要宣傳抗日救國，推動國內政府抗戰以及各界早日聯合，為國內募集救亡物資。[14]

同日，「巴黎中華民眾抗日救國會」發表「號召海內外同胞抗日宣言」，宣示其宗旨是「超然的，永遠獨立的，一致對外的，決不受任何黨派所利用」，並主張「融化一切黨派的意見，消滅內爭，把救國的熱忱打成一片，把救國的步驟調整一致。用我們民族的熱血，溶毀束縛我們的鎖鍊！」最後還鄭重強調，「現在最重要的問題，不在我們有無抗日的武力，而在我們有無抗日的決心。不管敵人的軍器怎樣精良，只求我們的力量如何集中，我們惟一的出路，是在化除黨見，舉國一致督促政府抗日。萬一政府不能擔負保衛疆土的神聖天職，只有把政權交還人民！」[15]

---

[14] 黃慰慈、許肖生，《華僑對祖國抗戰的貢獻》（廣東人民出版社，1991 年出版），頁 15。
[15] 《救國時報》，1936 年 2 月 24 日，第七版。

　　「巴黎中華民眾抗日救國會」成立之後，由大會選出執行委員十五人，候補委員五人，設文書、組織、宣傳、設計、財務共五部。其實際進行工作有下列廿項：

1、　出版法文刊物，名為《中國青年》。
2、　出版壁報——曾出到第十一期，分貼在巴黎中國學生會及工人各區。
3、　派員到各華工區及商人講演中日事件和救國問題，提高救國知識。
4、　派員參加國際各種反戰及青年等集會。
5、　召集各種國恥紀念會、追悼會，提高群眾抗日情緒。
6、　參加世界學生會做學運工作。
7、　翻譯各種抗日消息，交由同情抗日運動之外國刊物發表。
8、　先後發過反對內戰、「自治」運動、走私及援助國內學生運動等通電。
9、　敦請旅行海外的主張抗日的同胞及同情中國的歐洲各國人士講演遠東時局，特別是抗日問題。
10、　發動及援助工運。
11、　聯絡有抗日運動的團體，各種工會、商會、學生會等。
12、　調查主張立刻抗日的華僑份子，團結抗日力量。
13、　徵求會員，補充抗日陣容。
14、　聯絡同情中國抗日運動的法國各社團，樹立聲援。
15、　協助苦難僑胞，如介紹律師、醫生等，以加強抗日的團結力。
16、　發動及進行組織全歐華僑抗日救國總會。
17、　聯絡旅法各界，促成旅法華僑抗日救國總會。
18、　曾經進行聯絡歐、美、南洋各處救國團體，促成海外華僑抗日救國總會。

19、 曾經進行聯絡國內各抗日團體，促成國內外中華民族統一
戰線。

20、 進行切實援助國內學生、工人及義勇軍。[16]

除巴黎外，法國各地亦紛紛成立救國會以為響應。位於法國東南
的格城（Grenoble）於一九三六年二月十六日成立抗日救國會，到會
者共計廿七人，其中工友佔三分之一。大會選出陳柱天、趙英權、吳
權、王啟賢、鄭松飛（工友）五人為負責人，並決定四項工作大綱：
（1）連絡海外僑胞，組織統一抗日救國會；（2）研究抗日救國之各
種具體方略；（3）與國內外一切抗日救國組織互相呼應；（4）與國際
間中國之友謀取聯絡以為抗日之助。同時通過下列幾項重要議案：（1）
呼籲國內各黨派停止內戰抗日；（2）促進組織抗日國防政府；（3）援
助中國學生救國運動；（4）從速組織旅法華僑抗日救國會；（5）研究
對日作戰之各種方略；（6）派員出席世界反戰會與世界學生大會；（7）
共謀格城華僑互助；（8）收集九一八後暴日殘暴罪證，以便對外宣傳
等。[17]

又里昂山峰（Saint-Fons）僑胞鑒於祖國遭日寇侵略，亡國滅種
之禍，危如累卵，遂於同年三月十五日由熱心愛國之僑胞范、蔣兩君
發起召集華僑大會，到會者異常踴躍，經熱烈討論結果，一致主張立
即成立山峰華僑救國會。[18]

2、全歐華僑抗日救國聯合會

歐洲華僑之抗日救亡運動，素不後人，惜無總的中心組織做指
導，致救亡運動無密切聯繫，而呈散漫狀態。自從國內抗日救國團體
派赴布魯塞爾出席世界和平大會的陶行知、錢俊瑞以及前往日內瓦參

---

[16] 〈法國華僑抗日救國團體總代表王手女士的報告〉，《救國時報》，1936 年 10 月
5 日，第四版。

[17] 〈格城僑胞堅決抗日〉，《救國時報》，1936 年 2 月 29 日，第三版。

[18] 《救國時報》，1936 年 4 月 5 日，第三版。

加世界青年大會的陸璀陸續到歐後，即與原在歐洲的陳銘樞、黃琪翔、胡秋原等竭力鼓吹建立全歐抗日救國之總機關，一時各國僑胞均紛紛響應。一九三六年八月廿四日，乃由陶行知、王海鏡、胡秋原等發出〈告海外同胞書〉，建議在巴黎舉行全歐華僑抗日大會，號召全歐僑胞，不分黨派，不問信仰，在抗日救國共同目標之下，團結一致。

九月十三日，全歐華僑抗日救國會籌備大會在巴黎開幕，來自歐洲各國的華僑社團代表六十餘人出席了會議。會上公舉王海鏡為主席，胡秋原為秘書。會議決定九月二十日在巴黎舉行全歐華僑抗日救國大會，並推舉王海鏡、黃琪翔、陶行知、胡秋原、王禮錫、何肇緒、雷子聲、梁不功、李濟時、王慶亢、朱元、王乎、楊庚陶十三人為籌備委員，組織籌備委員會。委員會除設秘書處外，並成立起草委員會，以胡秋原任委員長，負責起草大會綱領及宣言。[19]

九月二十日，全歐華僑抗日救國聯合會（簡稱全歐抗聯會）在巴黎聖日爾曼街一八四號地理學會大禮堂召開成立大會。到會者有英、法、德、荷、瑞士等國的華僑社團代表、巴黎僑胞及各地外賓共四五〇餘人。大會由胡秋原主持，首由大會主席王海鏡致開幕辭，闡述〈國難嚴重與全歐華僑成立抗日救國會的意義〉，繼由陳銘樞做〈國共兩黨及一切抗日黨派聯合抗日為之第一步〉的演講，陶行知做〈團結禦侮的幾個基本條件與最低要求之再度說明〉的講話，王寶桓做〈關於東北現狀〉的報告。在大會上發言的還有陸璀、錢俊瑞、李坤以及外國來賓、法國中國人民之友社祕書貢斯堂夫人、英國中國人民之友社代表楊格夫婦、世界學生會代表詹姆士等。

大會發表了《宣言》，全面闡述了歐洲華僑對抗日救國的各項主張。軍事上主張停止一切內戰，團結全國軍事實力，組織抗日救國軍，同時武裝民眾收復失地，保護祖國主權和領土；政治上主張不分黨派，一致合作，確立民主制度，給人民以救亡結社集會言論出版的自

[19] 〈全歐僑胞奮起救國〉，《救國時報》，1936 年 9 月 30 日，第三版。

由，釋放一切政治犯；外交上主張聯合英、美、法、蘇俄及一切同情
於中國民族解放運動和努力世界和平的國家和民族，共同奮鬥；經濟
上主張屬行緝私，抵制仇貨，禁止敵人收買工廠和農產原料，反對減
低對日關稅，廢除苛捐雜稅，振興民族工商業農業，實際救濟災荒，
積極改善勞工、職員和人民生活，保護僑胞的安全和一切權利；文化
上主張普遍實施抗日教育，發揚自衛救亡的文化，反對敵人強迫我當
局實行奴化教育和「文化統治」。[20]

　　大會最重要的任務，是通過《會章》。《會章》共分七章廿一條，
其主要內容如下：

1、　名稱：定名為「全歐華僑抗日救國聯合會」。

2、　宗旨：以聯合全歐僑胞，不分黨派、職業、階級、信仰，實行
　　　全民團結，抗日救國並增進華僑福利為宗旨。

3、　會員：分個人與團體兩種，凡旅歐僑胞或抗日救國團體贊成本
　　　會宗旨，向本會登記者，得為本會個人或團體會員。

4、　組織及職務：設執行、監察兩個委員會為領導機關，委員由代
　　　表大會民主選舉產生，任期一年，連選連任。

5、　會址：設於巴黎。[21]

　　全歐華僑抗日救國聯合大會的召開及全歐華僑抗聯會的成立，使
歐洲各國華僑的抗日力量，由分散走向集中，是歐洲華僑抗日救國大
團結的開始。「全歐抗聯會」並於同年十一月十五日出版《聯合戰線》
月刊，做為該會會刊，[22]以促進全歐華僑的聯合。

---

[20]　〈全歐華僑抗日救國聯合會成立大會宣〉，《救國時報》，1936 年 10 月 8 日，第
　　一版。

[21]　〈全歐華僑抗日救國聯合會章〉，同前註。

[22]　《救國時報》，1936 年 12 月 28 日，第三版。

（二）對學生救國運動的聲援

一九三五年十二月九日，北平數千名學生舉行聲勢浩大的遊行請願，反對自治偽組織，要求團結救亡，遭到北平當局的鎮壓，學生多人死傷，釀成震驚全國的「一二九」運動。

「一二九」運動發生時，有組織的法國華僑抗日團體尚未成立，所以對學生運動的聲援顯得遲緩，而且早期多半由個別團體所發起。恰在十二月九日創刊的巴黎《救國時報》，遲至第三期（十二月廿一日出刊）始以「最後緊急消息」的方式，報導了北平及全國青年愛國大示威的消息，並於當日推出〈學生運動與全民團結〉的社論，呼籲「速即成立僑胞救亡大會，並派代表回國，參加全國統一的救亡運動」。[23]該報同仁為表達對北平學生「赤手空拳與國賊相搏鬥」的敬意，特節衣縮食，每人捐出法幣二十佛郎以為響應。[24]

為了響應國內學生的救國運動，里昂華僑首先致電各地華僑，「主張聯合國內外同胞，一致促成民族抗日自衛運動，反對一切破壞中國領土完整之組織及一切喪權辱國之外交。」[25]

及一九三六年一月廿八日「巴黎中華民眾抗日救國會」成立之後，一切聲援國內學生的行動，便納入該會的經常性工作項目。法國各地救國會也有類似的舉措，已見前述，在此不贅。

（三）支持西南抗日

一九三六年夏，西南領袖陳濟棠、李宗仁、白崇禧等下動員令，要求南京對日宣戰，消息傳至歐洲，僑胞莫不大為興奮。在法國方面，有旅法之巴黎中華民眾抗日救國會、巴黎中國學生會、巴黎中國書報社、巴黎救國時報社、旅法參戰華工總會、亞西華工同盟會、巴黎中

---

23 《救國時報》，1935 年 12 月 21 日，第一版。
24 《救國時報》，1936 年 1 月 4 日，第一版。
25 《救國時報》，1936 年 2 月 4 日，第三版。

國國聯同志會、大道報社、廣西留法學會等九華僑團體，致電西南將領表示鼓勵抗日，內云：「諸公仗義興師抗日，正國內外人民所要求，望堅持到底，實行聯合各抗日黨派軍隊，促進全民大團結，一致抗日救亡，海外同胞，誓為後盾。」[26]

四、全面抗戰後的具體救國行動

（一）救亡組織的壯大

自盧溝橋事變後，全歐抗聯會的成立迅即屆滿一年，除在巴黎舉行第二次大會，改選執監委外，本身組織方面亦有一些因應的改變：其一是組織的民主化與公開化：由於本身的努力奮鬥，德國抗聯不但從一個秘密活動的愛國組織，轉變成公開合法的團體，而且爭得在與國民黨及學生會共同舉行群眾大會時之平等發言權。

其二即抗戰後援會的成立——抗聯為求後援運動統一起見，曾通知各團體會員在該地積極參加和發動募捐運動。例如在德國的抗聯即聯合學生會、僑商會組織抗戰募捐後援會，成立一百個募捐隊，在比國的旅比華僑抗戰後援會與領事館合作募捐。[27]

全歐抗聯會不但動員本身的力量，使組織壯大，而且透過對外宣傳，獲得友邦人士的援助，增強抗日的聲勢。其中最顯著的例子是英國與法國的中國人民之友社。「英國中國人民之友社」於一九三六年初成立，係由英倫名流及中國旅英人士如熊式一、王禮錫等共同成立，其宗旨有六：（1）傳播關於中國之正確觀念，促進對中國文明之正確了解；（2）援助中國自由鬥爭；（3）援助中國抵抗外敵；（4）影響英國政府與中國訂立平等條約；（5）救濟中國天災人禍；（6）與其

---

[26] 《救國時報》，1936 年 6 月 30 日，第三版。
[27] 陳柱天，〈全歐華僑抗日救國聯合會一年來工作總報告〉，《救國時報》，1937年 10 月 5 日，第三版。

他同性質團體合作,促進旅英華僑及大英帝國之友誼。並進行廣募會員,出版刊物等。[28]而「法國中國人民之友社」由五十二個團體組成,其中有軍人、政黨、婦女、學生等團體,有三名華僑擔任該社祕書。全歐抗聯會、巴黎書報社、中國國民黨駐歐洲的海外組織和中國學生會與該社聯繫密切,並在援華抗日的國際活動中採取一致行動。此外,歐洲的其他國際援華團體,諸如比利時中國友誼會、瑞典援華會、荷蘭的中華救濟會等多有華僑參加並共同開展援華抗日活動。[29]

(二)抵制日貨運動

抵制是中國民族主義者在中國和海外採用的有效武器,其目的在於打擊敵人的經濟而獲得經濟和政治上的巨大利益。過去新馬華人曾於一九○五年積極響應了抵制美國貨的號召,以後在一九○八年、一九一五年及一九一九年又用此武器抵制日貨,取得一定的成效。[30]

七七抗戰爆發後,巴黎華僑於八月二十二日假里昂車站附近某電影院舉行抵制仇貨大會,到有僑胞六、七百人,楊虎城將軍、楊明軒教授(西北救國運動領袖)、巴黎陳領事,以及全歐抗聯會暨國民黨駐法總支部均派代表蒞臨指導。這顯然是由官方發起的一項活動。會中,陳領事提出抵制仇貨的四項具體辦法:

1、 登記存貨;
2、 不再添新貨;
3、 設法出賣已購存貨;
4、 對少數未覺悟之商友,應先行勸告,如勸告不聽,仍執迷不悟,則可直視為漢奸,對於此等敗類,吾人不能以公民視之。

---

[28] 《救國時報》,1936 年 1 月 14 日,第三版。
[29] 任貴祥,前引書,頁 300-301。
[30] 顏清湟,《海外華人史研究》(新加坡亞洲研究學會叢書④,新加坡亞洲研究學會出版,1992 年),頁 129。

　　並訂出消極處罰與積極處置兩種辦法：對第四項所舉不聽勸告之商友，凡彼對領事館有所請求，一概不接受；更可設法將之遣送回國。[31]這是抗戰初起，巴黎華僑對抵制日貨的一些基本原則，循序漸進，和平理性，處處以僑胞的利益為優先考慮。

　　九月十八、九兩日，全歐抗聯會在巴黎舉行第二次大會，對抵制仇貨問題通過了週密的具體辦法，該項大綱主要分為三個層面：

1、　組織：以全歐抗聯會為最高執行機關，其他尚包括（1）各地抗日救國會；（2）各地抗戰後援會；（3）各地抵制仇貨會；（4）其他華僑團體。

2、　執行辦法：

（1）調查及登記販賣仇貨店戶；

（2）調查及登記各店戶躉存仇貨之種類及數目；

（3）於必要時協同使館調查；

（4）勸導販賣仇貨商人自動改售國貨或友邦貨品；

（5）規定售清仇貨日期，其長短應按照地方情形辦理，惟最長期間不能超過兩個月；

（6）如規定出賣仇貨滿期時而仇貨仍未售清，須將所餘存貨封存。

3、　懲戒：

（1）原則：不採激烈手段而在國法上及道德上採適當辦法

（2）種類：

　　A、拒絕調查及登記者；

　　B、鼓動或直接破壞抵制仇貨運動者；

　　C、逾規定售清仇貨日期之後仍賣仇貨者。

4、　辦法：

（1）警告；

（2）將破壞抵制仇貨之奸商姓名在國內外一切刊物上公布，並勸僑胞與其斷絕關係；

（3）請當地我國使領館呈報中央押送回國，治以漢奸罪，並沒收其在祖國一切財產。[32]

　　這份「抵制仇貨運動大綱」成為以後抵制日貨的行動綱領，對於執行單位的權力與懲戒辦法有更明確的規定，而最大的特色在於不採取激烈的手段。

　　會後成立「旅法華僑抵制仇貨會」，選出四十一位委員積極進行，並訂定取締販賣仇貨章程，其要點如下：

1、居心不良、薹賣仇貨者，應用漢奸條例，呈報使領館，拘案究辦，以儆效尤。

2、貪圖微利，沿街私賣仇貨者，除將仇貨充公外，並照其餘非仇貨半數價值，予以處罰。

3、藏置房間未經登記之仇貨，一經查明，即作充公，並予懲戒。

4、房間內所置揭賣貨箱，混雜仇貨者，處罰如下：

　　A、零星仇貨類，應處法幣三十法郎至五十法郎之罰金。

　　B、資料木器仇貨類，應處法幣五十法郎至一百法郎之罰金。

5、本會收集罰款除公佈外，呈繳領館作救國捐。[33]

　　法國華僑的抵制日貨運動，在「全歐抗聯會」的發動下，用兩週的時間散發抵制日貨傳單一千張、法文傳單八百張，獲得了各界的熱烈回響。法國「中國人民之友社」於十一月三日假巴黎第五區之互助大廳，召集援華抗日五十餘團體二千多名代表開會，共同討論制裁略和援助中國抗戰等工作。大會一致通過抵制日貨，拒絕裝運侵略者所用的材料。[34]法國世界和平運動會（R.U.P.）總部並於十二月二十四日

---

[32] 〈全歐華僑抗日救國聯合會第二次大會各種決議案〉，《救國時報》，1937 年 10 月 5 日，第四版。

[33] 《救國時報》，1937 年 11 月 25 日，第二版。

[34] 《救國時報》，1937 年 11 月 10 日，第三版。

下午六時，在巴黎組織三個示威遊行隊，宣傳抵制日貨，穿過巴黎各大街道及百貨公司。巴黎總工會號召其百萬會員參加，以示其援華與懲罰日寇的決心。[35]在總工會的號召下，法國工人也紛紛以實際行動支援抵制日貨運動。首先是馬賽碼頭工人拒絕為日船 Hakusanu Maru 號裝填五十噸之鋅鉛，運往日本製造殺人武器，又有日本軍官前往參觀比央古飛機廠，遭全體工友停工拒絕參觀。再有日本軍火代表抵 Levallois 城國家兵工廠，檢驗所訂購之大批機關槍，亦遭工人包圍抵制，終至抱頭鼠竄而去。[36]

為擴大運動，巴黎華僑各團體、各商店、各飯店等代表亦於一九三八年一月二十二日假北京飯店集會，並通過四項決議：

1、 張南、雲章漢、劉文煥、段穰、金玉山、王慶元、劉守身七位，協同「旅法華僑抵制仇貨會」，共組「巴黎市區抵制日貨分組委員會」。

2、 抵制日貨進行辦法，照黃總領事方案進行：

（1）各同業公開報告：

A、有仇貨者予以特別通融，限期肅清，以後不許再有。

B、無仇貨者不許再有。

（2）分組委員會定期檢查，公開檢查。

（3）有仇貨者公開報告，設法肅清，祕不報告者設法勸導，以和平方式肅清仇貨。

（4）各飯店老板可自動請求檢查。

3、 即日起，一星期後，如再查出日貨，一概遵照中央法令沒收並施懲戒。

[35] 《救國時報》，1938 年 1 月 10 日，第二版。
[36] 《救國時報》，1938 年 1 月 31 日，第三版。

4、　如有因呈報日貨而被商店或飯店店東開除致令失業者，由出席
　　團體設法維持。[37]

從上述可見，抵制日貨運動，不僅是法國華僑乃至全球華僑的一
致行動，亦獲得法國友人的聲援和工友的支持，成為國際援華反日運
動的重要一環！

1、　捐款、救國公債、獻物與救濟難童

抗戰是一項長期而艱苦的奮鬥，款項、械彈、醫藥等等都需要大
量的經常的供給，傷病將士及被難同胞，特別是老弱婦孺的救濟，也
都需要大量的經常的接濟。

華僑因遠涉重洋，基於民族主義的立場，除進行國際宣傳，對日
寇加以譴責，對漢奸予以聲討，並展開抵制日貨運動等有力聲援外，
對抗戰較不容易做出直接的貢獻。抗戰爆發以後，《救國時報》曾推
出〈僑胞一致起來，援助抗戰、參加抗戰〉的社論，指出僑胞可從
五方面支援抗戰：

（1）政治上：實行海外各地的反日各黨各派的統一戰線。

（2）經濟上：捐款、購買國防公債，向外籍人士募捐。

（3）軍事上：凡有專門技能的，如工程師、化學師、醫生、參戰
　　　　　　華工等應回國參戰。

（4）外交上：進行廣大的、有系統的國際宣傳。

（5）精神上：團結一致，戮力同心。[38]

旅居海外的華僑除少數巨富外，大多以小商人、留學生和工人階
級為主，他們除各有工作和職業，難能離開崗位外，一般而言財力並
不豐厚，故對抗戰所能做的具體奉獻，主要還是經濟上的小額捐款、
獻物和購買公債三種。茲分述如下：

---

[37]　《救國時報》，1938 年 1 月 25 日，第四版。
[38]　〈僑胞一致起來！援助抗戰、參加抗戰〉，《救國時報》，1937 年 9 月 5 日，第一
　　版，社論。

（1）捐款

　　血濃於水，法國華僑與全球各地華僑一樣，遇祖國有事，慷慨解囊，向不後人，過去已不乏先例。例如一九一七年秋，國內京畿一帶發生嚴重水災，田禾湮沒，屋宇毀損，生靈塗炭，情形慘重，經駐法僑工委員李駿向參加歐戰華工設法勸募，各地華工本側隱之心和人溺己溺精神，多能踴躍捐輸，慷慨解囊。結果，共有三十七個工廠，華工二千四百人捐得一萬四千九百零六法郎。[39]

　　法國華僑之發動抗戰捐款，首由里昂商界僑胞丁子才所倡議。彼曾於八月二十日致書《救國時報》，以「祖國國難已至嚴重關頭，僑胞雖感痛恨，但因我輩離鄉背井，遠涉重洋，不能為國家出力，殺逐日寇」，故「願省衣減食，略出財力，捐助祖國，多購一槍砲，以盡救國之天職」，並請該報代轉匯政府。[40]

　　《救國時報》旋即刊出〈號召各地僑胞捐款或購買國防公債援助抗戰並聲明代收轉匯緊急啟事〉，做為回應，內容生動，辦法具體，內云：「此次我國抗日自衛戰爭，是我國家和民族生死存亡的關鍵，必須全民族全人民，一致奮起，共赴國難。現在國內各戰線日益延長擴大，戰爭的前途亦必須持久才能取勝。因此，軍費浩繁，迫切的需要巨款的經常接濟。我海外僑胞同為堂堂華胄，保衛祖國，素不後人，正應乘此時機，踴躍輸將，為國自效」。辦法是：「凡各地僑胞捐款援助祖國者，無論其捐款大小，無論一次認捐，或長期捐助，亦無論其或係捐予國民政府做為戰費，或係捐往前線慰勞將士，或係捐給醫治傷兵收容難民的機關，如中國紅十字會等，或購買國防公債，本報皆可代以轉匯。本報於收到僑胞捐款後，即將捐款人姓名及捐款數目在本報公佈，並發給本報臨時收據，候本報將各地捐款按照捐款人所指

---

[39] 陳三井，《華工與歐戰》，頁160。
[40] 《救國時報》，1937年9月5日，第三版。

定之軍隊或機關分批彙齊，寄至國內製得正式收據後，捐款人即可憑本報臨時收據換取各該機關之正式收據」[41]。設想至為週全。

　　經《救國時報》登高一呼，公開號召捐款的啟事刊出後，立即得到法國各地僑胞的熱烈響應。里昂中法大學同學會除本身捐得三千餘法郎外，復派員向外募款，結果從華工處募得三千餘法郎，華商亦捐得二千餘法郎，綜計工、商、學三方面里昂僑胞共捐得八千數百法郎，交上海大公報代轉。另里昂山峰僑胞亦踴躍捐助，共募得五千餘法郎，其中三千一百三十法郎交由《救國時報》轉匯上海大公報代交，餘託里昂中法大學同學會代匯至上海大公報收轉。[42]

　　又「旅法參戰華工總會」本「有錢出錢，有力出力」之旨，自盧溝橋抗戰以來，即向比映古（Billancourt）僑胞進行募捐，前後勸募四次，前三次捐款數已達一萬五千八百八十法郎，捐款除先後送交駐巴黎總領事館轉匯外，並曾在《救國時報》披漏三次。第一次名單有王慶元等共一四三人，捐款額度多則五百法郎、二百法郎，少則十法郎、五法郎。[43]第二次名單復有王慶元等共一〇二人，捐款額度多則一百法郎，少則十法郎[44]。第三次名單再有王慶元等一〇二人[45]，其中重複捐款者頗不乏人，如王慶元前後領銜三次，共捐出七百法郎。

　　至《救國時報》所代收代匯的旅法僑胞捐款，曾在該報公布了第一批捐款名單。其中有里昂僑胞石光彥等廿五人，捐款數額共三千二百三十法郎，哥得譯僑胞吳志御等十二人，共捐得一千四百五十法郎，巴黎僑胞朱雋一人捐出一百法郎。[46]其中里昂僑胞部分，亦即前述里昂山峰僑胞所捐委由《救國時報》轉匯上海大公報部分。在《救

---

[41]《救國時報》，1937 年 9 月 10 日，第一版。
[42]《救國時報》，1937 年 10 月 5 日，第五版。
[43]《救國時報》，1938 年 1 月 25 日，第一版。
[44]《救國時報》，1938 年 1 月 31 日，第一版。
[45]《救國時報》，1938 年 2 月 5 日，第一版。
[46]《救國時報》，1937 年 10 月 10 日，第一版。

國時報》停刊前，復公布第二批捐款者芳名，其中有里昂抗日救國會宋漢章經手轉來十四人捐款共五百法郎。[47]

綜合上開各筆，抗戰初期法國華僑合計至少已捐得二萬五千法郎，這當然是一個不完整的概數，數額雖不大，然代表法國華僑節衣縮食，共赴國難的一番心意！

（2）救國公債

戰爭不僅是軍備的競賽，更是總體經濟力量的消長。抗戰爆發後，財政部為充實軍需，長期支援抗戰起見，特發行救國公債五億元，照票面十足發行，年息四厘，並成立「戰時公債勸募委員會總會」，以宋子文為會長，陳立夫為副會長，孫科、宋慶齡、李石曾、何東、胡文虎、杜月笙等二十八人為常務委員，總會地址設於上海[48]，並先後頒布《救國公債條例》、《救國公債募集辦法》、《修正救國公債募集辦法》和《購募救國公債獎勵條例》等，其中獎勵規定有：「凡海外僑胞團體承購救國公債二百萬元以上至五百萬元，或勸募救國公債五百元以上至一千萬元者，則明令褒獎並頒給匾額；凡僑胞個人承購救國公債一萬元以上至二百萬元或勸募救國公債五萬元以上至五百萬元者，則明令褒獎並頒給勛章或給予獎章」[49]這些辦法和獎勵措施，無疑鼓舞了廣大愛國僑胞踴躍購買救國公債。

「全歐華僑抗聯會」與法國華僑透過我駐法大使館得到認購公債的消息後，遂於一九三八年十一月二十三日假大使館召開會議，與會者有中國國民黨駐法總支部的張熙輝、張南，全歐華僑抗日救國聯合會的雷子聲、陳汝舟，旅法參戰華工總會的王慶元，巴黎中國學生會的黃寶勛、丁樹蕃，巴黎中國書報社的王海鏡以及其他僑界聞人、實業鉅子盧芹齋、張學銘、鈕孝賢、汪士奇等十餘人，共同討論推銷救

---

[47] 《救國時報》，1938 年 2 月 10 日，第一版。
[48] 《申報》，1937 年 8 月 24 日，第二版。
[49] 曾瑞炎著，《華僑與抗日戰爭》（四川大學出版社，1988 年），頁 140。

國公債事宜。與會者一致同意即成立救國公債勸募委員會法國分會，並根據公債勸募會組織法，除正副主任委員由宋子文會長指定盧芹齋、張學銘兩人擔任外，另舉出鈕孝賢、王海鏡、劉義光、黃寶勳、雷子聲、張熙輝、丁樹蕃等七人為委員，負責全法國公債勸募工作。自分會成立後，即草訂各種辦事細則，制定推銷公債辦法，並於僑胞居留各地，如里昂、格城、勃都（Poitou）等處成立勸募處，以便當地僑胞就近購買公債，認購情形甚為踴躍。[50]

（3）獻物與救濟難童

除現金捐款與購買公債外，法國華僑亦以其他方式幫助祖國抗戰。

在中國駐法大使顧維鈞夫人黃惠蘭女士的倡導下，法國華僑婦女發動華僑眷屬及留法女學生在巴黎組織中國難民救濟會，聘請宋美齡女士為名譽會長，張雅南女士等三人任副會長，會員約有五十餘人。該會自成立以來，除從事抗日宣傳、捐募藥品、寒衣，為祖國募捐四萬法郎外，且進行以下兩項抗日救國活動：

一是捐款認養祖國難童，成為祖國受難兒童的海外慈母。按照我國難民最低生活費用每日每人二法郎之標準，分三種認捐辦法：（1）認捐七二〇法郎者，救濟難童一年；（2）認捐三六〇法郎者，救濟難童半年；（3）認捐一八〇法郎者救濟難童三個月。

二是開辦慈善賣所，得款資助抗戰。當時由宋慶齡自香港寄贈物品一箱，並在某僑商商店蒐買若干國貨，於盧芹齋公司設慈善賣所，由中國難民救濟會會員任招待、會計等服務工作，並請當地法文報紙代登義務廣告、廣播為之宣傳。顧維鈞大使具名柬請法國各界貴婦名媛到所購買，光顧者絡繹不絕，生意頗為興隆，平均每日收入達一萬法郎。[51]

---

[50] 〈救國公債勸募委員會巴黎分會成立經過〉，《救國時報》，1937 年 11 月 30 日，第四版。

[51] 任貴祥，《華夏向心力——華僑對祖國抗戰的支援》，頁 179。

華僑的物資捐獻，從寒衣、毛毯、被褥、藥品到飛機坦克和各種車輛，所在多有。惟法國華僑未聞有捐款獻機或購買坦克和各種車輛的義行。

2、戰服務隊

抗戰是爭取國家民族生存的聖戰，凡是炎黃子孫，理應毫不遲疑地英勇赴戰。國內已進行徵兵制，幾全民皆武裝，我僑胞亦應為保護祖國共赴國難。一九三二年淞滬之役，暹羅、緬甸僑胞曾組織義勇軍回國參戰，菲律賓、荷印、檀香山、舊金山、紐約等地僑胞則組織飛行隊於飛行學校訓練，準備回國抗日。一九三七年九月二十三日，舊金山有僑胞飛行家十人動身回國參戰。新加坡也已有組織救護隊回國參戰之舉。巴達維亞的僑胞得荷蘭及印尼志士的協助，也組織救護隊於同年九月十日啟程回國服務。[52]

抗戰爆發後，《救國時報》社論曾提出僑胞應該從軍事上援助抗戰呼籲，「特別是有專門技能的僑胞，如美國、馬來亞等地航空學會裏面和其他嫻熟航空技術的僑胞，在德、英、意、美等國研究軍事的學生、工程師、化學師、醫生，在法、比等國有歐戰經驗的參戰華工等，應即首先組織回國參戰團，為國效命。其他僑胞亦宜加緊軍事及其他方面的訓練，以便隨時均可回國服務。此外，僑胞們應就地發起和推進各國人士組織國際義勇軍到華援助我國抗戰的運動」。[53]

「全歐抗聯會」旋於九月十八、九兩日，假巴黎舉行第二次大會，通過組織華僑回國參戰服務團，其主要辦法如下：

1、服務團之組織由本會分函各該國抗日會，根據各地情形決定。

2、回國路費由各該地使館分別負責（或負責辦理折扣回國船票等）。

---

[52] 玉珩，〈僑胞怎樣援助抗戰〉，《救國時報》，1938 年 1 月 1 日，第三版。

[53] 〈僑胞一致起來！援助抗戰、參加抗戰〉，《救國時報》，1937 年 9 月 5 日，第一版，社論。

3、　回國後由使、領館兩館分別報告政府當局，酌量其技能分發各
　　 地參加抗日工作。[54]

　　首先響應這個號召的不是參戰華工，而是里昂中法大學的學生。
里昂中法大學同學王季文、曹承憲、夏隆台等七人組織了第一批回國
參戰服務團，並於十月一日啟行歸國服務，不幸於十一月三日在粵漢
路湖南境內公平墟車站附近的車上，遭遇九架敵機的襲擊，曹承憲當
場被炸死，夏隆台亦被炸受傷[55]。長才未展，遽而慘遭犧牲，令人不
勝惋惜！

　　除以學生為主的參戰服務團外，為宣傳對日抗戰並考察西班牙人
抗戰的各種經驗，法國華僑另織有「赴西參觀團」與「歸國代表團」。
歸國代表團以連瑞琦、秦豐川、李贛鵬、陳柱天、馮希勃十五人為成
員，加上原在歐洲訪問的楊虎城與楊明軒。該團的任務有六：

1、　沿途做救國宣傳；
2、　與救國團體聯繫；
3、　向政府請願，陳述華僑救國意見及工作；
4、　慰勞前方將士；
5、　發告全體同胞書；
6、　為抗聯會募捐及供給宣傳材料。[56]

　　有關「歸國代表團」與「赴西參觀團」的活動，《救國時報》間
有報導，因篇幅所限，在此不贅。

---

[54] 〈全歐華僑抗日救國聯合會第二次大會各種決議案〉，《救國時報》，1937 年 10
月 5 日，第四版。
[55] 《救國時報》，1937 年 12 月 20 日，第八版。
[56] 《救國時報》，1937 年 11 月 7 日，第八版。

五、結語

　　海外僑胞為抗戰建國的力量泉源之一，在抗戰期間，他們踴躍回
國，或投效軍旅，或從事交通運輸服務，或獻身勞軍、救護傷兵與難
童等工作；其仍在海外者，則慷慨解囊，捐輸助餉，獻機贈藥，對於
祖國之支撐長期抗戰，無論精神與物質方面，都發揮了重大的鼓舞
作用。

　　旅歐華僑為統一救國工作，以巴黎為中心，成立「全歐華僑抗日
救國聯合會」，為歐洲華僑有史以來最大之整合。他們對於募捐軍費、
籌賑難民、認購公債等工作，絕不後人[57]，而於聲討漢奸、抵制日貨、
進行國際宣傳、打擊敵人等工作，亦不遺餘力，對於抗戰之獲得最後
勝利均有直接間接之貢獻。

　　法國華僑因抗日救亡而聯合，因抗戰救國而形成黨派團結，這是
過去所無的好現象。法國華僑對抗戰的支援，顯然是長於宣傳，短於
資源，而尤缺乏實際戰鬥行動的參與。但即使是宣傳，對於國際宣傳
與反日宣傳，仍有不足之處。雖然有「全歐抗聯會」的中心組織，但
該會每年僅開大會一次，而且組織龐大，長於靜態性條文的規劃，短
於應變性行動的開展。更重要的是，「全歐抗聯會」與各國各地分會
的聯繫不夠，與國內的互動呼應也不足，難能海內外聯成一體，互通
生氣，凝聚共識，充分發揮僑胞支援祖國抗戰的最大助力。

---

[57] 黃珍吾，〈華僑與中國革命〉，收入張希哲主編，《五十年來的華僑與僑務》（華
僑協會總會，華僑問題研究叢書第一種，1962 年 2 月），頁 84。

國共鬥爭與歐洲華僑的認同
──兼論凌、孟事件的發生及其影響

一、引言

　　1949 年 10 月，中共新政權在北京宣布成立，同年 12 月，中國國民黨的中樞政府播遷台灣，這意味著國共長期在大陸的軍事鬥爭暫告落幕。隨著兩岸政治實體的對峙，復又開啟了雙方對海外華僑華人的一場統戰。

　　國共長期鬥爭的結果，共產黨勝利，國民黨失敗，造成大陸易手，這不僅是近代中國史上劃時代的一大變局，對於大多數的海外華僑華人而言，更是史無前例，不得不痛苦面對，並形成抉擇的難局！

　　當然，有的僑團遙向北京通電，祝賀新中國的誕生；有的僑團仍心繫台北，對中華民國政府效忠，繼續支持擁護。際茲動盪不安、舉棋不定的年代，位居歐洲樞紐位置的中華民國駐法（巴黎）大使館，發生了凌其翰、孟鞠如等多名外交官所謂「集體叛國附逆事件」，一葉可以知秋乎？事件因何發生？發生之後，法國華僑和留學生的反應和態度如何？這個事件對於中華民國駐歐各國使館是否將產生骨牌效應？對於全歐華僑華人有何衝擊？是否構成重大的政治認同影響？這是筆者利用外交部檔案，並參酌相關人士的回憶錄所要探討的主要內容。

二、1950年代國共僑務政策梗概

　　兩岸在 1950 年代的僑務政策，不是本文探討的重點，但為明瞭時代的背景，仍然有稍加瞭解的必要。關於中華民國方面，至少有四種研究成果可以參攷：

1、　華僑志編纂委員會編印的《華僑志總志》（1964 年修訂版），第八章第三節談到「反共抗俄時期之僑務政策」；
2、　張希哲主編的《五十年來的華僑與僑務》（華僑協會總會印行，1997 年 4 月修訂再版），第四章第六節談到「現階段的僑務政策」；
3、　李盈慧所著的《華僑政策與海外民族主義》（1912-1949）（國史館印行，1997 年），將民國以來北洋和南京國民政府、閩粵地方政府以及汪偽政權的華僑政策作了一番檢視論述；
4、　陳鴻瑜主編的《中華民國之僑務政策》（中華民國海外華人研究學會出版，2000 年 4 月），內有焦仁和、夏誠華、林若雩分別探討當前和對美國、對東南亞的僑務政策。

　　誠如林若雩所指出，國民政府遷台之後的外交與僑務政策，因經驗互動與歷史傳統關係，比較偏重美國、西歐、日本等國，而於鄰近的東南亞國家並不了解，亦未賦予太大的關注。[1]

　　有關中共的僑務政策，也有下列幾種研究成果可以參攷：

1、　莊國土所著《華僑華人與中國的關係》（廣州高等教育出版社，2001 年 9 月），其中第四章第一、二兩節，特別談到中國政府僑務政策的變化；
2、　任貴祥、趙紅英合著的《華僑華人與國共關係》（武漢出版社，1999 年 10 月），第五章論述「新中國僑務政策的成績與失誤」；

---

[1] 林若雩，〈中華民國對東南亞的僑務政策〉，收入陳鴻瑜主編，《中華民國之僑務政策》（中華民國海外華人研究學會出版，2000 年 4 月），頁 44。

3、 李明歡所著《歐洲華僑華人史》（中國華僑出版社，2002 年 7
　　月），第四章第二節曾論及「中華人民共和國建國初期華僑政
　　策」與「台灣當局的華僑政策」。

　　對於海外華僑而言，1949 年是一個關鍵性的年代。由於中國內部
局勢的變化，因而出現了以中國大陸為主的北京政府和以台灣為主的
國民政府。簡而言之，在退守台灣之後，國民政府更需倚重華僑，「在
國際上形成東西方冷戰的大背景下，在國際反共反華勢力的支持下，
國民黨當局以台灣為基地，長期將海外華僑當成支持台灣「反共復國」
的一支重要力量，並以此做為其海外工作的基本據點。在海外華僑中
拉攏反共份子，培植親台政治勢力，建立反共救國團體，是為五、六
十年代台灣當局在海外華僑中的工作重點。」[2]由此，我們可以說，
國民政府的僑務政策是積極而有目標的。

　　相對而言，1949 年以前，北京政府（或者說是中共）對華僑問題
可以說是缺乏經驗，亦從未真正仰賴過海外華人的力量去打內戰，北
京政府是從國內奪取政權的，和孫中山於海外發動革命推翻滿清政府
是大不相同的。因此在對於華僑的重視上，當然有天壤之別。再者，
從 1949 年至 1953 年，中共正全心全力致力於內部重組工作，並無餘
暇處理海外華人事務，雖則其一再重伸保護海外華人的決心，但那只
不過是一些政治性的宣傳而已。[3]所以說，新政權的僑務政策，相對
而言是比較消極而被動的。

　　中共雖然受到內部因素和外交關係的影響，一時尚未開展積極而
主動的僑務政策，但其爭取華僑、拉攏僑心的想法並無二致。所以說，
「自 1949 年國府播遷台灣後，一部台灣對海外僑務政策五十年來的

---

[2] 李明歡，《歐洲華僑華人史》（北京中國華僑出版社，2002 年 7 月），頁 406。
[3] Stephen Fitzgerald, *China and the Overseas Chinese: A Study of Peking's Changing
　 Policy, 1949-1970* （ London, Cambridge University Press, 1972 ），p.54。轉引自李
　 實鑽，《馬來西亞華人涵化之研究──以馬六甲為中心》（國立台灣師範大學歷史
　 研究所專刊（28），1998 年 10 月），頁 158。

發展史,也就是一部海峽兩岸相互爭取海外華僑、華人的鬥爭史,只要兩岸未消除敵意,未簽署停戰協定,『特殊的國與國關係』持續存在,那種相互爭奪『海外華人心向祖國』的戲碼,便不會一日停止。」[4]

三、凌、孟事件發生的背景與經過

　　1949 年,大陸局勢逐漸逆轉,對國民黨所領導的國民政府而言,可以說是最黯淡的一年,尤其到下半年更面臨一個「危急存亡之秋」。就軍事方面來說,中共相繼發動的所謂「遼瀋、平津、淮海」三大戰役,國軍節節失利,南京、上海次第淪陷,西南不久亦不保。計自 4 月起,十一個月內解放軍席捲了整個中國大陸。就內政方面而言,自蔣介石於年初宣告引退下野後,中樞群龍無首,內閣更迭頻繁,和戰難定,經濟加速崩潰,農村凋敝,學潮方興未艾,10 月 1 日中華人民共和國宣布在北京成立,成王敗寇,形勢底定。就外交方面而言,國民政府先遷重慶,再遷台北,外交部(部長葉公超)則隨行政院(院長何應欽)落腳廣州辦公。美國國務院於 8 月初發表《對華政策白皮書》,將大陸失敗的一切責任歸咎於國民政府。及中共政權成立,蘇俄與北韓立即承認了新中國,歐洲的英國與荷蘭於 1950 年承認中共,北歐的挪威、丹麥、芬蘭、瑞典亦先後承認中華人民共和國。

　　就在這醞釀變天的大時代中,在台北發行的《中央日報》於 9 月下旬和 10 月初,相繼發出了兩則不為人注意的短訊,揭開了事變的序幕,也為波譎雲詭的外交情勢投下了一顆大爆彈。請看:

　　(巴黎九月二十三日訊)中國駐法大使錢泰,昨天因汽車失事受傷。大使館今天宣布,大使健康情形已見進步。又大使

---

[4]　林若雪,同註 1 引文,頁 43。

小姐曾受輕傷，現已復原。[5]

（中央社廣州十月六日電）外部消息，我駐法大使錢泰呈請辭職，外交部業於本月一日准予辭職，並已調駐英大使館公使段茂瀾為駐法使館公使，並代理館務。該公使銜參事凌其翰、參事孟鞠如均予免職。[6]

新聞中的兩位主角，一是因車禍受傷辭職的錢泰大使，一是自英調法代理館務的段茂瀾公使。錢泰（1890-1962），字階平，浙江嘉善縣人，早年留法，1914 年以《中國的立法權》（Le Pouvoir Législatif en Chine）為題獲得巴黎大學法學博士，回國後先後從事司法與外交工作。1918年，任外交部議和籌備處委員、巴黎和會專門委員。1921 年，任外交部條約司司長、華盛頓會議專門委員。1933 年 5 月，任駐西班牙國公使。1937 年 6 月，任駐比利時國大使。1941 年 10 月，調任外交部常務次長，1943 年 8 月，復任駐比利時大使兼駐挪威大使，1944 年 11月，任駐法蘭西臨時政府大使。1946 年 1 月，聯合國在倫敦舉行第一次大會，為中國代表團代表之一；7 月，中、英、美、蘇、法等二十一國代表，在巴黎舉行和平會議，中國由外交部長王世杰為首席代表，錢氏為三位代表之一。1949 年 10 月，在駐法大使任內，因撞車受傷，乞假赴美休養。1962 年 7 月 31 日，以心臟病去世，享年七十三歲。[7]

段茂瀾（1899-1980），字觀海，安徽合肥人，生於山東濟南。早年就讀家塾，十二歲入濟南德文學堂，嗣入南開中學，繼考進清華大學，畢業後赴美深造，先後在威斯康辛大學、紐約大學及哥倫比亞大學研修西洋文學及經濟學，獲博士學位。繼又赴法，在巴黎大學及法

---

[5]　《中央日報》，1949 年 9 月 24 日。
[6]　《中央日報》，1949 年 10 月 7 日。
[7]　秦孝儀主編，《中國現代史辭典——人物部分》（近代中國出版社，1985 年 6 月），頁 565-566。

蘭西學院進修。1928 年返國，任天津電話局局長兼在南開大學教授法文及德文。1935 年進外交部服務，初任秘書兼交際科長，抗戰後轉任美洲司長。1941 年外調駐澳大利亞公使館參事兼駐雪梨總領事。1945年抗戰勝利後調任駐馬尼拉公使銜總領事。翌年升任駐英大使館公使。1949 年 10 月，駐法大使館部分人員叛變，霸據使館，政府急調段茂瀾為駐法使館公使代辦，將叛徒驅離使館。1956 年調駐巴拿馬大使，旋調駐菲律賓大使。1963 年內調，任外交部顧問。1965 至 1970年先後出任駐象牙海岸及駐阿根廷大使。其後十年，先後在外交領事人員講習所、東吳大學、淡江文理學院及中國文化學院任教。1980年 2 月 26 日病逝台北，享年八十二歲。[8]

　　在那個噤聲的時代，《中央日報》的兩則新聞語焉不詳，並精簡到無法反應凌、孟事件的真相和重要性。四、五十年來，這一段隱晦的歷史又已隨著時光的流走而更見褪色。直到 1994 年 4 月《傳記文學》第 64 卷第 4 期曾摘要刊出《凌其翰回憶錄》的部分內容，始讓讀者有機會一窺真相。繼有丁慰慈[9]的〈巴黎事件所見所聞〉（同刊物65 卷 1 期）一文，對此略有補充，但仍不能饜足讀者更進一步知的慾望。這也是筆者撰寫本文的主要用意！

　　據參與其事的主角之一凌其翰自述，1949 年 9 月 18 日，駐法大使館凌其翰（公使銜參事）、孟鞠如（參事）、謝東發（一等秘書）、王思澄（一等秘書）、錢能欣（能興，三等秘書銜隨員）、唐祖培（三等秘書）、龔秉成（荐任主事）、耿嘉弢（二等秘書）暨駐巴黎總領事館的胡有萼（副領事）、蕭君石（隨習領事）、章祖貽（主事）等共十一人開聯席會議，一致決定即電外交部催發欠薪，倘於十月十日全部

---

[8]　劉紹唐主編，《民國人物小傳》，第四冊，（傳記文學出版社，1981 年 12 月），頁 165-166。

[9]　丁氏曾任職外交部駐新疆特派員公署，1949 年 10 月蘇聯承認中共後，隨駐蘇使館人員撤退至法國巴黎，現任中阿文經協會秘書長。丁氏另於《中外雜誌》連載發表〈丁慰慈回憶錄〉。

欠薪不能匯到，全體館員決定停止服務。他們並通函駐歐各使領館，建議採取同樣行動。結果，覆函贊成上項辦法的有駐法、蘇聯、挪威、瑞士、土耳其大使館，駐奧地利公使館、駐巴黎總領事館、駐馬賽、昂維斯（Anvers，即比利時的安特衛普）、漢堡、利物浦等領事館等館全體館員與駐倫敦總領事館副領事王世鏞。[10]明顯的這是一次以索欠薪為名，冀望激起駐歐外交官的大串聯，看來聲勢相當浩大。

但主事者顯然別有用心，催討欠薪只是表面藉口，果不然他們即於 9 月 30 日（尚未到 10 月 10 日的匯款截止期限）再度集會決定，宣布自 10 月 10 日起脫離反動政府（指原服務的國民政府），改擁護中華人民共和國，並各在工作崗位，保管公物文件，等候新政府接管，同時分函贊同索薪運動的其他九個使館，希望他們一致行動，但一直沒有答覆。[11]可見上述歐洲各使領館，贊成的是攸關生活的索薪問題，而不是事關重大的政治認同問題。

在沒有得到歐洲友館的支持響應下，駐巴黎的外交官們決定獨幹到底，公推凌其翰、孟鞠如、胡有萼為三人小組，起草了一份〈駐法大使館、駐巴黎總領事館全體館員擁護中華人民共和國宣言〉。宣言由孟鞠如起草初稿，胡有萼參加修改意見，最後由凌其翰定稿。宣言全文如下：

> 中華人民共和國和中央人民政府在全國人民歡騰鼓舞之下正式成立。久已背叛了孫中山的賣國賊蔣介石和國民黨反動派所把持的政權在英勇的人民革命武裝奮擊追逐之下，已經失去了一切苟延殘喘的條件，我們一向服務外交界的同人們，在極度興奮的情緒之下，向新中國全國人民和偉大的人民領袖毛主席表示熱烈的賀忱和最崇高的敬禮。

[10] 凌其翰，《我的外交官生涯》（中國文史出版社，1993 年 4 月），頁 222-223。
[11] 同前註，頁 223。

中國人民大革命，由中國共產黨領導進行二十八年壯烈的鬥
爭，快要取得完全勝利，軍事階段快要結束，建國工作已經
開始。客觀的事實要我們認識清楚，新民主主義是建設新中
國的唯一途徑，就是說，只有在廣大工農階級的代表、中國
共產黨領導之下，聯合全國民主階層，實行人民民主專政，才
能夠並且徹底完成中國的社會改革、經濟建設和文化復興。

為了建設新中國，中國人民不僅需要國內統一，並且需要世
界和平。中國人民必須聯合世界一切愛好和平的國家和人
民，共同奮鬥，使製造戰爭者不敢動手。

我們立志要參加建國工作，我們先要痛下決心，把我們渾身
封建官僚的積習，洋迷和個人主義的劣根性，徹底剔除淨
盡，然後才能夠把自己改造成人民，向人民學習，如何替人
民服務。

我們鄭重宣布和反動政府脫離關係，各仍站在原有工作崗
位，保護人民利益，保護公物文件，聽候人民政府接管和指
示。同時，我們熱誠勸告全體使館同人，快起來響應我們，
打倒執迷不悟的死硬份子，制止他們盜用中國外交官的名
義，在聯合國和國際間散布謠言、侮辱中國人民，挑撥國際
是非，危害世界和平」。[12]

據凌其翰事後回憶，這份宣言所以選擇 10 月 10 日發表，不是偶然的，
一是因為在海外消息隔膜，他們並不知道中華人民共和國何日正式宣
告成立；二是考慮 10 月 10 日是辛亥革命武昌起義之日，俗稱雙十節，
在那天宣布起義，可能引起更大的注意，產生更好的效果。事實上，
凌、孟等人早就透過別的管道，向新政權輸誠。按當時新華社駐布拉
格（Prague，捷克首都）記者吳文燾與中共駐巴黎總支部的孟雨已有

---

[12] 同前註，頁 223-224；外交部，〈我駐巴黎使領人員叛國附逆案〉，董霖次長曾於
10 月 13 日由巴黎將凌・孟宣言全文發給葉公超部長，惟文字略有出入。

聯繫，他們的情況早由孟雨通過吳文燾向大陸國內匯報，宣言全文也於 10 月 2 日轉電北京。[13]

10 月 9 日，凌、孟等同時致電北京新政府，表示效力，11 日周恩來以外交部長名義電復，歡迎他們宣告脫離國民黨，聽候人民政府接管，並宣布將對所有脫離反動政府的有功人員，「量才錄用，使能對於祖國有所貢獻」。[14]茲誌周恩來電文如下：

> 巴黎前國民黨政府駐法大使館暨駐巴黎總領事館全體館員鈞鑒：九日電悉，甚為欣慰，你們脫離國民黨反動殘餘集團，接受中華人民共和國中央人民政府領導的宣言已收到。我對於你們此種愛國行動表示熱烈的歡迎，駐在其他國家的前國民黨政府的一切使領館人員與其他工作人員均應效法你們的榜樣，脫離反動陣營，服從偉大人民祖國的中央政府，為祖國與人民立功，所有脫離反動陣營的有功人員，本部均將量才錄用，使大家對於祖國有所貢獻。希望你們團結一致，堅守現在工作崗位，負責保管公物文件，以待中央人民政府接管。
>
> 周恩來一九四九年十月十一日於北平[15]

凌、孟等接到周恩來的復電和重要指示後，十分振奮，立即以「快郵代電」形式通函國民黨駐外各使領館，「切望參加響應」。原文如下：

> 我們十月十日的宣言發表後，北京周兼外長復電極為重視，號召其他各館響應，有功人員量才錄用，並令堅守工作崗位

---

[13] 凌其翰，《我的外交官生涯》，頁 224。

[14] 中共中央文獻研究室編，《周恩來年譜，1949-1976》（1997 年 5 月），上卷，頁 4。

[15] 凌其翰，《我的外交官生涯》，頁 225；董霖次長於十月十六日將周恩來復電電告葉公超部長，參閱外交部，〈我駐巴黎使領人員叛國附逆案〉。

負責保管公物文件，聽候接管。查此項任務的達成非無障
礙，雖至今我們仍保持實際上的外交官待遇，天天到館，前
途亦可樂觀，但為萬全之計，我們均具最大的決心，絕不在
任何威脅利誘之下，退讓半步。兄等倘有同樣決心，切望立
即參加響應。

駐法大使館暨駐巴黎總領事館同人[16]

「巴黎事件」帶頭起義的兩位主角，一位是凌其翰，一位是孟鞠如，
兩位都是曾留學外國的法學博士，除了時代大變局外，其個人經驗背
景，以及心靈轉折過程究竟如何？亦值得一併探索。

凌其翰，曾名奇寒。1906 年生，上海市人，上海震旦大學法科畢
業（與陳雄飛同學），1931 年獲比利時布魯塞爾自由大學法學博士。
同年回國，初任《申報》國際評論員兼東吳大學法學院教授，不久入
外交部國際司任科長、駐比利時二秘、代辦、外交部專門委員、禮賓
司長。1948 年調任駐法大使館公使。根據凌自己的回憶，他雖擔任過
鄭毓秀的法文秘書，卻對李石曾之輩敬而遠之；他雖曾參加以 CC 系
為核心的中山學社，卻早已擺脫國民黨的牢籠；在重慶時，他雖是國
民政府外交部的官員，卻心儀周恩來其人，曾應約前往周公館拜訪，
而以緣慳一面為憾事！1944 年，奉派出任外交部駐甘肅蘭州特派員，
因與甘肅省主席谷正倫交惡，又發生蘇聯大使館駐蘭州代表處人員未
經省府核准發給內地游歷簽證，便逕往游歷一事，而遭到蔣介石的斥
責與撤職，[17]這對於凌氏一生仕途自是一大打擊，在內心深處多少滋
生對蔣的不滿。及至 1947 年 6 月，凌氏接任外交部禮賓司司長，每
當外國使節呈遞國書之際，總是由他導引並擔任翻譯，因此大名經常
見報，出盡風頭，可是由於他的過分熱中，一直在頌詞翻譯上加油添

---

[16] 凌其翰，前引書，頁 225。
[17] 同前註，頁 65。

醋，並且口沫橫飛，引起蔣介石的警覺和不滿，曾發下「凌某不諳禮儀，翻譯時復不忠實」的手令，王世杰部長知道凌司長的前程到此為止，適駐法使館以業務增劇為由，一再函電交加向國內要人，王世杰乃順水推舟，一舉兩得的把凌其翰調為駐法大使館公使。[18]妙的是，早在凌其翰剛接任禮賓司長時，即接到孟鞠如自巴黎來信，「指出大局已到轉折關頭」，敦勸他「想方設法，擺脫一切，出國以自救」，所以這次調任，雖係平調，但調得其所，可以和老友「携手前進，走上『棄暗投明』的康莊大道」。[19]

由上述可見，凌其翰的轉變，除了本身可能牢騷滿腹、懷才不遇的因素外，孟鞠如的影響亦不可忽略。據凌其翰夫人事後密告董霖稱，此次事變孟氏實為主謀，經常以左傾讀物，例如《論列寧主義基礎》法文本送給他丈夫閱讀。[20]按孟鞠如係凌其翰震旦同學。1933 年獲法國格連諾布（Grenoble）大學法學博士，曾任外交部人事室幫辦兼科長，繼調任駐法大使館參事，因久未升遷，同樣滿腹牢騷，他早已領到川資和薪俸，但遲遲其行，原因不僅因為戰亂，更打算「時勢造英雄」，想夥同他由智利大使館調法的弟弟孟復，做一番「陣前起義」的大事業。[21]

四、外交部的緊急肆應與巴黎華僑、留學生的反制

凌、孟索薪事件發生後，使廣州的外交部惶惶不安，適 10 月 5 日錢泰大使因外出車禍身受重傷，就電廣州請求辭職照准，於是廣州方面採取一系列的緊急措施：

18　龔選舞，〈龔選舞採訪回憶錄〉，《時報周刊》，167 期，頁 91。
19　凌其翰，《我的外交官生涯》，頁 184、190、221。
20　董霖自述，《六十載從政講學》（台灣商務印書館發行，1991 年 4 月），頁 246。
21　丁慰慈，〈丁慰慈回憶錄〉（三），《中外雜誌》第 58 卷 6 期（1995 年 12 月），頁 57。

1、　電調凌其翰、孟鞠如回部。

　　早在 1949 年 4、5 月間，有關方面就開始對凌其翰、孟鞠如二人有所警惕。當時除由部電發上述調令外，還由葉公超部長以個人名義發電給凌其翰和孟鞠如，原文如下：

> 此次調兩兄回部實以現部中人才缺乏，諸多借重，至盼能早日返國共濟危局，國內雙方情形非如外傳之簡單，前途並非不可為，否則弟早已引去。

2、　調駐英大使館公使段茂瀾為駐法大使館代辦，徹查真相報部核辦。段茂瀾即於 10 月 6 日抵巴黎。

3、　調陳雄飛（原任條約司專門委員兼幫辦）為駐法大使館參事銜一等秘書，原駐英大使館隨員趙金鏞為駐法大使館三秘。陳雄飛於 10 月 31 日到達巴黎，趙金鏞則隨段茂瀾於 10 月 6 日抵巴黎。

4、　派新任常務次長董霖携帶一筆款項於 10 月 8 日趕到巴黎。

5、　此外，原駐柏林代表團一秘趙俊欣，駐荷大使館一秘斯頌熙則以臨時出差名義，先後到巴黎。[22]

　　根據凌氏的看法，外交部這一連串的人事措施，主要是到巴黎滅火的，冀從中分化瓦解，將巴黎正在孕育中的起義火種，消弭於無形。

　　段茂瀾抵巴黎後，對凌、孟等人先動之以情，但對方卻不為所動。其中原參加起義的蕭君石早經辭職照准，謝東發、耿嘉弢二人事先雖曾參與簽名，其後表示悔悟，故附共人士僅剩九人，均遭到免職處分，或多或少已達到分化的目的。

---

[22] 凌其翰，《我的外交官生涯》，頁 226；〈外交部函復司法行政部調查局有關孟鞠如等投匪案之說明〉，外交部檔。

　　董霖次長行前曾向財政部洽商，籌得一部分款項，由外部簽發支票，帶交駐英大使館，代行分發駐歐各使領館薪水三個月，並先後巡視英國、法國、比利時、義大利、教廷、瑞典、丹麥、奧地利、葡萄牙、瑞士等館，[23]發放欠薪與安撫人心雙管齊下，藉收釜底抽薪之效。

　　那時，國內局勢已日趨惡劣，10月12日政府被迫放棄廣州，如果國民政府不能在大陸維持一個首都，法國政府很可能轉而承認中共政權。由此，更助長叛徒們的囂張氣燄，他們雖然遭到免職，仍天天到館，並堅持不肯交出密碼電本和其他重要文件。段茂瀾雖名為館長，但勢單力孤，實際無異他們手中的囚犯，在日夜焦思苦慮下，他決定依序分三個步驟應付：

1、　令叛徒於一定時限之內交出電碼文件，離開使館。
2、　如叛徒不從，則照會法國外交部，依照國際公法，加以協助，驅逐叛變館員。
3、　如法政府不予協助，則召集記者會議，公布實情，希望藉輿論之壓力，促使法外交部有所顧忌，提供協助。

　　第一步的施行，「叛徒」當然拒絕交出一切，而外間盛傳法國將承認中共政權，法國政府為向叛變館員示惠，曾將他們的外交特權待遇，延長至年底，各叛徒經此鼓勵，更是有恃無恐。段茂瀾雖處境狼狽，仍作最後掙扎，透過法政府的提議和幫助，使館自行僱用私家偵探，把守大門，自11月3日起，拒絕叛徒進入使館。這些私家偵探實際都是年齡超過六十歲的退休警察，雖然在3日晨間尚能阻擋前來上班的叛徒，但當下午叛徒們另外糾合了一些人組織一個九人衝鋒隊，硬行闖入時，這批老弱殘兵便被打倒在地，毫無反抗能力了。

　　下午三時，叛徒們衝進使館三樓會客室，逢人叫罵「美帝走狗」、「反動份子」、「混蛋」、「畜生」，段公使夫婦、陳雄飛參事、趙金鏞秘書夫婦、郭福培專員等，見叛徒來勢洶洶、咄咄逼人，不願與之理

---

[23] 董霖自述，前引書，頁247-252。

論，乃全體退至四樓大使辦公室，叛徒復衝進段茂瀾的辦公室，對他高聲謾罵，百般侮辱，要求將青天白日國旗扯下，換掛五星旗，摩拳擦掌，準備動武。當時段氏已準備做烈士，端坐椅上，鎮靜的告訴對手說：「你們可隨意處分我，但是我的立場決不動搖！」正在僵持中，幸好法國的一位警察小隊長，聞風趕來，登樓彈壓，段公使藉機溜出，立刻驅車前往法國外交部，在亞洲司長辦公室內，草擬一份照會給法國外交部長，報告下午所發生的情事，但是法國政府恐貽人口實，不願以武力驅逐這些叛徒。段氏只好再回館。叛徒們堅信，如果能將他長期圍困，其身體精神所能承受之壓力終有極限，遲早必會崩潰而向他們屈服。[24]

幸斯頌熙[25]秘書適因公外出，得郭福培會計專員通知，即將此事轉知旅巴黎僑領葉蕃、陳楚本[26]、賈錫麟、朱進祿及留法學生芮正皋[27]、舒梅生[28]夫婦、廖仲琴夫婦等人，他們認為叛徒既宣言脫離國府，何能鳩佔鵲巢？進佔中華民國駐法大使館，故群情激憤，於數小時內集

---

[24] 段茂瀾，〈巴黎弭亂記〉，《中央日報》，1978 年 9 月 27 日，第 10 版。

[25] 斯頌熙，字崇希，浙江諸暨縣人，1909 年 7 月生於杭州。中央政治學校外交系第一期畢業，德國柏林大學國際法學院肄業，荷蘭海牙國際公法研究院卒業。先後服務於江蘇省政府、駐德大使館、蔣委員長侍從室、外交部人事處、亞東司、歐洲司及亞西司等共達四十年。外放部分，除駐德大使館外，歷任駐荷蘭及駐法國大使館一等秘書，駐巴拿馬、駐伊朗及駐約旦大使館參事。1966 年特命為駐馬爾地夫國首任大使，旋調駐黎巴嫩大使館公使。參閱《中華民國當代名人錄》（一）（台灣中華書局印行，1978 年 11 月），頁 143。

[26] 陳楚本係中國國民黨駐法總支部負責人，主持發行《三民導報》（Le Moniteur du Triple Demisme），報導國民黨黨務消息和旅歐僑社新聞，並鼓吹反共政策。

[27] 芮正皋，字器先，1919 年生，浙江吳興縣人。上海震旦大學法律系畢業、海牙國際法學院畢業、巴黎大學法學博士。歷任外交部歐洲司專員、科長、禮賓司護照科長、幫辦、專門委員，駐土耳其參事、駐比屬剛果參事、駐馬利代辦、駐上伏塔大使、駐甘比亞大使、駐象牙海岸共和國大使。《中華民國當代名人錄》（一），頁 65。

[28] 舒梅生，字適寒，江西省永修縣人，1922 年 1 月生於江西南昌市。中央政治學校第十二期法政系畢業。參加十萬知識青年從軍，任連訓導員。抗戰勝利後，參加高考及留學考及格，初服務於國民政府文官處，嗣赴法國留學，1957 年以《聯合國與保護少數民族》一書獲巴黎大學法學博士，曾任駐法大使館主事、隨員。返國後，歷任外交部條約司第一科科長、幫辦、駐甘比亞特命全權大使、亞西司長、希臘遠東貿易中心主任等職。《中華民國當代名人錄》（一），頁 146。

結二、三十人，趕抵大使館，希望一方面慰問受驚的公使，一方面向叛徒警告。在斯頌熙秘書的帶領下，聲援的僑領和留學生互推陳楚本、賈錫麟、葉蕃、芮正皋、毛其昌五人為代表，入館內保護被困之使館人員，並與叛徒理論。這位被凌其翰貼上「CC 份子」標籤的斯氏並義正辭嚴的警告叛徒五點：

1、　法國現仍以中華民國為唯一合法之中國政府，你們既宣言脫離國府，投降中共，依據國際法，有何權利與地位，可再在中華民國駐法大使館內「固守原有崗位、保管文卷公物」？

2、　本日（3 日）上午，我們已接收了你們以往各人所經營的重要文卷，你們所有的座位，現亦已由段公使重新分配，更無所謂「固守原有崗位」可言。

3、　凌其翰太太當眾告訴大家，凌之參加叛國，完全是受孟鞠如之操縱，頗表不滿（凌本人迫不得已，竟當眾承認不諱）。

4、　孟鞠如於一年半載以前已向國府外交部領得回國眷川，何以至今猶未將其眷屬遣回中華民國？為何孟鞠如早有此叛國而取巧之預謀，竟隱瞞了其他八個同伴？

5、　孟鞠如率領大家投共投機，有什麼保障？中共如果因你們的宣言投降能收留你們，這些不打自招的官僚，簡直是一個「投機官僚的收容所」。試問這樣的北平政權，對於中國的人民有什麼好處？總之，你們現在已變成蘇聯禍華的工具，應該反省解脫！[29]

繼由國大代表葉蕃提議，今晚各人應即出館回家，如有意見，可於明（4 日）下午三時半向今晚各僑領學領的代表申述一切，亦即凌其翰所認知的召開華僑大會，以解決他們到館堅守工作崗位的問題。叛徒見愛國僑領勢不可侮，表示願無條件接受是項勸告，乃先後魚貫下樓出館，時已近午夜一時。

---

[29] 斯頌熙集著，《我在國外》（1951 年 5 月，作者自印），頁 51-52。

　　詎料 11 月 4 日凌晨一時，大家才離開使館，叛徒即公推孟鞠如、龔秉成二人連夜奔走各方發動群眾，「愛國」僑胞和「進步」留學生大約百餘人（對方說是四十人）於 4 日下午二時前，結隊魚貫進入館內，強行登樓，為起義者聲援[30]，並逼迫段公使答應他們三個條件：（1）取下青天白日滿地紅國旗，並准許他們照常來館辦公；（2）由他們保管文件；（3）撤退警衛。[31]在群眾壓力下，段茂瀾當場指定陳雄飛代表他簽字，並由群眾推出工人代表王子卿、商界代表陳卓林、學界代表楊承宗監督執行。[32]這是起事者動員群眾，先下手為強的妙招。

　　但起事的一方可以動員僑胞和留學生予以聲援，另一方自亦不甘示弱，聞風或聲援而來者亦達五、六十人之多，雙方劍拔弩張，法警在場外維持秩序者亦增至三、五十人。如果說，前一日只是一場相互辯論，怒目敵視的文鬥，那這次已完全激化成一場肢體衝突的全武行。事情的開端是，後續而來的僑領留學生見狀大為憤慨，責凌其翰、孟鞠如等人毫無信守，違反前約，竟敢聚眾欺人，挾持公使，操縱會議，炮製有利於自身的決議。導火綫是，段公使下樓要外出時，當時把守門口的叛徒龔秉成竟動手阻止，幸有其他僑胞及時趕到，保護段氏出去。在這種氣氛下，於是所謂忠貞份子，在斯頌熙、陳楚本等人的指揮下，每四、五個人成為一小組，將叛徒們團團圍住，拳打腳踢。據凌其翰事後回憶，他的腦袋被扁好幾拳，幸有三秘趙金鏞出面維護，才得以突出重圍；孟鞠如憑藉較強壯的體格，擺好招架的姿勢任憑挨打，但眼鏡已被打得粉碎；龔秉成被打得昏倒在地；蕭君石則被圍於牆角；王思澄亦受傷；獨錢能欣、胡有萼二人因躲在門樓上錢的辦公室內幸免於難。[33]最後叛徒們終於紛紛離去，段公使親向護館的僑胞們一一握手稱謝。喧騰國際的凌·孟事件至此告一段落。

---

[30] 凌其翰，《我的外交官生涯》，頁 231。
[31] 段茂瀾，〈巴黎弭亂記〉。
[32] 凌其翰，前引書，頁 231-232。
[33] 同前註，頁 232。

五、凌、孟事件的影響（代結論）

　　就國共兩黨長期鬥爭而言，1949 年是一個關鍵性的年代。因為在這個大變局下，很多人面臨痛苦的抉擇，也不得不做出他個人自我認定的最佳選擇。因此，「將軍在歧路」，軍事戰場上不斷傳出將領變節，不費一兵一卒投奔敵營的故事。在學界或文化界，知識分子處沸騰紛擾之世，其心情的淒苦可以想見，或因個人信念問題，於陸沉之下無法南來的抉擇，更是司空見慣之事。唯獨專業外交官在巴黎所傳出的凌、孟事件，則是一件比較特殊的例子。

　　凌、孟的選擇，除了久未升遷、牢騷滿腹的個人因素外，政府在兵荒馬亂、軍用浩繁，國庫極為支絀情況下，造成積欠駐外人員薪水，影響工作士氣一事，亦不可忽視。據陸以正指出，1949 年政府遷至廣州時，因緊縮編制，曾將新聞局裁撤，原有海外的紐約、倫敦、東京等幾個辦事處，薪水積欠半年，許多人被迫離去，像紐約的高克毅（筆名喬志高）改投「美國之音」，人才流失不少，對國家的損失不言而喻。[34]

　　此外，從歷史上觀察，法國是華工參加歐戰與勤工儉學的根據地，僑居法國人士，無論華工、華僑或留學生，均有其關心國事、熱心國政的愛國傳統，巴黎尤其是中國四大政黨的誕生發源地，組成份子複雜、黨派林立，彼此之間常發生意識型態上的對抗和鬥爭。[35]早在 1947 年 9 月 1 日，旅法華僑和平促進會即發出反對內戰通電，指出：「祖國內戰，禍國殃民，政府獨裁，違反民情，借口剿共，置民族之生存於不顧，……旅法華僑，對此大憝，悲痛不已，特電反對。」[36]當中共政權宣告成立的消息傳到法國後，「旅法參戰華工總會」[37]等

---

[34] 陸以正，〈新聞局裁撤，今昔大不同〉，《聯合報》，2003 年 4 月 21 日。

[35] 陳三井，〈法國華文報刊的發展與演變〉，收入張存武、湯熙勇主編，《海外華族研究論集》（華僑協會總會出版，2002 年 6 月），第 3 卷，頁 251。

[36] 任貴祥、趙紅英著，《華僑華人與國共關係》（武漢出版社，1999 年 10 月），頁 216。

[37] 「旅法參戰華工總會」（Association Général des Travailleurs Chinois en France），係在李石曾等人積極倡議和引導下，於 1919 年成立，旨在保護華工權益，最初有三十多個分會，會員總數達四千餘人。該會還編印發行《華工旬刊》，為華工傳遞消息，反映華工心聲。參閱李明歡，《歐洲華僑華人史》，

九個僑團，即於 10 月 1 日晚召開聯席會議，一致通過向國內致賀電，
內稱：中華人民共和國宣布成立，旅法各界華僑民主團體竭誠擁護並
電申賀。[38]這是海外華僑慶祝中共新政權成立最早的一封賀電，比
凌・孟等人的起義通電還早了八天。接著，10 月 9 日下午，旅法各
華僑團體聯合召集慶祝「新中國」成立大會，到會的有旅法工商學
各界僑胞和前國民黨政府駐法使館起義人員。會議首先舉行升旗
禮，「新中國」的五星紅旗第一次在巴黎上空迎風招展。接著，與會者
高唱新中國的國歌。繼之，各界僑胞紛紛發言，一致表示對毛主席領
導的新中國的擁護與熱愛。最後，通過向中央人民政府致賀電。[39]

　　凌、孟所引爆的一場外交「春雷」，雖然獲得巴黎部分僑界的響
應，但論時機似乎尚未成熟，而且由於政府肆應得宜，加之為數眾多
的青田華僑，自始至終支持國府，[40]故能有效的予以反制，平息了這
個事件。駐歐其他使領館，在董霖巡視後，雖發現少數館員有立場不
穩情形或人事不和現象，但都不至於起而效尤，東施效顰。而歐洲廣
大華僑亦並未因凌・孟事件的發生，而立刻改變他們的政治認同。更
重要的是，法國雖有意承認中共，卻顧慮中共與越共暗通款曲，故懸
崖勒馬（遲至 1964 年始承認），亦平息了一場因外交承認所可能產生
的骨牌效應。不幸中有幸的一面，這是凌、孟事件「雷聲大，雨點小」，
沒有像在其他戰場上發揮「一葉知秋」作用，而終為歷史所逐漸遺忘
的緣故。

　　頁 114；陳三井，《華工與歐戰》（中央研究院近史所專刊，1986 年 6 月），
　　頁 156、161。
[38]　任貴祥、趙紅英，《華僑華人與國共關係》，頁 253。
[39]　同前註，頁 256。
[40]　〈龔選舞採訪回憶錄〉，同註十八，頁 92。

附錄：作者著作目錄

一、專著

1、　《近代外交史論集》，台北：學海出版社，民國66年7月，246頁。
2、　《現代法國問題論集》，台北：學海出版社，民國66年10月，236頁。
3、　《國民革命與臺灣》，台北：近代中國出版社，民國69年10月，253頁。
4、　《中國國民黨與臺灣》，台北：中央文物供應社，民國74年2月，202頁。
5、　《華工與歐戰》，台北：中央研究院近代史研究所，專刊（52），民國75年6月，257頁。民國94年8月再版，257頁。
6、　《勤工儉學的發展》，台北：東大圖書公司，滄海叢刊，民國77年4月，228頁。
7、　《臺灣近代史事與人物》，台北：商務印書館，岫廬文庫（104），民國77年7月，280頁。民國97年再版。
8、　《近代中法關係史論》，台北：三民書局，大雅叢刊，民國83年1月，306頁。
9、　《近代中國變局下的上海》，台北：東大圖書公司，滄海叢刊，民國85年8月，280頁。
10、《中山先生與法國》，台北：台灣書店，民國91年12月，中山學術文化基金會叢書，217頁。
11、《中山先生與美國》，台北：學生書局，民國94年1月，中山學術文化基金會叢書，215頁。

二、合著

1、　《鄭成功全傳》（與王曾才等合著），台北：台灣史蹟研究中心，民國68年6月，495頁。
2、　《中國的臺灣》（與陳奇祿等合著），台北：中央文物供應社，民國69年11月，386頁。

3、《人類的歷史》（與吳圳義、莊尚武合著），台北：國立空中大學，民國76年3-5月，上冊，386頁；下冊，372頁。

4、《近代中國青年運動史》（與李國祁等合著），台北：嵩山出版社，民國79年7月，389頁。

5、 *The Guomindang in Europe: A Sourcebook of Documents*, co-author with Marilyn A. Levine, Institute of East Asian Studies, University of Berkeley, CRM52, 2000, 303p.

三、編著

1、《勤工儉學運動》，台北：正中書局，民國70年11月，706頁。

2、《台北市發展史》，台北：台北市文獻委員會，民國70-72年，第一冊，947頁；第二冊，1052頁；第三冊，1214頁；第四冊，1252頁。

3、《羅浮博物館——世界博物館之十》，台北：出版家文化公司，民國71年11月，190頁。

4、《六十年來的中國近代史研究》（與朱淇源、呂芳上合編），台北：中央研究院近代史研究所，特刊（1），上冊，民國77年6月，438頁；下冊，民國78年6月，453頁。

5、《中國文明的精神》（三冊）（與王壽南等合編），台北：廣播電視事業發展基金會，民國79年7月，1050頁。

6、《郭廷以先生九秩誕辰紀念論文集》（二冊），台北：中央研究院近代史研究所，特刊（2），民國84年2月，上冊，398頁；下冊，410頁。

7、《走過憂患的歲月——近史所的故事》，台北：中央研究院近代史研究所，特刊（4），民國84年2月，247頁。

8、《歐戰華工史料》（與呂芳上、楊翠華合編），台北：中央研究院近代史研究所，中國近代史資料彙編，民國86年6月，868頁。

9、《華僑與孫中山領導的國民革命學術研討會論文集》（與張希哲合編），台北：國史館，民國86年8月，646頁。

10、《居正先生全集》上、中、下三冊（與居蜜合編），台北：中央研究院近代史研究所，史料叢刊（40），民國87年6月－89年10月，上冊421頁、中冊1104頁、下冊876頁。

11、《加拿大華工訂約史料（1906-1928）》，台北：中央研究院近代史研究所，中國近代史資料彙編，民國87年6月，722頁。

12、《近代中國婦女運動史》，台北：近代中國出版社，民國89年12月，664頁。

13、《中華民國外交志》（與劉達人、周煦聯合主編），台北：國史館，民國91年12月，全一冊，1115頁。

四、雜著

1、《法國漫談》，台中藍燈公司，民國65年12月，237頁。

2、《學術的變形》，台中藍燈公司，民國68年1月，194頁。

3、《走過的歲月——一個治史者的心路歷程》，秀威世紀映像叢書13，民國96年5月，195頁。

4、《青史留痕——一個台灣學者的大陸之旅》，秀威世紀映像叢書18，民國96年7月，226頁。

5、《法蘭西驚艷》，秀威世紀映像叢書33，民國97年1月，186頁。

國家圖書館出版品預行編目

舵手與菁英：近現代中國史研究論叢/ 陳三井著.
-- 一版. – 臺北市：秀威資訊科技,
2008 .07
　　面；　公分（史地傳記類；AC0009）

BOD 版
ISBN 978-986-221-041-3(平裝)

1.傳記 2.學術思想 3.現代史 4.中國

782.18　　　　　　　　　　97012145

史地傳記類　AC0009

舵手與菁英
——近現代中國史研究論叢

作　　者 / 陳三井
主　　編 / 蔡登山
發 行 人 / 宋政坤
執行編輯 / 黃姣潔
圖文排版 / 郭雅雯
封面設計 / 蔣緒慧
數位轉譯 / 徐真玉　沈裕閔
圖書銷售 / 林怡君
法律顧問 / 毛國樑　律師
出版印製 / 秀威資訊科技股份有限公司
　　　　　台北市內湖區瑞光路 583 巷 25 號 1 樓
　　　　　電話：02-2657-9211　　　傳真：02-2657-9106
　　　　　E-mail：service@showwe.com.tw
經 銷 商 / 紅螞蟻圖書有限公司
　　　　　台北市內湖區舊宗路二段 121 巷 28、32 號 4 樓
　　　　　電話：02-2795-3656　　　傳真：02-2795-4100
　　　　　http://www.e-redant.com

2008 年 7 月 BOD 一版
定價：450 元

讀　者　回　函　卡

感謝您購買本書，為提升服務品質，煩請填寫以下問卷，收到您的寶貴意見後，我們會仔細收藏記錄並回贈紀念品，謝謝！

1. 您購買的書名：＿＿＿＿＿＿＿＿＿＿＿＿＿＿＿＿＿＿

2. 您從何得知本書的消息？

□網路書店　□部落格　□資料庫搜尋　□書訊　□電子報　□書店

□平面媒體　□ 朋友推薦　□網站推薦 □其他＿＿＿＿＿＿＿

3. 您對本書的評價：(請填代號　1.非常滿意 2.滿意 3.尚可 4.再改進)

封面設計＿＿＿　版面編排＿＿＿　內容＿＿＿　文/譯筆＿＿＿　價格＿＿＿

4. 讀完書後您覺得：

□很有收獲　□有收獲　□收獲不多　□沒收獲

5. 您會推薦本書給朋友嗎？

□會　□不會，為什麼？＿＿＿＿＿＿＿＿＿＿＿＿＿＿＿＿＿＿＿＿

6. 其他寶貴的意見：＿＿＿＿＿＿＿＿＿＿＿＿＿＿＿＿＿＿＿＿＿

＿＿＿＿＿＿＿＿＿＿＿＿＿＿＿＿＿＿＿＿＿＿＿＿＿＿＿＿＿＿＿＿

＿＿＿＿＿＿＿＿＿＿＿＿＿＿＿＿＿＿＿＿＿＿＿＿＿＿＿＿＿＿＿＿

＿＿＿＿＿＿＿＿＿＿＿＿＿＿＿＿＿＿＿＿＿＿＿＿＿＿＿＿＿＿＿＿

讀者基本資料

姓名：＿＿＿＿＿＿＿＿＿＿＿　年齡：＿＿＿＿　性別：□女 □男

聯絡電話：＿＿＿＿＿＿＿＿＿　E-mail：＿＿＿＿＿＿＿＿＿＿＿

地址：＿＿＿＿＿＿＿＿＿＿＿＿＿＿＿＿＿＿＿＿＿＿＿＿＿＿＿

學歷：□高中(含)以下　　□高中　　□專科學校　　□大學

　　　□研究所(含)以上 □其他＿＿＿＿＿＿＿＿

職業：□製造業 □金融業 □資訊業 □軍警 □傳播業 □自由業

　　　□服務業 □公務員 □教職　□學生 □其他＿＿＿＿＿＿

To：114

台北市內湖區瑞光路 583 巷 25 號 1 樓

秀威資訊科技股份有限公司　　　收

寄件人姓名：

寄件人地址：□□□

- -

（請沿線對摺寄回,謝謝!）

秀威與 BOD

BOD（Books On Demand）是數位出版的大趨勢,秀威資訊率先運用 POD 數位印刷設備來生產書籍,並提供作者全程數位出版服務,致使書籍產銷零庫存,知識傳承不絕版,目前已開闢以下書系:

一、BOD 學術著作—專業論述的閱讀延伸
二、BOD 個人著作—分享生命的心路歷程
三、BOD 旅遊著作—個人深度旅遊文學創作
四、BOD 大陸學者—大陸專業學者學術出版
五、POD 獨家經銷—數位產製的代發行書籍

BOD 秀威網路書店：www.showwe.com.tw
政府出版品網路書店：www.govbooks.com.tw

永不絕版的故事・自己寫・永不休止的音符・自己唱